中国政法大学校级人文社会科学研究项目资助
教育部人文社会科学研究规划基金项目中期报告

ZHONGXI YUANDIAN ZHENGFA BIJIAO

Sanwang Zhuyi yu Sanmin Zhuyi

中西元点政法比较

三王主义与三民主义

曹　兴◎著

中国政法大学出版社

2015・北京

开篇语

本书所称中西元点文明实际上是指中西古典文明。民族文明的发展奥秘在很大程度上取决于先民所创造的古典文明，本书著者把其称为“元初文明”或“元点文明”。不同元点文明在一定程度上影响着后来的发展。因此，中西元点文明的比较研究成为解密中西方文明的一把钥匙。

本书所说的中西元点政法的时间跨度，并不是绝对的时间概念，而是基于其内在政法等值的相对性时间。这里所说的“中国元点”的时间跨度包括中国历史从三皇五帝到先秦时代；“西方元点”的时间跨度包括从古希腊文明到古罗马文明。本书著者认为，中西元点文明是指中西方古典文明的萌芽到成熟的时代。很显然，在时间跨度上，中国元点文明远比西方元点文明经历的时间要长得多。

中西元点文明包括物质文明、制度文明和精神文明三个方面。中西元点物质文明主要是人类进入文明时代后，华夏民族和古希腊古罗马民族基于不同地理环境，创造了不同经济文明。因此，中西元点物质文明是元点地理与元点经济文明结合的产物。中西元点制度文明的基石是中西政治与法律制度。中西元点精神文明是中西文化，包括哲学、宗教、人文精神等不同表现形态。

满纸实证言， 中西政法魅；
或云著者痴， 自解其中味？

目 录
Contents

绪 论

中西元点政法的缘由

本书所说的中西元点政法中的“元点”实际上就是人们通常所说的“古典”。但在本书著者看来，“古典”的表述不太确切，“古典”的眼光是向后看，价值取向是对后来发展根源的探索。而“元点”的眼光是向前看，试图挖掘民族文明的起源、形成，以及对后来文明发展的决定性元素，因此本书将采用“元点”的表述。民族文明的元点是决定一个民族文化的发展方向、价值取向等根本性的东西。不同元点文明在一定程度上影响着后来的发展。因此，中西元点文明的比较研究成为解密中西方文明的一把钥匙。

一、中西元点政法的研究价值

中西元点政法研究，对于现代中国人来讲，具有非常重要的价值：中国人为什么会在鸦片战争和甲午战争中分别败给西洋人和东洋人？其原因是多方面的。鸦片战争已经过了170多年，中国人从“赛先生”（科学精神）和“德先生”（民主精神）反复总结并思考着旧中国落后挨打的原因，但仍未从政法整体上去思考其内在的根源。其实，中西古典文明最根本的区别在于政法结构的不同，民族文明的发展奥秘在很大程度上取决于先民所创造的古典文明，本书著者把其称为“元初文明”或“元点文明”。

本书著者通过研究发现，中西文明的不同发展命运，从根本上来讲，是因为中国传统政法采用了王权、王法至尊和重农抑商的基本国策，西方则采用民权与民主（实为贵族主权）、贵族法与民法以及重商主义的基本国策。从历史渊源的眼光看，中国从夏商周到晚清一直在建构并强化为王族利益服务的王道主义、王权主义和王法主义的三王主义，即王族主义结构，西方从古希腊、古罗马到近现代资本主义社会，追求的主流是从古希腊时代为贵族服务的社会结构，发展到近现代为公民服务的社会结构。结果，19世纪以后，西方的工商文明及民主法治最终影响了世界发展进程，并逐渐迫使中国从农业文明提升为工业文明、从君主专制与人治的政法体制提升为当代民主法治体制。

现代中国的出路是现代化、全球化，而不是古典化、复古化。一方面要坚定中国式的现代化道路而不是西方化，全盘西化不是中国的出路，继承中国传统政法的合理精神是义不容辞的使命。另一方面，中国人要勇于肯定自由、平等、民主、法治和人权等已经属于人类的共同价值，而不再是西方社会特有的价值。中国在坚持市场经济的同时，在政治上要侧重发展民主，法律上要扩大民权与民法的内容。要解决所有这些问题，从根源上，必须对中西古典政法文明进行深入的比较研究。

中西政法比较研究具有重要的理论意义。自1900年第一次国际比较法大会在巴黎召开以来，比较法的发展已逾百年。对中西政法制度进行比较，不仅是政治学和法学研究的需要，更是中国现实政法体制改革和建设的需要。中国对民主、法治求索的一百年，实际上是对中西方政法比较和探索的一百年。自清末法制变革起到辛亥革命推翻帝制，中国官方统治者只是在“量”上进行变法，并未从根本性质上进行政治体制改革。虽然中华法系传统的律令和律例体制开始解体，但还保留着帝王专制的政治体制。中国一些仁人志士试图在法制层面追寻欧美路线，追求“中西法律”的会通，于是思想家和学问家们，诸如梁启超、严复、沈家本、吴经熊、陈顾远、梅仲协、杨鸿烈、蔡枢衡、瞿同祖等，用比较方法探究中西法律制度和思想文化的区别和联系，构成了中国近现代史上政坛和学坛经久不衰的问题。

单从理论意义来讲，本书是一部兼容很多学科的比较学著作，不仅（其主体部分）包含了特殊意义的比较政治学和比较法学（即中西比较政治学、中西比较法学），而且包含了中西比较原始神话学、中西比较宗教学、中西比较哲学、中西比较伦理学，也包含了中西比较地缘政治学等一系列学科知识。如果拆解开来，还包括中西比较政治思想史、中西比较法律思想史、中西比较政治制度史、中西比较法制史等一系列的相关比较史学。本书著者的兴趣并不在构建多学科的比较学，而旨在通过中西文明的比较，找到中西文明会通的可能性和可行性；甚至可以说，也不单纯在比较中西方政法文明，而在寻找中国政法文明的源流及其出路；更高的研究诉求则是从民族政法文明与全球政法文明的对立统一中把握人类政法文明的发展规律及其出路。因为本书著者深知，中国人不能违背人类政法文明的发展规律，中国人的出路就在于顺应人类政法文明的发展规律，舍此绝无他途。

二、本书研究的主题与视阈

由于元点政法在元点文明系统中占据着核心的地位，因此本书的重点将聚焦在中西元点政法的比较研究上，其他的比较（如中西原始神话比较、中西伦理比较、中西哲学比较等）则都只是围绕“政法比较”这个中心展开的。

本书的核心观点是在认识人类权力政治发展规律的基础上，把中西元点政法文明的核心区别浓缩并聚焦于中国以王权王法主义[1]为重心与古希腊、古罗马以贵族民权主义为重心的根本区别。其主要观点拆解如下：

首先，从系统论的方法分析，不同民族元点文明的起源及其元素构成不可能仅仅是一维度的，而必然是多元立体的系统形态。中西元点文明的不同包括中西元点地理、中西元点经济、中西元点政治、中西元点法律、中西元点哲学及学术、中西元点伦理等多方面的不同元素。用现代语言表述，元点文明包括元点硬件文明和元点软件文明两个方面，或元点物质文明、元点制度文明和元点精神文明三个方面。此外，尽管元素如此众多，但核心元素只有一个，那就是政法元素。政法元素是诸多元素的根本或圆心，中西文明半径的长短是由不同圆心或核心决定的。如果进一步追问政法元素的核心是什么，本书著者则认为是政治元素，因为政治决定法律，而不是法律决定政治。

其次，通过深入探讨中西元点政法的古典渊源，本书著者发现，中西元点政法区别的价值中枢是“忠孝[2]与民主[3]”。中国从夏商周发展到明清，全部政法作为都是围绕着“忠孝”这个价值中枢展开的，近似于全称判断。西方从古希腊古罗马到近现代的发展过程，政法作为的主要基点或重心是围绕“民主和正义”这个价值中枢展开的。但这仅是特称判断，不可认定为全称判断。因为，古希腊社会经历过克里特王权时代，古罗马也经历过王政时代，中世纪还经历了基督教奴役的时代，在西方这些王政和神政时代中起作用的主要不是民主而是专制。不过，在中国古典的“忠孝”和西方古典的“民主”背后还有一

---

〔1〕“王法主义”是本书首次使用的关键词，译为英文“Kinglawism”也是作者根据英文构词法造出的。

〔2〕在西周时代表现为“亲亲宗宗”的政法体制。

〔3〕这里的“民主”是个历史的范畴。民主的根本是公民的民主。从西方文明发展源头看，古希腊公民或民主仅仅适用于“贵族”范围，并不包括平民和奴隶。后来在古罗马时代，公民的适用范围扩大了，至近现代扩大为全部国内社会成员。本书将在后面详细解析。

个更为根本的东西，那就是正义。正义是中国的“忠孝”与西方的“民主”共同的本质追求。因为，凡是文明的东西，都追求正义。所以可以判定，正义是政法文明的本质。当然，正义的承载量是历史的范畴，总是先满足王族、达官贵人，最后才是平民百姓。这种自上而下的满足顺序是历史的发展规律。

最后，本书著者通过研究发现了这样一条“人类政法发展规律”：人类政法经过了三次大的飞跃，即从原始社会末期以民主尚贤为主导的全民信仰主义、父系血缘主义、全体民主主义发展为阶级社会初期以王权贵族利益为主导的中国式的三王主义（王道主义、王权主义和王法主义）或古希腊式的贵族主义（贵族民权主义、贵族民主主义、贵族法治主义），再发展为世界各国的三国主义（国家主义、国民主义、国法主义），再到全球主义（全球伦理、全球政治、全球法治），简化为从尚贤民主主义到王权贵族主义，再到国家主义，再到全球主义。如果展开说，其运行规律是从王权贵族主义提升为国家主义（或国权主义），再提升为全球主义或球权主义的三级跳；相应的政权合理性根据是从王道主义发展到国道主义再发展为人类主义（或球道主义）的三级跳；法律则从王法或贵族法提升为国法再提升为世界法（球法）的三级跳。这个过程是从野蛮向文明的提升过程，是从少数人拥有权力到多数人拥有权力的发展过程。

从政法角度看，全部人类文明史不过是民权利与官权力的关系发展史。民权利或人民利益是用官权力来调动和掌控的。这是人类各族政法发展的共同性本质。

本书的视阈是开阔而多学科的。但将中西方的政治（包括政治学）与法律（包括法学）进行比较，必然以“中西比较政治学”和“中西比较法学”两大比较研究为内核，隐含了中西政治思想史比较、中西政治制度史比较、中西法律思想史比较和中西法制史比较等八大学术的比较研究。其中任何一部比较学的研究都可撰写一部巨著。此外，本书不仅是把中西比较政治学、中西比较法学综合起来研究的专著，而且还包含了比较宗教学、比较哲学、比较伦理学等内容，还研究了中西方现代文明的走向。因此决定了本研究的容量必然是无可限量的。如果对本书所涵盖的知识领域进行概括的话，那么本书所涉及的知识领域至少包括十六史：中西方哲学史、中西方政治思想史、中西方政治制度史、中西方法律思想史、中西方法制史、中西方宗教史、中西方伦理史和中西方史学。当然，其核心知识领域主要包括中西方政治思想史、中西方政治制度史、中西方法律思想史、中西方法制史这四史的内容。本书研究显然不能容括如此多的内容，而不得不主要围绕着“政法比较”的核心来展开。

本书著者原来把研究设计为三卷，即中西政法元点比较、中西文明源流比较、中西现代政法出路比较。根据本书著者的初步设想，此研究的“三部曲”，每卷的容量约需要四五十万字，总共约有120万~150万字。但在完成过程中遇到了巨大的难题。虽然已经断断续续地在这个研究上花费了六年的时间，截止到2012年元月，已经完成了50万字提纲性的残缺初稿，但预计还要用两三年的时间完成其余的部分。就是说，这个研究将是本书著者用八年即一个抗战的时间，才能完成的研究。

本研究的三部曲包含的中西元点政法的时间段不是完全相同的。因为，中西元点政法的发生期间是不同步的，其长短也是不尽相同的。首先，中西元点文明的时间段是不同的。中国元点文明是从三皇五帝至春秋战国，西方元点文明是从古希腊文明到古罗马文明。其次，中西文明源流的时间段也是不同的。中国是从秦汉（公元前221年）到晚清（1911年），西方是从中世纪（5世纪）到第二次世界大战。两者的绝对时间也是不同的。最后，中西方“现代文明”的时间段同样是不同的。中国现代文明应当从辛亥革命算起，西方则从第二次世界大战算起。这种历史时间的划定，显然是基于中国文明与西方文明发展的不同步性。因此，其中蕴含的中西政法时间观是值得再次强调的：一方面，中国的古典文明或元点文明开始得要比西方早得多，中国文明从黄帝算起比西方文明要早约2000年，[1]本书著者主张应当从颛顼或尧舜时代算起。[2]另一方面，中国现代文明则比西方要晚得多。西方的现代化大约始于1500年，中国的政法现代化约始于晚清的变法和辛亥革命。这说明中国古代文明的起源远远早于西方文明，而中国现代文明则晚于西方文明。这是一个不可争辩的事实。

本书只是《中西政法比较》的第一部或上卷。本书的研究使命是对中西方古典政法文明的萌芽、形成与定型进行全方位的探讨。

三、本书的基本框架及其主要内容

本书的第一章是全书的领衔章，意在圈定中西元点文明的中心观点和研究框架。领衔章探讨了下述问题：第一，为了探讨中西元点文明的异同，首先解

---

〔1〕 传说中，黄帝原是黄河流域一个部落联盟的领袖，生活在大约4000多年以前。

〔2〕 从颛顼算起的理由是颛顼“绝地天通”的宗教改革决定了中国元点宗教文明的奠基，决定了后来中国政治文明“帝王祭天”的合法性。从尧舜算起的理由是，尧舜把“天与之，民受之”作为治理社会的合理性与合法性基础，尧舜时代也是后来夏商周乃至传统中国最引以为自豪的时代。

决两个基本问题，即对学界关于“古典文明”的看法进行解析与批判。对于何谓古典文明，古典文明是否就是雅斯贝尔斯的轴心观点，国内一些学者提出了高见，本书也提出了自己的观点，即古典文明必须包括古典文明的起点文明。本书著者认为，中国古典文明应当起源于五帝时代，而不是周朝（中国少数的一些学者这样看），更不可以归结于秦汉（多数中西方学者都这样看）。第二，对文明的文化起源——是起源于哲学还是宗教——进行了深入的思考；本书采用学界的主流观点，即文明起源于宗教，宗教是文明的发源地。此外，本书著者对“文明源于奴隶社会”的观点产生了怀疑。第三，本书最有价值的观点是发现了人类权力发展规律，是从尚贤民主主义到王权主义，再到国家主义，再到全球主义，详见第一章第二节的解析。第四，解析了中西政法文明构成的不同及其重心的不同（中国元点政法重心是王权主义和王法主义，西方元点政法重心是贵族主义）问题。第五，对中西元点政法文明的体制进行确认。人类历史的发展是整体性或立体性的发展，不是单纯点状线性的发展。在文明发展史中，中西方社会建构了不同模式的元点文明，从而有了文明元素的不同配置。

中西元点政法传统虽然也有相同性，但不可忽视中西元点政法的不同性，无论是文明构成还是文明的重心都是不相同的。西方是贵族主义或公民主义的政法结构，但其公民仅限于贵族。后来随着公民适用范围的扩大，公民主义政权的保护对象也不断扩大，最后扩大到国家社会内部的所有成员。在西方公民社会不断扩大的过程中，从古希腊到古罗马实现了两次公民社会划时代的扩大。第一次扩大是从古希腊到古罗马的王政时代，公民社会从局限于贵族扩大到（富裕）平民。当时的平民只享有最低限度或最低最小主义的公民权利，即只享有“个人财产权和从事工商业及农业”与“参与民众大会”两项权利。如果说，古罗马王政时代只给予平民享有“个人财产权和从事工商业及农业”的权利和“最低限度参加民众大会的少量事务”的权利，是西方公民社会扩大的第一个里程碑，那么《十二铜表法》之后增补了“可与贵族通婚权利”和“可免于沦落为奴的权利”，则是西方公民社会扩大的第二个里程碑。第二次扩大是在近现代，西方社会把公民的适用范围扩大为国内所有具有本国国籍的成员。

第二章将从中西元点人文地理经济（元点物质文明）的视角，解析中西古典文明的不同。元点地理环境是不同民族的先民在创造本民族文明时所依托的元初自然环境。中西元点地理的根本区别是中国以黄河长江两河为主要河流的特殊地理结构和古希腊连接着欧亚非三大洲围绕成的爱琴海世界。前者营造了大河文明，后者营造了大洋文明。环绕他们的地理环境不同，所要解决的生存问题也就不同，因此营造出来的文明类型也就自然不同。不同的地理环境迫使中西先民选择了不同的经济模式。中国先民选择了重农抑商的发展道路，古希腊人选择了重商主义的发展道路。

基于前两章即元点物质文明的研究基础，第三章深入到“中西元点政法伦理（元点制度文明）”的研究。这是全书的一个重点章。本书著者认为，中西元点政治的根本区别就是政法价值中枢、价值取向的不同，因此导致了政权重心的不同。中国先民站在王权、王法立场上，古希腊人虽然摇摆在民主制、贵族制和君主制之间，但主要站在限定于贵族范围内的民主、民权和民法立场上。中西先民在各自的政治环境中分别开拓出了两种元点政法理性。如果比较中西初民社会的政法理性的根本不同，那么中国初民社会的核心思想是王道、王权和王法，由此决定其后中国政治法律的发展方向是以宗法制为核心的三纲体系。而古希腊的政法核心思想则是以（贵族）民主与追求正义的自然法为核心。西方人对法律付诸正义的探究精神是深入而细腻的，而古老中国人对宗法制的偏爱是非常固执的。基于不同的元点经济地理，中国先民铸造了隶属型政治，古希腊人铸造了平权型政治。中国古代社会铸造了皇帝权力最高、百官隶属于皇权、百姓隶属于百官及皇权的隶属型金字塔。古希腊民主制时代营造的是贵族公民之间主体权利平等的平权型社会，而把平民、奴隶排除到公民的范围之外。

由于政治决定法律，中国元点王权政治和西方贵族民权政治的分野形成了中西方古典社会人治与法治的分野。中国元点法律领域基于宗法而采用人治制度，而古希腊人基于自然法而采用法治制度。中国古代法律的发展重心是王法而不是自然法，相反古希腊法律的发展重心不是王法而是自然法。中国王法追求的是对帝王的忠诚，因此保护王族利益的刑法或公法异常发达，私法或民法非常薄弱，忠孝成为中国古代法律体系的最高原则。古希腊、古罗马自然法追求的是公民平等和民主的正义法则，因此民法或私法非常发达，于是民主与平等就成为西方法律体系的最高原则。

在中西元点物质文明和制度文明研究的基础上，第四章探讨“中西元点神话（元点精神文明）”。不同的元点人文地理、元点政法，铸造了不尽相同的中西元点精神文明。中国先民古典精神文明开创的是一种强化或拟制血缘文明的道路。中国社会从夏商周到明清，维系社会关系的主要纽带始终是血缘和拟制血缘，后来中国的血缘文化越走越强。然而，西方社会在古希腊时期就把人际关系纽带从“血缘”提升为“地缘”或“地域”，此后血缘文化越来越弱化，而超越血缘的地缘性文明却越走越强。由于宗教是政法文明的根源，因此，本章深入研究了中西方精神文明的原始分野在于中西原始宗教的不同，从而铸造了中西元点精神的不同。中国先民崇尚的是先祖、天子或仁君，古希腊人崇尚的则是天神、超人和智者。

第五章探讨了中西元点法律精神。在中西方文明的比较研究中，中国学者免不了要经历一番可笑的东施效颦阶段。在哲学领域，一定要用西方哲学史的发展轨迹来套中国哲学发展史。其实，中西方古代哲学发展是两种完全不同的哲学类型。在法学领域，许多中国学者效仿西方早期的自然法来套中国先民的法律思想，说中国也不乏“自然法”的发展，更有甚者鼓吹中国先民的“自然法观点极其丰富”[1]，以为一定要把古老中国的元点文明套在西方元点文明发展的这架马车上，才算是坚持了马克思主义。其实，这已经违背了实事求是的原则。中国的学者对中国的元点文明应该进行实事求是的研究，不能削足适履，否则必定要东施效颦。本书著者认为，中国先哲思想的核心体现了一种王道主义精神，中国古典时代政法制度的中轴线或元点文明不是自然法，而是宗法制及其衍生的君王制、德治、人治的体系，从而铸造了王道主义、王权主义和王法主义的政法文明系统。

为此，第六章重点研究了中国的三王主义产生的根源与奥秘。中国的三王主义促使古代中国政法特别注重发展“权术”文化。尽管中国历朝历代的统治者主要推崇儒家，但实际上运用最多的还是法家的“权术学”。在中国古代著名法家思想家韩非子死后的两千多年中，帝王们虽然更多地宣称以儒治国，但实际上采用的主要是韩非子的权术思想。虽然没有一个人明言承认师从韩非子，第一个也是最后一个敢于公开赞扬韩非的帝王是秦始皇，但后来的很多政治家在公开场合讲《论语》、谈仁义，回到家中关上房门，阅读的却仍然是《韩非子》。这是追求权术的需要，也是适应三王主义的需要。

中国先民从三皇五帝到尧舜时代，就已经形成了完善的王权传统，当一个好皇帝的合法性有两个标准：一是“天与之”，即君权神授；二是“民受之”，即要得到百姓的普遍接受和爱戴。夏代只继承了一半，所以夏代的王权统治仅

---

〔1〕 李光灿、张国华主编：《中国法律思想通史（一）》，国家“七五”社科重点课题，国家“八五”重点出版物，山西人民出版社 1994 年版，总论第 26 页。

有一半的合理性。夏代的灭亡揭示了中国几千年王朝更替的一个规律，即仅有“天与之”而缺少“民受之”的王权不具有政权合理性，迟早要垮台。相反，历史上那些既拥有“天与之”，又不乏“民受之”的王权统治，才具有存在的合理性，才更能营造太平盛世。正是因为先祖开发了王权统治合理性的内外两大标准，所以才有可能为后人所继承。后来周代恰恰继承了这两项标准，并创造性地把两项标准综合为一个“敬天保民”的完整标准。

和第六章研究“中国三王主义”相对应，第七章侧重研究西方古典时代的贵族主义，提出有价值的观点：西方元点政法是古希腊人开辟出来的以追求民主和正义为目的、以自然法为表现形态的贵族主义和民主主义。西方元点的政法核心是解决政权合理性与合法性问题，追求的价值核心就是正义、公平与公正，表现的政法主张是民主主义（或民道主义）、民权主义和民法主义。虽然整个古希腊学术都笼罩在神学的关怀中，但哲学家逐渐告别或淡化神灵的关怀，逐渐从天上回归自然再降落到人间，从神秘的命运到自然规律，再到人性的善恶正义，是沿着正义的理路向前发展的。这种发展呈现出三个阶段。第一阶段出现了神灵正义观（有的学者称之为“神命政治观”〔1〕），其核心观点认为，史诗英雄们都是神的后裔，是创造人类社会文化的超人。第二阶段把神灵正义提升为自然法正义。神灵的正义演变为自然本原和自然的“逻各斯”。第三个阶段再把自然正义提升为人本正义。这是以智者派代表普罗泰戈拉提出“人是万物的尺度”为标志的，后来苏格拉底将其提升为“至善”的正义，从而把人本政法观提升为伦理政法观。

继第七章研究古希腊的政法体制之后，第八章针对从古希腊到古罗马的正义提升的角度，研究了古罗马的政治体制和罗马法体系。西方元点政法的提升是从古希腊文明到古罗马文明的过程，其中有一条看不见但能提炼出来的内在轨迹。这条看不见的发展主线就是以正义观或价值理性为目的，这是一个以自然法的提升为基本主线、以罗马法为结晶的发展历程。从古希腊时代走向古罗马时代的社会发展合理性就在于，古希腊人把正义交给了不足10%的公民，〔2〕而罗马人则把正义给予了更多的人。西方历史从古希腊社会发展到古罗马社会

〔1〕 徐大同主编：《西方政治思想史》（第1卷，本卷主编王乐理），天津人民出版社2005年版，第29页。

〔2〕 具体分析参见第三章第一节“一、中西元点政治：王权专制与民权民主”。

的合理性之根本恰恰就在于不断放大着正义的适用范围。

中西古典法律思想有两个焦点，那就是中国孔子的仁政、人治和古希腊哲学家柏拉图的智慧之治，以及中国法家的“法治”与亚里士多德的法治。这是本书第九章和第十章的研究内容。

孔子和柏拉图是中西方最伟大的两位政法思想家。在法律治理本位思想方面，他们两位都提出了治理国家的人治方案，都堪称人治的代表，但理念导向却是根本不同的。虽有异曲同工之妙，但都在沿着各自不同政法理念的路线向后发展。因此准确地说，中西两种人治是貌合神离的。因为，孔子的人治是外礼内仁，柏拉图的人治是哲学王的智慧之治。柏拉图并不否定法治，认为法治是仅次于智慧之治“退而求其次、第二好”的制度。历史的事实已经证明了，孔子的仁政、礼治的法律思想不仅变成现实，而且成为中国历史上几千年社会制度的主流；而柏拉图的哲学王智慧之治从来未曾变成现实，但公民范围内的法治发展路线却越走越强。

同样，中国诸子百家中的法家的法治思想与亚里士多德的法治思想也不能同日而语。由于翻译中的无能为力或无奈，两者似乎都用“法治”一词，但内涵却有天壤之别。阐释二者的区别及联系，是我们研究古老中国和古希腊法治思想的主要用意。古代中国、古印度、古希腊大约都在公元前五六世纪，同时奏起了文明突破的号角，拉开了各自文明发展的序幕，但都打上了民族文明的烙印。奇怪的是，中国的法家思想与古希腊亚里士多德等思想家大约是同时代的人，都提倡“法治”，但注入“法治”思想的具体内涵却完全不同。

在全球化民主与法治的大趋势中，中国现代社会开始追求“民主与法治”。说到法治，人们总是愿意到中国先秦诸子百家中的法家思想中去寻找“法治”。因此，有人误以为，法治在中国也是有传统的，李悝、商鞅、韩非子、慎子、申不害等人就是提出法治的先驱。其实，这是对现代意义上“法治”理念的最大误解。如果不懂法学的人这样说，还情有可原，但中国的知名学者也这样认为，那实在是大错特错了。我国有的学者在20世纪末提出，在我国和西方国家历史上关于法治和人治的争论主要有三次，第一次是我国春秋战国儒法之争，儒家主张人治，法家主张法治。[1] 其实，儒法之争并非人治与法治之争，二者实质上都是人治和专制。因为，法家之法治与西方自古希腊以来的法治并不是

〔1〕 参见沈宗灵主编：《法理学》，北京大学出版社1999年版，第153~154页。

一回事。古希腊古罗马的法治与中国法家之法治，尽管都是一个“法治”语词，但内涵却有天壤之别。法家的法律思想是为维护君主制服务的手段，固守帝王的人治才是其政治目的。这和亚里士多德的“法治”完全不同。亚里士多德的法治思想不是为专制服务的人治，而是为民主服务的法治，他极端反对一人之治，尤其反对君主专制。

在本书的最后（结语），将对古代中国与古希腊、古罗马古典政法文明进行总结，对中西元点政法渊源进行理论模式的提升。把第一章关于“从政法角度看，全部人类文明史不过是民权利与官权力的关系发展史”的思想提升为中国政法文明不过是中国的忠孝、官权力、民权利的三角政法文明模式，西方政法文明不过是民主、官权力、民权利的三角政法文明模式；进而把中西政法文明再次提升为人类政法文明不过是正义、官权力与民权利的三角文明的演变发展史，从而提出了许多值得深入探讨的问题和有价值的思想：

1. 中西元点政法时代是中西方“民权利与官权力的关系发展”的决定性阶段。

2. 政法的全部问题都是由正义、权力、权利三角问题派生出来的问题。有什么样的正义、权力、权利三角状态，就会产生相应的其他所有政法问题。

3. 从现实主义或实然状态视角看，全部政治问题都隐含在民权利与官权力的关系如何得以解决的状态，简言之，都是权力和权利的关系问题。

4. 人类政治文明的发展史就是一部民权利与官权力互动的历史。阶级斗争的历史不过是官员或统治阶级的权力与被统治阶级利益或权利互动的发展史，也是民权利与官权力争夺社会利益的历史。如果国家权力以公民权利为根据，确定国家政治法律的存在形态，那就是合乎正义的政府，反之就是不正当的政府。

5. 中国元点政法的奥秘向世人显示，中国早在夏商周三代，民权利要到官权力那里寻找根据，而不是相反；权力为忠孝体制服务，而不是为民权利服务；权力与权利互动的追寻目标是忠孝；不仅以帝王为首的官员群体这样设定，而且人民已经默默接受了这种价值欺压。这是统治者的胜利，庶民的无奈。

6. 古希腊民主制度要求官权力必须以民权利为根据，而不像中国那样官权力是民权利的根据。官权力存在的价值和运行规则是民主，不是忠孝；官权力是为公民权利服务的。权力与权利互动的追寻目标不是忠孝而是民主，这样才能保证官权力为公民权利服务的宗旨。

7. 理想社会中构建的正义、官权力与民权利三者的决定关系应当是双向的而不是单向的。正义与公民权利的理想关系是目的与手段的关系。实现公民权利是正义的目的，正义是实现公民权利的正当手段。正义与官权力的理想关系是规范与被规范的关系。官权力与民权利的理想关系是保护与被保护、服务与被服务的关系。官权力是为民权利服务的，官权力是为了确保民权利而设定的。官权力存在的价值就是用来保护民权利的，否则就失去了存在的价值或者可谓不合理的暴政。

8. 中西古典时代经营了两种不同的权力配方和权利结构。在中国，忠孝精神决定权力分配方式进而决定权利结构。忠孝的价值取向直接决定政府或官员体制的权力分配方式，进而决定平民权利的结构，形成隶属型社会结构。在西方，民主决定权利结构进而决定其权力分配方式。民主直接决定或指向的不是权力分配方式，而是权利结构（平权型结构），要求权力分配方式主要为贵族公民服务，而不是为帝王服务。

第一章

中西元点政法总论

第一章是全书的领衔章，是对全书核心观点的聚焦性提炼。但是，对核心观点的具体论证则是全书才能完成的任务。本章为了识别中西元点文明的根本异同，重点研究了“古典文明”的起源问题、文明和法律的起源问题。值此，本书著者提出人类政法的发展规律性，探讨了中西元点政法的发展根源、中西政法文明构成和重心的双重不同，其奥妙在于中国元点政法重心是三王主义，西方元点政法重心则是三民主义（局限于贵族范围）。

第一节　中西古典文明的起源

如果要探明中西古典文明问题，就必先要了解什么是“古典文明”的问题。这里将重点探讨如下问题：第一，何谓古典文明？西方学者对古典文明的看法是否正确？古典文明是否就是雅斯贝尔斯的轴心观点？国内一些学者对此有哪些高见？是否也存在很大的缺陷？第二，“文明”是否源于奴隶社会？第三，古典政法文明的起点是什么？本书著者在对这些问题进行了深入探索之后，发现了人类权力发展的规律，那就是从“尚贤民主主义”发展到“维护王族和贵族利益的王权主义和贵族主义”，再发展到“维护公民权利的国家主义”，最后发展到“维护世界公民权利的全球主义”。

西方古典文明源于古希腊文明，这在学界是很清楚的常识。但中国古典文明源于何时？这还依然是个有争议的问题。

一、“中国古典文明”源于何时？

学界通常把一个民族文明在奠基时代创造的文明称为古典文明。把中国古典文明归结于先秦或秦汉的大有人在，不仅西方学者如是观，而且很多中国学者也这样看。无疑，这是一种错误的观点。

持这种观点的西方学者有拉兹洛、雅斯贝尔斯。拉兹洛认为，公元前221年创立中华帝国。[1] 雅斯贝尔斯认为中华古典文明是先秦文明（春秋战国时代的文明），西方奠基性古典文明是古希腊文明。雅斯贝尔斯提出，公元前800年至公元前200年间，尤其是公元前600年至公元前300年间，是人类文明的“轴心时代”。“轴心时代”发生的地区大概是在北纬30度上下，即北纬25度至35度之间。那个时代是人类文明的重大突破时期。在轴心时代，各个文明都出现了伟大的精神导师。古希腊有苏格拉底、柏拉图、亚里士多德，中国有孔子、老子，以色列有犹太教的先知们，古印度有释迦牟尼。他们提出的思想原则塑造了不同的文化传统，也一直影响着人类的生活。在那个时代，古希腊、以色列、中国和印度的古代文化都发生了“终极关怀的觉醒”。这几个地方的人们开始用哲学理智的方法、道德的方式来面对这个世界。它们是对原始文化的超越和突破，而超越和突破的不同类型决定了今天西方、印度、中国、伊斯兰不同的文化形态。[2]

中国有的学者认为中国古典文明源于西周文明，也认同西方古典文明是古希腊文明。大多中西方学者也都认同西方文明的轴心是“两希文明”（古希腊的哲学和希伯来的宗教）。

本书著者认为，这些看法虽然大致没错，但难免有失偏颇。一方面，古典文明尤其中国古典文明绝不是某一个“朝代”或“时代”所能完成的，对中华古典文明至少应当追溯到三皇五帝时代，确切地说是从尧舜至西周到先秦所建立的文明体系。另一方面，西方古典文明应当包括古罗马文明。古罗马不仅继承、整固并发展了古希腊文明，同时把东方传入的基督教提升为西方文明的轴心之一（另一个轴心是古希腊哲学），并传承给日耳曼人。可以说，撇开古罗马文明，单凭古希腊文明，很难代表西方古典文明。西方古典文明并不是古希腊一个民族所为，至少是古希腊人和古罗马人两个民族的伟大作为。

对此，本书著者请教了中国宗教研究专家牟钟鉴先生，其也是本书著者的

---

〔1〕［美］E·拉兹洛：《世界系统面临的分叉和对策》，李朝增等译，社会科学文献出版社1989年版，第64页。

〔2〕参见［德］雅斯贝尔斯：《历史的起源与目标》，魏楚雄、俞新天译，华夏出版社1989年版。

老师。他提出了如下一系列的高见，令人耳目一新：第一，对三皇时代的传说虽无文字记载，但这些传说的内容有相当部分是真实的和具有历史意义的。三皇时代的传说，分别记录了“人工取火”、“游牧文明”、“农耕文明”三个划时代的历史标志，有重大的历史内涵。显然，马克思主义五种社会形态的说法不完全适合古代中国。中国没有典型的奴隶社会、封建社会和资本主义社会。三皇时代的文明成就很高，水平也不同。西方文明可能起源于青铜时代，而中国文明则起源于前青铜时代。对中国的玉石文化（石器文化）应当重新认识。西方人认定中国“西周之前无历史”的这种说法是根本错误的。中国的一些学者东施效颦，一定要用实证主义来说事，否定传说的文化意义。第二，如果说三皇时代的文明还是传说，那么认为五帝时代还没有文明，显然是荒谬的。五帝时代，甲骨文文字对其历史文献的记述是非常完整的。第三，张光志先生提出“抽国”的概念。牟钟鉴先生则认为，把“抽国”改为“古邦国”才更为科学，符合前民族国家，但仅仅追溯到部落联盟不足以反映中国古代社会的文明特点。第四，夏商周三代文化的核心是“礼文化”，到孔子提升为“仁文化”。第五，对中国古典文明的看法，要采用中国的学术立场，不能完全西化。第六，西方两次破坏和冲击血缘文化，古希腊古罗马的城邦是第一次，近现代的市场经济是第二次。中国相反，血缘关系和血缘文化异常发达，不但没有被切断，而且承继下来并源远流长。在这种意义上讲，中国才是真正意义上的“文化联合国”，印度则不是。婆罗门教不是印度原始宗教。印度是一元多神，外部排他性很强，自己的佛教也排除在外了。中国则相反，不仅能吸收外来文明为自己所用，而且还能保持自己的文明特色。外国是断裂式、否定性的发展；中国则不搞切断，是加厚式的。中国古典本色文明的核心观念“敬天法祖”一直延续到现在。牟先生正在研究宗教生态论，主张宗教生态平衡，反对宗教垄断。这是一种对人类的终极关怀。宗教垄断和宗教的排他性是导致文明冲突的祸根，因此在印度导致国家的分裂。中国血缘文化至今还有巨大的生命力，如中国农民工到现在还保留着中国传统文化，过年“回家团圆”。第七，中国文化具有解决世界矛盾的文化优势基因，而西方基督教世界和伊斯兰教世界更多的是激化矛盾。中国文化主张，“君子和而不同，小人同而不和”。西方崇尚的则是“世界一荣俱荣，一损俱损”。牟钟鉴先生认为，现代西方的“四权”精神搞得整个世界不得安宁，他们主张的是资本控权、政治霸权、军事强权、文化危权。自己的危机都解决不了，还要霸权世界。西方文明的排他性太强了，对世界的不安宁应当负有主要责任。第八，解决基穆冲突必须借鉴中国文化模式，才能找到出路。但现在中国的声音太弱了，西方霸权的声音太强了。中国对叙利亚投否决票，结果西方人愤怒了。西方文化基因里有一个根本性的不足，那就是要用“解放全人类”的方式处理世界问题，就是要用自己的文明方式取代或同化异族文化。这是一种强迫性的行为，是野蛮行为，不是文明行为。

本书著者还请教了中国宗教研究专家张践先生，他提出了如下宝贵意见：第一，无论是马克思主义，还是雅斯贝尔斯的轴心论，都是基于欧洲文明的，恐怕不能完全运用于中国。雅斯贝尔斯和马克思忽视了中国前轴心的1000年。所以，他们错误地认为，在全人类范围内，奴隶社会以前没有文明。其实，这只适合欧洲社会，并不适合中国。实际上，中国文明比欧洲文明要早七八百年。第二，仅仅把中国轴心时代归结为先秦是不太合适的。中国学者普遍认同，诸子百家出于“周官”，这是中国历史的常识。显然西方学者对中国的早发文明认识不足。邹昌林在其大作《中国古代国家宗教研究》中认为，中国文明源于三皇五帝。中国文明源于青铜时代之前的石器时代，玉石、石器文化已经造就了中国文明。本书著者认为，中国的轴心文明早于先秦，可追溯到公元前11世纪的西周时代。但张先生认为，轴心不可拉得太长，太长就成为车或前车了，不再是轴心了。

在此，本书著者还是坚持自己的观点：中国古典文明是一个从萌芽到高潮的完整发展过程，不能只看高潮，不计萌芽。首先，三皇时代是中国古典文明的萌芽时代，是中国文明的起源时代。其次，五帝时代是中国古典文明脱颖而出的时代，其中颛顼“绝地天通”的文化改革对中国文化的影响是深远的，不仅决定了中国元点宗教，决定了西周的礼仪文化体制，从而决定了中国元点政法文明，还决定了后来北京天坛的祭天韵味。最后，继五帝之后，中国古典文明掀起了两次发展高潮，第一次是西周开创了礼乐文明，第二次是先秦诸子百家开拓了百家争鸣的局面。

说白了，一个民族和一个人的发展命运具有相通性。一个人少年的梦想决定了其一生的发展高度和深度。人与文化的互动形成了社会的发展。在人与文化的互动中，一方面人创造了文化，另一方面文化塑造了人。不同民族创造了不同的民族文明，同时民族文化塑造了不同民族。两者是相得益彰的。华夏民族文明对后来整个中华民族的发展过程产生了深远影响，古希腊民族文化对后来整个西方文明的发展产生了深远影响。不同民族的发展命运取决于其文明元点。“对于一个民族来说，它初次爱恋上的文化或事物，正像个人生活史上的‘初恋’——是震撼人心的，对一个民族将有‘永恒的魅力’，将顽固地保留在它心灵的深处和意识的底层。”〔1〕

值此，本书以《中西元点政法比较》（也可以叫做《中西古典政法比较》）为主题，主要的用意是把中西方政治学与中西方法学的比较提升到整体综合性研究的水平，不仅对比研究中西方的政治、中西方的法律，而且对中西方政法进行整体性比较研究。因为政治决定法律，政治与法律是一个整体。本书正是从中西方政法的整体性探究中西方政法问题的一次尝试。

本书著者信奉这样的理念，即民族文明发展的根本之谜在于民族元点文明。中西方文明的根本不同起源于中西元点文明。中西元点文明的特殊性塑造了不同类型的文明体系。而民族元点政法则是民族物质文明和精神文明的轴心。因此，中西元点政法文明是研究中西方文明关键中的关键。本书著者把中西方政法研究的重点聚焦于古典政法文化（用本书的话讲就是“中西元点政法”）来挖掘中西方政法发展的不同渊源。其实，民族文明的发展奥秘在很大程度上取决于先民创造的古典文明。

本书著者认为，中国从夏商周到明清的政法传统的根本是基于维护王族利益而形成的王族文化。王族利益是整个社会利益的核心，由此决定了“国家政权”的主权者的意志。主权者的意志并不取决于民意，在古代中国主要体现为王意，因此才铸造了王权社会。法律不是为民服务的国法，而是为王族服务的王法。寻求王权、王法的合理性与合法性的基础是王道主义，而不是民道主义。王权主义与王法主义的合流，成为中国元点政法的奠基性元素。中国王权主义的政治传统制度决定了其王法主义的法律制度。可见，古代中国的王权主义与王法主义是一脉相通的。

不同的是，西方从古希腊到近现代传统文明是基于维护贵族利益而形成的贵族文化。整个社会利益的核心是贵族利益，而不是王族利益。“国家政权”的主权者不是王，而是贵族。王者只是贵族的一员，不是高高在上的和可以决定臣民生死的主宰。因此铸造了贵族社会。“国家法律”不是为王族服务的国法，而是为贵族服务的贵族法或民法（古希腊公民止步于贵族）。寻求贵族权力、贵族法律的合理性与合法性基础是贵道主义，而不是王道主义。贵族权力与贵族

〔1〕 谢选骏：《神话与民族精神》，山东文艺出版社1986年版，第281页。

法律主义的合流，成为西方古典政法的奠基性元素。西方政法源于古希腊的贵族民主制（共和制只是其中的一种表现形态），自然法异常发达，从而培育了发达的私法体制。古希腊是王权与贵族的均势与平衡。古希腊文化主要是贵族文化，而不是王族文化，因此基于贵族的基点培育出了贵族的民主主义、民权主义，这与自然法主义（或者为“自然法基础的民法主义”）是融会贯通的。

关于中国的三王主义和西方的三民主义，后面再作详尽解析。这里，继“古典文明源于何时”之后，将追问更深层的问题，那就是“文明源于何时”的问题。

二、文明源于何时？

在回答这个问题之前，必须先搞清楚“最初的文明是什么”的问题。本书著者认为，元点文明就是先民初创的曙光文明，也叫元初文明。作为文明的起点或元点必须满足一个条件，那就是“吃人的普遍现象”消失了。如果吃人的现象还很普遍，怎么能称为是一种文明社会呢？

那么文明社会起源于人类社会发展的什么阶段？这个问题还是一个有争议的问题，至少还是个未能探明的问题。

西方学者认为，人类社会从氏族社会发展到奴隶社会，才迎来了文明的曙光。这种看法被很多中国学者所接受，但未必就是真理。在本书著者看来，从历史文明发展形态看，文明的本质在于“吃人现象”的普遍消失。文明的本质体现在国际关系上是对待外族俘虏的态度。

众所周知，在原始社会，由于社会成员较少，领地很小，在这种“小国寡民”社会里实施的是完全民主制的形式。因此，社会的重大问题都要通过民众大会来解决。许多学者认为，原始社会是自由、平等的美好社会。然而，在本书著者看来，原始社会虽有平等但无自由。因为，一方面，原始社会发展到氏族社会，政法的运行形式是完全的民主，内部社会成员的关系是平等主体的关系。民众大会形成的决定，每个社会成员必须服从。可以说，在民众大会的决议面前，氏族成员毫无自由可言。另一方面，氏族宗教信仰成为社会成员与生俱来必须服从的宗教法则。社会成员没有脱离社会的种种自由权利。第三方面，由于原始社会生产力的低下和社会财富的匮乏，人们不可能获得自由。可以说，人类在那个时代是最没有自由的，绝大多数人驻留在自己的部落中，走出本部落就面临死亡的威胁。在国际关系方面，氏族之间还滞留在非常野蛮的时代，要么老死不相往来，要么“以血还血，以牙还牙”地不断上演着同态复仇的故事。

在中国的教科书（无论是中学教科书，还是大学教科书）中，有一个不能自圆其说的二律背反。一方面认为，奴隶社会是非常残忍的，而原始社会则是自由、平等和美好的社会。另一方面认为，文明社会始于奴隶社会。这种二律背反的合题能得出这样一个荒谬的结论：原始社会虽是野蛮时代，但却是自由、平等、美好的，奴隶社会虽然极其残忍但却是文明的开端。如何解决这个二律背反的问题，成为我们揭开人类文明曙光的关键。

带着这个问题，本书著者从中学到大学，问过许多老师，结果却是没人能给出一个令人满意的回答。许多大学老师的解释都是避重就轻地告诉本书著者，科学文化、意识形态、阶级国家、私有制等诸多文明要素都源于奴隶社会，所以文明起源于奴隶社会。这个结论并未满足本书著者的好奇心。于是，这个问题又把本书著者拖延到研究生时代。结果，本书著者还是没有找到令自己满意的答案。

为了寻找这个答案，本书著者在大学时代、研究生时代，翻阅了好多书籍。结果，无论是大学教科书，还是绝大多数的史学著作，给人的答案都惊人地一致：吃人和杀人的现象，在原始社会根本就不是普遍的，只是偶尔有之的现象。

后来本书著者在研究中发现，这种答案似乎是骗人的。于是我猜想，这背后一定有个大秘密或大忌讳。为什么要这样说呢？因为，在当大学老师10年之后的某一天，本书著者在讲课时突然萌发了一个灵感，似乎找到了那个梦寐以求的答案。后来看了人类学的一本书[1]，证实了本人的这个想法。于是，本书著者才抚慰于胸。对此，本书著者真的有点欣喜若狂。

原来，这里存在着一个人类的根本忌讳：人类不能普遍接受这样的事实，即在人类当初（原始社会早期或前氏族时代），吃人的现象是很普遍的；结束了普遍吃人的现象后，紧接着是杀人变成很普遍的社会现象；当普遍的吃人和杀人现象消失后，人类才进入了奴隶社会。吃人和杀人的普遍性是极其残忍的历史的一页，人类不愿意认定这是真实的。但这却是真理。真理往往不被教科书采纳。因为，人类出于根本忌讳不敢向真理迈进这一步。

这答案告诉本书著者，人类早期还停留在半人半兽的时代，由于生产力的低下，导致生活资料的高度缺乏，许多部落为了生存，往往把战争中的俘虏给

---

〔1〕 已经记不清具体是哪本书了。

吃掉。这并不是罕见的现象。必须强调的一点是，吃人和杀人的主要对象不是本氏族部落成员，而是战争中捕获的俘虏。

人类缘何从普遍吃人（俘虏）转向为普遍杀人（俘虏）现象？这种转变意味着什么？其实，在原始社会早期存在着从吃人发展到杀人的进化规律。当生活资料远远不够养活本族成员时，吃人（俘虏）现象是普遍的；当生活资料较为丰富，仅仅能够满足本族生存的时代，人类就结束了吃俘虏的现象，改为杀俘虏。那个时代杀死俘虏是很普遍的现象。可以说，吃人和杀人的现象很普遍的时候，我们没有理由说原始社会是文明的社会，不得不认定原始社会是极其残忍的野蛮“社会”。正是因为吃人、杀人现象的普遍消失（并不排除个别现象），战争俘虏沦为奴隶，人类社会才从野蛮的原始社会走向文明的奴隶社会。因为，奴隶的产生恰恰就是把原来要吃、要杀的俘虏留存下来的产物。所以，使俘虏成为奴隶，才从根本上消灭了吃人和杀人的普遍现象。当然，其根本的答案是经济学的，“产品剩余”是人类一切文明的根源。这是历史教科书讲述的常识。

原始社会的正义状态是怎样的？这个问题无法获得文字的考证，史学家也鲜有论述。因此，本书著者根据掌握的知识，结合理论的整合，进行如下描述：基于生产力发展水平的低下，不可能有产品剩余，原始社会成员不得不采用民主议事的形式来解决社会重大问题，生活资料不得不采取平均分配的形式，从而导致了社会内部的近似绝对的民主与平等状态，但并不自由，而且是全体社会成员的不自由。尤其在宗教信仰上，个人根本没有信仰自由，社会成员必须整体性地信奉氏族神灵。谁若是亵渎或者是背叛了本氏族的神灵，一定会受到极其严重的惩罚。所以，本书著者对原始社会的结论是：在原始社会，虽然平等但不自由；虽然民主但无法治；虽无哲学但有宗教；虽有正义但很低下；产品有限因此平均分配；社会是整体的贫穷，绝无一个富人。

按照本书的观点，中国文明史并不止 5000 年，西方历史也应相对拉长。本书的观点认为，文明始于吃人普遍现象消失的氏族社会晚期，而不是奴隶社会，文明历史的时间大约一万年。

三、元点政法源于何代？

如果以“吃人和杀人普遍现象的消失”为文明标准，人类文明史约有一万年，那么国家和法律的历史是不是也有近一万年呢？答案是否定的。因为，国家和法律的历史远比一万年要短得多。如果认定“夏朝”是中国产生的第一个朝代，夏朝的诞生是公元前21世纪的事情，算来至今只有四千多年的历史。因此，按照这种观点，中国的国家和法律的发展史只有四千多年。

从系统论的方法论来看，民族元点文明的起源形成过程或民族元点文明的发生不可能仅仅是一维的，必然表现为多元立体的系统形态。中西元点文明的不同包括中西元点地理、中西元点经济、中西元点政治、中西元点法律、中西元点哲学及学术、中西元点伦理等多方面的不同。用现代三个文明思维看，元点文明包括元点物质文明、元点制度文明和元点精神文明三个方面。

在中西方的历史分期上，本书将打破以往一些断代的划分方法，按照中西政法的内在价值来划分。元点生成期、扩展期、顶峰期（西方以自然法契约论为标志），历史时间跨度只能大致相当，不可圈定于某一个“朝代”或“时代”之中。

本书著者基本赞同“西方法律始于古希腊”的观点，但对于中国法律始于何时，颇有异议。故在此特别探讨。因为，中国法律起始于什么年代，这是一个很难回答的问题。中国法律思想史学家杨鸿烈直言挑明了这一点：“中国的信史，自殷周以前犹是漆黑一团。经过千余年学者的辨伪功夫，直到如今，都还没有实现拨开云雾而见青天的志愿。所以，要说中国的法律起源于何时代，真是难于置答。”〔1〕

许多中国法律思想史研究专家只把中国法律思想追溯到夏商周三代，〔2〕这是受到马克思主义观点的影响。按照马克思主义思想看，人类只有发展到阶级社会或国家社会，才会产生法，因此法产生于奴隶社会。其实这是有缺陷的。这种观点根本不适合于中国的情况。

根据先秦思想家们的看法，中国先民法律思想至少应始于三皇五帝时代。至于到底是三皇时代还是五帝时代则有分歧。更多的人认为中国法起始于五帝时代。先秦法家认为，中国的法律产生于三皇时代，“神农之世，男耕而食，妇织而衣。……神农既没，以强胜弱，以众暴寡，故黄帝作为君臣上下之义，父子兄弟之礼，夫妇配匹之合，内行刀锯，外用甲兵”〔3〕。可见，“内行刀锯”即法，而对外则是无政府状态，不得不用甲兵。法家还提出，“黄帝之治天下也，

〔1〕 杨鸿烈：《中国法律发达史》，中国政法大学出版社2009年版，第12页。
〔2〕 张国华编著：《中国法律思想史新编》，北京大学出版社1998年版，第19页。
〔3〕 《商君书·画策》。

其民不引而来，不推而往，不使而成，不禁而止。故黄帝之治也，置法而不变，使民安其法者也。所谓仁义礼乐者，皆出于法”[1]，“藏于官则为法，施于国则成俗”[2]。

本书著者在研究中国王权王法产生的渊源的过程中，发现中国法律至少应当产生于颛顼时代和尧舜时代。因为，中国先民的王权王法的基本规则是颛顼和尧舜时代制定的。颛顼大帝在“绝地天通”的文化改革中，规定了“只许帝王祭天”的根本法则。尧舜的“天与之，民受之”则确定了中国政权的合理性与合法性规则。

“天与之，民受之”的说法是孟子对尧舜思想的概括。《孟子·万章上》第五章记载了孟子和万章的一段对话。因为重要，故附文如下：

> 万章曰：“尧以天下与舜，有诸?”孟子曰：“否；天子不能以天下与人。”“然则舜有天下也，孰与之?”曰：“天与之。”“天与之者，谆谆然命之乎?”曰：“否；天不言，以行与事示之而已矣。”曰：“以行与事示之者，如之何?”曰：“天子能荐人于天，不能使天与之天下；诸侯能荐人与天子，不能使天子与之诸侯；大夫能荐人与诸侯，不能使诸侯与之大夫。昔者，尧荐舜于天，而天受之；暴之于民，而民受之；故曰，天不言，以行与事示之而已矣。”曰：“敢问荐之于天，而天受之；暴之于民，而民受之，如何?”曰：“使之主祭，而百神享之，是天受之；使之主事，而事治，百姓安之，是民受之也。天与之，人与之，故曰：天子不能以天下与人。舜相尧二十有八载，非人之所能为也，天也。尧崩，三年之丧毕，舜避尧之子于南河之南，天下诸侯朝觐者，不之尧之子而之舜；讼狱者，不之尧之子而之舜；讴歌者，不讴歌尧之子而讴歌舜，故曰，天也。夫然后之中国，践天子位焉。而居尧之宫，逼尧之子，是篡也，非天也。《太誓》曰：‘天视自我民视，天听自我民听。’此之谓也。”

当然，中国先民的王法是几个时代才能完成的。本书著者认为，中国王法的完善是从尧舜的“天与之，民受之”到周代的“敬天保民”的几个朝代才得

[1]《管子·任法》。
[2]《管子·法禁》。

以完成的政法事业。这是中国先民为后来中国人开辟出来的执政合理性、合法性和有效性的基石，更是铸造中国和谐社会的根本。好的君主必须是“天与之，民受之”，必须能够做到“敬天保民”。可以说，“天与之，民受之”和“敬天保民”是王道合理性与合法性的根本。

如果追究中国王道、王法的宗教根源，或者探究中国独特的王道与王法文化的萌芽，应当追究到五帝的颛顼或更早的时代。因为，中国独特的原始神话体系，营造了特殊的王道体系。尤其是图腾崇拜、祖先崇拜、天神崇拜的“分守”规则（王与臣民的祭祀对象要分开的规则）。中国特有的天神崇拜和祖先崇拜的分守规则奠定于五帝时代的颛顼。因为，颛顼“绝地天通”的宗教改革，铸造了中国王道与王法的根本——帝王祭天（也祭祖）而庶民（只能）祭祖（不能祭天）。对此，本书在后面再作详尽的论述。

在本书著者看来，在探讨“中国法律产生于何时”的问题时，不能把眼光局限于产生于哪个时代，要放大到“中国法的产生是需要几个时代连续完成的一个巨大工程”[1]。

第二节　中西元点政法体制

本书的基本观点认定：中西元点文明是中西方文明发展的源泉和根本点，决定了中西文明后来的发展方向、特点、类型、价值取向和基本内涵；中西元点文明的结构并不是点状结构，而是一个完整的系统结构。中西元点文明的系统虽然包括中西元点伦理、元点英雄（史观）、元点哲学、元点学术，但在这个系统中，硬件基础是中西元点地理和元点经济，文化精神起源于中西元点宗教，核心区别点是中西元点政法文明。因此，中西元点政法体制成为中西文明区别的中轴或中枢。

人类历史的发展是整体性或立体性的发展，绝不是单纯点状线性的发展。在文明发展史中，中西社会建构了不同模式的元点文明，从而有了文明元素的不同配置。人类各族文明之间有同也有异。各民族文明都有自己的产生及发展的模式，同时也有着相同的发展规律。这个普遍相同的发展规律就是人类权力

〔1〕 这是本书著者的观点。

内核的传承规律。

一、人类权力的传承规律

本书著者认为，如果认定政法体制是整个文明大厦的中轴，那么权力体制就是这个中轴的生命线，或者说权力体制是政法体制的灵魂。这个权力体制决定着生活在这个社会中的所有人拥有权利多少的配给，或者说权力的政法结构决定了民众权利的存在状态和发展状况；从根本上说，上层建筑权力的构成决定了社会成员权利的发展状况。这就形成了一种上层建筑权力与社会成员权利互动的发展规律。另一方面，文明社会权力构成的宽容度在中西方呈现出不同的发展规律。中国的发展规律是从以王权为重心的时代发展到王权与贵族权力制衡的时代，再发展到上层建筑权力尽可能包容社会成员权利的时代的过程；西方从古希腊古罗马时代以贵族权力为核心的贵族权力包容王权的时代发展到中世纪神权统治王权的时代，再发展到近现代市民社会以公民权利为重心的过程。这个规律包容的内涵是很丰富的，必须展开说明，主要包括如下几方面的内容：

首先，文明发展的历史远远长于阶级发展的历史。文明始于氏族社会，阶级始于西方的奴隶社会或中国的王族社会。文明并不是与阶级同时产生的。氏族社会先于因此便长于阶级社会。所以，探索人类政法的发展历史应当从氏族社会开始，而不能从奴隶社会开始。其次，文明产生于早期宗教或原始神话，政法并非产生于阶级之后，而是产生于原始社会末期的氏族·部落·部落联盟社会的宗教神话时代，在此前是半人半兽的状态。文明结束了半人半兽的状态。

本书著者通过研究发现了这样一条人类权力政治发展规律：人类政法权力的发展呈现三级跳的发展规律。第一级形态是从半人半兽的状态发展到文明初级形态的原始社会末期，其政法特征是从以民主尚贤为主导的宗教全民信仰主义、家族父系社会的血缘主义、政治全体性的民主主义发展到中国以王族利益为主导的王道主义、王权主义和王法主义，西方发展到古希腊古罗马的贵族主义。第二级形态，中西方共同发展为三国主义（国家主义、国民主义、国法主义）。第三级形态再发展到三球主义（伦理的全球主义、政治的全球主义、法律的全球主义或为国际法的全球化）。因此，人类从古代文明到近现代文明的发展规律就是从尚贤民主主义发展到王权主义或贵族主义，再到国家主义，再到全球主义。[1]

从政法角度看，全部人类文明史不过是“民权利”与“官权力”的关系发展史。两者制动的决定关系不是民众权利决定官员权力，而是官员权力决定民众权利。因为，民权利是用官权力来调动或掌控的。

民权利与官权力的关系发展史不是没有规律可循的。虽然民权利与官权力的关系发展具有相同的规律，但各族的表现是多种多样的。

中国发展规律的具体表现是从氏族社会全体成员享有权力的民权主义降落为只有王族才能掌握最高权力的王权主义，再从王权主义提升为国家主义（或国权主义），再提升为全球主义或球权主义；相应的政权合理性根据是从王道主义发展到国道主义，再发展为人类主义（或全球意义上的人道主义）；法律则从王法主义提升为国法主义，再提升为世界法（全球法治）主义。这个过程不仅是从野蛮向文明的提升过程，而且是文明度不断提高的过程，是从少数人拥有权力到多数人拥有权力的扩展过程。

西方的运行规律表现是从氏族社会全体成员享有权力的民权主义发展为只有贵族才能享有官权力的贵族主义，再从贵族主义提升为国家公民主义，再提升为全球主义或球权主义；相应的政权发展的合理性是从把公民圈定为男性贵族的民道主义发展到国道主义，再发展为人类主义（或球道主义）；法律则从贵族民法主义提升为国法主义再提升为世界法主义。这个过程也是从野蛮向文明的提升过程，是从少数人拥有权力到多数人间接掌控权力的扩展过程。

文明早期形态或者原始社会末期具有三大特征：

第一，原始社会末期，“政法”的表现形态是以宗教文明为标志的，形成以宗教政治、宗教法为底蕴的政法系统。宗教政治、宗教法决定了前奴隶社会的政法状态，也就是西方启蒙家所说的“自然状态”。可以说，没有部落联盟的宗教政治、宗教法，就不会产生后来的奴隶制政法；奴隶制政法就会成为无源之水。人类文明到底有多长的发展历史，虽然一直还未有确切结论，但中国的马克思主义学者基本达成的共识是，文明发生于奴隶社会。本书著者对此不以为然，如果把中国文明史认定为起源或发生于夏朝，这是多么荒唐的事情。因为，古代中国根本没有西方社会那样典型的奴隶社会。中国学者普遍认为，三皇五

〔1〕 对此观点的证明，不仅需要本书后面各章的解析，而且需要本套书的中卷《中西政法的分流》和下卷《中西政法的合流与出路》两本书的整体解析来证明。

帝是中国文明的创始先民，而绝不可仅把夏启作为创造中华文明的先民。没有颛顼“绝地天通”的宗教改革，哪会有后来“只许帝王祭天”及“北京天坛”的文化现象？没有尧舜“天与之，民受之”的内圣理念，哪来“大禹治水”的文明现象？哪会产生西周“敬天保民”和“明德慎罚”的理念？

第二，原始社会末期，社会存在的普遍形态是“小国寡民”，社会单元不可能很大。如果社会单元很大，人类就无法生存与发展。因为，当时社会的生产方式是从以采集、狩猎为主要经济手段的社会发展为以游牧和农业为主要经济手段的社会。人类在以采集、狩猎为主要经济手段的社会，由于当时社会没有产品剩余，基于人与自然资源的天然结合，只能把社会聚集为氏族部落及部落联盟。

第三，原始社会末期，权力掌握在内部社会的全体成员手中，而不在少数人手中，更不可能在“帝王”一人手中，因此最初的政治形式是民主直接选举，不仅民主直接选举首领，而且通过民众大会的形式直接决定重大决议（即后来的基本法律）。这就意味着选人与选法两方面的直接“选举”。其原因是权力在民不在官，官是公仆，社会成员才是主人。无论有什么大事都要民众讨论，由民众说了算。那个时代，基于产品没有剩余，所以不可能产生私有制，因此“官员”是公仆不是主人，因此不可能产生官员腐败问题。

私有制是万恶之源。产品剩余则是产生私有制的经济条件。产品剩余导致了私有制的产生，私有制导致了阶级的产生，阶级导致了“国家”的产生，进而导致了“国法”的产生。中国最早的国家形态是王族社会，西方则是贵族社会。随着氏族社会向早期国家社会的转型，最早的国家形态导致了法律的产生。但那个时代，法律不是为全体社会成员服务的，而是为官员阶级服务的：在中国主要为王族服务，因此形成了王法；在古希腊主要为贵族服务，因此形成的法律实质上是贵族法。因此，权力从氏族社会的民众手里转移到阶级社会的官员手中，主权也就从民转向官，因此腐败也就跟着产生了。权力从民众转向官员的铁的事实是腐败产生的最初根源，也是后来异化型社会腐败无法根除的根本原因。

需要特别指出的是，人类社会在从氏族向古老民族转变的过程中，完成了从氏族社会向“国家”社会的转型。于是，“国家”才登上了国际政治的舞台。从古代向近现代的发展中，国家从古代国家类型发展到近现代国家类型，民族也从古代民族演变为近现代民族。近现代意义的民族国家不同于古老民族的关键是权力从官员下野到民众。

阶级社会之后，人类的权力经过了三次飞跃或三级跳。第一跳，在中国从原始社会“权力在民”跳到“权力在王室”，在西方则跳到“权力在贵族”，因此中西方有了三王主义（中国）和贵族主义（古希腊古罗马）的分野。那个时代的国家与其说是属于社会全体成员的，倒不如说是属于王族的（中国）或贵族的（古希腊古罗马）。详细分析请见本章第二节“中西不同元点政法轴心：三王主义与三贵主义”。

人类权力的第二跳，实现了从中国的王权和西方的贵族权力向国家权力的跳跃，从而也就实现了从王法或贵族法向国法的飞跃，政权合理性基础也实现了从中国的王道主义、古希腊古罗马的自然法主义提升为国家主义的飞跃。于是，中西方法律也就从中国的王法或西方的贵族（公民）法提升为国法。〔1〕

人类社会结束了封建社会之后，开启了资本主义社会发展的历史阶段，迎来了民族国家、市场经济崛起的新时代，在政治发展史上结束了王族或贵族的主角时代，从而才促使国家成为社会舞台上的真正主角。因此，国际公共权力也就发生了相应的变化：古代国家是王族或贵族主宰国内政治和国际关系，而民族国家时代则提升为国家利益主宰国内政治和国际关系；王族或贵族时代形成了王公贵族的等级封建专制，而民族国家则发展了民主法治的国家制度；在王族或贵族时代，由于不平等的社会等级制度，越是下层等级的人越是没有人权，越是权贵显赫的人所能享有的人权也就越大，帝王拥有最高的人权。因此可以说，在中国的王族时代，国际政治舞台上根本就没有国际公共权力，有的只是王族的私权力。为此，在中国培育了“普天之下，莫非王土”、“朕即国家，国家即朕”的社会体制。同理，在古希腊古罗马，国际政治舞台上根本就没有国际公共权力，有的只是贵族的私权力。

其实，“公共权力源于人民”、“公民权利是公共权力合法性的基础”的真正落实和实质性的发展阶段，不是“威斯特伐利亚国际体系”的民族国家时代，而是基于追求全球共同利益的全球政治时代。这就需要人类政法文明的第三次飞跃。

人类权力的第三次飞跃，实现了从国家权力向全球权力的提升，从而法律才可能实现从国法向世界法（全球法）的提升，政权的合理性根据才实现了从

〔1〕 对此，本书留在最后一章以及《中西政法比较中卷：中西政法的分流》一书再作分析。

国家利益或国家主义向全球利益或全球主义的提升。对此，中国近现代史的发展证明是从王道、王权、王法的“三王主义”精神走向了国道、国权与国法的“三国主义”精神。人类未来的历史将会从“三国精神”发展为“三球精神”，即全球伦理、全球人权、全球法律。[1]

20世纪60年代以后，随着全球问题以迅雷不及掩耳之势震撼着以往的民族国家体系，使得全球公共利益浮出水面，从而把各国社会的公共权力提到一个新的高度。全球问题成为把国家利益提升到全球利益的根本转折点。有的学者提出：“所谓全球问题，就是指当代国际社会面临的一系列超越国家和地区界限，关系到整个人类生存与发展的严峻问题”[2]。

因此，人类不能再无视国际关系中的正义，而仅仅专注于国内政治或国家政治内部的正义问题。二战后西方有些学者部分地反思“正义问题”，但是没有全方位地思考问题。后来随着工业革命、资本主义的继续发展才出现了全球问题，一些具有终极关怀的人才开始全方位地思考问题、解决问题；人类的出路问题才真正地摆在世界发展面前。

把国际关系的正义问题提到议事日程经过了两次提升。一次是二战的洗礼，哈贝马斯等学者认识到人类理性的局限性，甚至是理性野蛮和理性傲慢的方面。但这次提升仅仅是理论上的认知，还没有达到人类普遍实践的紧迫性。第二次提升是全球问题对人类生存与发展的威胁，使得以构建全球伦理、全球法治，追求全球利益成为必要。

从国际关系角度看，中国传统文化对社会内部追求的重点不是公平正义而是忠孝道义，对外追求和平高于战争的精神，以确保王族利益，修建长城所彰显的正是这种精神。西方文明对社会内部的追求重点是部分人（贵族）的正义，为了满足贵族利益，对外不惜发动战争。因此西方政治家和多数学者对战争大加赞美。为何有如此的不同？

其中的奥秘是：中国传统政治有两个方面。一方面，对内政治的君主制的政治传统需要忠孝体制，因此对正义的追求是个盲点，或者说，社会根本不需要正义。由于对内政治保证的是效忠朝廷，因此不仅刑法很发达，而且刑罚极其残酷。由于只追求与周边国家的和平，并不追求官民关系的和平，因此官民

〔1〕 对此留到《中西政法比较下卷：中西政法的合流与出路》一书再作分析。

〔2〕 蔡拓：《全球化与政治的转型》，北京大学出版社2007年版，第105页。

关系主要是压制和被压制的关系。另一方面，对外关系追求和平和“攘外必先安内”等外交理念。相反，西方对内政治极大地追求正义和公平，对外政治主张扩张和掠夺，于是赞美战争。这说明，西方对外政治大战略是扩张的、野蛮的、掠夺的。中西方传统政法精神各有千秋。中国对帝王的效忠精神达到了一个极致，有待于提高到对国家利益（实际是对公民利益）的效忠。中国元点政法文明的合理性是对外政治的和平精神。西方传统政治的合理性在于对内政治的正义精神，西方传统政治文明的野蛮性是对外侵略、扩张产生了毁灭财富和灭绝人性的战争。因此，应当提倡用中国的对外和平精神来纠正西方元点国际政治文明的不足，用西方对内追求正义的政治精神来弥补中国元点国内政治文明的不足。

全球政治的兴起基于对全球问题的解决，因此人类共同利益以空前的广度和深度向前发展。全球政治的产生具有非常重大的意义——在全球政治发展中，开启了人类政治的历史进程从国家主权至上、国家中心向人权至上、人类中心发展的新阶段，进而才开始了解决全球问题从国家治理平台向全球治理平台的转变。以前“从国际关系的角度上看，政治的领土化、主权的至上性和国家中心主义，成为支撑近现代国际关系的三大支柱”[1]。第二次世界大战以后，尤其20世纪六七十年代之后，随着国际组织、跨国公司以及非政府组织等国际主体行为的不断活跃，国际关系内容和国际议题日益丰富并多样化，人类开始进入到多元政治议题和多种国际机制并存互动的政治发展阶段。因此，解决全球问题的主体、范围及全球理念和全球价值重点锁定在“全球性”上面，超越了国家中心，从而“在理论上完成了从国家政治、国际政治、世界政治向全球政治的跃升，真正实现了政治向全球的扩展”[2]。

传统政治的利益驱动是国家中心主义的，而全球政治所追求的利益价值导向则是人类中心而不再是国家中心。全球政治关注和追求的是人类共同利益而不是国家利益，遵循的是全球伦理价值，[3] 而不是国家伦理价值。当然，这种转变不是单纯停留在理论上的转变，而是已经演变为政治发展的某种趋向。虽然，从国家政治向全球政治发展的这种“趋向还远未发展为主流，甚至以若隐

〔1〕 蔡拓：《全球化与政治的转型》，北京大学出版社2007年版，第250页。

〔2〕 蔡拓：《全球化与政治的转型》，北京大学出版社2007年版，第251页。

〔3〕 参见蔡拓：“全球政治的要义及其研究”，载《世界经济与政治》2005年第4期。

若现的形式存在，但它们却反映着全球政治的新质”[1]。全球利益不仅是当今世界国际公共权力的利益基础之一，而且也是全球政治的利益基础。离开全球利益，很难解析全球政治。

可见，国际政治的文明度明显滞后于国内政治。西方的正义与公平首先最大限度地适用于国内政治，然后才最小限度地适用于国际政治。同样，中国的忠诚首先最大限度地适用于国内政治，然后才最小限度地适用于国际政治。在中国人的政治理念中，忠诚适用于国内，外国人对中国的帝王（明清之前）、中国的国家利益（明清之后）谈不上忠诚。目前人们的公民文明认同水平主要滞留在国家公民而还远远没有提升到世界公民的水平。

二、中西不同元点政法轴心：三王主义与三贵主义

中西方元点政法核心的根本不同在于古老中国塑造了三王主义，古希腊锻造了三贵主义。所谓三王主义是指在古典文明时代，中国先民构建了保护王族利益的王权主义政治体制和王法主义法律制度，寻求了王权主义和王法主义的合理性与合法性根据，从而构建了王道主义精神。王权主义、王法主义与王道主义是三位一体的。三王主义的根本是维护王族利益。所谓三贵主义政法体制是指西方文明发源的古希腊文明在政治上构建了保护贵族利益的贵权主义，在法律上实现了贵权主义的贵（族）法主义，寻求贵权主义与贵法主义的合理性与合法性，从而培育出自然法、（公）民道主义精神。同样可以说，西方的贵权主义、贵法主义与贵道主义也是三位一体的。三贵主义也可以理解为局限于贵族范围内的民道主义、民权主义、民法主义（私法主义），三民主义或三贵主义的根本是维护贵族范围内的公民利益。

在古典文明时代的中国，国王只能从王族里产生。国王掌权，王权唯大。夏商周已经形成“普天之下，莫非王土”的政法体制。王权总是要给自己的政权寻找合理性，因此中国产生了王道主义。王权社会制定出来的必然是王法，而不是国法。王法主要是用来保护王权的，因此有了王法主义。事实上，古老中国首先产生的是王权主义、王法主义，然后为了确定其合理性根据，从而才锻造了王道主义。因此，王道主义、王权主义、王法主义的三王精神是中国阶级社会的第一次飞跃。三王主义保护的核心利益是王族利益。古老中国构建的政法体系是王道主义、王权主义和王法主义的结合，政法精神追求的不是公平

〔1〕 参见蔡拓：“全球政治的要义及其研究”，载《世界经济与政治》2005 年第 4 期。

正义而是对王权的忠孝，因此王法发达，私法和民法被阉割。中国不断强化王道与王法，不断关照忠与孝。人治、专制根植于王道、王权与王法。正是这个“三王精神”才成为中华历史文化的命根子。“三王传统精神”到底潜藏着多少深厚的力量，至今仍然是鲜为人知的。

古希腊政法体制中的公共权力是为贵族利益服务的，构建的政法体制是贵族式的民道主义、民权主义和民法主义，因此私法和民法发达，追求正义的自然法也异常发达。政治上，西方人始终都在不断关注民主和正义。

和中国元点政法不同的是，在中国古代，国王只能在王族内产生。西方产生国王的社会基础是贵族，而不仅仅是王族，王族只是产生国王的一种可能。因为，王族并不具有绝对的权力，相反贵族之间具有相互制衡的力量。贵族掌权，也总要给自己的政权寻找一个合理性。因此产生了古希腊的自然法主义[1]。其实，在古希腊古罗马，贵族社会制定出来的必然是贵族法，也同样不是国法。贵族法主要是用来保护贵族利益，而不是平民和奴隶的利益，因此才形成了贵族法主义。

综上所述，中西方从原始社会末期转型为阶级社会的过程中，形成了不同的元点政法。中西方社会政治的不同决定了中西政法体制结构的不同。中国从夏商周到秦汉，是中央集权从确立走向强化和定型的时代。古希腊社会的城邦性质决定了西方元点政法局限于贵族的民主法治的政法结构。中西元点政法重心的不同决定了政法构成的不同。

中国的三王主义是为王族利益服务的。中国夏商周三代始终没有改变这一点，相反却不断强化为王族利益服务的三王主义。

古希腊则不同，克里特王权时代很快为城邦民主制所代替，无论是雅典的民主制，还是斯巴达的贵族民主制，社会保护的利益重心不是王族利益，而是贵族利益。古希腊元点政法三贵主义的旨趣，是在解决贵族执政的合理性问题时形成了贵道主义（民道主义局限于贵族范围）。保护贵族利益的贵权主义就是特殊意义的民权主义。保护贵族利益的私法主义就是特殊意义的民法主义。古希腊人为了确保贵族利益、贵族政权、贵族法律的合理性，把贵道主义建立在自然法的基础上，认为自然法能够给予公民正义与公正。自然法的本质追求正义精神，但古希腊把公民和正义局限于贵族。有的学者已经证明，“希腊城邦的

---

〔1〕 具体请参见本书第三章第二节、第四节和第六章的分析。

民主仅限于公民范围内，是非常狭隘的民主”[1]。

必须说明的是，西方古希腊的民权不是一般意义上的民权，而是特殊意义上的民权。一般意义上的民权就是现代意义上的民权，包括一切公民权利，而公民的内涵远比人民的概念还要广泛得多，即凡是具有本国国籍的人都被划分为公民的范畴，而一旦成为敌人就脱离了人民的范畴，而依然还属于公民的范畴。古希腊的公民并不包括所有本地居民，不包括本地奴隶、不包括外邦人，甚至不包括本地妇女，确切地说仅仅包括本地成年男性贵族。所以，古希腊的民权也仅限于成年男性贵族。[2]

在古代文明社会，掌控公共权力的是王族（如中国）或贵族（如古希腊），国内政治所保护的与其说是国家利益，倒不如说是王族利益或贵族利益。因此，强势的王族或贵族成为国际舞台上的主角，所谓的国家社稷只是配角。强大的王族或贵族在国际政治舞台上建立了自己的帝国，为世界文明增添了多元文明发展中心，而氏族时代不可能营造这种文明发展中心。当然，王族时代的中国和古希腊古罗马贵族时代的帝国只是以自己为中心把周边地区整合为一体，甚至是“有边陲无国界”，因此诸多帝国不可能把整个地球整合为一体。人类只有发展到工业文明才拉开了把所有地球人逐渐整合为“地球村”的历史序幕。

古希腊公民仅约占社会成员的10%，因此古希腊的民权主义、民主主义和民法主义的三民主义适用范围也限于这个10%。后来，随着公民范围的扩大，三民主义的适用范围也不断放大。古罗马共和时代的《十二铜表法》的政治意义，是把公民的适用范围从贵族扩大到有财富的平民。西方资本主义社会则把公民扩大到所有的国内居民，于是公民才从古希腊的10%扩大到国内居民的100%。可以说，西方民权主义的发展规律是三民主义由仅限于少数贵族，不断扩展为包括平民、奴隶、农民、工人，最后包容国内全体成员。这是一个逐级扩大的过程。[3]

三民主义追求的政法核心理念是公平正义，因此西方的自然法极为发达。正义的适用范围随着公民适用范围的不断扩大而得以扩大。由于追求正义出于民权，因此西方不仅私法发达，而且私法不断走强并成为公法的基础。古希腊古罗马人

---

[1] 徐大同：《西方政治思想史》，天津教育出版社2000年版，第20页。

[2] 具体参见本书第三章第一节的解析。

[3] 具体参见本书第四章和第六章的解析。

构建的公法是为了完善私法，而不像中国先民那样发展公法是为了限制私法。[1]

中国元点政法传统根本没有三民主义，只是三王主义。只是在辛亥革命后，才产生了孙中山的三民主义。因此，孙中山的三民主义确实抓住了西方政法文明的核心，但这两个三民主义是不同的。孙中山的民生主义包含了对中国传统的继承、发展与否定，用西方的民主主义否定中国传统的王权主义；用中国的民生主义继承中国的政治传统。孙中山的民生主义依然能看到或保留着尧舜时代“民与之”、西周“保民”及儒家“贵民”的影子。

中国自夏商周到明清，为王族利益服务的三王主义不断走强，王法限制了私法和民法的发展，不仅私法或民法极其不发达，而且把公法限定在王法的范围内，王法和公法共同主宰了私法及民法的发展，甚至许多本来是私法调整的内容也演变为公法或王法调整的对象。如庶民见到皇帝不跪都有被判处死刑的危险。再如中国“七出”和“三不去”的婚姻制度具有了公法的意义。由于王法为王族利益服务，因此整个政法社会并不追求以民为本的公平正义，所以王法发达而自然法很不发达。中国从五帝时代一直到明清社会，政治法律追求的核心理念不是正义而是忠孝。[2]

政法对民众的认可程度决定了政法文明的共同发展规律，也决定了不同民族的不同发展状态。对于前者，在人类文明发展的早期，由于缺乏公共利益的基础，把社会政法权力圈定于王公贵族，真正的社会公共权力只处于萌芽状态。真正完整意义上的社会公共权力始于近代的民族国家时代，而不是始于古代文明的王族时代或贵族时代。

民权在中西方古典时代的存在状态是不同的。政法对“民”的称谓标志着不同的政法体制。在中国的王族时代，只有“草民”、“庶民”、“刁民”、“黎民”等诸多概念，就是没有“公民”的范畴，似乎只有“私民”，而决不把公共权力下降给人民。然而，公民的范畴和公民权利则是社会公共权力的最后根据。其实，在王族权贵利益为大的时代，“社会公共权力”运行的根据不是“公民权利或人民权利”的合法性，而是“成者王侯败者贼”的强盗逻辑。“保民”与“贵民”只是执政的合理性基础，不是合法性基础。因此，政治学中流行的“公共权力的所有者是全体社会成员”，只能适用于民族国家时代；“公共权力源

〔1〕 具体参见本书第六章和第七章的解析。

〔2〕 参见本书第四章和第五章的解析。

于人民”应当限定在“只适用于民族国家时代”的范围。如果进一步限定，其适用范围只包括发展到民族国家时代的那些国家；只有消除历史残留下来的封建等级权贵的特权，公民社会的发展时代才会到来，公民权利才会真正成为公共权力合法性的基础，否则都是纸上谈兵。

在西方古希腊古罗马时代，没有“草民”、“庶民”、“刁民”的概念，却有公民、平民和奴隶的概念，且不给奴隶任何权利，压制平民的权利。古希腊只把公民范畴局限于贵族，古罗马把公民范畴从贵族扩大为富有的平民。为此，主宰古希腊古罗马的社会法则不是“成者王侯败者贼”的强盗逻辑，而是以自然法为基础给予公民公平和正义的契约逻辑。〔1〕

三、中西政法元点不同宗教渊源：天上主义还是天下主义

在古代，中国的天下主义理念很发达，但天上主义极其匮乏。古希腊则相反，天上主义比天下主义要发达得多。这里研究的重点是中国的三王主义和西方的三贵（民）主义的不同宗教体制。其实，中西政法元点的根本区别源于两种不同原始神话宗教体制。因为，人类文化的发源地是原始神话。

政权合理性、合法性的共同发展规律是“君权神授”。其内在发展逻辑是，天道决定人道，神权决定君权；天道是人道和君权的合法性基础或来源，因此才会得出“君权神授”的结论。不同的是，中西方天道与人道的组合或构成是不同的。中西初民创造了不同的文明构成，从政权合理性及合法性视角看，主要是天上主义与天下主义的构成不同，造成了中西政法文明的不同。在古希腊原始神话体系中有完整创世说，因此天上主义思想极其发达。中国原始神话体系中缺乏创世说，中国原始神话的创世说是一片空白，因此造成了中国先民思想世界中“天上主义”的空白，因此中国人只追求天下主义，并不追求天上主义。古希腊创世说的完整与古代中国创世说的空白，决定了中西方政法文明的不同发展方向。

中国上古时代，由于天上主义和创世说的空白，以及对天上神鬼内涵的悬置或“无知”，中国的天上主义与天下主义是分割或游离的，从而导致人们对中国原始神话中的神仙是否也有七情六欲的问题的看法，或是处于无知状态，或是根本否定神仙可以和人一样也有七情六欲，神是不能和凡人产生情感纠葛的。这种神话体系造成了下述三种结果：

〔1〕 参见本书第七章第二节的实证分析。

第一，由于中国原始神话创世说的空白或缺失，造成了中国先民本原的思想或终极关怀的姗姗来迟，以至于从三皇五帝时代到夏商周时代，都没能产生关于世界本原和人类起源的思想元素，甚至到了三国时代和汉代才产生了女娲补天、盘古开天地的神话。不只如此，还有一大现象：中国文化发展到先秦时代，诸子百家的创世说、人类起源说依然是非常苍白的，只有老子的《道德经》才有了本原的思想和终极关怀。然而，老子的《道德经》已经不是神话想象，而是哲学领悟。民族文明的“童年”已过，只能做“少年”的梦了。

第二，既然王权成为政权合理性、合法性的根本，那么在中国先民社会中，产生的不可能是三民主义，而必然是三王主义。在这个三王主义体系中，王道主义最弱，因为天道或天上主义创世说等内容是苍白的；王权主义是三王精神的基本内核，因为王权主义决定了王法主义，“法自君出”[1]。帝王是王权的持有者，更是王法的最高制定者。由于王权王法的至尊，因此造成三类法律现象。其一，很多本应是民法的内容也提升为公法及刑法的高度，因此必然剥夺了私法或民法能给予人民的民权。其二，中国法律体系中，基于忠是孝的放大体制，把皇帝及官员称为“青天大老爷”或“父母官”，把人民称为“子民”，把执政的合理性称为“爱民如子”。其三，中国先民社会不仅私法极不发达，甚至可以说，中国先民社会里根本没有私法。这一现象决定了中国后来发展私法、完善民法注定要经过极其艰难的历程。

第三，中国先民基于创世说的空白，造成了天上主义与天下主义、天道（主义）和人道（主义）的失重。在中国先民社会只有王道，没有民道。此外，先民的人道仅仅是王道，并不包括民道，或是民道的空白。由于原始神话创世说的不足，中国天上主义精神的缺乏，决定了中国天上主义的不足。中国的三皇五帝时代正是形成神话体系的创世说的时代，但由于中国颛顼“绝地天通”的宗教改革，把祭天的权力收归帝王所有，剥夺了庶民祭天和参与创造创世说的权力，庶民也就失去了创世说的想象力，因此才有了屈原的《天问》中“女娲有体，孰制匠之”的困惑。然而，人类起源问题、创世说是人类文化不可或缺的内容。因此中国经过了三皇五帝，经过了夏商周三代，到了三国时代和汉代，才有了女娲补天、盘古开天地的神话故事。但是，这时产生的创世说，对

〔1〕《尚书·盘庚》中记载：“听余一人之作猷”，“惟余一人之有佚罚”。帝王“口含天宪”，“法自君出”。皇帝的诏令是最有权威的法律形式。

于中华民族的“童年”就应有的第一需要，来得也太晚了。一般来说，创世说产生于哲学之前，才会发挥民族文明童年圆梦的社会功能。就是说，中华民族在其童年梦想世界里，根本没有做过“创世说”这个梦。既然没有圆过童年创世说之梦，缺少天上的创世说文化，那么就必然造成天上主义的空白和缺陷，于是只好构想人间的天下主义。中国从三皇五帝到夏商周三代，人间政权的合理性与合法性就只能止步于“王道”、“王权”和“王法”，而不是“天道”、“天权”和“天法”。因此，在古代中国，一方面王权就成为政权合理性与合法性的最后根据，另一方面，中国先民的文化体系中由于缺少天上主义与天下主义的桥梁或联结点，因此“天下主义”就成为中国先民铸造文化的重心，而天上主义是苍白无力的。这不能不说是一种失重的文化系统，由此建立起来的政法体制也必然是失重的。

古希腊的天上主义与天下主义是匹配的和一致的，天神和人一样也有七情六欲，为此下凡到人间与美女结合，为古希腊神话拟制的社会留下了一大批的半人半神的“超人”，从而形成西方超人的英雄品质。古希腊原始神话创世说的完整使西方社会便于接受后来基督教的上帝精神。古希腊原始神话对古希腊政法精神的积极影响包括三个方面：

第一，基于古希腊创世说的特色，古希腊文化从古希腊原始神话到古希腊哲学，极大地发展了“本原”的学说。后来由于古希腊哲学本原思想走到了尽头，产生了亚里士多德对“第一推动力”或“神”的理念的最高追求，从而为后来基督教全能的上帝入主西方文化提前腾出了文化至尊的地位。基督教的上帝创世说不仅提升了古希腊原始神话的创世说，而且把古希腊哲学本原体系中的“第一推动力”提升为“全能上帝”的理念。

第二，古希腊神话中的超人之间的主体地位是平等的、自由的，他们都是人间社会各种文化的创造者。因此导致古希腊三民主义的产生。一是“民主主义”或“公民主义”，从而决定了古希腊公民的法律主体地位是民主和平等的关系。二是民权主义。古希腊公民不仅拥有一般的权利，而且拥有政治权利，每个公民都有发表自己的见解、选举与被选举等权利。三是“民法主义”或“私法主义”。这里的民法主义是指民法成为法律体系的重心，因此古希腊的私法很发达。其中的民主、民权、民法都只适用于公民，并不适用于非公民（包括女人）。

第三，古希腊的自然法是天上主义与天下主义的完美结合。探讨自然本原使得古希腊原始神话发展为古希腊哲学。在古希腊，人类社会和自然界一样，根本问题都是本原问题。自然法是天上世界和天下世界的共通法则。古希腊人认定，主宰世界运行的根本是自然理性法则。自然和人都有理性，而且这两个理性是相通的。因此，人类社会一定要遵循理性的法则。理性追求的是正义原则。所以，正义原则与民主主义、民权主义、民法主义也是相通的，不民主、无民权、私法不发达都不能称得上是正义的。民主、民权和民法是实现正义的根本保证。

第三节　中西元点的国际政治观

中西方政治精神既包括国内政治理念，也包括国际政治理念。中西政治理念不仅国内政治观念不同，而且国际政治观念也是不同的。中国元点国内政治精神包括“王权”、“王法”、“礼乐”、“仁义”、“忠恕”、崇“天志”和顺“天意”等，这些仅适用于国内政治社会。中国元点国际政治观的内容包括“礼之用，和为贵”、“天下为公”、“世界大同”、“四海之内，皆兄弟也”等理念，这些仅适用于国际社会。古希腊的自然法正义理念及民主主义、民权主义和民法主义仅仅适用于国内贵族社会阶层，并不适用于国内其他社会各阶层；古希腊社会国际政治观徘徊并挣扎于正义与利益之间，重心站在利益立场上，认为国家间的战争、国家关系虽然也追求正义，但主要追求的是利益而不是正义。实际上，自古至今，国家行为都以追求国家利益为第一位，而正义则是第二位的。但非正义的战争，往往因“失道寡助”而以失败告终。这是古人的无奈。

自始至今，国际社会依然处于无政府状态。在古代社会，尤其是帝国时代的古代文明，国际社会一般分为外层与内层两个层次。外层国际关系是并无外交关系的国家之间形成的国际社会，在这个国际社会里，毫无文明可言，本国人绝不把外国人当做人看待，战争俘虏成为可以任人宰割的“动物”。在这一点上，中西方的国际政治观是大致一样的。内层国际社会是具有一定外交关系，有的甚至是“同一社会”的成员国。本节研究的主要是后者即内层国际社会。

一、中国元点国际政治观

中国先秦时代形成了比较成熟的国际关系理念或国际政治观，因此可视为中国元点国际政治观的代表。概括地说，中国元点国际政治观是一种天命观或天下观。这种天命观其实是一种神命观。因此有了“天行有常，不为尧存，不为桀亡”[1] 的说法。俞正樑先生认为，这种天下观追求“天下为公”、“世界大同”以及“四海之内，皆兄弟也”的思想，与今天的“全球化”、“地球村”或全球公民的观念在本质上是相通的。[2]

俞正樑的这种中华天下观有待细化分析。对此，本书著者提出如下两点看法：第一，先秦时代的国际政治观或天下观，国家间的战争是同一文明系统社会单元之间的战争，并不是不同文明的国家之间的战争。在古代文明的水平下，不同文明国家间的战争，根本谈不上追求“天下为公”、“世界大同”以及“四海之内，皆兄弟也”。西周时代，周王把周边领土分封给诸侯王，形成中央周王与周边诸侯的“父子关系”。东周时代，诸侯强大，中央集权为大的周王朝不复存在，结果礼崩乐坏。因此，战国时代诸国之间的战争，看似是不同国家之间的战争，其实是一个西周文明内部的战争或内乱。“礼乐文化”只适用于周文明内部。中国战国时代在一个“礼乐文化”中逐鹿中原，目的是恢复西周的统一。结果经过长期战争，秦始皇才实现了这一宏伟目标。如果是不同民族文明之间展开战争，到了宋朝，还有岳飞诗词所说的“壮志饥餐胡虏肉，笑谈渴饮匈奴血”，这绝不适用于文明体制内的“天下为公”、“世界大同”以及“四海之内，皆兄弟也”。第二，中国战国时代的战争，有如修昔底德笔下雅典与斯巴达之间的战争，是一种特殊的同一个政法文明体制内的“国家间”战争。这种战争的性质与不同文明之间的战争并不能同日而语。

俞正樑先生还认为，中华民族的先哲们对“和谐”进行了不懈探索与实践，给世人以极大启迪。“兼相爱，交相利”的思想，是以互爱互利的原则来处理国际关系以及一切国际事务，以便兴天下之利，除天下之害，实现天下太平与和谐。他还认为，“礼乐”、“仁义”及“忠恕”之道，用以规范国家行为与其他一切过激行为，使国家间关系以及一切跨国关系，做到“近者悦，远者来”，实现融洽与和谐；人类应崇“天志”，顺“天意”，恢复对自然的敬畏，以节用贵俭来恢复人与自然的和谐，应以“厚德载物”的兼容并蓄的宽容大度精神，达到“天人合一”、“民胞物与”，实现人类与环境的统一与和谐，这是全球社会达到全面和谐所不可或缺的，也是人类为之努力实现的社会目标或至上境界，一

---

〔1〕《荀子·天论》。

〔2〕俞正樑：《国际关系与全球政治》，复旦大学出版社2007年版，第46页。

种生生不已、无所滞碍、万物并育而不相害的和谐世界。

本书著者觉得，俞正樑先生的上述看法仅仅适用于一个文明体制内的关系，不适用于不同文明体制之间的国际关系。只有发展到全球社会的时代，才可以“四海之内，皆兄弟也”倡导全人类的友爱与和谐，以创造世界范围内的“人和”氛围，为建立全球和谐社会奠定最广泛、最坚实的基础。俞正樑先生提出，“礼之用，和为贵”是全球秩序的基本原则。[1]

其实，俞正樑先生的这些和谐天下观，只是一种美好的愿望。从不同民族元点政法精神来看，从历史的眼光看，“礼乐”、“仁义”、“忠恕”，以及崇“天志”，顺“天意”，“礼之用，和为贵”，“四海之内，皆兄弟也”，这些文明内涵仅仅适用于“周礼”体制内的社会单元，并不适用于体制外的社会单元。华夏民族自古就有自我中心主义的狭隘思想，误以为“我族”就是天下文明的中心。此外，华夏民族自古还有一种“非我族类，其心必异”[2] 的说法。正如列宁所说，真理向外跨出一步，就会变成谬论。[3] 因为中西方从古代到现代的几千年文明史，从未能实现“礼乐”、“仁义”、“忠恕”、崇“天志”、顺“天意”、“礼之用，和为贵”、“四海之内，皆兄弟也”的和谐境界，至今依然挣扎于“弱肉强食”的森林法则之中。

足见，不同民族文明社会之间文明整合的历史还很长。如果中国足够强大，对国际社会能有足够的影响，到那时再推广“礼乐”、“仁义”、“忠恕”、“礼之用，和为贵”、“四海之内，皆兄弟也”的观念，若其能够为世界各国所接受的话，那么才有可能实现“世界大同”的和谐局面。而在此之前，只是一个美好的梦想。

不过，俞正樑先生概括的“和而不同”的贵和国际政治观有两方面是合理的。一方面，这种“和而不同”的“贵和国际政治观”的确是产生于中国元点国际政治观。俞正樑先生引述世界著名历史学家汤因比盛赞中国这个东方大国从来没有对其疆域之外表示过帝国主义野心，是一个大而不霸的大国。[4] 另一方面，中国元点国际政治观中的“和而不同”是创造多样化而和谐的全球氛围。

---

〔1〕 俞正樑:《国际关系与全球政治》，复旦大学出版社 2007 年版，第 47 页。

〔2〕《左传·成公四年》:“史佚之《志》有之，曰：‘非我族类，其心必异。’楚虽大，非吾族也，其肯字我乎?”

〔3〕 原话是:“只要再多走一小步，哪怕是向同一方向迈的一小步，真理便会变成谬误。”《列宁全集》(第 31 卷)，人民出版社 1985 年版，第 85 页。

〔4〕 转引自俞正樑:《国际关系与全球政治》，复旦大学出版社 2007 年版，第 48 页。

不承认、不尊重世界的多样性，企图建立自以为是的清一色的一统天下，其结果必定是纷乱的无秩序世界。[1] 然而，按照孔子所言，“和而不同”的适用范围是君子，而小人之间的关系则相反，是“同而不和”，而绝不是“和而不同”。为此，孔子才提出，“君子和而不同，小人同而不和”[2]。我们既不能“以小人之心，度君子之腹”，更不能“以君子之德，度小人之心”。“和而不同”是人类未来国际政治文明的理想，但必须在人类实现大同社会的进行时态和完成时态才能兑现。

不难断定，儒家“和而不同”的君子风范是一种理想主义国际观。此外，还有一些相反的国际观念，即现实主义国际观。在人类历史发展过程中，各国政府领导人的绝大多数是现实主义者，而不是理想主义者，更多考虑的是本国的国家利益，而不是国际正义。

先秦诸子百家大都有自己的国际政治观，但其视野都被限定在周天下的范围内，即西周统一范围内的诸国，并不包括更远的社会。“六合之外，存而不论”，就是说“六合之外”的国际社会关系是另外一种景象。

二、古希腊国际政治观

古希腊国际政治观主要出自修昔底德的观点。2000 多年前，古希腊城邦斯巴达和雅典之间发生了一场长达 27 年的战争。正是在古希腊成熟时期，雅典文化和这场战争才培育出一位著名史学家、政治学家、国际关系学家、思想家修昔底德。修昔底德（希腊文 Θουκυδίδης，英文 Thucydides，公元前 460 或 455 年~公元前 400 或 395 年）出身于希腊贵族。他的家族在色雷斯沿海地区拥有金矿开采权。他在雅典长大，自幼受到良好的教育。他生活在雅典的极盛时期，也是整个古希腊文化的全盛时期。成年后，他也像大多数贵族子弟一样，凭借家族门第和个人才干步入仕途。伯罗奔尼撒战争爆发时，他已到而立之年，于是投身军旅。他的军旅生涯为他积累了丰富的军事经验，从而有幸于公元前 424 年被推选为雅典的“十将军”之一。他率领一支由 7 艘战舰组成的舰队，驻扎在色雷斯附近的塔索斯岛。当斯巴达的军队围攻安菲波里斯的时候，他接到该城守将攸克利的求援后立刻率军增援，但在他到达之前城池已被攻破。政治当局却认为他贻误战机且有通敌之嫌，因此将他革职，放逐到色雷斯。此后的 20

〔1〕 俞正樑：《国际关系与全球政治》，复旦大学出版社 2007 年版，第 48 页。
〔2〕《论语·子路第十三》。

年间，他虽然居住在色雷斯，但始终关注着伯罗奔尼撒战争的进展情况，随时记下具体过程。他经常到各地战场去进行实地考察，甚至还去过伯罗奔尼撒同盟军队的阵地和西西里岛。公元前404年，战争结束以后，他才获得特赦，得以重返故乡雅典。

修昔底德与马基雅维利一同被视为叙事主义、现实主义的奠基者。但是，马基雅维利受到了修昔底德的影响，所以只有修昔底德才是现实主义的先驱。人们更多地把修昔底德视为古希腊历史学家，后来因为马基雅维利等人的宣传，修昔底德才被提升为政治思想家。

《伯罗奔尼撒战争史》是修昔底德在自己亲身感受的基础上，依靠敏锐的观察力、卓越的写作才能完成的。这部著作博大精深、前后一体，是预先订好写作计划之后一气呵成写就的一部杰作。因此各个部分上下衔接、首尾相连，逻辑性之严密，在古代作品中实属罕见。它原先也没有分卷，后来的校注家们把它分成8卷，每卷又分为若干章，但是各家在分章分段时却有很大的不同。《伯罗奔尼撒战争史》问世之后，引起了极大的反响，成为欧洲古典史学及首部世界军事历史的名著。修昔底德写作《伯罗奔尼撒战争史》的目的，是想通过叙述这场战争给希腊世界造成的影响，以及雅典等城邦在战争前后的成败兴衰过程来垂训后世。在该书中，他不仅力求真实记载历史，而且力图站在哲学高度上去理解和概括历史，还把这种概括之后的历史事实传达给后人。

修昔底德开创"范例历史学"的先河，追求史学垂训功能。修昔底德公平地、充分地叙述了史实，又以一般原则为标准进行了评判，这使得他的著作赢得了很高的信誉，几乎没有人对他的记载表示过疑议。有人赞誉，"《伯罗奔尼撒战争史》是人类最早从政治伦理角度论述和分析国家间战争的巨著"[1]，更有学者认为，"《伯罗奔尼撒战争史》被视为国际关系学科中唯一得到认可的古典文本，修昔底德也因对国家间政治的科学分析而得到赞许"[2]。

不过赞誉修昔底德的这些学者忽视了一个问题，即修昔底德笔下的雅典与斯巴达之间的战争，是一种特殊的国家间战争。固然，雅典与斯巴达是两个古代国家，但从文明圈视角看，雅典与斯巴达都是古希腊城邦，两者之间的战争

---

〔1〕［挪威］托布约尔·克努成：《国际关系理论史导论》，余万里、何宗强译，天津人民出版社2004年版，第50页。

〔2〕 David Boucher, *Political Theories of International Relations: From Thucydides to the Present*, Oxford: Oxford University Press, 1998, p. 66.

是古希腊“城邦内部”或城邦之间的战争，这种战争与不同文明之间的希波战争并不能同日而语。在本书著者看来，至少有两个原由不可忽视。其一，修昔底德用正义的观点来论述城邦之间的战争，不同文明之间的国家间的战争，如希波战争、十字军东侵，在古代文明的水平下，根本不讲什么正义问题。或者说，不同文明国家间的战争根本就是野蛮的，不可能讲究什么正义问题。正义问题只适用于同一种文明不同社会单元之间的战争，更多地适用于国内政治而不适用于国际政治。其二，雅典与斯巴达之间，有点类似于东周列国时代的各国家间战争。东周列国时代的各国，其实属于同一传统文明即西周文明，列国原来是西周的分封属国，战国时代各国之间的战争就属于这种性质。因此，战国之乱从某种意义上讲是内乱，是西周文明的礼崩乐坏。当然，雅典与斯巴达的战争，同中国战国之乱也有很大的不同。

正因为修昔底德从战争之初就有这样的认识，所以他从一开始就十分用心地关注着战局的变化，注意收集和整理资料，并拟订了写作计划。等到战争结束、回到雅典、重新过上安定的生活之后，他就开始实施自己的写作计划。从这部著作的结构安排来看，修昔底德是想把那场延续了27年之久的伯罗奔尼撒战争当做一个完整的过程，严格地按照年代顺序加以叙述。从内容看，修昔底德最终并没有完成自己的全部写作计划。他的叙述止于公元前411年，而且他叙述的最后一个句子是不完整的。人们由此判断：修昔底德可能是在著述的过程中猝然而逝的。有关伯罗奔尼撒战争最后7年（公元前411年~公元前404年）的史实，修昔底德虽然没有来得及叙述，但他完成叙述的部分已经占了战争全过程的4/5。

修昔底德的国际政治观包括人性正义论和利益论两个方面。修昔底德的名著《伯罗奔尼撒战争史》虽然是论述战争历史，但不是单纯理解事件，而是试图确立人类行为的人性特点，受到古希腊正义哲学影响较深，试图用抽象的和永恒的“人性”来解释和理解历史发展。修昔底德认为，古往今来，人就是人，有不变的人性。因此，过去发生过的事情，在未来会以十分相似的方式重复出现。这容易陷入历史循环论。

修昔底德的正义论是强势正义论。他提升了柏拉图的强者正义论，提出著名论断：“正义的标准是以同等的强迫力量为基础的；强者能够做他们有权力做的一切，弱者只能接受他们必须接受的一切"[1]。这是理想主义和现实主义的一种巧妙结合，其积极成果在于剔除一些乌托邦成分。他认为，国际政治中的道德问题从属于城邦的国家利益，这对马基雅维利产生了深远影响。修昔底德继承了柏拉图"正义就是强者的利益"的思想。

修昔底德的利益论更适用于国家间的国际关系。他认为，城邦国家行为一般并不源于正义（批判自由主义观点），而是源于利益。他明确指出，"无论国家还是个人之间，利益的一致才是最可靠的结合"[2]。因此，他的眼界是城邦国家利益但并不完全同于现代民族国家的利益观，因为"国家利益的术语是在18世纪末才成为一个较通用的概念"[3]，不过，他的这种观点成为现实主义国际关系理论的理论来源是不可否认的。因此，他的这种观点，不会因为他把利益概念置于历史分析而否认其政治学或国际关系的理论性。

和古典自由主义不同的是，修昔底德认为，在国际关系领域，人性的特点同样适用于国家，传统美德（正义）不符合人对安全、荣誉和利益的无法克制的自然欲望。国家间并不存在纯粹自然的秩序与和谐。现存的秩序是由强国所制定和维系的，强国往往通过其强大力量在其影响范围内运用国家权力。其实，权力的目的是利益的最大化。

人们通常认为修昔底德是现实主义者，是与追求正义的自由主义观点相反的，殊不知他的思想根本就是柏拉图"强者正义论"（正义是什么？就是强者的利益）的翻版。就是说，现实主义是从自由主义思想中比较现实的思想中产生出来的。柏拉图是个理想主义者，但也不乏现实主义思想要素，强者正义论就是其著名代表。正义与利益的关系问题是哲学学术最高级的难题。

中国传统观念与古希腊思想是相反的，提出了"舍生取义"、"重义轻利"（儒家）与"重利轻义"（法家），义与利之争至今未了。西方有时把正义与利益结合起来看问题，是一种高级的辩证逻辑（辩证法），中国传统文化只是建立在"二者取一"的基础上的简单逻辑，用黑格尔的话来说就是"儿童思维"，所以是一种坏思维。

总之，古希腊人的国际政治观主要适用于各邦联友好的国家。这些国家之

---

〔1〕 白云真、李开盛：《国际关系理论流派概论》，浙江人民出版社2009年版，第113页。

〔2〕 白云真、李开盛：《国际关系理论流派概论》，浙江人民出版社2009年版，第114页。

〔3〕 Scott Burchill, *The National Interest in International Religions Theory*, New York: Palgrave Macmillan, 2005, p. 2.

间爆发的战争才讲求战争的正义性，超出这个范围，绝不追求正义。因为，古希腊人把超出这个范围的外国人视为野蛮人，而对待野蛮人的手段自然是野蛮的。

第二章

中西元点人文地理经济
（元点物质文明）

中西到底有什么根本不同的地理环境？其在中西方文明发展的早期对后来中西方文明造成了怎样的影响？不同的地理环境营造了怎样不同的经济发展模式？中西文明最初的人文地理和经济模式如何奠定了两种文明的发展方向？解开其中的奥秘，就成为本章的重要使命。

中西元点人文地理文明是中西古典文明的物质基础或自然条件。中国的元点人文地理培育了中国的自然农耕经济，古希腊元初人文地理环境培育了古希腊商业经济（包括商业型农业经济和手工业）。在古代背景下，两种截然不同的地理结构塑造了中国的“大河文明”和西方的“大洋文明”；同时在古老中国塑造了重农抑商的经济发展模式，而在古希腊社会则塑造了重商主义的经济发展模式。

第一节　中西元点地理：乡土与爱琴

元点地理环境是不同民族的先民在创造本民族文明时所面对的最初的自然环境。中西元点地理的根本区别在于：中国是以黄河、长江这两河为主构成的特殊地理结构，而古希腊是连接着欧亚非三大洲围绕成的爱琴海世界。前者营造了大河文明，后者营造了蓝色文明或海洋文明。环绕人们的地理环境不同，其所要解决的生存问题自然也就不同，因此营造出来不同的文明类型。

中西方初民构建的不同文明模式，最初受到的不同地理环境的影响是不可低估的。

一、两种人文地理环境的影响

在远古时代，人们征服自然的能力很有限，所有人都更多地受到自然环境的影响。因此，中西方古代文明在很大程度上受到了各自地理环境的影响。多姿多彩的自然环境对人们的眷顾是不一样的。大自然照顾最多的是生活在大河和平原地带的人们，在这些地区形成了古代最发达的文明古国。自然环境丰厚情况的地理分布的结构决定了世界各帝国的分布构成。其中最著名的就是中国、古印度、古埃及、古巴比伦四大文明古国。大自然虽然没有赐给古希腊人丰饶的河流、广袤的平原和肥沃的土地，但却施恩给古希腊人以世界上最好的海洋条件，即地中海上的克里特岛及爱琴海，所以古希腊文明成为后起之秀。四大文明中的古埃及文明和古巴比伦文明甚至古印度文明都对古希腊文明产生了不同程度的影响。

古代人和现代人不同。对于古代人来说，出生地往往决定了自己的一生。相对来讲，出生地的地理环境对现代人的影响并不如古代人那么严重。现代人可以更多超越故乡地理环境对自己的约束，根据自己的能力和机缘离开故乡，到他乡工作和生活。古代人却只能生活在自己的故土。地理环境对古代人的影响是绝对重要的。为什么会这样呢?

马克思和恩格斯都认同这样一个发展规律：越是人类历史早期，人们受到地理环境的影响就越大；后来越是发展，生产力发展状况对社会的影响就越大。马克思认为，地理因素对于政治的作用是通过生产关系而实现的。马克思说，“不是土壤的绝对肥沃，而是土壤的差别，它的自然生产品的多样性构成了社会分工的天然基础，而且由于人们周围自然条件的多样性，才使人们不得不有各式各样的需要、能力、生产工具和方法。”〔1〕普列汉诺夫也认为，“地理环境对于社会人类的影响，是一种可变的量。被地理环境的特性所决定的生产力的发展，增加了人类控制自然的权力，因而使人类对于周围的地理环境发生了一种新的关系。”〔2〕但这并不意味着人类社会的发展和地理环境的作用是反比关系，仿佛人类社会越是发展，就越是脱离自然环境的影响。只是说明，越是在人类文化的早期，人们对地理环境的依赖性就越强。当生产力强大到足以破坏自然

〔1〕《马克思恩格斯选集》(第1卷)，人民出版社1972年版，第144页。

〔2〕［苏］普列汉诺夫：《马克思主义基本问题》，载《普列汉诺夫哲学著作选集》(第3卷)，三联书店1962年版，第169~171页。

生态环境的时候，自然环境对人类的生存与发展同样起到至关重要的作用。当代的全球问题已经严重威胁到人类的生存与发展了。

地理环境是复杂的，但至少是平原、山区、草原、河流、海域及其港湾等结构组成的整体。由于地理环境的不尽相同，培育了不同的人类共同体。有的民族拥有富饶的平原与河流，从而农业文明率先发展起来，中国先民就属于这种情形。有的民族拥有得天独厚的海洋资源或海陆结构，因此商业文明率先发展起来，古希腊人当属这类情形。

地理环境对早期人类的影响是极其重要的。用“近水楼台先得月”来形容那个时代的人们完全合适。河水资源丰富、平原土地肥沃的地方，往往能造就发达的农业文明。因此，中国的两河流域率先发展起来。而缺乏河流资源的沿海地区则不可能形成发达的农业文明。古希腊人、中国东南沿海远离河流地区的人们，在古代不可能营造发达的农业文明。这是显而易见的。

人类早期依靠的地理环境主要包括土地的肥沃程度和水资源的丰富程度。

从土地资源看，早期人类分为四类，即地处平原与河流两岸的人们、远离河流但居住在平原上的人们、山区的人们和草原的人们。这四类地区的土地状况和人口的多少是不同的。第一类地区土地最肥沃、人口最多。第二类地区的土地肥沃程度远不如第一类地区，人口远不如第一类密集，但远比后两类的人口众多。山区土地最少、最贫瘠，人口也最少。草原民族拥有广阔的草原。因此，在人类早期，草原上的土地多是天然形成的草原，因此造就了游牧文明，而不是农业文明。草原人口虽然比山区人口要多，但远不如平原人口多。

为什么同是居住在平原，居住在河流两岸与远离河流的人们大不一样呢?因为，土地是否肥沃，不仅取决于土地面积的大小，还取决于土地是否有足够水资源的浇灌。

人口多少、农业文明是否发达不仅与土地的多少有关，还与水资源的丰富与否有密切关系。如果从地理环境看文明的发生和发展，那么不难断定，没有丰富的水资源就没有人类文明的发生，更不会有文明的迅速发展。不同民族面对不同的水资源，才会创造不同的文明类型。雨水浇灌了肥沃的草原，滋养了古代的草原民族。没有大河资源，不会塑造大河文明。大河文明培育了农业文明。没有海洋资源，不会创造海洋文明。海陆及其特殊的结构滋养了古希腊文明。

早期人类对水资源的利用来自两方面。一方面是天上的雨水。另一方面是地上的河水和泉水。在古代，海水不能得到直接利用。水资源的利用，尤其是水资源是否可直接饮用对人类早期文明的影响是至关重要的。由于海水不能饮用，更不能浇灌庄稼，因此在古代，沿海地区的生产力不会很高，人口也不会稠密。因为，人是自然的一部分，人类文明元点的天然条件是自然环境。水资源成为人类文明发展的最初条件。人类早期发达的民族都居住于水资源和土地资源比较丰富的地方。

虽然自古至今，天上的雨水都在滋养着各民族的人们，但上苍赐给不同地区人们的雨水和土地肥沃的程度是不同的。"靠天吃饭"是有巨大局限的。

对于人，河水和雨水有着根本性的不同，雨水靠"天"，河水靠"地"。在古代，由于尚未发展工业文明，因此工业污染河水的现象是不存在的。因此，居住在河流两岸的人们，可以经久不息地依靠河水滋养自己，既可直接饮用，又能浇灌庄稼。所以，农业文明率先从大河流域发展起来。而远离河流而拥有更多平原土地和山区的人们，以及远离河流居住在草原上的人们就没有那么幸运了。

农业文明的发达至少需要两个条件，一是平原上肥沃的土地，二是丰富的河水。那些远离河流而拥有平原土地的人们，只能依靠天上的雨水自然浇灌。因此他们远远不如河流两岸地区的人们。只有河流两岸地区，才能培育出发达的农业文明。

山区的人们只能依赖天上的雨水来浇灌庄稼。此外，山区的土地远不如平原的土地数量多。因此，山区不可能养活更多的人口，所以山区的人口远不如平原的人口众多。远离河流而拥有更多土地的地区，远不如河流两岸地区的人口众多。因此，人口稠密程度依次是既拥有平原肥沃土地又拥有丰富河水地区的人们、拥有平原土地但不拥有河水地区的人们、草原的人们、山区的人们，其富饶程度呈递减走向。

劳动力的多少取决于人口的多寡。劳动力是创造财富的重要元素。因此，人口的多少是早期人类发展的重要元素。所以，在人类早期，那些既拥有平原肥沃土地又拥有河水地区的人们最能创造发达的农业，因为这里人口最众多，劳动力最丰富。其他三类的人口及劳动力排列是：拥有平原土地但不拥有河水地区的人们次之，草原的人们再次之，山区的人们则排列在最后。因为，人类早期的草原民族虽然不能营造农业文明，但人口远比山区要多。草原的自然生存环境远比山区要好得多。

由此造成古代中国与古希腊最初人文地理的差别。

二、中国的大河文明和乡土文明

在古代居住在现在中国版图上的人们，由于各自的地理环境的不同而产生了不同的民族。平原、草原和山区土地肥沃程度和种植情形的不同，以及距离河流远近不同导致的对河水借用的不同，导致了文明程度的不同。

由于中国的中原地带拥有广袤的平原及肥沃的土地，更拥有丰富的河流，因此黄河流域和长江流域的农业文明率先发展起来，并成为劳动力人口最多最强的地区。进而，中原文明成为中华文明率先发展的摇篮，并不断吸引着周边地区。

山区、草原、平原与河流等不同的奇妙组合产生了完全不同的效果：大河两岸的人们最能受到河水的滋润。因此，远离河流的人们远远没有大河两岸的人们富有。山区的人们，由于土地的贫瘠与河水的匮乏，虽有农业，但只能靠天吃饭，农业文明很不发达。草原民族虽有肥沃的土地，但不是用来发展农业，而是依靠天然形成的草原，形成发达的游牧文明，而农业文明极为匮乏。此外，凡是在拥有河流的草原上的人们一般都很富饶。而缺乏河水滋养的草原民族，则远不如前者，并因雨水及草原肥沃由丰饶到贫瘠的递减，不得不随时迁徙。

中华文明主要是两河文明（即黄河与长江文明）。两河文明有一利也有一弊。

一方面，两河为创造农耕文明提供了优越的条件。河流远比海洋更能培养早期人类文明，虽然独特的爱琴海营造出古希腊蓝色文明，但是海水不能直接饮用，也不能浇灌庄稼，只有河水才适合饮用。因此，大河文明率先发展起来，培育出来的四大文明古国（古埃及、古巴比伦、古印度和古中国）无一例外都是大河文明。因此，古希腊文明只能发生在古埃及文明和古巴比伦文明之后而不能在其之前。又由于古希腊人缺少四大文明古国丰富的河水资源和平原上肥沃的土地，因此古希腊的环境并不具备发展大规模农业文明的条件，却拥有了发展商业文明的天然条件。

另一方面，中国的地理环境没有古希腊人的那种四通八达的地中海与爱琴海的海陆结构的优越性，相反四周都充满各种天然的屏障，成为中国古代难以逾越的地理极限。首先，东南是浩瀚的汪洋大海，两万多公里的海岸线成为与海外交往的天然屏障。其次，西南是号称“世界屋脊”的山脉，成为中国与东南亚诸国交往不可逾越的障碍。再次，东北严寒，人烟稀少，很少与中原人直接来往。此外，西北为帕米尔高原，崎岖的山区，在秦代以前成为阻隔中华各族与外界无法逾越的障碍。西北虽有一线可通，但到了汉代才开始形成丝绸之路。[1] 最后，似乎北方障碍较少，因此迎来了北方民族与中原民族的来往，在历史上产生了五胡乱华、蒙古人和满族人两度入主中原的历史事件，但浩瀚的戈壁滩和一望无际的草原，使得这片土地上的人们常常以萨彦岭、贝加尔湖、外兴安岭一线为极限，不能与更远的欧洲文明进行互动。所以，中国的初民被困在“本土”之中，而在“本土”之外，由于地势险恶与路途遥远，与远方民族交往困难。在生产力不很发达的古代，中国显然地处一隅，是被西洋人称为“远东”的地方，更成为古代世界文明频繁交往中被“遗忘的角落”。“丝绸之路”的故事是后来才发生的，不可能发生在古代文明崛起的时代。

然而，大自然对中国两河流域的先民并不薄，恩赐给中国中原地带的先民以丰富的河水资源和肥沃的平原。于是，中原人依靠自己的辛勤劳作和大自然恩赐的土地与河流，自强不息地创造了异常丰富而独特的中华古典文明。

自然环境是培育文明之母，而劳动则是创造文明之父。黄河和长江的水资源为古老的中国人提供了非常适合发展农业文明的丰厚条件，而勤劳的中国人依靠自强不息的精神，创造了丰富的中华文明。因此，“天道酬勤”、“自强不息”和“厚德载物”等精神自然成为中原人的民族精神。

中国这种特殊的地理结构注定产生两种内外关系的两大特色：其一，中国封闭的国际地理环境和丰富的大河水资源与富饶的土地，决定了中国在古代必然要开辟一条国家大一统的政法道路。其二，中国古代，由于封闭和自身的相对发达，中华人误以为“我族”一定居于“世界中心”，因文明的相对发达而自称“礼仪之邦”，认为在此之外都是野蛮人。为此，中原地带的人们因文明发达而与周边较为落后的部落、民族形成朝贡关系。中原人自恃文明程度较高，而无暇管控更大的领土和其他民族，因此建立了长城以自保。然而，周边少数民族不时走强，时而打破原有的朝贡体系，挑战中原汉族的统治地位。蒙古族和满族人两度入主中原，不仅极大地扩大了国家的领土疆域，而且为汉族带来了发展文明的新动能，也为中华人民增添了新鲜血液。

诚然，中国也拥有丰富的海洋资源，中国的海岸线非常长。在人类发展早期，只有地中海的古希腊民族才能创造一种最佳的海洋蓝色文明，为什么中国人不能创造出海洋文明？这是因为在文明发生时代，生产力还未能营造远航技

---

〔1〕 本书研究对象重点是秦汉以前的古典文明。

术，唯有古希腊人享有“海中之海”的得天独厚的条件。人类最初航海技术简陋，不具备远距离航海能力，从而使得许多民族，如中国、印度甚至是日本，虽然拥有极其广阔的海岸线，也不足以显示出其海上优势，也只能属于一种原初内陆式生活方式。地球表面的陆地—海洋—岛屿的结构，决定了只有地中海爱琴海地带的民族才最富有优先发展先进商业文化的天然有利条件。

另外一个原因就是气候。太冷和太热都不太适合创造发达的文明。因此，北极地带、波罗的海和非洲赤道等地并没有创造优秀文明形态的元初地理环境。波罗的海地区的地理结构与地中海有些相似，但波罗的海地处寒带，决定了两地不能同日而语。古代几乎所有的文明都在温带，包括四大文明古国和古希腊文明以及后来的英法德，甚至美国比加拿大发达的奥妙都在于此。[1]

三、古希腊的大洋文明与蓝色文明

尽管很多文化大师无数次地讴歌古希腊文明，但是无法弥补古希腊陆地缺乏丰富河水与肥沃土地的地理环境这一铁的残酷事实。这里充满了连绵不绝的山脉，缺乏丰富的大河、广阔的平原和肥沃的土地等自然资源。上苍恩赐给中国和印度等民族以优越的河流与土壤资源，这些优越的地理环境在古希腊世界是全然找不到的。古希腊人面对的地理环境不仅极大地限制了生产率的提高，而且把希腊的陆地分割成相对无限小块。[2] 于是，古希腊城邦是呈碎片形状的。

这种地理环境不能养活更多的人，因此这里的人口无论如何都会过剩，所以造成粮食短缺的局面。为了弥补不足，古希腊人不得不用本地的橄榄油和酒类换取外国的粮食。本来，希腊的土壤就较适合经营橄榄园和葡萄园，但并不适合做麦田。[3]

古希腊山峦跌宕起伏的不利地理环境，必然对当时的古希腊交通产生种种的限制。正如前面所说，由于缺乏大河流域的丰富水资源，古希腊人的农业不像中国可以取得自然农业文明的长足发展，因此只好发展商业，只能从自然农业发展到商业农业；不可能发展为自给自足的农业，而是发展为用来交换的商

---

〔1〕 对此，德国著名哲学家雅斯贝尔斯有过较深入的研究。参见［德］雅斯贝尔斯：《历史的起源与目标》，魏楚雄、俞新天译，华夏出版社 1989 年版。

〔2〕［美］斯塔夫里阿诺斯：《全球通史》（上），吴象婴、梁赤民译，上海社会科学院出版社 1999 年版，第 202 页。

〔3〕［美］斯塔夫里阿诺斯：《全球通史》（上），吴象婴、梁赤民译，上海社会科学院出版社 1999 年版，第 203 页。

业性的农业。

起初，由于自然环境的限制，这些城邦主要靠自然农业（自给自足的农业）、放牧和捕鱼为生。因此在公元前8世纪左右，古希腊人只能在非常狭小的范围内建立起属于自己的城邦国家。大一统式的中央集权国家根本就与古希腊社会无缘。大约二百年之后，这些城邦国家开始发达起来。这些城邦是由一个较大的城市和周围组成的一个社会系统。这样的城邦，大大小小有数百个。

自然虽然没有给予古希腊人很好的河流和肥沃的土地，但却赐给古希腊人绝好的海洋环境。古希腊横跨亚非欧三大洲，这为古希腊人汲取大河文明提供了绝好的人文地理条件。古埃及人创造了人类的第一代文明，古巴比伦人创造了人类的第二代文明，古希腊文化正好是承继了前二者的精华发展为第三代文明。第三代文明是对前两代文明的综合、发展和再创造。在这种意义上讲，没有埃及文化和巴比伦文化就没有希腊文化。

古希腊支离破碎的地理环境决定了古希腊社会失去了天然地理政治中心的自然基础。美国史学家斯塔夫里阿诺斯总结道，“希腊地区的地理特点是促成这些发展的一个基本因素。希腊地区没有丰富的自然资源，也找不到肥沃的大河流域和广阔的平原，而具备这四项天然条件，并合理地开发和利用是供养如中东、印度和中国所建立的那种复杂的帝国组织所必需的。在希腊和小亚细亚沿海地区，只有连绵不绝的山脉，这不仅限制了农业生产率的提高，而且把陆地隔成小块。因而，那种可作为地区合并的基础的天然地理政治中心，希腊人是没有的。”〔1〕

古希腊数以百计的城邦林立，意味着众多主权实体的林立，便于主权社会内部的民主、平等的人权精神，外部相互帮助的邦联政治体制。“许多主权实体并列的局面维持了数百年……对希腊政治学产生了重要影响。”〔2〕

随着商业的发展，受到东方文化的影响，古希腊的陶瓷业也开始发达起来。陆上，希腊大量的陶瓷运往西欧、中欧。水上，希腊商船队在往返货物运输方面也获得了很大成功。此外，希腊人在欧洲率先使用硬币作为交换媒介。硬币的广泛使用，有效地促进了希腊所有的商业活动。于是，繁荣昌盛的希腊城邦

〔1〕［美］斯塔夫里阿诺斯：《全球通史》（上），吴象婴、梁赤民译，上海社会科学院出版社1999年版，第202页。

〔2〕徐大同主编：《西方政治思想史》，天津教育出版社2000年版，第19页。

便举世闻名了。为此，有经济史学家曾断言，“公元前6至4世纪之间，希腊经济正飞速上升。……若充分估计不同时代的具体情况，雅典经济给人的印象与19世纪的欧洲有点相似”，“虽说有来自东方文明的影响，但毕竟希腊人自身创造了独具特色的文明。……巴比伦文明、埃及文明、印度文明和中国文明从一开始就在政治上形成了中央集权式的君主制状态。与之相反，在后期的希腊文明中，由于希腊狭长多山的地理环境以及在长期生产实践中畜牧业、工商业和海外贸易的发展，形成了一个自希腊本土一直延续到西西里岛的狭长的文化衍生带”〔1〕。足见经济史学家与史学家的见解是一致的。

最早的希腊文化是克里特文化，是以地中海中的中心岛克里特岛命名的。克里特岛位于西亚、北非和希腊半岛之间的爱琴海之中。爱琴海是“内海中的内海”，它位于地中海之中，北通浩瀚的黑海。希腊民族拥有的众岛屿星罗棋布，成为地中海岛屿之最。爱琴海三面（东、北、西）有陆地环绕，唯一敞向海洋的一面还有克里特岛作为海水波及的天然屏障，使得爱琴海的海水相对平静，非常便于海上运输。这种最优越的地理环境为希腊人创造最丰富的元初生活方式提供了最有利的天然条件。这样一来，古希腊人南可吸取北非的古埃及文化之精，东可接受古巴比伦文化之粹，加之凭借自己特有的最佳海洋生活方式所蕴含的最发达的元初想象力，便锻造出人类早期发达的古希腊文化。最早的古希腊思想家、哲学家，如泰勒斯、阿那克西曼德等人都是游历地中海沿岸的行万里路者，他们可以到欧洲、亚洲和非洲三大洲漫游。这一点远比中国的条件要好得多。因为诸子百家所言的“周游列国”也只是中国中原地带的各个诸侯国。

第二节　中西元点民族性格：眷恋故土与移居乐园

为什么会产生中西方古典地理环境的差别性结构？其中的奥妙是什么？不同地理结构对早期人类产生了哪些不同影响？不同地理环境结构对不同民族文明类型产生了哪些深远的影响？这是些饶有兴趣的问题。

〔1〕［美］J. 利维：《古代世界的经济生活》，J. C. 比雷恩校订，芝加哥大学出版社1967年版，第22页。

一、眷恋故土

不同的元初地理环境，塑造了截然不同的民族性格。中国山河平原的独特地理环境为中华先民打造了“固守田园”的民族性格，这个性格从上古时代一直延续到晚清甚至是民国时代和毛泽东执政的时代。古希腊特殊的海陆结构塑造了古希腊人喜欢迁徙、善于经商的民族性格。两种截然不同的民族性格，造就了两种不同的民族文化。本书无法罗列其中异常复杂的种种现象，只把古老中国概括为眷恋乡土文化，把古希腊概括为移居他乡、追求自由平等的文化。

在华人身上发生了太多同样的故事：华人移民离开故土的时候，拈一把故乡的泥土，带在身上，远走他乡，眷留着对故乡深深的思念。据说早期华人移民饮用当地的水，很多人水土不服，生了病。于是，有的华人把随身带来的故土放到水里，试着饮用，结果好多华人神奇地治好了“水土不服”的疾病。看来这法子还挺灵验。费孝通在其名著中很不隐晦地说，“我初次出国时，我的奶妈偷偷地把一包用红纸裹着的东西塞在我箱子底下。后来，她又避了人和我说，假如水土不服，老是想家时，可以把红纸包裹着的东西煮一点汤吃。这是一包灶上的泥土”。此外，中国早在古代就有了“父母在，不远游”和“落叶归根”的说法。为什么会是这样子呢？

中国的中原民族不断发展变化，演变为汉族。汉族属于大河文明培育出来的民族，其文化属性主要是“乡土气息”。为此，著名人类学家费孝通把中华民族（其实是汉族）的基本特性概括为“乡土性”，从而有了名著《乡土中国》。因此有了如下的中国元素和汉族特征：

“从基层上看去，中国社会是乡土性的。……那些被称为土头土脑的乡下人。他们才是中国社会的基层。”

“我们说乡下人土气，虽则似乎带着几分藐视的意味，但这个土字却用得很好。土字的基本意义是指泥土。乡下人离不了泥土，因为在乡下住，种地是最普通的谋生办法。……这片大陆上最大多数的人是拖泥带水下田讨生活的了。”

“我们的民族确是和泥土分不开的了。从土里长出过光荣的历史，自然也会受到土的束缚，现在很有些飞不上天的样子。”

“靠种地谋生的人才明白泥土的可贵。城里人可以用土气来藐视乡下人，但是乡下，‘土’是他们的命根。在数量上占着最高地位的神，无疑的是‘土地’。‘土地’这位最近于人性的神，老夫老妻白首偕老的一对，管着乡间一切的闲事。他们象征着可贵的泥土。”

中原民族与草原民族，乃至工业民族有着不同的民族性格。费孝通提出，“农业和游牧或工业不同，它是直接取资于土地的。游牧的人可以逐水草而居，飘忽无定；做工业的人可以择地而居，迁移无碍；而种地的人却搬不动地，长在土里的庄稼行动不得，侍候庄稼的老农也因之像是半身插入了土里，土气是因为不流动而发生的。直接靠农业来谋生的人是黏着在土地上的”。

古老的中国，直到20世纪，还在不断重复着同样的人生故事：“乡土社会在地方性的限制下成了生于斯、死于斯的社会。常态的生活是终老是乡。假如在一个村子里的人都是这样的话，在人和人的关系上也就发生了一种特色，每个孩子都是在人家眼中看着长大的，在孩子眼里周围的人也是从小就看惯的。这是一个‘熟悉’的社会，没有陌生人的社会”。

古老的中国社会和现代社会并不相同：“在我们社会的急速变迁中，从乡土社会进入现在社会的过程中，我们在乡土社会中所养成的生活方式处处产生了流弊。陌生人所组成的现代社会是无法用乡土社会的习俗来应付的。于是，土气成了骂人的词汇，‘乡’也不再是衣锦荣归的去处了。”

因此，即便到了20世纪80年代初，农村人进城，还会被城市人一眼就辨认出来。无论村姑长得多么漂亮，都会被人认为土得掉渣。然而，几十年过去了，不看内在的气质，光看表面，如今在城市里已经很难辨认谁是村姑，谁又是城市里长大的姑娘。更有甚者，好多老北京城里人看不起外地人。有的干脆把外地人统统贬为“农民”。记得本书著者1986年来北京，坐在公共汽车上，常听北京人骂进城的乡下人最狠的一个词，就是“农民”。农民是“土得掉渣”的人群的象征。可如今，北京城里当地人也觉得抬不起头来。因为，在北京，当官最大的，经商最有钱的，高校学问最多的，往往都不是北京人而是外地人。

似乎乡土中国已经发生了变化。但无论是古老中国的泥土香气的正能量，还是“土得掉渣”的负能量，对现代中国人依然产生着浓厚的影响。如古老的中国人对故乡怀有浓厚的眷恋，经过几千年的文化涤荡，沉淀在中国人的内心底层，演化为一种回家过年的激情。有好多城里人，常常到乡下去祭祖，品尝着泥土的香气。足见，人文地理文化的发展是不断沉淀的。

中国式过年，在全世界是绝无仅有的文化现象。中国人从古至今，小年连着大年，年年过年，周而复始，没有任何东西能够阻挡回家过年的激情。中国进城打工的农民工现在还依然保留着这种淳朴的过年情结，一年到头打工在外，但一定要千方百计回家过年。这是义无反顾的事情，已经上升到精神信仰的高度、好生活风俗的习俗。

“每逢佳节倍思亲”在中国人的过年中颇具普遍性。本书著者上大学、参加工作后，回家过年的心情就像一团永恒燃烧的火焰，经久不息，甚至越烧越旺。这是为什么呢?

最能唱出中国人回家过年的心声的，就是《有钱没钱，回家过年》的歌："有钱没钱/回家过年/我知道你想衣锦把家还/有钱没钱/回家过年/家里总有年夜饭/怀揣着理想在外闯荡/酸甜苦辣不愿对人讲/经历风雨才知生命的荣光……有钱没钱/回家过年”。这是为什么呢?

有人表述着回家过年更为细腻的情感：回家过年，那是多少游子一年的期盼，在外漂泊久了，我们多想回到那日夜思念的故乡，多想看看那天天为我们担心的父母。曾多少日日夜夜想及这些，我们可以做的只是一壶浊酒而后在心底默默地祝福。还记得小的时候我们是多么喜欢过年，有新衣服穿、有压岁钱拿，有好多好吃好玩的。而今我们盼望着过年的团聚，可以陪父母说说心里话。同时我们又多么害怕，害怕父母那期望的眼神，害怕看见父母那渐渐发白的头发。曾几何时，我们为了学业、工作离开他们，透过他们那充满希望的眼神可曾读懂那背后的寂寞。那充满笑容的深处隐藏着多少孤独的等待。回家过年，那是多少父母心中的等待。快过年了，我们知道父母虽然嘴上不说，但在心里天天掰着手指头在算。随着年关逼近，闭上眼睛我们可以感觉到他们那渐渐舒展的皱纹……快过年了，回家吧，要知道那是送给父母最好的礼物。这是为什么呢?

回家过年，回家路途多么遥远，再苦再累，有钱没钱，中国人都毅然决然地从内心呼喊着，“我们回家过年!”这是为什么呢?鞭炮年年都会引起无数灾难，但是仍然割不断人们回家过年放鞭炮的想法。这是为什么呢?中国百姓回家过年不需要理由。这是为什么呢?面对中国人回家过年的种种“为什么”的现象，“回家过年不需要理由”，其实不需要理由的背后隐藏着最大的理由，本书著者在反思其背后的理由：

首先，每个人都有信仰，每个人都需要在一个周期里，安顿自己的内心与精神。寻求精神慰藉是每个人的生活必需。每个人在这个周期里都需要充实自己的精神。“回家过年”正是完成了每个人周期性充实精神的需要。得意者，过去的一年里收获很大，进步不小，正好在新年里让家人分享快乐；失意者，尤其是穷人，更是盼望过年，把过去一年的苦恼、辛酸，向家人诉说，心里自然升腾起一股温暖。

其次，信仰的力量是最伟大的。然而，随着新中国成立以来无神论的洗礼，随着改革开放30多年来市场经济的发展，中国人的精神信仰被洗涤得几乎走向空灵，直至幻灭。但是，依然还有汉族人们最后的信仰底线——回家过年是绝对真实的心情，这是汉族人们绝对真实的信仰，而且具有最大的普遍性。

再次，中国人，尤其是汉族人，宗教信仰十分特殊，对儒释道的好多信仰大多处于若隐若现、宁可信其有不可信其无的状态，并不完全是真实的，多少带点虚无的成分。然而，祭祖敬祖与回家过年的情感成为汉族人们绝对真实的信仰。

最后，中国人过春节，西方人过圣诞节。中国人过春节，为的是与家人共享年味。西方人过圣诞节为的是与家人共享圣诞的光环，为的是更大的自由。

当然，从古老中国到现代中国，中国社会已经发生了根本性的变化。古老中国人固守乡土、不爱移民的风习在悄然发生变化。古老中国，一生一世眷恋故土，落叶归根。现代中国，一辈子都向往发达社会，移民浪潮一浪高过一浪。现代中国人在不断品尝着移民的乐趣。

二、移居乐园

和中国古代社会不同，从古希腊古罗马社会到近现代社会，西方社会是一个移民的乐园。据史学家考证，公元前8世纪，由于古希腊人口相对过剩与自然农业的矛盾，渴望土地的农民不得不到海上去当强盗、商人或殖民者，有的干脆三者兼而有之。

古希腊社会由于移民性强，所以促使商业趋向发达，也促使农业向商业型农业发展。由于当强盗、商人或殖民者这三者之中唯有发展商业才是正当行业，其余做强盗和殖民者都是不正当的，又由于多岩石的山坡也适合种植葡萄树和橄榄树，因此开垦的土地面积大大增加，促使商业型农业红红火火，使能够养活的人口比从前增长了二至三倍。

希腊人的原初生活方式有两大特点，一是商业发达，二是移民性强。发达的商业和频繁的移民打破了以血缘关系为纽带的严重束缚，因此打破了人类文化发展依靠原始图腾和血缘关系维系人际关系纽带的古老陈规戒律，使之不可能在以后的历史长河中建立起一种严重束缚社会发展的宗法制。可以说，文化综合和优越的元初生活方式极大地丰富了希腊人的元初想象力，从而使希腊人创造了丰富的希腊文化。

由于古希腊人在爱琴海环境中不具备经营农业文明的条件，要想生存发展，只能发展商业文明。古希腊这一天然地理环境为在政治法律上培育自由、平等、民主、法治等提供了极佳的地理条件。此外，商业发达和移民性强的古希腊文明塑造出了流动性极强的民族性格。哪里有公平正义，哪里就是他们的家。古希腊世界是一个移民社会，移民社会最容易打破血缘关系，最易追求地缘关系；最不讲究亲属之间的宗法关系，最能追求公平与正义，所以古希腊人最善于构建以自然法为法则的公平正义的社会制度。

古代中国的自然地理环境铸造了古老中国人固守乡土的民族性格，农业是社稷之本决定了古老中国的重农抑商主义。古希腊移民性强与发展商业相结合，注定了古希腊人走重商主义道路。

第三节　中西元点经济：抑商与重商

元点经济文明与元点地理文明的联系是最为密切的。元初地理环境是文明元点的自然条件。元点经济文明则是元点硬件文明的核心。中西不同的元初地理环境创造了不同的元点经济发展类型。中西不同的元点地理环境和不同的元点经济成为中西民族文明发展的地理经济条件，即中西元点文明的重要硬件。

一、中西元点经济的不同类型

中国夏商周三代缘何会建构人治、专制的政治体制？其经济基础是什么？西方人为什么对平等与正义的诉求那么执着、长久？西方精神的经济基础又是什么？中国人为什么自古至今对平等和正义的诉求远不如西方人？为了解决这类问题，这里思考的结论则是：早在中西方的古典时代，中西方在崇尚经济发展方面就有了泾渭分明的分水岭。西方文明的源头古希腊人选择了重商主义，中国的先民选择了重农抑商的发展道路。

中西元点经济是中西元点政法的经济前提。中西政法元点的根本区别是宗法制隶属体系与平权型体制的区别。西方平权型出自正义、平等理念，正义和平等才能确保自由和民主。中国的宗法体制包容的是不平等理念，因此有了人治、专制。为什么会有如此区别？原因是多方面的，其经济上的原因就在于中国先民的自然农耕经济，而古希腊古罗马人率先开发了商业经济。

古代中国人之所以选择了重农抑商的发展道路，是因为他们拥有非常丰富的大河资源和辽阔的平原，自然农业经济的发展条件十分优越。自然农业经济成为整个中国社会尤其是政法赖以生存和发展的重要经济条件。因此，保护自然农业经济成为中国社会几千年来不变的国家政策，一直维持到20世纪下半叶。

在本书著者看来，发展商业会使得社会财富不断强大，从而为发展科技、哲学以及宗教提供坚实的基础。相反，重农抑商的国策，使得中国的商业不断受到抑制，发展科技、哲学和宗教都会受到官方的限制。重商主义社会属于力量型，而重农抑商则属于依靠仁德治理天下的社会类型。从发展逻辑上看，力量型的商业社会注定要从军事上和政治上战胜重农抑商的社会，是否能够从文化上战胜则应另当别论。

贺加祥在其《试论古希腊的重商主义》（《学术交流》1995年第2期）一文中，详细地分析了古希腊重商主义的来龙去脉。古希腊的重商主义是在殖民扩张和航海贸易的基础上产生的。在荷马时代，希腊主要经济活动是农业和畜牧业。财富几乎全由耕种田地、经营葡萄园和菜园，以及开拓牧场而获得。大约公元前11世纪到公元前7世纪末，希腊人向地中海各个方面进行殖民扩张。很快，希腊殖民据点以及殖民城市如雨后春笋般在地中海沿岸拔地而起。他们侧重发展海运和商业。殖民地滋养母国的各种经济需求。

古希腊人推崇重商主义，取得了辉煌的成就，不仅极大地促进了商业的发展，而且促进了家庭手工业和农业的发展。在工业生产上，从公元前6世纪到公元前4世纪，希腊家庭手工业取得了长足的发展，不仅规模扩大了，而且更加专业化了。重商主义国策促使了古希腊的农业商业化进程。一方面，土地商业化。公元前5世纪，希腊土地属个人私有。另一方面，政府奖励商品农业。国家元首劝告和奖励公民建立葡萄园和果木园。古希腊人依靠输出葡萄酒和橄榄油，得利非常丰厚。贺加祥得出结论，“农业经济的商业化和国际化，使希腊人大获其利。因为谷物种植远远不能满足希腊人的需要，必须大量进口，而葡萄酒、橄榄油和无花果干必须大量出口，这一出一进，希腊人是顺差”。重商主义对古希腊社会产生了深远影响。“第一，重商主义最直接的后果是强国富民。它首先拓宽了财源，凡推行重商主义的城邦，除从土地上获取财富之外，而且还通过工商业和海外贸易赚取巨量财富。……第二，推进了民主政治的发展。伴随重商主义的产生，出现了一个工商奴隶主阶级。在政治上，他们一开始是没有任何权力的，他们对土地奴隶主和氏族贵族独揽大权是不满的。因此，他们一般都充当了平民领袖，领导反对奴隶主贵族的斗争，并在相当一部分城邦取得了胜利，建立了奴隶主民主政治。雅典城邦是工商奴隶主推行民主政治的典范。雅典的民主制是直接的民主政治，最高权力机关是公民大会，它决定内政、外交、战争、和平和立法等国家大事。底层公民也可以当选为执政官，打破了贵族对这一最高行政官职的垄断。”[1]

总之，古典经济文明与古典地理文明的联系是最为密切的。元初地理环境是古典文明的自然条件。古典经济文明则是古典硬件文明的核心。中西不同的元初地理环境创造了不同的古典经济发展类型。中西不同元初地理环境和不同古典经济成为中西民族文明发展的地理经济条件，即中西古典文明的重要硬件。中国的古典地理培育了中国的自然农耕经济，古希腊元初地理培育了古希腊商业经济（包括商业农业经济和手工业）。

二、中西元点经济的政治后果

中国先民经营的自然型农业经济和古希腊人经营的商业型农业经济发展的极致，必然导致两种不同的政治后果，决定了中国构建了中央集权的政法体制，古希腊人则在民主制、贵族制和君主制之间摇摆，最终选择了民主共和、分权的政法体制。

中国是中央集权的集大成者，因此从夏商周发展到唐宋，把农业文明发展到顶峰。虽然日本史学家认定“大宋之后无中国”或“崖山之后无中国，明亡以后无华夏”[2] 的史学观是错误的——中国人没有理由认定中国就是或者只是汉族人的中国，通常的说法是“（后来的）中国是56个民族的中国”，但自有一定的内涵。另一方面，西方商业型农业发展到极致，必然从商品经济发展为工业文明。工业文明是商业文明发展的必然。

中西政法理性和伦理精神的不同，反过来制约着中西元点经济的发展。古希腊从追求正义到民主法治，古代中国人从追求忠孝宗法到齐家治国平天下。最重要的是国家政策的价值取向不同，古希腊从追求正义的元点演绎出自下而

---

〔1〕 贺加祥：“试论古希腊的重商主义”，载《学术交流》1995年第2期。

〔2〕 参见日本作家田中芳树的历史小说《海啸》。崖山海战，又称崖门战役，是1279年（元至元十六年，南宋祥兴二年）中国宋朝军队与元朝军队在崖山（今广东新会南崖门镇）进行的大规模海战。这场战役以元军以少胜多、宋军全军覆灭告终。它意味着南宋残余势力的彻底灭亡，也标志元朝最终统一中国。但日本方面有些史学家认为这场战役的结果标志着古典意义中华文明的衰败与陨落，因此有“崖山之后无中国”这一说法。

上的重商主义和民进国退的政治经济发展道路。古代中国则追求重农抑商的政治经济发展道路。

在政治与经济的互相决定关系理论上，有两种基本观点。一种是马克思主义观点，认为经济决定政治。本书著者觉得这种观点的真理使用范围是西方社会，并不适合于中国元点社会。在中国从夏商周到明清社会，不是经济决定政治，而是政治决定经济。对此，本书著者赞同刘泽华的观点，“王权是基于社会经济又超乎社会经济的一种特殊存在。它是社会经济运动中非经济方式吞噬经济的产物，是武力争夺的结果……这种靠武力为基础形成的王权统治的社会，就总体而言，不是经济力量决定着权力分配，而是权力分配决定着社会经济分配，社会经济关系的主体是权力分配的蟾酥；在社会结构诸多因素中，王权体系同时又是一种社会结构，并在社会的诸种结构中居于主导地位；在社会诸种权力中，王权是最高的权力；在日常的社会运转中，王权起着枢纽作用；社会与政治动荡的结局，最终是回复到王权秩序；王权崇拜是思想文化的核心，而‘王道’则是社会理性、道德、正义、公正的体现”[1]。其真理适用范围或关键是“靠武力为基础形成的王权统治”的社会类型。

从这种意义上讲，古代中国重农抑商的政策决定了中国的工商业不可能得到长足的发展，而只能是步履艰难地前行。“国进民退”是古代中国的重要特征。中国经历了几千年的重农抑商的发展道路。官营专卖是中国历史上各朝各代不断加强的经济政策。所有好东西，如铁、盐、茶、酒、（精）瓷等能够产生暴利的生产，必须由官府来掌控，民间不能染指。就连最好的瓷器工艺，官方也必然要垄断为官瓷，不得在民间流传。最好的东西必须在宫廷，而不允许在民间流转。这是由中国传统经济发展模式决定的。

中国的农业社会发展始于三皇五帝时代，到夏商周三代则初具规模。21 世纪初中国才取消了农业税，才标志着中国从农业社会转向工业社会的发展道路。中国人的智慧是超常的。现代中国人的自强之路是从发展农业社会转变为发展工业社会。结果，短短的 30 年，确切地说，自 1992 年后中国才走向了发展市场经济的道路。并不夸张地说，就是在这短短的三十多年，中国人创造的财富超过了以往任何时代的财富总和，远远超过了马克思所言“资本主义在它不过一

---

〔1〕 刘泽华：《王权思想论》，天津人民出版社 2006 年版，自序第 3 页。

百年的时间内创造的财富远远比以往各时代所创造的财富要多得多"[1]的神话。中国30年经济发展的轨迹徘徊在从“国进民退”到“民进国退”再到“国进民退”的怪圈里。后来才觉悟到，市场经济发展的真正使命不是“国进民退”（那是封建社会的基本追求），也不应是“民进国退”（那是自由资本主义的社会追求），而应是人民与国家的互利共赢或共进退。重商的社会主义本质应是以民为本而不是以官为本，应当是全心全意为人民服务，而不是全心全意地搜刮民脂民膏。然而，中国元点经济文明对后世的影响是不可低估的，尤其是“国进民退”的封建意识仍然很浓。

古希腊古罗马和中国的夏商周不同，政权的建立、运行靠的都不是武力，而是官权力与贵族之间的社会契约，因此能够在认可自然法正义精神的基础上，把公民圈定在贵族范围内，所以才会在贵族范围内追求公民之间的自由、平等、民主和法治。

古希腊人之所以选择了重商主义，是因为在西方文明发展之初，古希腊人面对的自然环境、发展农业的自然条件非常有限，缺乏丰富的大河资源，没有辽阔的平原，有的只是多山少地的内陆结构，因此不得不分割成许多个城邦。不过其沿海的优越爱琴海海域，为古希腊人发展海上商业提供了得天独厚的自然条件。于是，他们把自然农业发展为商业型农业。发展商业农业是古希腊人的唯一出路。

中西最初的地理经济类型决定了中西最初的政治文明发展模式。

[1] 出自马克思1848年写的《共产党宣言》第一章。参见《马克思恩格斯选集》（第1卷），人民出版社1995年版，第256页。

第三章

中西元点政法伦理
（元点制度文明）

不同民族在不同元初地理环境和不同元点经济类型的基础上，创造出不同的元点政治法律类型。政法的发展与地理环境及经济的发展并不是完全同步的，具有自己的相对独立性。古典政法文明（本书称之为元点政法）一旦形成，就将对后来整个文明的发展产生决定性的影响。可以说，有什么样的元点政法文明，就会有什么样的政法流向。不同民族元点政法决定了其后来发展的方向、厚度、广度，等等。

元点政法既然是元点文明的重要硬件，也必然是元点制度文明的有机组成部分。此外，元点政法也有一半属于精神文明的范畴，即软实力、软文明的范畴。中西元点文明绝不是一种元素发展的结果，而是多种元素的合力。在这个元点文明结构体系中，政法机制处于文明大厦的最高点，属于上层建筑的范畴，是文明的皇冠；同时还是整个文明大厦的中枢或心脏，决定着一个民族的整个价值取向与兴趣爱好。

中西方元点政法精神的根本不同是双面的。一方面，中国先民铸造了王权政治，古希腊古罗马人营造了在公民范围内的民权政治。另一方面，基于政治决定法律，中西元点政治差别产生了中西元点法律的根本差别，决定中国先民侧重发展了王法和刑法，古希腊人侧重发展了私法和自然法。

中西元点文明的流向问题成为中西方文明发展的关键。从历史发展事实看，中西方不仅铸造了不同的元点文明，而且造就了不同的时代，产生了不同的文明流向。中国选择以王道、王权和王法为价值中枢组建政权的合理性与合法性，因此王权政治、公权政治和公法畸形发达，而民权政治和私法极其薄弱。相反，古希腊古罗马人把政权的根基建立在自然法、神法、私法等基础上，并以追求正义为使命的自然法为人定法的依据。中国不断在强化忠孝宗法制的政法体系，变法也只是在不断完善王道、王权和王法。西方人不断完善自然法，不断用自然法来纠正人定法的不足，追求的政法价值是正义和公平，而不是忠孝；不断放大的不是王权和王法，而是民权和私法。这两股道上跑的车，在后来文明发展史上承载了不同的文明发展重任。

由于本章是本书的重点章，因此，本章在本书所占的比重比较大，必然篇幅较大。第二章和第三章在逻辑上是并列关系，在容量上很不协调。这是由本书的重点和使命决定的。

第一节　中西元点政治：王权与民权

中西先民在各自的政治环境中分别开拓出了两种元点政法理性。本书著者认为，中西元点政法的根本区别就是政法价值中枢、价值立场的不同，因此导致了政权重心的不同。中国先民站在王权、王法立场上，古希腊人虽然摇摆在民主制、贵族制和君主制之间，但主要的立场是民主、民权和民法。如果比较中西初民社会的政法理性的根本不同，那么中国初民社会的核心思想是王权和王法，由此决定以后中国政治法律的发展方向是以宗法制为核心的三纲体系。而古希腊的政法核心思想则是以正义为核心的自然法和私法，因此西方民法或私法必然发达。西方人对法律付诸正义的探究精神是深入而细腻的，而古老中国人对宗法制的规定是非常严格的。

一、中西元点政治：王权专制与民权民主

中西元点政治文明的根本性区别点是王权政治和民权政治的分野，本质上是中国先民“主权在王”和古希腊人“主权在民（公民）”的分野。

古希腊文明曾先后经历了“克里特文化”、“米诺斯文化”和“迈锡尼文化”的不同历史发展阶段。荷马史诗时代（公元前12世纪～公元前8世纪），古希腊世界演变成为城邦林立、法律政制各异但可分享“希腊族性”的宏大世界。因此，本书这里所说的古希腊民主只适用其中的主流社会。因为，古希腊历史还有相当历史部分适用于专制。

古老中国及古希腊古罗马的农耕经济和商品经济的不同，自然派生出了专制与民主的不同政治体制、人治和法治体制。古希腊民主制是奴隶制社会中十分耀眼的一种政治形式。虽然欧洲人把它视为当时世界上最好的政治制度，而

亚洲国家并不完全认同，但它的存在及其“火种”作用对后来欧美的影响是不可忽略的。

中国自从夏朝破坏尧舜的“禅让制”后，经过商朝到周朝（包括西周和东周），再到秦汉直到晚清，王权王法专制的政治体制不断走强，管辖和适用的范围也不断扩大。[1]

夏商周三代的政治制度是王位世袭制、分封制和宗法制组成的整体组合。其核心是宗法制，带有浓厚的部族色彩。西周的分封制和宗法制，不仅有效维护了西周的统治和社会稳定，而且上承夏商王位世袭制，下启秦汉的中央集权制，在中国古代政治制度的演变历程中，具有承前启后的重要作用。

西周实行分封制始于周武王时期。周武王广泛推行分封制是出于巩固周王政治统治的需要，一方面是为了对西周境内直接管辖的京属地区的政治管理，另一方面是为了对西周间接管辖地区的诸侯“王”的广大地区进行有效统治。诸侯王的领地属于诸侯直接管辖，而西周中央之王对诸侯领地只有间接管辖权。因此，商周时期的统治者直接治理的城邦只局限于很小的范围。周王与诸侯群雄并立，所谓的“国”有很多。相传商初有三千国，周初有一千八百余国。最高统治者“王”的直接管辖领土并不大。孟子曾曰，“汤以七十里而王，文王以百里为王”[2]。其大意是说，当年商汤刚起家的时候，只有七十里大的地盘，可是他施仁义，百姓都归附他，就像大旱的时候盼望云彩那样盼着商汤来解救自己，结果他灭了夏桀，取了夏朝的天下；周文王最早的地盘不过百里，可是他同样行仁政，以德服人，使得天下无不顺服，后来他的儿子周武王继续他的仁政事业，就这样灭了商纣，取了商朝的天下。足见，仁政的威力有多大。商汤、周文王，本来很弱小，但是他们依靠施行仁政，却取得了整个中原的天下。

---

〔1〕 请参见后面本章的深入分析，后面的第四章和第五章还将进行深入解析。

〔2〕《孟子·梁惠王上》。“汤以七十里，文王以百里”在《孟子》里说过好多回。其一，“齐人伐燕，取之。诸侯将谋救燕。宣王曰：‘诸侯多谋伐寡人者，何以待之？’孟子对曰：‘臣闻七十里为政于天下者，汤是也。未闻以千里畏人者也。’书曰：‘汤一征，自葛始。天下信之。东面而征，西夷怨；南面而征，北狄怨。曰，奚为后我？’民望之，若大旱之望云霓也。归市者不止，耕者不变。诛其君而吊其民，若时雨降，民大悦。书曰：‘徯我后，后来其苏。’今燕虐其民，王往而征之。民以为将拯己于水火之中也，箪食壶浆，以迎王师。若杀其父兄，系累其子弟，毁其宗庙，迁其重器，如之何其可也？天下固畏齐之强也。今又倍地而不行仁政，是动天下之兵也。王速出令，反其旄倪，止其重器，谋于燕众，置君而后去之，则犹可及止也。”其二，“孟子曰：以力假仁者霸，霸必有大国；以德行仁者王，王不待大。汤以七十里，文王以百里。以力服人者，非心服也，力不赡也；以德服人者，中心悦而诚服也，如七十子之服孔子也。诗云：‘自西自东，自南自北，无思不服。’此之谓也。”

孟子拿这套理论劝那些战国时代的诸侯王们施行仁政。

对于周王直辖区域以外的广大地区，周王则因循前代，用分封诸侯的办法来加强对它们的统治。分封制的内容主要涉及作为西周的最高统治者周王与被分封的地方诸侯双方之间的权利与义务。分封，就是封邦建国的意思。周王把国都附近的地区划为王畿，由周王直接统治。王畿以外的地区分封诸侯，让他们建立诸侯国，镇守疆土，保卫王室。被分封的诸侯，接受周王的册封和礼器，对周王承担纳贡和朝聘的义务，并随周王参与出征、祭祀、吊丧、庆贺等事项。如果诸侯间发生了争执或冲突，则由周王进行调解和处理。周王是全国最高统治者，是诸侯共同的主子，自称天子。诸侯是周王的臣属，必须服从周王的命令。对于不履行义务或反抗的诸侯，周王有权进行处罚乃至征讨。

西周后期，周王室衰微，士大夫祭泰山的现象频繁出现，结果礼崩乐坏，周王逐渐失去了“天下其主”的地位。于是，周王与诸侯的依赖关系发生了逆转。诸侯强大了，王室衰微了。因此周王不能再对诸侯发号施令，反而在政治上、经济上越来越依赖于强大的诸侯。结果，中国历史就发展到春秋战国时期。战国年代，强大起来的诸侯国开始用“挟天子以令诸侯”的方式挤压天子，争霸中原。周王分封命令诸侯的现象已经成为过去，分封制逐渐被郡县制取代，慢慢退出了历史舞台。

中国和古希腊不同，在原始社会向阶级社会转型的过程中，不是淡化、弱化血缘关系，而是强化血缘关系。于是，祖先崇拜和天神崇拜等原始宗教的社会内涵在国家诞生以后还依然被较完整地保留了下来。宗法制由原始社会的父系家长制直接演变而来，它是用规定宗族内嫡庶系统的办法来确立和巩固父系家长在本宗族内的地位的，以保证王权的稳定。

宗法制的核心内容是嫡长子继承制，即嫡长子继承父亲的宗主地位，庶子进行分封。天子、诸侯、卿大夫的法定继承人首先是嫡子中的长子。所以有“立嫡以长不以贤，立子以贵不以长”的说法。大意是说，中国古代在一夫一妻多妾环境下以嫡长子继承制为基本原则，而嫡长子继承制则是整个宗法制度的核心制度。妻所生的儿子就是嫡子，妾生子称为庶子。嫡子中的年纪最大者就是嫡长子，拥有着最优先的继承权，不管他是否贤能。

登基后的嫡长子与被分封的诸侯有双重关系，在亲缘上是兄弟关系，在政治上又是君臣关系。分封分为大宗和小宗。周天子是天下的共主，是所有王族的大宗。诸侯对周天子而言是小宗。在封国内，诸侯对卿大夫而言是大宗，而卿大夫对诸侯而言又是小宗。同样，在卿大夫的封地内，对于士而言，卿大夫又成为士的大宗。大宗和小宗的划分，明确了下级贵族臣服于上级贵族、全体贵族服从于天子的政治隶属关系。这种相对的大小宗环环相扣，构成了中国宗法制社会网络体系。

西周的宗法制对中国后来政治发展产生了深远的影响。宗法制社会是政教合一的社会形态。宗族法规既是宗教礼仪，更是为了防止贵族之间因权力继承问题发生纷争而建立的王位权力继承制度。宗法制营造了金字塔式的等级尊卑制度。其等级之森严，尊卑之有序，血缘关系纽带之强化，都是为了确保君臣关系的纲纪，为了保障贵族在政治上的垄断和特权地位，维护王族统治集团内部的稳定与团结。

与中国上古时代有些类似的是，最初的古希腊国家的政体不是民主制而是君主制。约公元前2000年至公元前1700年间，克里特岛产生了君主制国家，出现了王宫建筑群。

后来的古希腊，为了权衡平民与贵族的关系，出于发展商品经济的需要，才创造了古希腊式的民主制。古希腊的民主制典型是作为古希腊城邦国家中心的雅典城邦。公元前8世纪，雅典城邦形成后，政治权力为氏族贵族所控制。由于贵族寡头专政，平民与贵族长期处于对抗状态。直到公元前6世纪，平民与贵族共同选择梭伦为调停人和执政官，梭伦的政治改革才使雅典社会进入了民主社会时期。足见，雅典的民主制度是贵族与平民阶级斗争的产物，是调和阶级矛盾的结果。

雅典社会，在政治上是民主制，在法律上是法治。雅典民主制可归结为主权在（公）民思想、权力制约的思想、法律至上的思想和公民意识。然而，民主制度未必就是尽善尽美的，雅典民主制也曾多次上演了多数人的暴政现象，导致苏格拉底的壮烈悲剧。

与中国金字塔式的等级化体制模式不同的是，雅典民主制表现为在分工基础上各种职能机构之间既相互依赖而又彼此相互制约。由于雅典政治强调公民广泛参与政治的权利，因此成就了古希腊的公民大会。数以千计的公民会聚于大广场，以投票表决的方式解决社会重大问题，不仅包括立法案，也包括司法案。毫无疑义，雅典的这种民主制是比较彻底的。不仅在人选上不是间接选举，而是直接选举；而且民主制度超越了局限于“选人”，而直接提升为选举法案。但是这种雅典民主制只能适用于小型社会，几万人的社会都无法运行这种民主制。雅典在伯罗奔尼撒战争前，有公民15万～17万，外邦人3.5万～4万，奴隶8万～12万，总计约30万人口。有的城邦只是一些很小的居民点。当时的古希腊社会，城邦人口多在数千人，规模多达数万人的并不多。[1]

正是因为古希腊的民主制存在巨大局限，才导致苏格拉底之死的悲剧，他的学生柏拉图因此才反对民主制、反对法治，而主张哲学王的人治模式。对于雅典的执政官员就职时宣誓依法而治理城邦的情形，柏拉图在《理想国》中气愤地说，苏格拉底尽管深知执政官是非正义的，自己是城邦民主法治的受害者，但却毅然信守之而不越狱。因为，他把法律想象为人格化的存在，与他探讨遵守法律这一确然给予“约定”之义务；但是这种约定的意涵远比诡辩学派主张更深刻，它具有更厚重的道德意味；事实上，苏格拉底言说的约定的意涵是一种暗含的、但约束力丝毫不弱的契约。苏格拉底的一生已经从城邦的法律中受益；若他没有期待法律的保护，他本可以离开雅典，逃之夭夭；但他的行为表明他已经默认要遵从法律。所以，苏格拉底之死已经成为2000多年来西方宪政史上的一大“显题”，不仅成了民主制的咒语，更把守法问题推向极致。古罗马人把民主制极大地向前推进了。古希腊统治者并不给予被保护人以公民的权利，而罗马人则远比古希腊人更加宽容。

古罗马人扩大公民民主适用范围的原因是多方面的，至少有两个方面是不可忽视的：

一方面是公民的扩大。在雅典有几百万常驻外来移民，主要从事工商业和金融业，他们为雅典人提供了丰厚的税收。然而，希腊政府并不给他们公民的身份，因为公民并不纳税。雅典的非公民既没有政治权利，也没有占有土地的经济权利。相比之下，罗马法律对待外来民族的人较为开明。它准许半岛约1/4的居民享有充分的公民权，其余的人享有拉丁公民权，即一种大而不充分的特权。所有的人都享有人身自由，由此造成的唯一不足仅在于不能控制外交事务，不能强制人们服兵役。这就是说，随着国家从小国寡民的希腊社会提升为大国多民的罗马帝国社会，人们的身份从公民沦落为臣民。希腊时代的公民是国家政权的主人，到罗马帝国时代则沦落为臣民而不再是社会主人的公民。这种政

---

〔1〕 参见［美］斯塔尔：《个人与共同体——希腊城邦的兴起》（英文版），牛津大学出版社1986年版，第47页。［英］汉伯劳威尔、斯帕弗斯主编：《牛津古典辞书》（英文版），牛津大学出版社1996年版，第451～452页。

治制度的转变是有道理的。因为，西方社会从希腊城邦社会发展到罗马帝国时代，往日城邦时代的民主制已经不可能承载帝国的政治生活。由于国家社会与市民社会的分离与对立，公民已经不再可能成为社会的主人，只能沦落为被国家政权掌控的臣民。因此，昔日里的公民身份也必然失去了政治意义。在帝国社会中，面对凌驾于"城邦"之上的帝国权力，人们在政治领域的权力和影响力已经趋向于零。希腊时代，仅占城邦社会10%的公民，不断扩大到更多的社会成员，从而丧失了往日"公民权"的特权。因此，希腊时代公民与非公民的对立，这时便转化为专制君主及其官僚集团与广大臣民的对立。当然，奴隶依然被排斥在"民"的范畴之外。但是，除了奴隶之外，几乎所有的自由民都获得了臣民的平等地位。[1]

另一方面是国家与社会的分离。古希腊城邦时代，通过公民共同体与国家的同一实现公民对公共生活的广泛参与。公民的广泛参与是以小国寡民为根本前提的。国家兴旺与个人息息相关，因此公民把政治事务视为自己的事务，参与公共生活的积极性必然很高。

然而，马其顿帝国和罗马帝国都有广阔的领土，内部成分非常庞杂，为此个人在庞大的国家内变得微不足道。于是，个人与国家的关系也开始渐渐疏远了。[2] 在古罗马时代，由于交通工具和信息传播十分落后，庞大的帝国内部无法形成联系密切的整体。维系这个政治实体的主要手段是人为的政治与军事上的强权。因此，官僚和军队成为维系帝国专制独裁的主要手段。因此，国家政府与社会的结合方式便从统一走向了分离甚至对立。这种分离与对立，导致了人们对政治热情的锐减。在学术领域里，政治学研究也开始走向萧条和沉寂的状态。为此，人们的热情和注意力转向个人的生活，学者们关心个人生活问题远胜于政治问题。因此，伦理学获得了比政治学更加重要的地位，乃至于政治问题成为伦理问题的一部分。在这个时代，学者探讨问题的热点是，人们为了过上一种优良幸福的生活，应当怎样对待政治问题。由于国家社会与市民社会的分离与对立，由于政权的专制与独裁，学者得出了非常消极的结论，认为政治生活是个人生活的"一种负累赘、搅扰，甚至是污染"[3]，进而认为，只有

---

〔1〕 参见徐大同主编：《西方政治思想史》，天津教育出版社2000年版，第48页。

〔2〕 参见徐大同主编：《西方政治思想史》，天津教育出版社2000年版，第47页。

〔3〕 徐大同主编：《西方政治思想史》，天津教育出版社2000年版，第48页。

从政治生活中撤出，或者远离政治，个人才能得到精神上的安宁。

诚然，相对古希腊，古罗马的公民虽然人数更多了，但对享有公民权利的人的规定更加严格了。凡是被征服地的居民（主要是奴隶主），就成为自由民，甚至是公民。公民在社会生活中享有政治、经济、文化等各方面的全部权利。

与古希腊古罗马不同的是，古老中国的农耕经济决定了其必须实行君主专制，民最多是臣民。臣民的本质不是公民，而是私民，在政治上并不享有政治权利。这在前面已经有所分析，故在此不多论述。

在古代条件下，是古希腊古罗马的民主制好，还是中国的君主专制好则是一个十分复杂的问题。一些现代中国人跟着西方人说前者远远好于后者。其实，历史作了相反的选择。城邦民主制使希腊内耗不止，实行民主制的雅典早在伯罗奔尼撒战争中被集权制的斯巴达打败，雅典人处境悲惨，整个希腊沦于外族强权之手。相反，中国的君主专制却一代强盛于一代，直到清末一直没有衰败的迹象。当然，我们也不能根据这种历史事实就得出结论说君主制远远好于民主制。这是一个极其敏感的政治问题，本书不作任何主观判断。不过，在现代历史条件下的中国，无论是政治家还是学问家，都把放弃君主制而选择民主制作为中国的出路，其中隐藏的合理性是不言而喻的。

不管怎样说，在古代条件下，中西方由于自然小农耕经济与商品经济的不同选择了政治君主制和民主制，则是不容否认的历史事实。

二、隶属型政治与平权型政治

基于不同的元点经济地理，中国先民创造了隶属型政治，古希腊人创造了平权型政治。中国古代社会铸造了皇帝权力最高、百官隶属于皇权、百姓直接隶属百官间接隶属于皇权的隶属型金字塔。古希腊民主制时代营造的是公民之间主体权利平等的平权型社会。然而，在古希腊社会，平权型的政法体制只适用于梯形社会的最高层，即只适用于贵族成年男子。

本书这里所讲的隶属型政治和平权型政治是从法学界关于“平权型法律关系和隶属型法律关系”的理论转化而来的。周旺生的《法理学》提出，“按照法律关系主体在法律关系中的地位不同，法律关系可以有平权型法律关系和隶属型法律关系的区分”[1]。因此可以推理，如果按照人在政治关系中的不同地位，可以分为平权型政治和隶属型政治两种。对于什么是平权型和隶属型法律关系，

〔1〕 周旺生：《法理学》，北京大学出版社 2007 年版，第 383 页。

周旺生认为，“在同一法律关系中，法律关系主体处于平等的法律地位，这种法律关系称为平权型法律关系。……在同一法律关系中，法律关系主体处于管理与被管理、命令与服从等不平等的法律关系地位之中，这种法律关系称为隶属型法律关系，又称纵向法律关系、特别权力关系。”[1] 据此，可以认定，凡是在同一政治关系中，政治关系主体处于平等的政治地位，这种政治关系称为平权型政治关系。凡是在同一政治关系中，政治关系主体处于管理与被管理、命令与服从等不平等的政治关系地位之中，这种政治关系称为隶属型政治关系。

很显然，中国古代社会建立的政治关系和法律关系是隶属型的政治关系和法律关系。雅典民主社会建立的政治关系和法律关系是平权型的政治关系和法律关系。当然，古希腊社会多方面尝试过君主制、贵族制和民主制，由于古希腊民主制影响了西方政治文明后来的发展方向，因此这里研究的重点只是古希腊民主制。古希腊之所以能够构建一种平权型政治体系，是以民主制为基础的。没有民主制就没有公民主体地位的平等与自由状态。可以说，基于中西王权政治与民主政治的分野，造就了古代中国隶属型政治和古希腊平权型政治的区分。从中西元点政治的隐性形态看，中西政治诉求的不同在于，中国先民构建了不平等型的隶属型政治，古希腊雅典的政治诉求是平权型政治。专制体制包含了不平等精神的政治诉求，而民主政体蕴含着平等精神的政治诉求。

中国从夏商周三代到1911年辛亥革命之前，崇尚的是不平等精神，集中体现在“三纲五常”的价值体系中。西方自古希腊以来，自由、平等、民主和法治一直成为西方法律思想的发展主流，尽管有中世纪不平等的漫漫长夜，但文艺复兴后，自由、平等、民主与法治的古希腊精神成为西方人的最爱，进而在全球范围推广开来。

中国古典政法理念的源泉在于宗法元点。宗法元点文明包括宗法理念和宗法制度。宗法理念是宗法元点的软件或灵魂，宗法制则是宗法元点文明的硬件或风骨。前者属于精神文明的范畴，后者属于制度文明的范畴。宗法理念体现在制度层面就是宗法制。宗法理念是“亲亲”、“尊尊”、“长长”和“男女有别”为基本原则的“礼治”系统。宗法制是按照血统的远近区别亲疏来制定制度。其萌芽于原始氏族时期，作为维系贵族间关系完整制度的形成和出现则在周朝。据史书记载，周朝形成了系统而完整的宗法制度，“天子建国，诸侯立

---

〔1〕 周旺生：《法理学》，北京大学出版社2007年版，第383～384页。

家，卿置侧室，大夫有贰宗，士有隶子弟"[1]。

其实，宗法系统既是中国元点文明的政治核心，也是中国元点法律精神的核心，更是中国元点伦理的核心。甚至在某种意义上讲，中西古典政治精神源于各自的伦理精神，伦理精神与政治精神是相互决定的。

三、中西元点伦理：忠孝与正义

中西元点伦理的根本区别就是价值取向聚焦于忠孝还是正义。

在研究伦理问题时，有两个问题需要事先特别说明：其一，人类伦理道德的根源是什么的问题，这在学界还是争论不休的主题。很多学者，尤其是西方学者认为社会伦理起源于宗教。有的学者不赞同这种看法，认为这种观点太绝对化了。其实，不管这种观点是否具有普遍性，但从其历史起源上来讲，这种观点的真理性是毋庸置疑的。其二，伦理和道德并不是同等程度的范畴。道德属于精神文明的范畴，而伦理则属于制度文明的范畴，尽管属于软文明的范畴。因为，社会伦理是客观的，社会制度对人的伦理进行了政治和法律的规定。例如，在古代中国，伦理纲常本身就是政治法律的重要内涵。相反，道德是主观的范畴，道德主要是由内在的良知和外在的社会舆论构成的。在道德领域，主观内在的良知成为主宰道德发挥作用的核心部分。基于这种看法，本书把元点伦理归于制度文明领域，而不单纯划归为精神文明的范畴。

全面地说，本书著者认为既不能简单认定元点伦理从属于精神文明，也不能简单认定其从属于制度文明，而要完整地认定，元点伦理是横跨精神文明和制度文明两大领域的"两栖文化物种"。一方面，元点伦理的"一脚"踏在精神文明的领域，元点伦理不仅包含了元点道德的思想、精神、观点、情感，甚至更重要的是，它还包括民族文明的原始神话、元初宗教信仰等一系列的精神元素。另一方面，元点伦理的另外"一只脚"却踏在制度文明领域。伦理是规范人们行为的一种无形制度。伦理不单纯是一种社会舆论，而是超越社会舆论的社会责任和社会使命。所有社会责任都是一种社会伦理。伦理和道德并不完全一样，道德的价值中枢是个人内在的良知或良心，而外在的社会舆论只有转化为内在良知的部分，才从属于真正道德的部分。

道德是否完全属于精神文明，而伦理完全属于制度文明范畴？这个问题更加复杂，本书在此不论述。但有三点可以基本肯定：第一点就是，道德主要是

〔1〕《左传·桓公二年》。

自律的，而伦理主要是他律的。第一点中包含了第二点，就是道德的更多部分属于精神文明，伦理更多的部分属于制度文明的范畴。其分水岭就是“内在良知”。凡是能够出于自我意识的自律部分就可以认定完全属于内在良知，就是精神文明范畴。凡是出自外在的他律，出于害怕、恐惧而不是出于自觉、自愿，出于社会舆论的谴责，甚至是法律的惩罚的部分，就该认定属于制度文明的范畴。第三点，社会伦理成为社会责任，对于主动承担社会责任的人来说，伦理也是自律的，不管是自觉还是不自觉的。

但是，人类文明发展的古典时代或元初时代，道德和伦理并没有分离或分化，或者说元点伦理与元点道德在古代文明的发展时代是合一的。后来，元点伦理和元点道德才从合一状态走向分离状态。这是文明的进步。这种元初状态不妨称为人类文明的元初状态或元点状态。这种元初状态有两大基因在起作用。第一个基因是人类文明的元初状态更多地受到元点地理环境、元点经济发展状态的影响。第二个基因就是宗教的影响。远古时代、文明曙光时代，宗教规范就是伦理，更是道德，还是“法律”。

在古代文明，原始神话、宗教信仰成为人类早期文化的主宰和包容一切文化的“知识百汇”，当然也包括道德和伦理，包括前哲学、前医学〔1〕等。可以说，宗教戒条就是道德律令，就是伦理规范，因此道德律令也自然就是伦理规范。甚至可以说，宗教命令是那个时代每个人必须遵守的“规则”（类似于后来的法律）。这并不是一种什么好事，而是文明度低下的表现，甚至可以说是一种相对野蛮状态。

然而，人类的发展就是从野蛮发展为文明，从不太文明发展到更加文明，或从文明度低下走向文明度较高再走向更高的过程。法律、道德、伦理不断从宗教母体中分化、分离、独立出来，则是这种发展过程的巨大进步。但这只是第一步。在这第一步，道德和伦理、法律和伦理、法律和道德并没有完全分离。第二步就是法律和道德开始分离，但法律还没有从伦理体制中分离出来，但法律和伦理的关系是法律包括部分伦理，但伦理不能简单等同于法律。因为，一方面，伦理不可能全部包容在法律体系中，伦理还有相当一部分甚至是大部分在法律之外。法律只吸收伦理底线的部分。另一方面，法律还包括非伦理的部

〔1〕 那个时代的医生就是巫师。那个时代的酋长既是精神领袖，又是在部落之间发生战争时的军事统帅，还是处理部落内部纠纷的长老，当然还是祭祀吊唁的统领。

分，如关于违法、犯罪及其处罚的规定。人类文明发展第二步的进步部分，就是道德的部分内容开始从伦理、法律、宗教的体系中游离出来，成为引领人类提升道德情操的灯塔，成为人类精神文明的“上限”。人的精神品质是上不封顶的，其根本动能就是道德在起作用。和道德引领精神文明的上限相对应，伦理和法律则恪守文明的底线或下限。这上限和下限的共同努力，圈定了文明世界的边界。

不过，由于元点地理环境、元初经济类型的不同，造就了元点政法文明的不同。简单说，中国元点政法更多地包容了伦理甚至是道德，西方元点政法则少于中国元点政法的包容度。中国的元点政法，甚至到明清时代，法律不仅包容了伦理，还更多地包容了道德。对皇帝不尊者，可以立斩不赦。因此，中国道德从法律、伦理世界游离出来的部分远远少于西方。甚至可以说，西方一开始就侧重契约自由，依赖法律，对营造等级制度的纲常伦理不感兴趣，重点放在如何实现公民的公平与正义。古老中国的伦理核心是忠孝等级，家国一体。古希腊的伦理核心是公平与正义，家国分立。

元点伦理是不同民族的先民奠定的做人的根本原则，是元点文明硬件的基石，也是开启不同民族人文关怀的核心。一个民族的精神底蕴和价值中枢取决于民族的价值趋向和精神品质，进而决定了民族文明的全部发展过程。民族的价值取向取决于民族伦理。从这个角度看，中西方文明发展的根本不同取决于中西方伦理精神的不同。

中西方文明起源的不同是全方位的，其元点伦理成为营造中西方文明的根本不同。这个圆心决定了两个文明圆圈内涵的根本不同。忠孝仁礼型伦理与公平正义型伦理构成中西方最初的不同伦理起点。因此这个不同伦理把中西方推向了不同的文化发展路径。

中国元点伦理有内外两种要求。古老中国伦理核心维护的是家国一体、忠孝宗法，因此“外礼内仁”构成了中华元点伦理大厦。其外在伦理要求文明人要懂得礼，礼是处理一切社会关系的基本尺度。因此有了君臣之礼、父子之礼、夫妻之礼。中国人靠此伦理精神把中华民族铸就为礼仪之邦。当然这只是外在的中华伦理要求。中国传统真正的内在伦理是“仁”，仁的内涵太丰富了，是仁爱，是仁慈，是忠孝，是和谐，是中庸，是均势，是平衡，是一切社会稳定的法则。五常“仁义礼智信”中，“仁”字排第一，“仁”成为中华元点伦理的核心或价值中枢。

汉代以后，中华民族把仁礼伦理发展为“三纲五常”。“三纲”和“五常”哪一个更重要呢？当然是“三纲”，“三纲”是“五常”的统帅。“仁”的核心内容提升为三纲。三纲中，是“君为臣纲”而绝不会是“臣为君纲”，是“父为子纲”而绝不会是“子为父纲”，是“夫为妻纲”而绝不会是“妻为夫纲”。其方向是既定的，不能改变。这种三纲伦理的方向进一步铸就了“忠孝”的伦理内涵。忠孝之间发生冲突，以忠为大。仁礼忠孝、三纲五常的精神本质就是追求不平等、不自由、不民主和非法治。这种伦理精神本质决定君臣之间不可能追求平等。没有平等，哪来自由？没有自由平等，哪来民主与法治？正是如此，忠孝仁礼和三纲五常才决定了古老中国的专制与人治的政治结构。中国传统文化的根本特征是伦理政治型，以宗法为核心，以保证统治稳定为目的。它突出表现为丧失自我以达到同社会的和谐统一，以求得社会的平衡与稳定。

中华民族伦理精神不仅决定了民族专制的政治风格，还决定了本民族“重农抑商”的经济发展路径，从而决定了中华民族传统元点经济的价值取向，决定了中华民族后来发展的整个命运。正因为这样，在中华民族几千年发展过程中，为商品经济的发展设置了重重障碍，确保中华民族始终恪守着农业文明，不可能靠自己力量走向工业文明。因此决定了后来在鸦片战争和甲午战争中，中国人必然败给西洋人和东洋人。后来中国的工业文明是学习西方的结果。

中华民族伦理精神是对血缘关系的一种强化，从而塑造出血缘与地缘相统一的社会结构。这种社会结构本能具有反工商的性质。几千年来，中国农民附着在小片土地上周而复始地精耕细作。崇尚农业生产直接制约了工商业的发展进程，导致我国后来经济发展总体水平的落后。可以说，中国元点宗法伦理精神决定了我国小农经济或自然经济的固有轨道，小农经济反过来强化了宗法政治文化。

与古老中华民族不同，古希腊民族的核心伦理价值中枢是追求“正义”和“公正”而不是忠孝仁礼纲常。追求正义和公正是古希腊伦理价值取向的核心。古希腊伦理精神决定了古希腊的政治制度形态。正是因为追求正义和公正，因此才决定追求自由、平等、民主、法治等内涵。公平与正义是自由、平等、民主、法治的政治本原，而自由、平等、民主、法治则是公平与正义元素的自然流溢。正是因为古希腊追求正义、公正、自由、平等、民主、法治这种伦理精神和政治精神，才导致了古希腊在经济上采用“重商主义”的政策，从而决定了古希腊商品经济的发达。不仅如此，古希腊的奥林匹克圣火体育精神也源于古希腊追求正义、公正的伦理精神。古希腊圣火精神及其自由、平等、民主、法治精神的“星星之火”，现在已经推广到全世界。

人类的伦理道德的根源是什么的问题，一直是学界争论不休的主题。

《中西元点政法比较》的主题观点或核心观点是：中西政法的价值中枢是“忠孝与正义”。中国从夏商周发展到明清，全部政法作为都是围绕着“忠孝”这个价值中枢展开的（近似于全程判断）。西方从古希腊古罗马到近现代的发展过程，政法作为的主要基点或重心是围绕“正义”这个价值中枢的（仅仅是特称判断，不可能是全称判断，因为古希腊社会经历过克里特王权时代，古罗马经历过王政时代）。但是，西方的正义论的适用范围有两点必须说明：其一，西方的正义论是与其民主制的适用范围大体一致的。在西方社会，只把正义给公民。西方社会的公民范围是不断放大的。在古希腊，公民只适用于大约10%的男性，并不包括妇女、外邦人和奴隶。古罗马社会，公民的适用范围扩大了。然而，在基督教至尊的封建社会时代，正义适用范围受到了极大的限制。近代西方资本主义社会，从形式上把公民的适用范围扩大到国内的全体社会成员。其二，西方社会的主流，甚至是迄今为止的西方社会的主流，只把正义给予本国公民，并不给别国的人民。因此，西方在国际社会更多适用的是军事侵略与变相的经济掠夺，把正义紧紧地锁定在国内社会。准确地说，“正义”只适用于西方社会的国内政治，并不适用于国际社会。当然，1648年后建立的威斯特伐利亚国际体系，则标志着对国际霸权的制约和对国家主权的承认，在均势国际体系中认可了“正义”的国际适用度。可是，德国希特勒、苏东解体后的美国霸权，依然是威斯特伐利亚国际体系的挑战者。在国际社会起主导作用的还依然是弱肉强食的森林法则，正义法则在国际社会所能发挥的作用依然是相当有限的。

中国传统政法“忠孝”精神将随着时代的变化而变化。在王族利益为大的时代（夏商周至明清的历史长河中），忠孝的主体是王族利益为最高利益的金字塔。辛亥革命结束帝制以后，忠孝的主体从王族转化为国家，即忠孝的重心从效忠于王族利益提升为效忠于国家利益。

因此，无论是中国的忠孝仁礼价值中枢，还是西方的正义价值中枢，都是各有千秋的、可以互补的。中西元点政治的不同决定了中西元点法律的不同。

第二节　中西元点法律：王法与自然法

基于“政治决定法律”的原理，不难看出，中西元点王权政治和民权政治的分野，必然决定了中国元点法律采用人治（专制）制度而古希腊人采用法治制度的分野。中国法律的发展重点是王法而不是自然法，古希腊法律发展的重心是自然法而不是王法。中国王法追求的是对帝王的忠诚，因此保护王族利益的刑法或公法异常发达，私法或民法非常薄弱。古希腊古罗马自然法追求的是公民平等和民主的正义法则，因此民法或私法非常发达，民主与平等成为西方法律体系的最高原则。

中国有一个非常奇怪的现象，就是中国的百姓在漫长的数千年历史长河中，甚至即便到了现在，中国基层社会的老百姓还习惯把法律称为“王法”而不是“国法”。这是为什么？这是不是一种政治上的愚昧？西方早在古希腊时代，文明的人就把法律认定为“国（民）法”而不是“王法”。这又是为什么？那么，王法与国法到底有什么区别？王法重点保护的是谁的利益，而国法重点保护的又是谁的利益？中国古代为什么没有“公民”的范畴，只有黎民、庶民、刁民等说法？世界历史，为什么唯独古希腊社会才有“公民”？古希腊的“公民”包括所有人吗？所有这一切都涉及古代中国与古希腊社会两种不同法制的问题。

从法律角度看，人类社会经历了从王法社会（中国古代）和贵族法社会（古希腊）发展到国法社会，再发展为全球法社会的发展过程。自从人类进入到近代以来，便终结了王法社会和贵族法社会的时代，开启了国法社会。未来社会将是全球法社会的时代。这是人类各民族发展的一般规律，而中西方法律发展具有自己的特殊性。

一、忠孝体制：中国元点法律的王法至上

中国上古时代的王法是为王权服务的。王权的至尊培育了王法至上。王权与王法的根本价值取向成为构建忠孝体制的灵魂。

如果说中国的国家历史始于夏朝，那么夏朝就是中国王法的奠基时代。然而，夏朝不能不接受两大政治传统：一是颛顼“绝地天通”确定了王权祭天的王权规则，二是尧舜“天与之，民受之”的王道原则。

中国自从夏朝破坏尧舜的“禅让制”后，经过商朝到周朝（包括西周和东

周），王法治国的方针不断走强。只不过这种王法治国的方针从周天子（周王）的高度“下野”到诸侯国王，再把诸侯王的地位提升到天子的地位。这是一个艰难的历史过程，是需要从春秋战国到秦汉数个朝代的努力才能完成的政治使命。

由于中国历史的久远，文字产生于商朝，夏朝法制留下来的文献资料十分有限，因此我们对夏朝法制的了解也十分有限。对此，即便是生活在春秋战国的孔子也发出无可奈何的感叹：“夏礼，吾能言之，杞不足征也；殷礼，吾能言之，宋不能征也。文献不足故也，足则吾能征之矣。”〔1〕

夏朝法制的指导思想是“天命天罚”或“奉天罚罪”的天道或天命原则。夏朝把政权统治的合理性合法性依据归于“天命”。古书有证，“有夏服天命”〔2〕。足见，授权于君王是王道的天命，夏朝政权的合理性源于天命，天道是统治的根本。《甘誓》记载了这种根据：“左不攻于左，汝不恭命；右不攻于右，汝不恭命；御非其马之正，汝不恭命。用命，赏于祖；弗用命，戮于社，予则孥戮汝。”〔3〕《甘誓》被不少学者认定为中国第一部军法。军法《甘誓》对士兵努力作战的要求很高，如不努力作战，不仅把当事人放到社神面前进行杀戮，而且还株连其妻与子。

夏朝的法律数量及其刑罚内容极其丰富，素有“夏刑三千条”〔4〕之说。由于社会动荡，产生了著名的《禹刑》，古书记载，“夏有乱政，而作禹刑”。学者把《禹刑》称为夏朝法律的总称。夏朝的刑罚由轻到重的排列顺序是墨刑、劓刑、膑刑、宫刑、大辟五种。最轻者为墨刑，是用刀先在面颊或额头刺字，再涂上墨，终身不能去除。劓刑比墨刑重，即割去鼻子。再重之，则剔除膝盖骨，是为膑刑。再重之，毁坏生殖器，是为宫刑。最重之，是死刑，为大辟。

商朝的法制远比夏朝更加成熟。一方面，商朝法制继承了夏朝“奉天罚罪”的原则，并把氏族图腾提升为上帝的思想，把上帝崇拜与祖先崇拜结合起来，因此王权的统治更加合理。人们基于对上帝的崇拜，在人间就必须敬畏商王。因为商王是受命于上帝的。殷人在氏族时代的图腾是“玄鸟”，把政权统治的合

---

〔1〕《论语·八佾》。
〔2〕《尚书·召诰》。
〔3〕《尚书·甘誓》。
〔4〕《唐律疏议·名例律》。

理性与合法性归于神鸟的降生。“天命玄鸟，降而生商。”[1] 商人建立了商朝后，为了提升自己的统治地位，把掌管天上的神称为“上帝”，把掌管天下的商王称为“下帝”。上帝与下帝的关系是授命与被授命的关系，是为“有殷受天命”[2]。有的学者认为，商王自称是上帝的儿子。[3] 这种看法是没有根据的。其实，“天子”的概念是到了西周才产生的统治理念。商朝只是把政权合理性归于商王先祖是上帝“贵宾”，于是有了“宾于帝”的说法。关于其中的奥妙，本书将在第五章第二节进行详细分析。

另一方面，商朝的法律体制更加健全。因为“刑名从商”。夏有《禹刑》，商有《汤刑》。故有“商有乱政，而作汤刑”之说。《汤刑》还处于秘密法状态，不对老百姓颁布，目的是“刑不可知，则威不可测”，因此统治者和法律的威力才是无穷的。商朝为了巩固商王统治，建立了非常繁杂、极其残酷的死刑制度，不仅有活埋、沉水、火焚，还有炮烙、剖心、醢（把人剁成肉酱）、脯（晒成肉干）[4]。可见，为了巩固商王统治，死刑之残酷，真是无所不用其极。更有甚者，商朝还盛行“人祭”和“人殉”制度，从几人到几百人不等，多时还能达几千人。殉葬者多是战俘，也有家奴为主人陪葬的。战俘殉葬是当时生产力低下、产品剩余不够而采用的最有效的方法。养活战俘需要足够的粮食。而当时却没有足够的口粮养活战俘。

商朝的土地法、民事法律和行政法已经初露端倪。商朝已经开始奉行“普天之下，莫非王土”的土地王有制度。在婚姻制度方面，一般平民只能一夫一妻，王族男性则可以纳妾。在商朝，王公贵族纳妾成风。商朝的行政统治已经有了“内服”和“外服”之分。“内服”属于京城及其管辖范围，由商王直接管辖。“外服”为诸侯王、卿大夫和士的封地。外服有一定的自主权。商朝也有了管理官吏的《官刑》。

在商朝，从刑法到土地法，再到婚姻法和行政法，都围绕一个核心，即用“王权政治”制定的“王法”确保商王的“王族利益”，“王族利益”是第一位的政治利益，成为社会利益金字塔的最高利益。

中国元点法律，经过夏商两代，到西周日趋完善。

---

〔1〕《诗经·商颂·玄鸟》。

〔2〕参见王立民：《中国法制史》，北京大学出版社 2008 年版，第 14 页。

〔3〕《尚书·召诰》。

〔4〕参见王立民：《中国法制史》，北京大学出版社 2008 年版，第 15 ~ 16 页。

首先，西周不仅面临着政权是否合理的问题，还面临着必须解决政权合法性的问题。因为，周人原本是小民族，被统治的商人则是大民族。因此，小民族统治大民族要想取得成功就必须对政权合法性有个更加合理的解释。寻求这个解释，于是诞生了“周天子”的体系。

西周基于“天子”应当遵循“以德配天”和“敬天保民”的指导思想，构建了“明德慎罚”的法律体系。周天子的统治理念高于“宾于帝”。商王只以自己的祖先“宾于帝”为政权的合理性，而周王则以天子直接就是上帝的儿子为政权合理性。于是，在周朝上帝与下帝之间有了“血缘关系”。在宗法制为大的周朝社会里，这种“血缘关系”是非常重要的。另一方面，仅仅建立上帝与下帝的“血缘关系”还是远远不够的。作为周王必须做到“敬天保民”。从这里可以看到，西周把尧舜时代“民受之”的内在合理性再度继承下来，而这是夏商两代中断了的内在合理性。“敬天保民”的法律指导思想，在最高统治者之王与最下层的百姓之间搭建起一道桥梁，使得周王的统治拥有了更大的合理性。就是说，不能够“保民”的王是不合格（合理性）的王。同时也说明，王权的合理性基石是“保民”，不能保民的王权是不合理的。此外，和商朝相比，商朝是重刑主义，西周则相对是轻刑主义。商朝靠严刑酷法治理社会，西周统治者目睹商朝的灭亡，知道重刑主义是导致商朝灭亡的根本原因，因此提倡“明德慎罚”原则。所谓“明德”，就是提倡尚德、敬德，它是慎罚的指导思想和保证。所谓“慎罚”就是刑罚适中，不乱罚无罪，不乱杀无辜。西周的这种“明德慎罚”法律制度，与商朝滥用酷刑相比，无疑具有巨大的历史进步性。

其次，西周在解决王法合理性的基础上，开始用礼治构建王法的礼制法律体系。西周继承了夏商两代“礼制”，形成了周礼体制。周礼体制的核心是臣民对王、子女对父的忠孝体制。忠孝既是理论指导原则，也是政法制度的根本与核心，所有的政治法律的具体内容都必须围绕这个根本核心展开。其实，忠孝的政治需要落实到法律制度上就是周礼体制的“亲亲尊尊”。“亲亲”要求亲其所亲，对自己的亲属要有不同的规则，表现为父慈、子孝、兄友、弟恭，其核心是对父亲的“孝”所形成的孝道。“至亲莫如父”，孝道的核心是对父亲的孝。如果说“亲亲”文化体制构建的是家庭伦理，那么“尊尊”构建的则是君臣之间、贵族之间、夫妻之间的忠诚之道。臣对君、妻对夫要忠。“至尊莫如君”，对帝王的忠是最大的社会规则。忠孝是一致的，有孝才有忠。表面上看忠是孝的延伸，其实孝是忠的手段或工具理性，忠才是孝的目的或价值理性。如果忠与孝发生了冲突，忠孝不能两全，则以忠为大。忠于君是孝于亲的目的。总之，忠与孝是中国古代社会最核心的价值观。

在西周的法律体系中，周礼为本，刑罚为表。刑罚为周礼服务。礼治是对人们的道德化的积极治理，刑罚是对人们的消极制裁。礼与刑在适用对象上是有分别的，所以有了“礼不下庶民，刑不上大夫”[1]的制度。这一法律规定在政治上为王权王法服务，在经济上则为农业生产服务。不要曲解为礼的规范对庶民不起作用，大夫以上的贵族犯法不用刑。“礼不下庶民”是说，百姓忙于生产劳动，并不具备贵族的身份，不具有行礼的物质条件，因此可以不必完全按照贵族的礼仪行事。“刑不上大夫”是说，大夫以上的贵族获得两种法律特权。一种特权是为了保证贵族的尊严，不让其带有受刑辱的标记，对他们能不用肉刑就不用。另一种特权是对大夫以上的贵族执行死刑的场所不可在闹市，而应在郊外。可见，周礼刑罚体制是对从大夫至王权利益的最大保护。尽管中国素有“天子犯法，与庶民同罪”的说法，但这只是一种理想状态。而历史的“现实”则表明，“天子犯法，从来不与庶民同罪”，而且往往是“法不责君”。法典中很少或根本没有“天子犯法”的罚责规定。

西周行政是一个分封的社会体系。王权社会把宗法制落实到行政体制上，建立了分封制的社会体系。周王是这个社会体系中最大的族长，天子之位传给嫡长子，天子之弟和庶子（天子与妾生的儿子）被封为“诸侯”。天子把某一地区的土地连同土地上的人们一同封给“诸侯”。诸侯把其管辖的部分土地再分封给“卿大夫”，同样卿大夫再分封给“士”。从士到卿大夫，再到诸侯，再到周王，形成等级结构的金字塔社会。周王掌握最高权力，既是最高的立法者，又是最高的执法者和司法者。立法、行政和司法是三位一体的，因此形成的权力体制是中央集权制，而不是分权体制。

二、古中国的王法

中国上古神话创世说的不足影响了中国人对上帝如何全能的逻辑想象，经由孔子“未知生，焉知死”、“未能事人，焉能事鬼”[2]的启迪，许多中国人就放弃了对生死问题、神鬼问题的深入思考。所以，无论在天上，还是在天下的正义法则（自然法），都必然是苍白无力的。

---

〔1〕《礼记·曲礼上》。

〔2〕《论语·先进第十一》。

可以说，早在初民时代，中西的政法理性就有了重大区别。其根本区别是关注的法律重心不同。古代中华关注的重心是王道，解决的是帝王与臣民的关系问题，因此法律的重心是人定法而不是自然法，塑造出来的是“王法”和“公法”而不是“民法”和“私法”。古希腊关注的重心是人道从属于自然法则，解决的重心问题是人与自然的源流关系，因此法律的重心是自然法而不是人定法。王法促使中国公法系统走向发达。自然法则推动了西方的私法系统走向发达。

春秋战国之前的王道、王法思想主要是“命运之天”或“主宰之天”，从颛顼的“绝地天通”到尧舜的“天与之，民受之”[1]成为主流思想。虽然人间的“王法”应服从“天命”的天法，但中国先民的“天”的内涵是非常丰富的，有“天命”、“天则”、“天道”、“天理”、“天罚”等含义，但春秋战国之前中国的天道观主要是宗教意义上的主宰人们命运的“主宰之天”，还没有哲学和伦理学意义上的“义理之天”和法家意义上的“自然之天”。春秋战国时代，已经发展为四种“天”的内涵，“一是自然之天，一是义理之天，一是主宰之天，一是命运之天”[2]。孔子在《论语》中对这几种“天”的含义都有涉及。“获罪于天，无所祷也”[3]说的是义理之天。论及命运之天、主宰之天的有多处，如“死生有命，富贵在天”[4]；“巍巍乎，唯天为大”[5]；“天之将丧斯文也，后死者不得与于斯文也；天之未丧斯文也，匡人其如予何”[6]；“不怨天，不尤人。下学而上达，知我者，其天乎”[7]；“天生德于予，桓魋其如予何”[8]。《孟子》涉及的只有自然之天、义理之天和命运之天，没有主宰之天。论及义理之天的有，“仰不愧于天，俯不怍于人”[9]；“知其性，则知天矣。存其心，养其性，所以事天也”[10]。命运之天的有，“若夫成功，则天也”[11]；“行，或使之；止，

---

〔1〕孟子在《孟子·万章上》对尧舜的赞扬。
〔2〕《孟子译注》。
〔3〕《论语·八佾》。
〔4〕《论语·颜渊》。
〔5〕《论语·泰伯》。
〔6〕《论语·子罕》。
〔7〕《论语·宪问》。
〔8〕《论语·述而》。
〔9〕《孟子·尽心上》。
〔10〕《孟子·尽心上》。
〔11〕《孟子·梁惠王下》。

或尼之。行止，非人所能也。吾之不遇鲁侯，天也。臧氏之子焉能使予不遇哉”（《梁惠王下》）；“天与之”[1]；“莫之为而为者，天也；莫之致而至者，命也”[2]。冯友兰对春秋战国之前的天概括为五种含义，“在中国文字中，所谓天有五种含义：曰物质之天，即与地相对之天。曰主宰之天，即所谓皇天上帝，有人格的天、帝。曰运命之天，乃指人生中吾人所无可奈何者，如孟子所谓‘若夫成功则天也’之天是也。曰自然之天，乃指自然之运行，如《荀子·天论篇》所说之天是也。曰义理之天，乃谓宇宙之最高原理，如《中庸》所说‘天命之谓性’之天是也。《诗》、《书》、《左传》、《国语》中所谓之天，除指物质之天外，似皆指主宰之天。《论语》中孔子所说之天，亦皆主宰之天也。”[3]

由于古老中国是以自然经济为主的农业社会，因此探讨各种学术最高的三个概念就是天、地、人，所以最根本的问题就是探讨天、地、人三者的关系问题。天、地、人的关系问题是古往今来永恒的主题，至今还是一个未完全解开的谜。中国先民发现，自然界既是变化的，又是有规律的，既有神奇之奥妙，又有主宰人类社会之功用。

春秋战国后，中国先民的王法思想与夏商（西）周的思想有很大区别。中国发展到春秋战国时代，虽然“天法”应是中国法理学的重要内容；但并非天上的“主宰之天”，而是人间的“义理之天”和大自然的“自然之天”。这显然是对“王权王法”合理性的提升。王权王法不能仅仅建立在宗教意义上的“主宰之天”之上，还应建立在社会公平正义的“义理之天”和大自然的“自然之天”之上。然而，这虽是对“王权王法”合理性的提升，但“法自君出”的最高原则非但没有相应地受到影响，反倒得到不断的强化。不难断定，“法自君出”是中国从夏商周到明清时代构建王法的根本。

三、古希腊的自然法

古老中国痴迷于王法的不断完善，古希腊人却对自然法情有独钟。自然法思想产生于古希腊，在西方政治法律思想史中源远流长，对西方近现代法律发展依然还产生着重要影响。难怪英国学者梅因曾说：“如果自然法没有成为古代世界中一种普遍的信念，这就很难说思想的历史，因此也就是人类的历史，究

---

〔1〕《孟子·万章上》。

〔2〕《孟子·万章上》。

〔3〕冯友兰的《中国哲学史》第三章《孔子以前及其同时之宗教的哲学的思想》第三节《天》。冯友兰：《中国哲学史》（上），重庆出版社2009年版。

竟会朝哪一个方面发展了。"[1]

在西方法律思想史上，古希腊思想家最早使用"自然法"这个术语，并确定了自然法方法论。在古希腊思想家看来，万事万物都是有规则和秩序的，不仅自然界存在着规则，社会之间、民族之间、个人之间的关系也都在先前已经确立好了秩序。这个秩序就叫做"自然法"。

自然法之所以成为古希腊政法文明的发展重心，就是因为自然法在本质上追求"正义与公平"的理念。古希腊思想家把自然法称为"正义"、"理性"、"人性"或"神意"，等等，认定法是"自然"的东西，人们必须服从它，不能改变它。

古希腊自然法的基本内容有三个：其一，自然法的本质是正确的理性。人与其他动物的区别在于人具有理性，理性使人结合为社会。因此，理性法就是自然法。理性的力量在于它规定了是非、善恶标准。人类遵循理性的命令，制定了具体的法律，法的根据是自然的最高理性，它规定哪些事应该做，哪些事不应该做。人类思维把这种最高理性的内涵确立下来就成为法律。其二，只有自然法才是正义的基础。凡是正义的，才是理性的，才是真理，才是善的，正确的理性指明了真与假、善与恶，规定了正当行为与非正当行为的原则界限，为正义奠定了基础。其三，并非任何人定法都是有效的，不符合自然法的人定法是无效的，非正义的法律是无效的，只有正义的法才是有效的。自然法是唯一绝对有效的法，任何人定法都不可能使自然法失效。违反了自然法，即使具有法律形式，也是无效的。

古希腊历史经历了前城邦和城邦两个时代。主宰这两个时代的文明核心文化形态是神话和哲学。前城邦时代（公元前12世纪~公元前8世纪）是希腊部落时代，史称希腊历史上的"黑暗时代"。主宰部落条件下的古希腊的核心思想是神话，典型的代表就是《荷马史诗》以及赫西俄德的《神谱》。早在古希腊神话时代就已经孕育了自然法思想的萌芽。在古希腊神话时代（前城邦时代），自然法核心思想是正义和惯例法的互动。在城邦政治出现之前，古希腊人已经通过神话的形式区分了自然普遍之法和人间之法，模糊地表达了自然法思想。在《荷马史诗》中，正义女神"狄凯"是正义的象征，而惩罚女神"忒弥斯"则是惯例法的象征。《荷马史诗》通过描述正义女神"狄凯"与惩罚女神"忒弥

---

〔1〕［英］梅因：《古代法》，沈景一译，商务印书馆1996年版，第43页。

斯”之间的关系，表述了正义和习惯法之间的主从关系。其中，正义是神人共守的秩序，是习惯法的基础。习惯法是人间的秩序，是正义的体现和化身。后来神界的正义下降到人间。在《神谱》中，宙斯之女“狄凯”变成正义的化身，她主张的正义不仅是神界所必须遵循的规则，也是人类制定良法的基础。可见，正义在古希腊文化体系中，是天上与人间共同遵守的法律。

到了城邦时代，古希腊的自然法得到长足发展。古希腊思想家前赴后继地不断发展自然法思想。城邦时代，一大批哲学家不断发展并提升了自然法的思想。从泰勒斯、阿那克西米尼到赫拉克利特、恩培多克勒，再到克塞诺芬尼、普罗塔哥拉、苏格拉底、亚里士多德，自然法思想在深化和强化中得到不断提升。

早期自然法哲学家，在探索宇宙本原过程中，摆脱了神话的束缚，把自然与人类政治生活连接起来，从世俗的角度阐发了自然法的理念。他们认为人类是自然界的一部分，因此人类必须遵守自然界的秩序，自然法则就应是人类的最高法则，自然法则被赫拉克利特推崇为神圣不可侵犯、必须遵守的“逻各斯”。“逻各斯”是自然的普遍规律和最高法则，是支配万物的普遍尺度，因此必然是衡量城邦政治生活的终极标准。“逻各斯”可以说是后来自然法的前身。但是，自然哲学家的历史局限是没有对自然法和人定法作出明确区分。

推进自然法发展，率先区分自然法和人定法的是智者派。随着城邦政治的发展，智者学派把目光从自然转向了社会，普罗塔哥拉提出了“人是万物的尺度”，提出了“合乎自然的法律”、“未成文的法律”、“到处都遵守一致的法律”等概念，将“自然”置于法律和习俗之上，区分了自然公正和人间公正。详细内容请见后面的分析。

政治学的鼻祖亚里士多德提升了自然正义和自然法的理念，实现了自然法思想发展史上的一个里程碑。他提出政治正义包括自然正义和法律正义。自然正义对万物具有普遍的支配力，在每个地方都具有同等的效力，不以人的意志为转移。法律正义源于自然正义。因为，自然正义源于人性，不依赖于立法权，可以在所有国家政体中普遍适用。虽然法律正义可能是各国基于某种特定目的订立的，但归根结底要服从自然正义。虽然各国的约定法各有特点，但自然法只有一个。

古希腊自然法在斯多葛派的政治思想家们手里得到完善和系统化。伯罗奔尼撒战争后，希腊的城邦走向衰落。人们对政治不再有狂热的激情，而更多关注个人生活，因此伦理问题成为社会关注的主流热点，伦理学取代政治学成为人们关注的学说。斯多葛派的自然法学说正是基于发展伦理学而出现的。他们认为，自然法的灵魂是“逻各斯”或者“理性”，是宇宙秩序的创造者和主宰者，是人必须遵守的普遍法则。他们领悟到，宇宙是一个绝对统一整体，人是这个绝对统一整体中的一个组成部分，因此人的灵魂必然分享了宇宙的“圣火”。由于人的理性也是宇宙普遍理性的一部分，所以人必须按照自然生活，绝不可做自然法所禁止的事情。自然法和人的理性是一致的。足见，斯多葛派的学者把自然法的普遍性推向了极致，并认定理性的主体超越了城邦和国家的界限，成为包括奴隶在内的“宇宙的公民”。他们还从自然法中推出了人人平等的思想。他们认为由于人人都分享了宇宙的“圣火”，因此无论其出身、地位、财富如何不同，他们都是从神那里溢出来的一部分，是神的儿女，相互间是平等的。不过，在古希腊社会的现实中，公民绝不包括奴隶，只包括贵族阶级。

有的学者追问“自然法为什么会产生在古希腊”，确切地说应该是，作为古希腊特色的自然法为什么会产生于爱琴海地区？这是一个饶有兴趣的问题。吕世伦、张学超在“西方自然法的几个基本问题”一文〔1〕中寻找了历史原因、地理原因、经济原因和社会原因。

历史原因是由于古希腊原始部落的习俗的影响，由直观的、朴素的意识产生出自然主义的自然法观念。吕世伦认为，“希腊国家是在既无内部又无外部的压力下，完全随生产力、经济关系自发的发展产生。希腊半岛上的每个城邦的成员都确信，本城邦是从远古的共同始祖一代代地繁衍而形成的。事实也正是这样，每个城邦都是在确定的氏族组织的基础上演变过来。原始时期的习俗和制度直接转化为人民主权和法治，甚至像雅典那样的民主共和国。……城邦通行的伦理道德、风俗习惯、对神灵的信仰乃至奴隶制度，也不例外。自然界至高无上、神圣不可侵犯，作为自然界的一部分的城邦法律也至高无上。因而，在希腊人看来，在大自然（包括城邦和法律）面前，人是无能为力的。”〔2〕

古希腊自然法的产生有其重要的地理环境及历史和文化的原因。地理的原因是应首先考虑的因素。希腊有极佳的地理条件，生活在海中之海，爱琴海位于地中海之中，岛屿星罗棋布地分散在爱琴海中，不仅有利于农业、渔业和盐

〔1〕 吕世伦、张学超：“西方自然法的几个基本问题”，载《法学研究》2004 年第 1 期。
〔2〕 吕世伦：《法理的积淀与变迁》，法律出版社 2001 年版，第 349 页。

业的发展，而且有利于商业、航海业的发展，在世界文明历史中培育了移民性强和商业性强两大特点。地中海地理环境优越气候温和，很适合人的生存发展，人们认为与自然很和谐，这就使人们产生了对大自然的景仰。这是造成希腊人与自然亲和力的直接原因。

古希腊自然法的政治原因是民主。希腊人总是强调与自然相一致的生活。希腊特殊的地理环境使他们必须组成大小不等的城邦，公民之间的自由、平等思想培育出非常发达的政治民主制。虽然也有过僭主政治，有过斯巴达那样特殊类型的尚武集权国家，但从未建成东方式的绝对专制主义国家。

古希腊自然法也有其经济原因。古希腊在公元前两千多年就形成了频繁的海上贸易和海外掠夺。对此，哲学大师黑格尔在《历史哲学》一书中讲过："大海挟着人类超越了那些思想和行动的有限的圈子。这种超越土地限制、渡过大海的活动是亚细亚洲各国所没有的"[1]。古希腊人在较发达的商品经济的推动下，民主政治才得以发展，正义观念才走向兴盛。

继古希腊之后，自然法在西方社会长盛不衰。正如德国法史学家祁克曾所说，"不朽的自然法精神永远不可能被熄灭。如果它被拒绝进入实体法的机体，它就会像一个幽灵飘荡在房间的周围，并威胁要变成一个吸血鬼去吸吮法律机体的血液。"[2]

第三节　相向的荒诞：两种执政合理性

在中西方政治文明对比研究中，本书著者发现一个奇妙而荒诞的秘密：本来底层的人民在古代中国和古希腊古罗马社会的待遇是不同的，但后来的发展却造成相反的政治后果。古代中国把保民、贵民、爱民提升到执政的合理性基础。每每想到这一点，总会沾沾自喜。古希腊古罗马社会却使人民沦落为奴隶而任贵族宰割。每每想到这一点，本书著者总觉得中国远远比西方要合理得多。可是，古代中国的政治制度采纳的不是民主制度，而是君主专制。相反，西方

---

〔1〕［德］黑格尔：《历史哲学》，王造时译，上海书店出版社 2006 年版，第 84 页。

〔2〕O. Von Gierke, "Natural Law and the Theory of Society", in G. C. Christieed, *Jurisprudence: Text and Readings on the Philosophy of Law*, West Publishing Company, 1973, p. 1263.

却发展了民主制度。为此，本书著者把这种现象称为“相向的荒诞”。中国古代史充分证明了这样一个真理：民主制度根本不可能发生在古代中国，甚至在近现代的发展还是那么的步履蹒跚。

一、人民的两种待遇：贵民与奴隶

人民在中华传统政治中占有显赫的地位，能够成为王权执政的合理基础。从尧舜时代的“民受之”一直到西周的“敬天保民”，再到春秋战国时代孟子的“贵民”，好的统治者都把“民安”视为合理执政的基础。从三皇五帝发展夏商周三代，中国组建的社会并不是奴隶社会，而是王族社会。中国社会早在西周年间就把“保民”、“贵民”作为建国之本。由于中国从来就没有像西方那样经历过典型的奴隶社会，因此虽然中国古代社会的主体也有主仆之分，但绝没有奴隶主阶级和奴隶阶级之分，社会中的所有人民包括底层人民都被视为“保护”的对象，从这种意义上讲，人民在古代中国被无形提升为政治法律关系的主体，虽然主体地位很低。

和中国这种政治传统完全不同，从古希腊到古罗马，构建的社会始终是奴隶社会，人民沦落为奴隶。主流社会并不把奴隶当人看待，奴隶被视为会说话的工具。在奴隶主眼里，奴隶是财富，奴隶主拥有的奴隶越多，说明自己的财富就越多。奴隶与财富一样可以送人，可以任意处置，包括杀死奴隶。赌博时可直接以奴隶当做赌博筹码。罗马法规定奴隶没有人格，奴隶只是物件和特殊的财富，奴隶主杀死奴隶不负任何法律责任。由于奴隶只是主人的财产，因此奴隶不可能拥有财产，甚至不能拥有家庭。奴隶所生的孩子依然是奴隶。奴隶的寿命很短。有学者记述了这悲惨的奴隶世界，“一个健壮的奴隶，不过七八年就会死去，能活到30岁的几乎很少。因此，奴隶起义此起彼伏。……奴隶的大规模起义是罗马共和国转向罗马帝国和罗马帝国最终灭亡的主要原因。”

中西古典政治更重要的不同是，古希腊古罗马社会与中国古代社会的服务对象完全不同。中国古代社会组建的是为王族利益服务的王权社会。古希腊古罗马人组建的社会是为贵族利益服务的贵族社会。贵族就是奴隶主阶级。在古希腊，只有贵族才是公民，奴隶绝不可能拥有公民的任何权利。当然，公民在古希腊社会也有广狭两义。广义的贵族包括贵族家庭里的男主人、妻子与孩子。广义公民所占比例比我们想象的要多一些，占50%左右；而狭义的公民远比我们想象的要少得多，仅占全社会的10%左右。据统计，雅典在伯罗奔尼撒战争前，有（广义）公民15万~17万，外邦人3.5万~4万，奴隶8万~12万，总计30万左右人口。

在古希腊社会，广义的公民并不完全享受政治权利，只有狭义的公民才享受出任国家要职、选举与被选举、公开演讲等参政议政的政治权利。在古希腊社会，非但奴隶不是公民，外邦人也不是公民，平民也不是公民，甚至奴隶主的妻子和孩子也不是公民，公民这一概念仅适用于贵族的成年男性。在这种意义上，古希腊公民大约只占全社会的10%。

自然，西方公民社会是不断扩大的。最先扩大古希腊公民范围的是古罗马社会。在古罗马社会，虽然奴隶还不是公民，但是部分较为富裕的平民已经逐渐被提升为公民。因此，古罗马社会公民的比例在不断增大。这是西方社会根本性的进步。

总之，人民在古代中国和古希腊古罗马社会享受着两种截然相反的待遇。从尧舜到西周，“民受之”及“保民”是执政的基础。到了春秋战国，执政基础提升为“贵民”意识。而在古希腊，奴隶是可以被任意奴役的对象，统治者执政并不考虑奴隶的意志。从这一点上看，中国古代社会的执政基础远远比古希腊甚至比古罗马要合理得多。这是历史，也是事实。对此，我们没有理由崇洋媚外地认为，西方文明什么都比中国的好。有些问题，必须拨乱反正，正本清源。

二、荒诞的经纬：中西古典政治的相向发展

中西古典政治发展过程呈现了一种荒诞的走向：既然古代中国把执政合理性建立在保民、贵民和爱民上，那么理应发展为对民有利的“民主制”。但历史事实的发展却恰恰相反，中国从夏商周到明清不断培育和完善的不是民主制，而是君主专制。本来古希腊社会使人民沦落为奴隶而倍加摧残，无论如何也不可能培育出民主制来，然而民主制却偏偏从古希腊社会培育出来，并发扬光大。诚然，古希腊的民主制只是适用于贵族，而且局限于成年男性。但是，星星之火可以燎原，古希腊民主制经过古罗马人，再到近现代欧美社会，“星星之火”已经蔚然燎原，不仅西方社会，很大一部分的东方社会也实行了民主制。民主与法治已经成为人类政法的共同资产和共同价值。

细思量，原来两者的背后隐含着执政理念、服务宗旨和价值取向的不同，因此组建的政治制度也就不同。两者有一个共性，就是两者都不是执政为（下）民。但两者的根本不同是，古代中国建立的政权是执政为王，古希腊社会是执政为（公）民而且局限于贵族范围。

对于中国传统的执政价值取向，有两大元素不可忽视：其一，古代中国的执政理念和服务宗旨是确保王族利益，巩固王权的稳定性。追求王族利益的保障和王权的稳定成为中国传统政治的价值核心。不难断定，能够确保王族利益和王权稳定的政治制度必然是君主制而不是民主制。其二，从尧舜时代的“民受之”到西周时代的“敬天保民”只是为王权服务的工具，是为统治阶级寻找和确定合理性的基础，但不是合法性的基础。合法性的基础是“君权神授”。因为，君王掌权天然合法，这在主流社会，是从来不可怀疑的铁律。后来发展到孟子的“贵民”，只是乌托邦者的理想和政治家欺骗、愚弄民众的说辞。儒家伦理价值观，恰恰完成了这两方面的功能：一方面，礼治为王权服务；另一方面，保民、贵民既能确保执政的合理性，又能成为确保王族利益的手段。其实，重用儒家是假象，利用儒家才是真相。“儒法合治”是儒表法里，最终为王族利益、王权、王法服务，才是更深层的真相。

同样，古希腊政权的建立更是为统治阶级服务的。所不同的是，古代中国为王族王权王法服务，而古希腊为贵族服务。古希腊执政理念和服务宗旨是确保实现贵族利益，巩固贵族政权的稳定性。贵族利益和贵族政权的稳定成为古希腊传统政治的价值核心。

为王族服务，还是为贵族服务，看起来只有一步之隔，其实却有天壤之别。为王族王权王法服务的最好形式是君主制而不是民主制。而在贵族范围内，实行民主制则是对贵族利益最好的保护方式。所以不难断定，能够确保贵族利益和贵族政权稳定的政治制度必然是贵族范围内的民主制而不是君主制。君主制不能确保整个贵族的利益。正是如此才造就了中西古典政治制度君主制与民主制的不同。

中国帝王的传承方式是世袭制。世袭制是古代中国社会秩序不乱的一种根本保证，更是确保王权传承的政法制度。

中国古代社会的世袭制是不断完善的。开始的世袭制只是简单的嫡长子继承制。但长子往往不是最优秀的。因此，后来中国的帝王往往又用王子优选接班人制来弥补其中的不足。可以说，世袭制与接班人制的有机结合成为中国古代社会政治生活的头等大事，关系到江山社稷的安危。这种制度远远好于锡兰（斯里兰卡的古代称谓）的雇佣军制度。锡兰的主体民族是僧伽罗人，但保卫锡兰王室却不放心僧伽罗人，于是不惜花费高价雇佣泰米尔人来保卫王室的安危。因为他们天真地认为，泰米尔人是外族人，而外族人不会谋反篡位。虽然这种方式对防止谋权篡位很有效，但却隐含着被外族人颠覆的危险性。其历史发展证明，锡兰王室为此付出惨痛代价，僧伽罗政权经常面临来自外族即泰米尔人的极大威胁。

同样的道理，古希腊民主制确保的利益主体不是奴隶，而是贵族，不是单纯国王的利益。因为，在奴隶社会体制中，贵族不交税，整个国家就无法运转。因此，贵族成为国家赖以存在的命根子。

第四章

中西元点神话
（元点精神文明）

不同的中西元点物质文明、制度文明，必有相应配套的不同元点精神文明。中西元点精神文明主要包括中西原始神话（中西元点神话）、中西元点英雄史观等。不同特色的元点精神文明不仅促使各自的元点物质文明和元点制度文明相互咬合形成各自的文明系统，而且对各自后来的文明发展产生了奠基性的影响。

第一节　中西原始神话

历史事实证明，中国元点文明的历史比西方要早得多和长得多。西方人不承认中国有五千年文明史的做法是极其荒谬的。因为，原始神话是一切其他文化和文明的起源。这是一个文化常识。

一、中国原始神话

在中西元点文明的比较研究中，本书著者发现了一个奇妙的现象：中国的原始神话远远早于古希腊，但中西哲学却与古希腊大致诞生于同一个时代（大都是公元前6世纪以后的事情）。因此本书著者有一个大胆的猜想，因为中国原始神话的不成熟才会导致中国哲学曙光的姗姗来迟，因而中华文明素有“早熟”之说。古希腊较为成熟的原始神话从而不失时机地培育了古希腊哲学。古中国文明和古希腊文明的一些奥秘可以到各自原始神话的发展状态中得到解密。

为什么说中华文明要早于古希腊文明？主要原因是中华原始神话的胚胎远远早于古希腊原始神话。中华文明如果从太极文化的起源《河图》、《洛书》算起，大约有9000多年的历史，因为感悟河图洛书现象的伏羲时代约在公元前

7724年至公元前5008年间[1]。如果从三皇时代尧舜时代算起也有7000年的文明史。古希腊原始神话大约诞生于公元前2200年。因此，古希腊原始神话比中国至少要晚了1000年，多说可能要晚上5000年。

河图洛书文化感悟只是一种抽象的表述，一方面，它只是一家之言，对中原人们的影响未必是普遍的；另一方面，河图洛书不是神鬼文化。

如果神鬼文化的诞生标志着原始神话的兴起，那么可以断定，中国原始神话就是原来的九州神话。中国的发祥地古称九州。九州也称九有。古书记载“奄有九有”，“九有，九州也”。[2]

中国九州原始神话的记载很晚。九州原始神话的传说也几乎是一片空白。其中有两种可能：一种是中国原先曾有过自己的完整的神话传说，只是由于中国甲骨文字的繁杂不便（既不便学又不便运用），未能流传下来。不过，这种可能性很小。因为，神话是原始人精神的精华，在人们精神生活中占有极为重要的地位。只要是社会需要，神话就一定会一代一代地传说（口述）下来，正像后代人传述家谱那样。即使是真的失传了，人们也会运用自己的想象力再创造出这种神话。只要想象力丰富，神话是不会贫乏的。另一种可能就是，中国根本没有创造出完整的神话系统。只有后一种可能性才更准确。

从这里我们可以领悟到：神话不是随便就能创造出来的东西，神话是一种运用丰富想象力创造的文化，想象力不发达，文明度不够，就不足以创造神话。

中国的创世神话最不完整，而且出现得也很晚。有人考证认为，先秦载籍中没有明显的创世神话，只有关于创世神话的一些痕迹。到了汉代，女娲才被推为“三皇”之一，有关女娲的神话传说，才具备了进一步的创世性质。中国最早的神话记载的书籍是西周楚人所作的《山海经》。上面谈到女娲的只有这么一句话，“有神十人，名曰女娲之肠，化为神，处粟广之野，横道而处”[3]。这时，女娲还没有以创世补天的身份出现。而且屈原还对女娲的来历提出了疑问：“女娲有体，孰制匠之？”[4]

现代人所听说的“女娲补天”神话不是中国上古时代的传说，而是西汉年间《淮南子》的杰作：“往古之时，四极废，九州裂，天不兼复，地不周载，火

---

[1] 王大有：《三皇五帝时代》（上），中国时代经济出版社2005年版，第90页。

[2] 《诗经·商颂·玄鸟》。

[3] 袁珂校译：《山海经校译》，上海古籍出版社1985年版，第269页。

[4] 龚克昌、彭重光译注：《屈原赋译注》，山东大学出版社1986年版，第35页。

焰炎而不灭，水浩泽而不息，猛兽食颛民，鸷鸟攫老弱。于是女娲炼五色石以补苍天，断鳌足以立四极，杀黑龙以济冀州，积芦灰以止淫水，苍天补，四极正，淫水涸，冀州平，狡虫死，颛民生”[1]。

再后来，公元3世纪的三国时代才有了盘古开天辟地的神话。人们为了弥补创世的空白，把从来不见经传的盘古奉为开天辟地者，而被列为三皇之一的女娲则居为第二位，“天地混沌如鸡子，盘古生其中，万八千岁。天地开辟，阳清为天，阴浊为地。盘古在其中，一日九变，神于天，圣于地。天日高一丈，地日厚一丈，盘古日长一丈。如此万八千岁，天数极高，地数极深，盘古极长。后乃有三皇。数起于一，立于三，成于五，盛于七，处于九，故天去地九万里。”[2] 这是后人的追加，不能说明中国上古时代已有这种创世神话。

中国上古时代不仅在创世神话上是个空白，而且在“灾难救世”神话上也很残缺不全。虽然早在西周初年就有关于鲧、禹治水的神话记录，但有四点很不清楚：第一，洪水灾难的原因不清楚；第二，治水和救世的内在含义也不清楚；第三，上帝在灾难救世的神话中的地位和作用极其模糊；第四，上帝对治水英雄态度转变的原因也不十分清楚。因此，它算不上什么完整的神话，甚至不足为地道的神话。

不过，后来随着中国文化的发展，后人逐渐完善了中国神话，但不能称为中国原始神话，说明发展到后来中国人认识到对神话传说体系进行完善的必要性。也许完善的时间会很晚。据本书著者所知，1936年出版了钟毓龙汇编、联想而成的《上古神话演义》。这是后人对上古神话的再想象，不是上古时代人所创造出来的神话体系。在后来民国年间的钟毓龙综述的中国神话也确实形成了具有中国文化特色的很完善的神话体系，主要是运用了阴阳与中庸的思想。请看钟毓龙的构思：

“天是无所不包的，但是综合起来，不过‘阴、阳’两个字。日间就是阳，夜间就是阴。和暖而带生气的就是阳，寒冷而带杀气的就是阴。所以天上的神祇，亦分为两类，一派是阳神，一派是阴神。阳神的主张是创造地球，滋生万物，而尤其注意的，是人类的乐利安全。阴神的主张，是破坏地球，毁灭万物，而尤其痛恶的是我们人类，定要使人类灭绝而后快。这两派如水与火，如冰与

〔1〕《淮南子·览冥训》。

〔2〕《艺文类聚》卷一，引自《三五历纪》。

炭，绝对不相容，常常在那里大起冲突。自元始以来一直到现在，那冲突没有断绝过。阳神一派是以西王母为首领，而其他日月星辰之中大部分神祇都肯帮助她。阴神一派，是以一位不著名的魔神为首领（后来叫做刑天氏），而夏耕、祖状、黄姬、女丑种种魔神以及其他星辰中之一部分都肯帮助他。那一位号称至高无上的皇天上帝，只能依赖于两派之间。虽则他的倾向常偏于阳神一派，但是因为天道不能有阳而无阴、人间不能有昼而无夜、生物不能有生而无死、万事不能有成而无毁的缘故，对于阴神一派亦竟奈何他们不得。所以人世间自有历史以来，一治一乱，总是相因的。阳神派得势，派遣他手下许多善神下降人世，将天下治理得太平了。那阴神一派气不过，一定要派遣他手下的魔神下降人世，将天下搅得鸡犬不宁，十死八九。然后，那阳神一派看不过，再派遣手下的善神下降，再来治理。到得整理一好，那阴神一派又要派遣魔星下降了。所以遇到浊乱的时世，我们眼看见那些穷凶极恶的人执国秉政，虐待人民，无法无天，又看见那些善良的人民被压制于虐政之下，任凭他们宰割，甚至身家不保，饮泣沉冤，大家都要怨上天之不公，骂上帝之昏聩。其实不必骂，不必怨，要知道天上亦正在那里大起冲突呢！恶神正得势而善神已退处于无权呢！这就是所谓天上之情形了。”〔1〕

据钟毓龙之见，世界就是这样，阳神创造人类，建设了世界，阴神便开始毁灭人类，破坏世界，地球几度生灭，人类几度绝种。而我们这一代地球和人类是盘古等诸神创造出来的。具体情形是这样的：起初，盘古之神与混沌氏大战，盘古“不知费了多少气力，方才将混沌氏打倒，立即将他的尸体解剖开来，拿了他的肉补充从前损失的土，拿了他的骨补充从前毁坏的石，拿了他的血液补充从前消耗了的水，又拿他的肢节竖起来，恢复从前崩坏的小岳，又拿他的肠胃铺起来，恢复从前湮没的江河，又慢慢地滋长万物，诞生人类”〔2〕。在中国神话中，从天皇氏、地皇氏到人皇氏（号称三皇）到大禹治水，人类才得以复苏。

二、中国原始神话的不成熟与中国古典哲学的早熟

由于受人类文化发展普遍规律的支配，神话是早期人类缔造一切文化的母体，世界上的任何一个民族的哲学都是在其原始神话的基点上发展而来的。任

〔1〕（民国）钟毓龙：《上古神话演义》（第1卷），浙江人民出版社1985年版，第1~2页。
〔2〕（民国）钟毓龙：《上古神话演义》（第1卷），浙江人民出版社1985年版，第3页。

何民族古典哲学都受其民族原始神话发展水平的制约。古希腊和中国也不例外。

中国原始神话与中国古典哲学的关联性是一个中国学术的大问题。搞不清这个问题，就抓不住中华民族精神的根本。

中国原始神话和古希腊民族的原始神话相比，具有下述特点：

首先，中国原始神话的创世说不仅不成熟，而且简直就是一片空白，只是到后来才逐渐进行了完善。

一般来讲，原始神话的成熟度应以古典哲学产生的时间为划分标志。中国的原始神话很不发达，集中体现在神话的创世说中。中国的创世神话最不完整，而且出现得也很晚。现代中国人所听说的“女娲补天”神话不是中国上古时代的传说，而是西汉年间《淮南子》的联想杰作。因此，“女娲补天”的神话不可能对《周易》、《易传》，以及对诸子百家发生任何影响，因为那是后来的事情。

神话只有在民族文明发展的早期，才会起到创造古典文化的作用。一旦错过，对民族深层文明如哲学等将失去这种创造古典的作用。就好比一个人在教育时期失去了受教育的时机，恐怕一生都难以弥补。好在，一个民族和一个人，还不完全一样，一个人可以死去，一个民族则是不死的。民族文明的发展，可以吸收外来民族文明的精华，以壮大自己。原因在于民族前文化的先天不足。

由于古希腊民族文化具有商品经济发达和移民性强的特点，又由于原始神话可以充分吸收古埃及原始神话和古巴比伦原始神话营养的滋润，因而创造了异常发达的古希腊原始神话，进而才创造了富有力量型的古希腊哲学。

中国则不然：在原始社会生产力的发展水平上，中国居于世界的一个角落，没有古希腊那样得天独厚的文化条件，可凭借外族文明滋养自己。中国既然没有任何外在的文明可以借鉴，那就只能依靠中华民族自身的原始神话来滋养中国古典哲学。

其次，图腾文化是原始神话中较早的存在形态。中国“龙凤”图腾不仅出现得较晚，而且对中国早期哲学（以《周易》为起始点）还谈不上什么影响。

因为象征中国民族文化精神的“龙”的精神，则是在中华各民族已经有了初步的融合之后形成的。龙是诸神灵的综合。龙有九似之说，也有七似之说。古籍提出了八似说，认为龙“角似鹿，头似驼，眼似兔，项似蛇，腹似蜃，爪似鹰，掌似虎和耳似牛”[1]。产生真龙天子理念的时代不可能是三皇五帝时代，

〔1〕（宋）罗愿：《尔雅翼》，黄山书社1991年版。

也不是夏朝和商朝，而是西周时代。[1]

最初，中国人的龙神还是一种自然神。人类神话的进步是拟人的上帝代替自然神、一神代替多神。龙神完成了由多神融合为一神的使命，却没有超脱自然神的窠臼。甚至可以说，龙是中华民族的原始图腾。可悲的是，龙这种原始的、自然神的图腾统治了中国几千年，甚至在今天，龙还有其深厚的土壤——每逢盛大节日，人民百姓便举国上下欢呼龙，庆祝龙，尤其可笑的是那些新婚夫妇争先恐后地在龙年生龙子。

最后，中国原始神话所具有的崇拜性和解释性都非常薄弱。这种双重薄弱决定了中国原始神话的不成熟性。

民族原始神话具有宗教的双重性。一方面，宗教的崇拜性源于人对“神”的不可思议，因此宗教崇拜具有神秘性。另一方面，神话、宗教要想使人信服，不得不发挥其第二个本质属性，即解释性。由于这种解释性，神话传说总是越来越完善，越来越趋于能够自圆其说，说服力和吸引力也就越来越强，合理性也就越来越大。然而，在原始神话阶段，这种解释性具有非常的意义。如果在此阶段的解释性很强，后来派生的哲学就能吸取足够的文化营养。反之，后来产生的哲学将具有先天不足的特点。

文明古国类型的神话发展，对自然、社会和上帝的崇拜性方面成为发展的重心，而其解释的方面既简单又肤浅，发展得很不完全。因此，由此发展而来的宗教的神秘色彩和迷信色彩越来越大。相反，希腊神话发展的重心始终是解释性，宙斯之前是对自然力量崇拜的解释，宙斯之后则是对社会力量崇拜的解释。因此，从希腊神话的汪洋大海中孕育了相反的东西，即古希腊哲学和科学的元素，而根本不能发展成为宗教。欧洲人的不足靠（西）亚洲人来弥补。希伯来神话中崇拜和解释的双重发展重心产生了犹太教、基督教和伊斯兰教。

中国和印度的神话把人神化为天子、圣人、神仙，是从地上人间升腾到天上，希腊神话则把神人情化，是从天上降到人间。此外，中国原始神话的文化，本质上属于道德型的“神”，而不像古希腊原始神话属于力量型的“神”。

道德型的“神”有一利，也有一弊。其利在于对内（对民族内部）具有巨大的感召力。其弊端在于当不同民族国家抗争之时，道德就变成软弱无力的东西。古希腊哲学智慧产生于“力”的民族精神之中，不会产生于“德”的民族

---

〔1〕 具体请见本书第五章第二节的分析。

精神之中。“德”类型的智慧和“力”类型的智慧是不同的。要想拥有“力”，需要知识为后盾，所以古希腊人足够地发展了科学理性。有知识的人必然打败单纯有“德”而无“力”的人。所以，鸦片战争，失败的是中国人，而不是西洋人。

总之，和古希腊神话、希伯来原始神话相比，中国原始神话是不发达的、不成熟的。

然而，“塞翁失马，焉知非福”，不成熟的中国原始神话，为中国先哲留下了足够的想象空间，哲学家可以率先领悟宇宙的本原、社会的本质和人生的真谛。也就是说，中国不成熟的原始神话，迎来了早熟的中国古典哲学。

人类文明的发展规律如果以神话为一切文化“母体”、以民族哲学为“新生儿”，那么就可以说，孕育在民族文明原始神话母体中的婴儿就有早熟和晚熟之分。如果以民族哲学的产生作为民族文明成熟的标志，那么就可以说，中华民族是一个早熟的民族。因为，当古老中国原始神话还远远没有成熟的时候，中国古典哲学就问世了。古希腊文化则是一个晚熟的民族文明。因为，古希腊原始神话是在充分吸收古埃及神话和古巴比伦神话的基点上得以发展的。

有人说，早产的婴儿长不大。中华民族文明是个“早产儿”，所以中华民族文明不很发达。这种论断，看似虽然有一定道理，但缺乏科学根据，并不具有普遍性。人世间，有许多七个月的早产儿，后来长得又高又大，而且智商往往并不低。21世纪之前谈论中华民族对世界文明的贡献高低，为时太早。也许21世纪，正是中华民族的文明大有作为的世纪。

三、古希腊原始神话

坎贝尔说得好，“神话既然具有生命力，并且日益增多地显示所含的真理，像这样毫不附加解释地讲了出来，也就最为动听”[1]。我们并不想在此详细讲述希腊神话，只想梗概地介绍一番，以便人们对它的全貌有一个大致的了解。

古希腊神话的震撼力首先表现在创世说中。据赫西俄德记载，宇宙最初只创生了四大神：混沌神开俄斯，大地母神盖娅，地狱之神塔尔塔罗斯，爱神爱罗斯。后来，开俄斯生了黑夜之神尼克斯和黑暗之神埃瑞波斯，后二神结合后便生下了太空与白昼。地母盖娅生了天空神乌拉诺斯和（大）海神、高山神。

天空之神成为世界的主宰，他与母亲盖娅结合后生下了六男六女十二位天

〔1〕［美］托·布尔芬奇：《希腊罗马神话插图本》，岳麓书社2009年版，扉页。

神，还生下了六位怪物祖神（其中有三个独眼巨怪和三个百手巨怪）。

第一代神界主宰乌拉诺斯被自己的儿子克洛诺斯阉割了，从他被阉割的血泊中生出了复仇三女神和巨神吉伽斯。克洛诺斯压制所有的其他天神。克洛诺斯不像父神那样与自己的母亲结合，而与自己的妹妹瑞亚结合，也生了六男六女。宙斯是他们最小的一个儿子。克洛诺斯推翻了自己的父神，害怕自己的儿子效仿自己，便不分青红皂白地吞食自己的所有子女，瑞亚生一个，他就吞吃一个。当宙斯出生时，瑞亚得到了祖母盖娅的帮助，只给克洛诺斯吞下一块用尿布包裹起来的石头，蒙混过关。瑞亚逃到了“人间”克里特岛的一个山洞里，才安全生下了宙斯。

宙斯长大后，联合受到父神压制的其余天神，终于推翻了父神统治，而且救出了那些早已被吞吃的兄姊，自己立为新的至高无上的神界主宰，成为神界第三任主神。

宙斯与他的兄姊谷神得墨特尔、赫拉、冥王哈得斯、海神波塞冬、美神阿佛洛狄特，以及他的子女智慧女神雅典娜（因为希腊首都雅典是智慧的故乡，故此命名）、太阳神阿波罗、月神阿尔特弥斯、战神阿瑞斯、火神赫淮斯托斯、信使神赫尔墨斯等，形成了新的神界主脉的十二天神，以他们为首的众神称为“奥林匹斯神系”，宙斯之前的诸神，被称为“前奥林匹斯”诸神。

从前奥林匹斯神系到奥林匹斯神系是一场巨大的神话飞跃。

前奥林匹斯神系只有混沌、地狱、地母、黑夜、天空、大海、高山等系列祖神和第一代十二天神及六位怪物妖祖。他们都是自然事物、自然力量的化身，可谓是自然神系。

奥林匹斯诸神都是直接与人有关的谷神、智慧女神、日月之神、战神、火神、美神、信使神。他们从直接的自然力量的化身之神演变成了管制自然力量的含有人性味道的神。于是，诸神的性质发生了变化。

奥林匹斯神系中已经有了明显的民主味道，十二位天神中，有五位与宙斯同辈，有六位是宙斯的后辈。尽管宙斯是至高无上的天神主宰，但掌管所有天神，还要靠这个神系主脉——十二天神——作为神系领导集团。奥林匹斯神系主脉是复合的与集体性的，而不是纯一的和专制的。这种创世神话的完整性、系统性、合理性、先在性（最早产生的性质），不仅是十分罕见的，而且是无与伦比的。

希腊神话的人类诞生说也是非常丰富的。创造了自然万物，大海，高山等这些无机世界，还有飞鸟、动物、鱼类、谷类这些有机世界，这时还没有“有灵魂的生物”。虽然万木欣荣、一派生机、万事俱备之时，便是人类诞生之日，但万事俱备只欠东风，人类还是无法产生。这时候，伟大的先觉者，充当这东风送暖之神——普罗米修斯——出现了。

普罗米修斯是伊阿珀托斯和海洋女神亚细亚结合而生的儿子。伊阿珀托斯是宙斯之父克洛诺斯的兄弟，即宙斯的伯父。伊阿珀托斯因参加及对宙斯的提坦神起义，同其他提坦神一起被打入地狱最深层塔耳塔洛斯。

普罗米修斯是位先知先觉者，他知道“天神的种子”埋在泥土里（地母崇拜的遗迹），便用泥土“按天神的样子”塑造了人类。他又从各种动物的心里摄取了“善”和“恶”，封闭在人的胸膛里。智慧女神雅典娜对这新的生物感到惊奇，便把灵魂和神圣的呼吸送给这刚刚有了半个生命的生物，并使他们成为大地上的主人——人类就这样诞生了。

在这里富有启发意义和想象很合理的是，智慧女神为人类提供了灵魂。这里蕴涵着一条很深刻的真理，即智慧是人的灵魂。神话是颠倒了的世界观。其实，不是神按照神的面目创造了人类，而是人按照人的面目创造了神的形象。不同民族的神像只像相应民族人们的面目。希腊神像绝不像中国人，中国的神像也绝不会有希腊人的相貌。西方世界的耶稣从来都是高鼻梁的。

普罗米修斯进一步帮助他所创造的人类，教他们观察星辰的升降，教他们计算并用符号交换思想，教他们发现地下埋藏的矿石，把一切生产技术和生活用品介绍给他们。这极大地惹恼了宙斯。因为这样一来人类的灵性便近似于神。由于火能使人类的文明达到完善的境地，因此宙斯拒绝把“火”赠给人类。普罗米修斯却不顾万神之主宙斯的反对，冒着受到惩罚的危险，从太阳的火焰里取出火种，赠予人类。

结果，火的使用，使人类文明的发展进入一个全新的阶段。

宙斯为了惩治普罗米修斯的行为，下令把他锁在高加索山的悬崖上，用矛刺他的胸部，派一只大鹰每天早晨飞来啄食他的肝脏，可是一到夜里，他的肝脏又重新长好。他所受的折磨持续了几千年，直到宙斯之子赫拉克勒斯得到宙斯的同意，射死这只大鹰，普罗米修斯才得以释放。

普罗米修斯是在雅典最受尊敬的三神之一（另外两位是赫淮斯托斯和雅典娜）。后人为了纪念他，特意举行火炬赛跑的庆祝活动。后来人们把他神化为仇视暴虐、争取正义、为理想而经受过最残酷惩罚的提坦神的形象。

后人只知普罗米修斯是人类的拯救者。殊不知，其中也有反动的因素。因为，他殉难有双重动机，一是拯救人类，二是反对宙斯。而且，拯救人类的目的还是为了反对宙斯。他是旧神派系的代表，宙斯是新神派系的主宰，旧神派对新神宙斯的新秩序怀有不满。因此，“从神系构成的角度看，普罗米修斯盗火的原始动机是为了反抗宙斯、破坏新神的秩序——本质上还是旧神对新神的‘反动’。而盗火予人，不过是他反抗新神秩序的手段”[1]。不过，当人们缅怀普罗米修斯时，宙斯的秩序也变得陈旧。宙斯已经退化成一座无生气的、霸道的偶像。

古希腊的灾难与再生产生了潘多拉盒子的故事。宙斯不仅惩罚了普罗米修斯，还为人间播下了罪恶的种子——宙斯命令火神锻造出著名的潘多拉盒子。宙斯命令火神锻造出一个美丽的少女，名叫潘多拉，意为“有着一切天赋的女人”。诸神赐给她柔媚、心机和动人的外貌。宙斯交给她一个“盒子”，要她作为“赠礼”带到人间，送给普罗米修斯的兄弟厄庇墨透斯。这个盒子里装着各种各样的罪恶和灾祸。厄庇墨透斯实质上是“后觉者”的化身，他的性格和他哥哥截然相反，既怯懦又愚笨。普罗米修斯劝他不要接受众神的任何赠品。厄庇墨透斯就是不听，禁不住美女的诱惑，同宙斯派来的潘多拉结婚，并留下了她带来的盒子。潘多拉为好奇心所驱，擅自打开密闭的盒子，结果，“疾病”、“疯狂”、“罪恶”、“嫉妒”等祸患一齐飞出，只有“希望”一样东西留在盒底，从此人间充满了苦难。

宙斯这还不甘罢休，他召集奥林匹斯召开神族会议，通过了用洪水毁灭全人类的决议。他用闪电和湿重的南风降下可怕的暴雨。宙斯的哥哥海神波塞冬也兴风作浪，掀起洪涛，想一下子湮灭全人类。由于潘多拉与厄庇墨透斯的女儿皮拉和普罗米修斯的儿子丢卡利翁得到普罗米修斯的警告，他们夫妇双双乘小船逃过灭顶之灾。

洪水过后，他们受到神谕的启示，把“大地母亲的骨骼”扔到身后，就可以再造人类。他们猜想这“骨骼”大约是石头，于是便分别抛掷石头。经过皮拉投出的石头化作女人，丢卡利翁投出的石头变成了男人。这样，新的人类诞生了。普罗米修斯创造了第一代人类。皮拉和丢卡利翁用石头再造了人类——第二代人类。这第二代人类是一种勤劳刻苦的人民。他们永远不会忘记造成他

〔1〕 谢选骏：《神话与民族精神》，山东文艺出版社 1986 年版，第 15 页。

们的物质——石头。

不同民族总是鉴于他们自己独特的原初生活方式构想人类的创生。希腊人生活在岛屿众多的爱琴海一带，海天一色虽美，但海中游行，无边无际，而只要遇到一个石头岛屿便可以绝处逢生。爱琴海上岛屿众多，求生之源很是丰富。因此，他们比其他内陆民族对石头更亲近，从而他们幻想自己的祖先是石头变来的。其他民族如内陆民族的神话传说祖先是由泥土变来的，因此对土就特别亲。如中国人手抓一把黄土，便能震撼整个心灵。

由于普罗米修斯教给人类的技能不足以应付复杂的世界，因此诸神便八仙过海各显神通，纷纷把自己的各自特长传给人类。战神阿瑞斯教人类作战的技能，美神阿佛洛狄特把美传到人间，雅典娜把智慧传给人类。其中对人类贡献最大的是赫尔墨斯（信使神）和赫淮斯托斯（火神）。信使神创造了字母、数学、天文学、体育、音乐，并掌管着商业、交通、畜牧、竞技诸种活动。火神擅长建筑神殿、制作各类武器和金属用品，被视为一切工匠的始祖。

英雄超人是古希腊神话最有特别意义的内容。赫拉克勒斯是希腊最后一位天神和最伟大的超人。他是宙斯与珀耳修斯的孙女阿尔克墨涅所生的儿子。阿尔克墨涅与宙斯的相好，遭到了宙斯的妻子赫拉的仇恨和嫉妒。所以当阿尔克墨涅生赫拉克勒斯时，由于恐惧万神之母赫拉的嫉恨，认为自己的儿子在宫中得不到安全，因此把儿子放置在田野里。那地方，后来人们仍然称为赫拉克勒斯的田野。

雅典娜由于神奇的机会，在大路上遇见赫拉克勒斯（古希腊超人），抱回宫劝诱她的同伴（正是阿尔克墨涅的情敌赫拉）用她的神圣的乳汁哺育他，他虽然只在她的乳房上啜吸了片刻，但这女神的几滴乳汁已足以使他日后不朽。

雅典娜把他带到他的生母面前，说他是一个可怜的弃儿，要求王后阿尔克墨涅代为养育。阿尔克墨涅一眼就认出了自己的儿子。后来赫拉知道后，就命两条可怕的毒蛇去吞噬赫拉克勒斯，殊不知由于赫拉克勒斯吃了几口赫拉的神圣奶汁，却在他还是个吃奶的孩子时就把这两条毒蛇给掐死了。

日后，赫拉克勒斯学会了非凡的武功，成为“箭垛式”的传奇人物，成为人民心目中无所不在、无所不能的扬善惩恶的超人英雄。

由于赫拉克勒斯之母是位凡人，因此，他只是个半神——他是神与人的联结点。于是，赫拉克勒斯既是奥林匹斯神系中的最后一位天神，又是古希腊第一个超人。在有关他的形象、性格的传说故事中，典型地体现了超人传说系列的真正含义——象征着神界故事的尾声，已接近真实历史记载的黎明。

第二节　中西元点神话的内在构成

中西元点精神文明源于中西原始神话内在结构的不同。从中西文明的内在分析，中西元点政法的不同源于中西元点神话内在结构的不同：中国原始神话的崇拜性大于解释性，而古希腊原始神话的解释性大于崇拜性。从发生学角度上看，中西方文明发展奇特异样的密码，隐含在其原始神话内在结构的不同。不同结构的民族文明必将遵循着不同的内在发展轨迹向前发展。

一、神话结构不同：崇拜性与解释性

任何神话都是一种崇拜，也都需要解释。神话作为一种文化，其内在结构是崇拜与解释的有机结合。崇拜和解释是原始神话所具有的双重属性。任何神话和宗教都会树立起对某种崇拜物的崇敬感。神话的精神实质在于，它要在人生的苦海中树立起一叶希望之舟，使人的精神有所寄托，故而增强人的精神力量。这种精神力量具有加固强化群体联系的社会功能。

神话的正面属性是崇拜。崇拜能够成为一种信仰，就必须有特定的崇拜物。崇拜需要信仰者对崇拜物有一种特殊的关系即礼仪，这才足以表明信仰者的虔诚，才会得到神的青睐和恩惠，甚至会得到神的保佑。为了得到这些好处，崇拜者必须忠实履行这种神圣的义务。因此，崇拜具有实践性。为什么崇拜神，这是不可思议的，所以崇拜又具有极大的神秘性。

神话的另一属性就是解释性。神话在一代一代的传承流转中传说，神话传说的叙述者总是为要让人信服，从而绞尽脑汁地为神话寻找足够的理由，提供翔实的依据，充分发挥想象力把以前不曾完善之处加以完善，否则就失去可信的程度和传说的价值。于是，经过多少代人的神话传说，逐渐由不完善达到完善。神话传说的完善就在于这种解释性。由于这种解释性，促使神话传说越来越完善，说服力和吸引力越来越强，合理性也就越来越大。

神话的解释性在于寻求合理的解释，即在于合理性。追求合理性总是会渐渐导致否定自己原来所崇拜的神物。因为，任何神性总是不合理的，总有它自身的矛盾和无法自圆其说之处。当神话传说中的解释性可以无限地发展下去，达到一定程度，也就会达到采取否定自我的境地——希腊神话发展的极点就产

生了希腊哲学。哲学是对神话的否定，但却源于对神话解释性的发展，所以哲学是神话的自我否定。

可见，解释性是神话的反面属性或否定属性，崇拜才是其正面属性或肯定属性。这两种属性的文化功能是不同的。神话的崇拜性是人们自觉意识到的东西，神话传说就是要人们去意识、去想象神的存在。而神话的解释性则是人们不自觉地运用，是一种无意识的东西。所以解释性是神话的副产品。

饶有兴趣的是，神话的解释性虽然是无意识和不自觉的东西，但它却是一种理性（追求合理性的思考），具有一定的“科学性”；相反，神话的崇拜性虽然是有意识的和自觉的，但它却不是理性或者是非理性，而只是一种直观、直觉，具有一定的盲目性。这是一种有趣的矛盾，本来人的理性应该是自觉的、有意识的，而人的直观则是不自觉、无意识的。在这里，神话的解释性造就理性无意识，神话的崇拜性却造就了有意识的非理性。非理性不是反理性，非理性要崇拜者没有理由地崇拜神，但要叫人信服，就必须通过解释性手段，而解释性是理性的。就是说，神话的目的是非理性的崇拜，神话传说的手段则是理性的解释。

不同民族的神话，其由崇拜性和解释性比例构成的整体功能和属性是不同的。四大文明古国的神话类型（包括古印度、古埃及、古巴比伦和中国）的整体比重是崇拜大于解释。它们一般比较满足于简单的解释，而把关注的重心落在崇拜的礼仪（烧香、叩头等）或伦理约束等实践上。

如果我们把这个比重变成一个分式，用崇拜性作分子，用解释性作分母，那么等式的另一面就是无限大。这说明四大文明古国原始神话的发展极限就是无限大，这说明它的崇拜性大于它的解释性。

希腊神话则相反，由于它是古埃及神话、古巴比伦神话和自身原始神话的综合产物，因此它的解释性就异常发达，甚至这种发达性达到把这种合理性的解释发展为古希腊哲学形态的程度。它倾向于对自然现象和社会现象进行更广泛细微、更能自圆其说的知识性探索，而很少用过多的崇拜礼仪来束缚人们。古希腊哲学是古希腊神话自然流溢的产物。而中国哲学则不同，由于中国原始神话的不成熟，创世说、灾难说、英雄说等不成熟，使得中国哲学家们不能从中借鉴更多的营养，在很多问题上不得不重新构建哲学学说。

这说明：希腊神话越是发展，其合理的解释性就越强，其神秘的崇拜性就越差，以致发展到极端就会使崇拜性与解释性的比值趋向于零。这个零就意味着神话的自我否定和古希腊哲学自然地产生。从古希腊第一个哲学家“水为万物本原”到亚里士多德的“第一推动力”，把哲学的最高诉求归于世界统一性的本原。这种精神决定了古希腊哲学必然要向后来传入的基督教投降。于是，“全能”者的基督教征服了古希腊哲学。然而，古希腊精神并未泯灭，因此有了后来的文艺复兴。

崇拜大于解释，就只是一种盲目迷信。解释大于崇拜，就会自然流溢出哲学。崇拜和解释等量发展，才会产生宗教。犹太教就是这样产生的。

崇拜的发展经历了对自然力量的崇拜、对社会力量的崇拜、对上帝力量的崇拜三个环节。解释的发展也同样经历了对自然力量的解释、对社会力量的解释、对上帝力量的解释三个环节。对自然力量的崇拜和解释产生了自然神话和自然宗教，对社会力量的崇拜和解释使人想象出了统治社会最高天神的神话和宗教，二者的结合和升华才形成了上帝。

总之，通过上述神话内在结构的比较与解析，可以得出三点结论：

第一，中西方元点文明发展的根本不同取决于双方不同的元初神话内在结构，进而决定了中西方的不同民族精神和民族人格，从而影响了中国人和西方人的做人方式和思维方式。

第二，从发生学角度看，中西方元点精神文明的根本不同在于两种原始神话内在结构的不同。中国原始神话的比重是崇拜大于解释，古希腊原始神话的比重则是解释大于崇拜。仁者乐山，智者乐水。正是由于上述原理决定，“乐山”者守成于“忠孝”之不平等精神，为此古代中国追求“三纲五常”、“内圣外王”、仁治、人治、专制等重人伦轻科技和重农抑商的文化系统发展起来。“乐水”者必然追求公平正义精神，因此古希腊自然法非常之完整而深刻，自由、平等、民主、法治以及奥林匹克平等竞技精神，以及科技和重商精神才异常发达。华夏民族文明对后来整个中华民族的发展过程产生了深远影响，古希腊民族文化对西方文明发展产生了深远影响。

第三，未来中西方文明，乃至人类文明的发展出路在于：一方面不断互相取长补短以壮大自己，另一方面必须摒弃争执，求同存异，和而不同。仇比仇到底不是出路，只有仇必和而解，才是最好的出路。

二、中西元点民族情怀：人文与人本

古中国与古希腊精神文明包含了两种民族情怀，古中国学者追求人文主义情怀，古希腊学者追求人本主义情怀。这两种情怀虽然只有一字之差，但情怀的对象及其发展方向却有着天壤之别。

民族元点精神至少有元点神话精神、元点学术精神。元点学术精神主要包括元点哲学精神、元点科技精神两大层次。这里的“学术精神”显然是狭义的，广义的学术精神包括神话精神，尤其是神话的解释性文化内涵。因为，学术是一种理性精神，而宗教、神话主要是非理性的或超理性的。从宗教神话时代到哲学时代再到科学时代，乃是学术发展的基本脉络。宗教神话主要依靠崇拜而不是解释，因此是一种信仰而不是一种理解。哲学和科学主要依靠理性来解释，解释的轴心是合理性。宗教神话是一种非理性的或超理性的，主要是一种感悟、情感的寄托，重点在于崇拜而不是理解。

基于不同的元点人文地理、元点政法，铸造了不尽相同的中西元点精神文明。中西元点精神文明表现为原始神话、文学艺术、哲学与科学精神。由于篇幅有限，这里侧重分析政治哲学的不同。

中西人文精神与人本精神的不同主要表现为两个方面。一方面，人文精神具有一种浓烈的血缘情怀，人本精神更多地关怀着世界本原。另一方面，人文精神看重结果，人本精神看重原因。古中国人“慎终追远”止步于祖先，只看重自己是祖先后代的这一结果，古希腊人一定要把人的本原追溯到世界本原，看重世界缘何是这样的原因。

所以中国先民哲学是一种强化或拟制血缘的哲学，西方初民古希腊哲学最初是探讨世界本原的哲学体系。中国社会从夏商周到明清，维系社会关系的主要纽带是血缘和拟制血缘，血缘文化逐渐加强。然而，西方社会从古希腊社会就把人际关系纽带从“血缘”提升为“地域”，血缘文化越来越弱化。古希腊哲学的根本使命是探讨世界本原的哲学系统。本书第七章第四节“古希腊哲学提前为基督教腾出至尊地位”，对此有详细解析，在此不作论述。

说到中国元点哲学，离不开《周易》、《论语》、《道德经》三部经典。说白了，《周易》是太极阴阳学，源于河图洛书说。《论语》和《道德经》则是从《周易》分别流溢出阴阳两极学说。《论语》的重点是人间“齐家治国平天下”的学问，简单说就是阳学。《道德经》则崇尚阴柔之美，可谓是阴学。无论是阳学，还是阴学，无非是太极阴阳学的两翼，是阴阳学的两个极端。如果和古希腊学者相比，《周易》、《论语》、《道德经》三部经典都是对自然宇宙、社会人生的整体直观。

在四大文明古国中，甚至在世界各族文明中，民族众多、数不胜数，但唯有中华文明从未间断、顽强地发展下来，并为世界文明作出独特的贡献。其哲学原因在于中华民族不断发展、不断完善的直观智慧。西方的哲人善于分析，中国的哲人善于直观。单纯性的分析局限于细节，而直观注重于整体。因此，唯独中国的哲人才能领悟出“阴阳五行”、“天人合一”、“和而不同”等具有民族内涵的博大精深的哲学智慧。中华民族精神是一个古老而常新的形态。在当代全球化中，中华民族的哲学能够为全球化时代的民族冲突和宗教冲突提供一副最好的精神良药——“和而不同”、“求同存异”等中华民族的哲学精神，能够为人类简单明了地指出走出民族冲突与宗教冲突困惑的思路。

中西方元点哲学为什么会有如此区别？原因有很多，从源泉角度分析，在于流出两种哲学的两种原始神话内在精神的不同。

由于哲学脱胎于原始宗教神话，因此必然受到原始宗教神话解释合理性的成色的巨大影响。中国上古神话具有两大特点：一是故事性和解释性不强，二是神和先祖“不食人间烟火，没有平凡人的情欲”[1]。相反，古希腊原始神话具有相反的两种特征，一是故事性和解释性极强，二是超人具有凡人的七情六欲。中国的天神生活在天上，古希腊的超人则生活在天上人间。

中国先民由于对先祖、圣人深信不疑，而对先祖圣人的话也就不再追究。不能追究宇宙自然起源的宗教情怀是中国元点学术的致命伤。一切智慧皆源于探究事物的原因。不善于探寻事物的原因，不勇于追溯万物的本原，便不会有对宇宙本原的终极关怀。

由于西学元点学术侧重探索万物的本原和原因，中华元点文明学术精神的重点是“不（多）追问原因只求结果”，中医就是一个明显的例证。因此导致两种元点文明的不同学术价值取向，西学充满追因的探索精神，“追因”的元点西学激发了学术的分析性和解释性。“问果”的中学元点对先祖形象的塑造、先王的崇敬，激发的不是追因性、分析性和解释性的本原精神，而是问果性、直观性和整体性的人文精神。

由于西方学术的分析性、解释性的逐渐发展，科学逐渐从哲学母体中游离出来。哲学是用理性解释，而科学则侧重用实践来证实。凡是缺乏实证解释而

〔1〕 这是中国上古神话中的主要大神们神格的重要特征。在中国的很多经史典籍中，中国上古的主要大神们，诸如伏羲、女娲、炎帝、黄帝、颛顼、帝喾、尧、舜、禹等，都是崇高和圣洁的。他们不苟言笑，从不戏谑人类，更不会嫉妒和残害人类。

不缺少理性分析的，都是哲学的范畴。在西方，16 世纪才迎来科学独立发展的历史时代。1543 年哥白尼的《天体运行说》则是自然科学的独立宣言。后来各类科学逐渐从哲学母体中独立出来。

中国没有科学技术的独立发展历史，中国的“科学”理念是后来从西方引进的。可见，古老中国不仅缺乏科学独立发展的历史，而且其在学术元点上就与西方有了重大的原始分野。中国元点学术文明的科学精神主要是人文的而不是科技的，而古希腊则属于科技的而不是人文的，或者说古希腊元点学术关怀主要是人本主义的而不是人文主义的。

总之，人文精神与人本精神的区别是中西元点文明的重要分水岭之一。中国先民的人文主义精神侧重伦理，“慎终追远”于祖先；古希腊先民的人本主义精神侧重世界本原，并不满足追溯到祖先，还追求人类的起源和世界的本原。

第三节　中西元点英雄

对一个民族影响最深远的精神内核就是英雄文化的故事。在所有的民族神话历史传说中，最激动人心的故事就是关于先祖英雄业绩的传说。一个民族的历史传说不仅把先祖推崇为民族英雄，而且奠定了整个民族文明的英雄史观，并成为这个民族文明后来发展轨道的元点。可以说，“英雄史观”是一个民族文明发展的人文精神的元初密码，或者说是民族精神发展的逻辑起点。不难发现，这个民族精神发展的逻辑起点正是构建民族文明大厦的地基性建设。

中华民族（不止于汉族）的英雄史观塑造的是“天子”。从三皇五帝到大禹治水，是培育“真龙天子”的时代。那时还没有“天子”的概念。中华民族从夏商周三代到秦汉，再到唐宋元明清，甚至再到毛泽东，是“真龙天子”定型、发展和完善的时代。其间不仅每一个领袖都自命为“真龙天子”，而且每一代人民也都认同并维护着帝王“真龙天子”的合法地位，还坚定地以此作为帝王执政的合理性与合法性基础。每一代中国人都为自己时代的帝王编排了种种的美丽传说。虽然每个时代都涌现出了众多英雄，但唯有“天子”（尤其是开国元首）才是英雄群落中的最高英雄。每个时代的“天子”只有一个。因此中国历史不断营造着“天无二日，国无二君”的氛围。

和中国不同的是，古希腊民族的英雄史观塑造的不是“天子”，而是“超

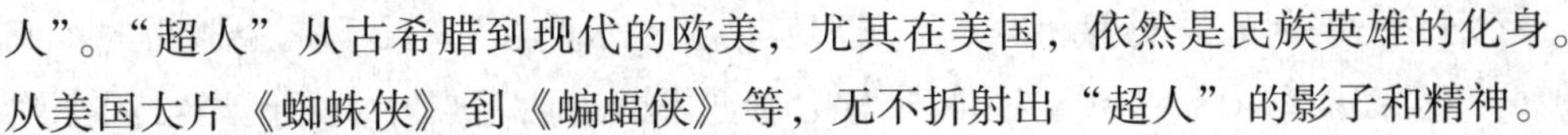

人”。“超人”从古希腊到现代的欧美，尤其在美国，依然是民族英雄的化身。从美国大片《蜘蛛侠》到《蝙蝠侠》等，无不折射出“超人”的影子和精神。

这是揭秘中西文明差异的一个元点。

一、两类帝王诞生纪元：神感与神嬉

中西元点英雄人物是不同文化塑造的结果，具体来讲是不同文化硬件和文化软件对人的塑造。中西元点英雄的根本不同就是天子与超人的区别。中华民族的初民与古希腊人的元点民族精神中塑造了两种截然不同的英雄。这两种英雄都是人与神相连的中介体，但在希腊神话中这种联系的桥梁是超人，中国神话中人与神的沟通则靠天子。

中国人不断重复着同样的故事。一代帝王问世后，大都有个美丽的传说，说帝王的母亲接受了神龙的某种感应，于是生下了这个帝王。当然，这种传说经历了神灵感应到抽象天子的发展过程。

起初，中国原始神话传说，帝王是凡女与神发生了某种怪诞的关系，如女人梦见了神灵，或神龙扑体，或踏上神的足迹，怀孕生下来的儿子后来成为帝王。

在中国古代传说时代的帝王谱系中，太昊伏羲氏被奉为“三皇之首”和“百王之先”，地位十分显赫。据传说，伏羲的母亲华胥生活在华胥水边，因好奇踩了雷神的大脚印而怀了伏羲。12 年后，在仇夷生下伏羲。对此，古书说：“华胥之渊，盖因华胥居之而名，乃今阆中渝水也”[1]。

关于《周易》的作者及其成书年代，史学界颇有争议。一说伏羲作八卦，文王演绎周易，成书于周初。一说《周易》的作者是周代卜史之官，成书于西周晚期。虽然众说纷纭，但无论如何，《周易》作为远古时代的“相书”，则是毋庸置疑的。

根据上述历史传说，有三点值得突出说明：第一，伏羲不是凡女与天神偷情交媾的产儿，而是凡女感应神灵的结果。第二，“八卦”文化不是天神创造的，而是伏羲这个人创制的。第三，“八卦”文化派生“易经”（周易）文化，或者说“八卦”文化是“周易”文化之源，八卦派生易经，再后来派生儒家和道家等学问，因此成为中华文化元点的文化标志。

有关神农氏的传说更加离奇。传说神农遍尝百草，发现药材，教会人民医

---

〔1〕（宋）罗泌：《路史》。

治疾病，是医药的发明者。他一生下来就是个“水晶肚”，几乎是全透明的，五脏六腑全都能看得见，甚至还能看得见吃进去的东西。当时，人们经常因乱吃东西而生病，甚至丧命。为此，神农便下决心尝遍百草，把能食用的放在身体左边的袋子里，介绍给别人吃，用作药用；把不能够食用的放在身体的右边袋子里，提醒人们注意不可以食用。神农还是传说中农业的发明者。远古人民过着采集和渔猎的生活，他发明制作木耒、木耜，教会人民农业生产。反映了中国原始时代由采集和渔猎向农耕生产进步的情况。

后来，随着神话的历史系统化，这种生殖型的“神异诞生”便让位于道义上、抽象上的“君权神授”的“天子”。人们只要知道帝王是天神的儿子或上帝之子，而不再问津帝王之母是如何与神发生关系而生下帝王的。

有关帝王是神灵感应而出生的说法绝不是科学的说法，无疑是早期文明人类的神话传说。重要的不是它的离奇荒诞性，而是先民为什么要不断建构这种历史传说。其内在的奥妙就是，政治目的就是要给帝王执政提供一个合法的理由。

总之，中国神话塑造的帝王天子是人与神的中介体，不像古希腊神话的超人是通过天神与凡女的性欲行为而诞生的超人，而是对神的灵性的感应的产儿，后来演变为“冥冥之中”命中注定的天子，帝王不仅必须有其母，更需要有其父，还要有先帝的遗诏，才能即位。所以，天子只是在道义上是神，而实际上还是有父有母的凡人。既然中国的天子是位凡人，只是命中注定成为天子，那么他就只是凭着自己对天命的感受力，主观随意地统治自己的国民。如果某位天子的素质好，对天命的感受力强，那么天下就会国泰民安、风调雨顺。如果某位天子的素质差，他就是昏君，便会有奸臣当道，那么天下就民不聊生、危机四起、灾难遍地。

尽管帝王的人物姓氏就像走马灯一样在一代一代地变换，但帝王的“天子”属性却从来没有改变过。这是一个值得深思的话题。

和中国一样，希腊神话也是产生于远古时代。但古希腊的英雄史观和中国完全不同。

最初，希腊神话只是长期的口头流传，不可能是某一个人，而是古希腊人的集体创作，主要包括神的故事和英雄传说两部分，关于神的故事与英雄传说的总汇，散见于《荷马史诗》、赫西俄德的《神谱》以及古典时期的文学、历史和哲学等著作中。现在常见的系统的希腊神话都是后人根据古籍编写的。

希腊神话中的英雄传说是对希腊远古历史、社会生活和人向自然作斗争等事件的回忆。人类文明早期，人们往往把英雄当做神，也把神当做人，并没有把神和人看做是完全不同的物种。英雄传说以不同的家族为中心形成了许多系统，包括特洛伊战争，赫拉克勒斯完成十二大业绩，雅典国王忒修斯为民除害，伊阿宋率领英雄夺取金羊毛等脍炙人口的故事。其中《荷马史诗》记述的阿喀琉斯，据传神谕他有两种命运：或者默默无闻而长寿；或者在战场上光荣死亡。母亲爱子心切，将他乔装打扮成女孩儿，但智者奥德修认出了他。阿喀琉斯走上了同特洛伊人作战的战场，建立了无数功勋。他的母亲预言他将葬身于特洛伊城下，但他依然挺身参战，体现了希腊人的勇敢精神。

在希腊神话中，一切都是天神创造的。神创造了自然万物、大海、高山等这些无机世界，还有飞鸟、动物、鱼类、谷类这些有机世界，这时还设有“有灵魂的生物”。这时候，伟大的先觉者普罗米修斯出现了。

雅典娜在希腊神话中的地位很高，是智慧女神和战争女神，她是宙斯与墨提斯的女儿。她勇敢、强大而又善良、仁慈，不过有时略有些小心眼，不愿别人比她强。她出生时宙斯头部剧烈疼痛，之后赫菲斯托斯将宙斯的头部用大斧劈开，这时雅典娜手持长枪，身披战甲从中跳出，并从母亲墨提斯那里继承了高度的智慧和实践技能，因而成了艺术和手工业的保护神。她因失手杀死好友帕拉斯而改名为帕拉斯·雅典娜。雅典娜的象征是多方面的。由于她的眼睛发光，因此凡是眼睛在夜里发亮的动物，如猫头鹰、公鸡和毒蛇，都是眸子明亮的雅典娜女神的化身。

神创造了人类，然后神与人间美女发生了种种的爱情故事。在人与神灵的沟通上，古希腊和中国的神话传说有很多不同，最主要的有两点：一是古希腊英雄不是神灵感应的产儿，而是天神与凡女爱欲的儿子。他们都是超人。超人是天神与凡间美女结合的产物，因此他们一半是神，一半是人。二是超人并不只有帝王一人，而是由众多超人组成的超人群。

希腊神话中，广为传颂的是赫拉克勒斯完成十二大业绩的故事。赫拉克勒斯是希腊最后一位天神和最伟大的超人。他是宙斯与珀耳斯的孙女阿尔克墨涅所生的儿子。足见，超人与天神有血缘关系。

赫拉克勒斯虽然是在善神与恶神的双重引导下成长的，但在成长过程中，他充分显示出“择善弃恶”的本性。幼年时，恶德女神来引诱赫拉克勒斯走享乐的道路。然而，他却听从了善德女神的劝告，决心不畏艰险，为众人造福。

据传说，他在成人以后，杀死过有九个头的毒龙和长着蛇发的女妖美杜莎，甚至还到下界打败了冥王哈得斯，把被囚的忒修斯救回人间，使他们夫妻生活美满。

由于希腊超人是个半神，因此他只是得到神的帮助，而并不与神为伍。他具有浓厚的人性味，像人一样有生有死，经常犯错。超人是英雄，他能创造人所不能的奇迹。超人的精神是为人类献身的精神，因为其母是人间的美女。从这里不难看出后来基督教中耶稣的影子。超人东征西讨，战果赫赫，把自己的所有生命和热情贡献给人类，为人类带来幸福、和平和宁静，自己却流血至死。超人，既然是天神随意点洒性欲的种子，那就不免一死；既然是天神的不凡种子，那么就命中注定要一生叱咤风云。

中国神话与古希腊神话不同，并不崇拜在人之外的超人和天神，而把君王圣人直接彻底地神化了，同时从天神身上抽去了人的许多特点，认定在天神身上只有天理没有人欲。希腊天神是具体的、可爱的、人化的神，而中国的君王圣人则是抽象的、可怕的、可望而不可即的。

古老的希腊人能够在迄今两三千多年以前便创造如此完整的成系统的神话，这不能不使我们十分惊讶：希腊的神话故事，从创世的混沌开始分化，直到半神超人的辉煌业绩，基本上是有头有尾、序列井然的故事。这说明，在形成这一故事系列过程中，许多不合适的成分被淘汰、被修改了，以便适应这种内在一贯性的要求。然而，重要的不是故事系列的来源多么庞杂，而是这一系列毕竟形成了。可以说，这在古代各民族的神话中是没有先例的。希腊神话创造了一种完善的、无与伦比的神话典范，是人类神话的杰作。

总之，华夏民族和古希腊民族在英雄史观上，表现为人神感应与人神相爱的不同。基于两类英雄出生的不同，中华民族与古希腊民族自然赋予自己的英雄不同的品格，并成为各自文化的先创者。

二、两类文化创造观：先祖与天神

在不同民族历史神话传说中，是谁创造了民族文化？这是民族英雄史观的根本。固然，在人类学中，文化是人创造的，不是神创造的。这是后来科学发展的结果。可是，在古代中国和古希腊神话传说中体现的是一种创造民族文化的民族情怀。中国的原始神话认为，文化是具有神性的先祖创造的。古希腊神话则认为文化是天神创造的。

中国的原始神话虽然也有天神，但天神的内涵却是模糊不清的，而且天神在中国尘世中也不占统治地位。因为，统治和管理中国社会的是帝王是先祖，而不是天神。由于颛顼大帝“绝地天通”的政治宗教改革，把祭天的特权归于帝王，于是中国人更多崇尚的是祖宗而不是天神上帝（具体情景请见后面的分析）。从孔子开始，就不随便讲“怪、力、乱、神”之事。子路问如何事鬼神，孔子说：“未能事人，焉能事鬼”。许多法家干脆反对宗教迷信，如汉朝西门豹治邺，之所以名闻天下，泽流后世，受到称赞，除了因为他发民凿渠、引河灌田以外，更因为他狠狠地整治了那个残害人民为河伯娶妻的巫婆及三老。墨家虽言“明鬼”，道家虽讲成仙，佛家也主妙语，但是墨家和道家、佛家的文化思想在中国主流社会文化体系中并不占统治地位。中国主流文化主要是儒家和法家思想的合治，简称为儒法合治的社会。

从西周到汉代以后，周礼文化和儒家文化成为中国的正统思想，崇尚的不是天命、鬼神，而是尊尊、亲亲的宗法观念。这种观念化为理想人格，在孔孟那里是巍巍尧舜、汤汤周武，而在平民百姓那里则是祖宗如何，先父怎样。所以，中国没有发展起奥林匹斯神系，而是发展了大大小小宗族林立的世系家谱。

中国人祭祖之风是很盛的，上至天子下至庶民平姓，无不尊宗祭祖，三叩九拜，其虔诚之心胜过西方宗教教徒。对于中国人，没有了祖宗，便就没有了根儿，也没有了着落。子孙祸福全系祖宗荫德，个人混得好坏，也与祖坟风水有关，弄个一官半职，自然要光宗耀祖。于是，便发展起来了风水、望族之类的文化。在中国，人们可以打情骂俏，但不能辱祖骂宗。如果有谁骂老祖宗，那就非跟他拼命不可，甚至整个“家族”的人都会行动起来。

中国历史传说中，不是所有人的先祖都参与了创造文化，而主要是先祖中的首领创造了民族文化。好多中国人一旦说到中国元初文化，往往离不开《易经》、《论语》、《道德经》三部经典。殊不知，“易经”阴阳文化是从“八卦”文化演化出来的。因此，究其渊源，“八卦”是开华夏文明之先河的文化标志。八卦是伏羲氏“仰观天下，俯察地法”创造的。医学知识是神农“尝百草之滋味，水泉之甘苦”创造的。

可以说，“八卦”文化是中国最早创造的文化模式。传说伏羲坐于方坛之上，听八风之气，于是创造八卦。也有传说，上古时代，洛阳东北孟津县境内的黄河中浮出龙马，背负“河图”，献给伏羲。伏羲依此而演化成八卦。从伏羲原创的“八卦”文化到后来衍生为“易经”学说，不难断定伏羲所创“八卦”是后来“易经”之源。

从八卦文化到易经文化的发展，经历了若干个时代。从三皇到五帝，再到夏商周三代，才把八卦文化定型为周易文化。

当然，自古及今，对于伏羲氏的名号、时代、族系等问题都有争议；伏羲是人还是神？太昊和伏羲是一人还是两人？这些问题一直模糊不清。然而，汉族有关伏羲的历史传说及其出生的文化标识和伏羲创制“八卦”文化的重要意义，是毋庸置疑的。

这种先王创造文化的历史传说，具有很大的普遍性。中国古代书籍中关于文化起源问题多同部落首领和圣人的功德联系起来。《周易》提出，伏羲氏“结绳而为网罗”，神农氏“断木为耜，揉木为耒”，黄帝尧舜“垂衣裳”，“刳木为舟，剡木为楫”，“服牛乘马，引重致远”，“断木为杵，掘地为臼”，“弦木为弧，剡木为矢”。《山海经》又说：“淫梁生番禺，是始为舟”，“奚仲生吉光，吉光始以木为车”，“少皞生般，般始为弓矢”。《周礼·冬官考工记》谈到物质文化创造时说：“百工之事，皆圣人之所作也。烁金以为刃，凝土以为器，作车以行陆，作舟以行水，此皆圣人之所作也。”如此等等。

总之，我国古代人认为文化大都是先祖创造的，都和部落首领一类“圣人”联系着，很少像古希腊神话传说那样认为文化是天神创造的。真是“一方水土养一方人”，一方水土滋养一方文化，包括创造文化的种种历史传说。

中国人敬祖神胜过敬天神，还有一个原因，那就是古老中国人被牢牢地束缚于血缘文化中。中国传统文化的基本精神是“尊祖宗、重人伦、崇道德、尚礼仪”，其文化核心是宗法制。宗法制是中国古代维护世袭统治的一种制度，由父系家长制演变而成，到周代就已基本完备。权力由长子继承。宗法制本身就是靠血缘关系维系的，宗法制成为中国文化的灵魂，它渗透于中国生活的各个领域。它也是维系一切人际关系的核心纽带。人们崇尚的“四海之内，皆兄弟也”的理念，渗透进了只有兄弟之情才是最亲近的道理。两个人的交往关系如果达到了称兄道弟的地步，两人之间的关系才确实不一般。

宗法制的社会体系必然要塑造出敬祖神重于一切的“神话”现象。既然在中国人眼里祖宗高于一切，自己反倒无足轻重，那么自己就无须再创造什么，发挥什么，而且用“无为而治”的道家思想来调整自己的身心，产生典型的阿Q精神。阿Q精神的实质在于精神胜利法。精神胜利法的精华叫“儿子打老子”，就是说只要变成别人的老子就是最高的胜利。西方发达国家里，最怕成为人家的老子，因为在他们看来，老子是陈旧、衰败的象征。中国人通过祖神、宗法制肯定并继承了血缘关系，西方文化的起源——古希腊文化则在一定程度上超越了血缘纽带。重血缘、敬图腾（龙）是古老民族落后的象征。从氏族到民族再到民族国家再到多民族国家是人类发展的进步，说明社会在不断超越血缘，依靠共同地域、共同的生活方式等作为生活的纽带。

人们在最初创造神话的时代，总想寻求或制造一种登向神灵、天堂的天梯。有的人把这天梯误认为是某座山，如中国神话的昆仑山，希腊神话中的奥林匹斯山，希伯来神话中的锡安山。有的人把这天梯误以为是某种树。可是山有顶、树有头，天高则无限，于是人们后来发现，这种自然的天梯不存在。因此，希伯来人幻想人们可以齐心协力筑造一座“通天之塔”。可这更不可能。后来人们又发现，天梯本属子虚乌有，“天”与“地”、神与人之间横亘着不可逾越的距离。但这距离更加升华了神灵，使人们匍匐在地上，不敢仰视，内心却充满借助偶像使之升腾、净化的希望。

神远离人而去，却活在人心中，从而产生神远去却又向人回归的矛盾。神向人复归，并不是归于现实的人，而是归于理想的人、灵魂的人、净化的人，这就是神性。可见，神性是人性高度蒸馏后的提纯产物。由于现实的人总是有缺陷、受限制的，人向往那种完美无缺、无限制的永恒之神，这种神当然要飞越这些凡尘——甚至连短暂的停留都没有——超越升华到明净而渺茫的苍穹上，成为远远高于现实人类的理想化身。

神既然远离人类而去，那么他一定是孤独的，只有少数人的灵魂才能理解他。因此，神便选择了寥寥无几的“优秀分子”做自己的扬声器。这样，巫师就产生了。可是现实的巫师总是有局限的，他的预言总有失灵之时，如人们在久旱时求雨，他答应神仙显灵赐人以甘雨，结果没雨。于是，人们就不再相信这位现实的巫师，人们需要某种理想的巫师长。由于凡人谁也不配做这理想的巫师长，只有“上帝之子”才能胜任。于是，先知文化就诞生了。

不同民族对神的参透和领悟不尽相同，为此创造出不同的神话，塑造出不同的上帝之子。中国神话中所塑造的人与神的中介体，不是通过神的性欲生殖行为而诞生的超人，而是对神的灵性的感应和抽象命中注定的天子，只有皇帝、君王才能称得上“真龙天子”。

中国的天子有自己的世俗生身父母。所以，天子只是在道义上是神，而实际上还是人，他的七情六欲最发达，还最能得以实现，可以有三宫六院七十二嫔妃，从他的现实欲望来讲没有丝毫神的纯洁之性。起初，中国原始神话，天子还是凡女与神物发生某种怪诞的关系（如梦见或踏上神的足迹）而怀孕生下来的。后来，随着神话的历史化，这种生殖型的“神异诞生”便让位于道义上、抽象上的受命——天子受命于天神（上苍）。

不管怎样，中国人民心目中的天子是一种理想化的天子，他既是具有希腊超人精湛技艺、勇于开拓的个体英雄，又具有某种猜不透的神秘内力，还是社会道德的表率、群体生活的希望、宇宙节律的尺度。因此，天子的命运不是悲剧性的，而是喜剧性的。他永远是胜利的化身。如果国家形成腐败现象，也往往归因于奸臣当道、天灾人祸，而不是天子之过。

天子的根本使命就是中庸、和谐，其功能是协调各派不同势力。天上之神的性格在于调和阴阳两派神系，地上的天子性格就在于均衡人间朝廷中的左右两派势力。这里渗透着中国文化的精神，包括中庸、均衡、和谐、调和、杂凑，由此产生了能够造成大一统的龙的精神。因此，中国人要的是统一而不是分裂和独立，追求的是和平而不是战争，鉴赏的是和谐、对称之美而不是偏突、失重之美。因此，中国人善于防守，而不善于进攻，这就是中国著名的长城精神的实质所在，究其本质，“长城精神”的使命在于防御而不在于进攻。

尽管帝王的人物姓氏就像走马灯一样在一代一代地变换，但帝王应当具有的“内圣外王”的优秀品质却从来没有改变过（直到封建王朝结束）。这更是一个发人深省的话题。

和中国神话传说不同的是，希腊人认为人类的一切文化皆天神所创，字母、数学、天文、体育、音乐是信使天神所创，建筑、制作各种武器和金属用品则是火神擅长的，美是天神阿佛洛狄特传给人类的，智慧是雅典娜女神所赐。

神话在古希腊时代占据统治地位，因此西方文化的起源说多归因于神造。例如，诗人作诗歌受“神力驱遣”。诗神就像磁石一样给诗人以灵感，使之陷入迷狂，像蜜蜂酿蜜一样，张开羽翼，飞到诗神的国里，酿成诗歌。柏拉图的“神示”说到罗马时期被普罗提诺发展为“流溢”说，即新柏拉图主义。这种学说认为，宇宙存在着最高的精神实体，从中流出“理性”，流出“世界灵魂”，文化则是灵魂理念的综合表现。神话虽然还不是哲学智慧，但其中包含了哲学智慧的萌芽。其原因在于希腊神话是对万物本原和万物原因的一种猜测。

在希腊神谱中，还有一位著名的天神，那就是阿波罗。阿波罗是射术、艺术、科学的保护神，也是公正的惩罚神，还是光明之神。他是宙斯和勒托之子，希腊十二大神祇之一，全名为福玻斯·阿波罗，意思是“光明”或“光辉灿烂”。因此，他代表着光明，永远年轻，他掌管着医药、文学、诗歌、音乐等，并把这些传给人类。他还有一个很了不起的本领，就是预言。

西方文明从古希腊到现代欧美世界，尽管古希腊的超人文化经过基督教的涤荡早已成为历史，从文艺复兴到近现代西方文明，西方国家的国王也像走马灯一样在一代一代地变换，但“超人”的文化精神，依然在不断流转，尤其在《蜘蛛侠》、《蝙蝠侠》等美国大片中频频出现。

三、英雄史观的评价

既然中国先民与古希腊神话传说塑造了不同的民族英雄，想象着两种文化的不同缔造者，那么这两类文化的优劣如何呢？具体说，中国的天子和古希腊的超人，到底哪类英雄更优秀呢？是先祖创造文化的说法更合理，还是天神创造文化的说法更合理？由此派生出来的是，中国先民的执政合法性与古希腊执政合法性的领悟，哪一个更为合理呢？

这两类不同英雄观造就了两种截然不同的民族英雄。西方不断升华发展了古希腊的超人精神，结果一代更比一代强，真理面前人人平等、“不自由毋宁死”、“我爱我师，但我更爱真理”等古希腊精神不断走强。中国则沿着天子的路线往前发展，于是“内圣外王”[1]、“修身养性，齐家治国平天下”[2]、“为天地立心、为生民立命、为往圣继绝学、为万世开太平”[3]的种种思想异常发达起来，但昏君式的皇帝和贪官泛滥成灾、不绝于耳，英雄辈出则需要数百年一轮回。更甚之，中西方元点英雄的不同决定了中西方社会人才发展规律也必然是根本不同的。

虽然上述两类英雄史观、文化创造观只适用于不同的文明传统，两者之间具有不可比的部分。但在一定意义上，各自的优劣还是可以比较的，我们没有

---

〔1〕《庄子·天下》：“是故内圣外王之道暗而不明，郁而不发，天下之人各为其所欲焉，以自为方。”

〔2〕《大学》：“大学之道，在明明德，在亲民，在止于至善。知止而后有定；定而后能静；静而后能安；安而后能虑；虑而后能得。物有本末；事有终始。知所先后，则近道矣。古之欲明明德于天下者，先治其国；欲治其国者，先齐其家；欲齐其家者，先修其身；欲修其身者，先正其心；欲正其心者，先诚其意；欲诚其意者，先致其知；致知在格物。物格而后知至，知至而后意诚，意诚而后心正，心正而后身修，身修而后家齐，家齐而后国治，国治而后天下平。自天子以至于庶人，一是皆以修身为本。其本乱而末治者，否矣；其所厚者薄，而其所薄者厚，未之有也。此谓知本，此谓知之至也。”

〔3〕出自张载《张子语录》，这四句话最能表出儒者的宏大抱负和坚定信念，也最能开显儒者的风范与宏愿，因而也可说是人类最高的向往。

理由忽视两者还有可比拟的部分。

中国的“仁君”与西方的“超人”品质孰高孰低，很难评价，总的来说是优缺参半，难分伯仲。这不是解构中西方英雄的重点。而其中的关键有以下两个方面：

一方面，仁君有品德，超人有力量。中西两种英雄史观的社会功能不尽相同。

原始神话研究专家谢选骏，在对比中西神话的研究中，把希腊、中国两大民族的精神用两个字概括出来：希腊的超人有诛恶之“力”，中国的天子有建元之“德”〔1〕。“力”用以征服世界、自然。“德”用以感化人心、应合自然天命。“力”是人体机能的表现形式，“德”是人类综合宇宙与心灵的阴阳、动静、刚柔，综合主体与客体之间高级反馈（盈虚、往还）的“信息库”——是活生生的灵性的海。“力”与“德”浓缩着由外在世界向内在世界，从“必然王国”向“自由王国”行进的信息。这个总结是深刻而准确的。因为，西方文化源于希腊文化的性质是（商业文明）经济类型的，“力”是它的最高象征。古希腊神话诞生古希腊哲学，哲学母体派生具体科学，科学转化为技术，最后转化或渗透于商品经济之中。因此，从这个文化系统中，经济、科学技术有了长足的发展。中国传统文化的性质是经济上的（农业文明）凝固性和政治上的大一统，“龙”是它的最高象征，它靠龙之“德”聚合全国人民。

可以说，两种民族精神源于对宇宙本原、社会实质、人生真谛的三种理解、领悟程序，从而导致出不同的思想体系。两者的实质在于对世界本原的想象形态不同。一切文化皆是人对世界的想象：神话宗教是对世界进行迷奇虚幻的想象，哲学是对世界进行合理而思考式的想象，科学是对世界进行合理而实证的想象，艺术则是对世界进行直观而美的想象。尽管神话是一种虚幻的想象，但神话也包含了合理想象的成分。不同的神话所包含的想象合理性的成分是不同的。希腊神话所包含的思想想象的合理性成分最多，以至于后来的智者先哲用完全的合理想象去代替虚幻想象时，希腊的哲学便诞生了。中国人的神话包含的合理想象较差，因此逻辑学不如古希腊发达。这种逻辑思维的发达与否，根植于两种神化的内在结构不同。

---

〔1〕 参见谢选骏：《神话与民族精神》，山东文艺出版社1997年版。

另一方面，“创造文化”的神话传说往往含有很大的不科学性。

固然，到底是英雄创造文化和历史，还是人民创造文化和历史，这在英雄史观和人民史观中是有根本区别的。从科学的角度看，尤其从马克思主义理论上看，文化都是劳动人民创造的，而不是帝王创造的。然而，在人类早期，人们还没有马克思那种科学的觉悟。

还有一方面的思想也不可忽视，文化是所有参与创造的人创造的，民族英雄（包括帝王英雄）往往是创造文化的精英。人类历史是人民和英雄共同创造的，文化也是人民和英雄共同创造的，不能否认英雄创造历史、创造文化的份额（多少暂且不说）。不然，有失偏颇。“帝王全然没有参与创造文化”的结论是站不住脚的，也是不科学的。尽管毛泽东认定，“人民，只有人民，才是创造历史的唯一动力”，但他老人家也参与了中国历史的创造，这是谁也不能否定的。如果没有毛泽东，中国历史将会改写。

人类学和文化学告诉人们一个常识，即创造历史，创造文化的是人，不是神。天子是人，超人不是人（是半神半人）。因此，从这个角度看，“天子”的塑造更为合理，中国的帝王英雄史观（先帝王英雄创造文化、创造历史）远比古希腊英雄史观（天神创造文化、创造历史）的结论更合理。虽然“超人”的精神力量远远高于“天子”，超人身体里流淌着天神的血液，是神的后代；但那是神话想象，不是历史，不是事实。“天子”创造历史与文化，虽然可能也不是科学的，但远比天神的产儿“超人”创造历史和文化更为合理。后来科学发展证明，天神是不存在的，文化不是天神创造的，而是人类创造的。帝王或领袖参与了历史与文化的创造。

然而，历史上能够成为“仁君”的好皇帝是绝对的少数。相反，昏君、暴君、庸君则是多数。这是因为，“仁君”在中国历史上，并没有构建足够的政治法律制度来保证，开国皇帝以及仁君往往是历史的少数，相反昏君和暴君反而很容易出现，并成为历史帝王的多数。

四、人类的后英雄时代

前面尽管说过，“尽管帝王的人物姓氏就像走马灯一样在一代一代地变换，但帝王的‘天子’属性却从来没有改变过”，但那是有历史适用范围的。从学理上说，那只适用于神话英雄时代。可是人类的神话英雄时代已经过去了。对此，稍后再作分析。

人类的英雄史观包含了三大英雄史观，一方面是神话英雄、帝王英雄、文化英雄并举，另一方面从逻辑上（不全从历史时间）经历了三个发展阶段，即从一个神话英雄时代进化为帝王英雄时代，再发展为文化英雄时代的过程。神话英雄是神秘的、高不可攀的、可望而不可即的，是充满神性的，更多存活于文明历史的早期。文明崛起后，帝王英雄和文化英雄并存发展。帝王英雄是凤毛麟角的，因为帝王群落中，更多的是庸君和昏君，明君是罕见的。帝王英雄更是命运的宠儿，历史把最好的出生、运气、时代都恩赐给了他们。时代造英雄，帝王英雄更是时代的产物。

在三大英雄群落中，只有文化英雄才是“天道酬勤”、个人努力的、超越世家出生等条件的善果。老帝王生新帝王。但文化英雄生出来的未必还是文化英雄，甚至往往不是文化英雄。对此，本书著者从孔子的儿子身上得到了证实。

人生总有些事情能够注入自己的永恒。2008 年的五一长假，本书著者开车去看望儿子的路途中，特意到曲阜看望了三孔（孔府、孔林、孔庙），收获颇丰，出于看望儿子的心绪，所以记忆最深的有一句话，那就是孔子的儿子说出的一句惊世骇俗的话“你子不如我子，你父不如我父”。已经几年多过去了，本书著者早把这话忘掉了。但每每想起其中的内涵，按照逻辑都能把这名言推出来。其中的内涵，本书著者是越想越有味道。

这句名言是什么意思呢？孔子唯一的儿子虽然一生碌碌无为，但心里有两大自豪。第一个自豪就是敢于跟孔圣人叫板，“你子不如我子”是孔子的儿子对孔子说的话。后来人滑稽地调侃道，“看看，您那么伟大，但你的儿子（指他自己）却远不如我的儿子（孔子的孙子）”。其实，这句话牵扯到孔子父亲及儿孙四代人的功名。孔子父亲叔梁纥是鲁国有名的武士，虽功名远不及孔子，但也不是个庸俗之辈。孔子可谓姗姗来迟。因为，其父亲娶第一妻生九女而无子，又娶妾，生一子取名伯尼，但脚有毛病，其父很不满意，于是又娶颜征在（当时孔子父已 66 岁，其母还不到 20 岁），生下孔子，名丘字仲尼，排行第二。因此，在“文革”期间批判他是孔老二。古人取字有排行习惯，一般按伯、仲、叔、季而成。也就是说，孔子是其父亲娶的第三个妻子生下的第二个儿子。孔子没有父亲那么好命，一生只有一个儿子。孔子 19 岁时，娶了宋国的官丌氏，第二年生下一个男孩，名叫孔鲤（公元前 532 年～公元前 481 年），字伯鱼，因出生时鲁昭公赐孔子一尾鲤鱼而得名。孔鲤先孔子而亡。此外，由于是第一个儿子，所以字伯鱼（伯是老大的意思）。可惜，孔子将第一子唤作伯鱼，但一生却也只有这么一个儿子，并且伯鱼先于孔子而死，终年 50 岁。孔鲤一生毫无建树，只是因为是圣人之子，后来才被宋徽宗封为“泗水侯”，把孔氏子孙尊为“二世祖”。从中国法制史看，唐宋时代孔子思想才步入全盛。可见，孔子的儿子不仅一生碌碌无为，还让孔子遭受白发人送黑发人的“老年丧子”的终极之痛。

“你父不如我父”是孔子的儿子对自己的儿子说的话。他在父亲面前失去的尊严，终于在自己的儿子面前找回来了。孔鲤的儿子孔伋（也有叫做孔攸的），字子思，是著名的思想家，曾为鲁缪公的老师，非常有建树。孔伋继承孔子学说并有所发展，著《中庸》等儒家经典，故被元帝封为“沂国述圣公”，尊为“三世祖”。

“你子不如我子，你父不如我父”有什么教育意义呢？此话隐藏着什么规律呢？用俗话“子一代父一代”（本书著者小时候母亲常用这句话教育本书著者）来表述，恐怕最准确不过了。孔子临终前将自己离世比作泰山崩塌，死后成为帝王之师、万世之表，如巍峨泰山，顶天立地。夫子墓葬，规格非凡，气势恢宏，连帝王之墓也要稍逊一筹。无怪乎乾隆感叹而生醋意：“教泽垂千古，泰山终未颓。”从风水学上讲，孔子墓看上去宛如一隆起的马背，故称“马鬣封”。墓右为其子孔鲤的墓冢，南边是孙子孔伋的墓。这种墓葬布局形式叫“携子抱孙”。因此，俗话说“怀子抱孙，世代出功勋”，“父在子怀，富贵永远来”。孔子作为中国第一教育家，并未教子成材，其孙子却造诣很深。这或许就是“子一代父一代”的真谛吧。但本书著者以为，风水文化是内在的，不是外在的。

有诗云：“天不生仲尼，万古如长夜！”无论褒贬，终不能磨灭孔子的伟大。不过，儒家男人文化的“三纲五常”和女人文化的“三从四德”，以及对中国人性的扼杀，又是谁的功劳呢？当然，中国的专制绝不可单纯归罪于孔子，但中国的民主更不能感谢孔子。这是一个民族的事情，而不再是一个人的事情。

在中国历史上，孔子是最伟大的文化英雄之一。但孔子的沉浮是最大的。在古代，由于秦始皇的“焚书坑儒”，由于法家的崛起，孔子连同儒家被赶入秦代的“死穴”。从汉代到晚清，由于帝王的推崇、民众的喜欢，儒家不断壮大起来，孔子及儒家思想也渐渐得到更多的关注。在现代，1919 年五四运动打倒了“孔家店”，孔子的学术被视为阻碍中国抗衡西方文明的最大障碍。“文革”期间，批林批孔运动，再次炮击孔子。改革开放 30 多年，中国经济发展创造了奇迹，国学热兴起了，孔子又一次被推向民族文化英雄的至尊宝座。神话英雄活在古代，帝王英雄结束于毛泽东时代，而文化英雄是不死的。中国历史上，恐怕没有哪一位文化英雄能像孔子这样有“一半海水一半火焰”、“半壁青睐半壁弃儿”的丰富遭遇。其实，那已经不是孔子的人生遭遇，而是后来中国人对孔子的评判，是中国人对儒家文化的坎坷遭遇的评判。

为什么说“人类的神话英雄时代已经过去了”呢？因为，人类的神话英雄时代总是要结束的。在中国，到了后毛泽东时代，才结束了神话英雄时代，只有结束神话英雄时代，人类才真正进入科学的时代，人们才不再把人塑造为英雄，即便造就了“英雄”，也不再把英雄想象成为神。英雄时代的本质，就是用神性塑造英雄，“英雄是神”说的是英雄具有某种神性、神力、神情、神韵等神圣的内涵，“神是英雄，神是超人”。

自从毛泽东去世后，中国已经从英雄时代走向后英雄时代。邓小平是后英雄时代的第一人。因为，英雄时代的帝王英雄属性是神，是属神的世界。后英雄时代的领袖属性是人，是属人的世界。无论邓小平自己，还是（其他）中国人，都不再把他视为神，而更多地把他看做人。

西方世界，三个英雄时代与中国的分布时间并不一样。《圣经》有言，“上帝的归上帝，恺撒的归恺撒”，道出了西方古代的二元英雄史观。近代结束后，到了现代，西方也进入了后英雄时代。在现代西方社会，没有哪个国家元首自称为“神”。

在古希腊，文化英雄辈出，其中苏格拉底、柏拉图、亚里士多德师徒三代人，经历了两三千年的历史检验，不断地见证他们是古希腊时代的文化英雄，而且是文化英雄中的精英。

第四节　中西原始神话的后世影响

中西元点神话对中西后世政法文明发展的影响是深远的。中国文明的最初文化定势及其后来发展的轴心，即中国最初的文化定势就是“颛顼‘绝地天通’的宗教改革与汉族原始神话创世说空白的因果联系”。中国元点神话精神对后世产生了一系列重大影响：颛顼的宗教改革不仅决定了最初汉族社会只许帝王祭天、臣民只能祭祖的现象，而且决定了破坏这一规则便成为“大夫祭泰山”，礼崩乐坏；为汉族先民社会开辟了天道主义与王道主义传统；成为确定王道主义、王权主义、王法主义的根据；为后来外来佛教与本土道教留下了发展空间；为无神论提供了发展空间，甚至成为后来汉族人接受马克思主义无神论的重要原因之一；使得汉族社会的政教关系不是从政教合一走向政教分离，而是从政教合一走向政教主从；造成了汉族宗教信仰宽容、多元、不排他的特点。

同样，古希腊神话对西方文化发展产生深远影响。

一、中国元点神话对后世的影响

颛顼改革和汉族创世说空白影响之一：只许帝王祭天，成为中国传统主流社会的根本法则，祭天规则被破坏就成了“礼崩乐坏”的说辞。

东周即春秋战国时代，人们普遍认为，“士大夫也可祭泰山”就是“礼崩乐坏”。史学界也一直把“士大夫也可祭泰山”作为“礼崩乐坏”的标志。但没解释其中的理由。本部分的创见恰恰揭示了其中的原因或理由。

何谓“士大夫也可祭泰山”？在西周时代，只有周王才可祭泰山，祭泰山是周王的专属权利。可是到了春秋战争时代，诸侯也可祭泰山了。大夫祭泰山，这在西周是不可想象的事，孔子对此也无可奈何。有一次他观看鲁公在泰山祭祖仪式时，只能感慨道：“禘，自既灌而往者，吾不欲观之矣”〔1〕。这说明了两个问题：其一，东周诸侯把“祭泰山”作为提高自己王位的社会地位的象征；其二，孔子并不赞同这种做法。

何谓“礼崩乐坏”？牟钟鉴总结道，“古代国家宗教的动摇首先表现在礼仪制度层面，周礼的教规教仪不断遭到破坏。中国古代社会从来就是一个‘人治’社会，任何法律和礼仪都可因人而异，灵活变通。周礼本为严格等级宗法制度而设，但是对于它的制度者周公及其子孙全网开一面，给予了特殊照顾。”“这种特权在王朝兴盛时期仅仅是个别现象，而且必须经过天子的许可。但是到了王朝的衰落时期，天子弱而诸侯强，强者便各行其是了。春秋时期祭祀虽然照旧进行，但规格、礼仪则被破坏殆尽了。这便是当时人们痛心疾首的‘礼崩乐坏’的局面。”〔2〕

本部分不仅发现了古代只许帝王祭天的谜底在于颛顼的宗教改革，而且发现了破坏这一规矩便成为礼崩乐坏的传统说法的原因。理由很简单：颛顼改革确立了帝王祭天的规矩之后，基于当时人们普遍的看法，泰山是距离天最近的地方，因此泰山便成为帝王祭天的最佳地点，为此确立了只有周王才享有到泰

〔1〕《论语·八佾第三》。

〔2〕牟钟鉴、张践：《中国宗教通史》（上卷），中国社会科学出版社2007年版，第122页。

山祭天的合法性。于是，泰山祭天是享有最高权力的标志。从颛顼“绝地天通”的宗教改革确立了帝王祭天的法则之后，一直延续到西周时代，中国历史上对于这一法则的遵循是比较严格的。然而，春秋战国时代，周王势力衰微，诸侯势力强大。诸侯王都想享有祭天的特权，于是诸侯纷纷争取获得祭泰山的权利，成为“礼崩乐坏”的理由。所有这些都是根源于颛顼改革和汉族原始宗教创世说的空白。如果没有颛顼改革，众人还有参与或享有祭天、想象创世说的权利，就不会造成汉族原始宗教创世说的空白。如果没有颛顼改革，祭天就不会成为帝王的特权，“大夫也可祭泰山”就不会变成“礼崩乐坏”的理由。

颛项改革和汉族创世说空白影响之二：从尧舜的“天与之”和“禅让制”到夏启的“家天下”，再到商朝的“宾于帝”，再到西周的“敬天保民”，再到孔子的“远神论”，都极大地发展了天道主义与王道主义传统。

颛顼“绝地天通”改革确立的帝王祭天的最大政治后果是，一方面，把天道主义作为王道主义执政的合理性基础，另一方面，把天道主义作为服务于王道主义的统治工具，从而确定了颛顼之后王族政权的发展方向，并开启了以后各王朝政权发展的政治隧道。

继颛顼“绝地天通”改革之后，尧舜继续沿着颛顼开辟出来的政治隧道继续发展下去，进一步把华夏族执政合理性、合法性发展为“天与之，民受之”[1]的理念，把帝王执政合法性分解为上苍惠顾（天与之）、百姓爱戴（民受之）两个方面。可见，华夏初民的宗教，从颛顼的“绝地天通”发展到尧舜的“天与之，民受之”，基本上完成了华夏的宗教定型。尧舜时代的最大特点是王权的禅让（让贤）制度，不是世袭制，即王位不是传给子嗣，而是让贤于能者。这种贤能者是“天与之”和“民受之”的结果。天神是天上的真正能者，尧舜是天下的真正能者。如果天上与天下的权力归于真正的能者掌管，社会的和谐也必将维持下去。反之，社会和谐的根基就会受到动摇。

继尧舜“天与之，民受之”之后，夏商两代发展了“宾于帝”的执政理念。据古书记载，夏后启是上帝的嘉宾，从上帝那里得到了“九歌”、“九辩”。[2]据我国宗教学专家张践认定，“夏后启无疑就是中国由巫师转化为帝王的第一

---

〔1〕“天与之，民受之”的说法是孟子对尧舜思想的概括，出自《孟子·万章上》第五章孟子和万章的一段对话。

〔2〕参见《山海经·海外西经》、《楚辞·离骚》、《竹书纪年》。

人"[1]。夏商两代帝王都把统治的合法性建立在“宾于帝”之上，误以为其祖先“宾于帝”，上帝就会永远保佑他。商王祖先“宾于帝”只是其统治的部分合法性，而且是其统治的外在合法性。殊不知，其统治真正内在的合法性在于统治者的“保民”而使“民受之”。夏商两代帝王灭亡的根本原因是其违背了王权统治合法性的根本在于保民而使“民受之”。如果王权统治不能做到保民，就无法出现“民受之”的社会和谐局面。

继夏商两代发展了“宾于帝”之后，西周继承了颛顼“绝地天通”的帝王思想和尧舜“天与之，民受之”的治国理念，扬弃了夏商两代“宾于帝”的执政理念，发展了“敬天保民”的执政理念，从而综合性地发展了以往的执政合理性与合法性。

中国自夏之后，夏禹传子不传贤，打破了能者居之“公天下”的和谐时代，开启了父传子“家天下”的历史。夏代“家天下”是对尧舜“公天下”的辩证否定。首先，夏代继承了以往君权神授“天与之”的神学思想，确立了君权至高无上的合法地位。其次，由于不再理会社会最高权力是否“民受之”，因此社会不和谐、君权神授的不合法因素也就为日后夏朝灭亡埋下了“伏笔”。学界对夏商两朝灭亡的原因并没形成定论，后人对此仍可见仁见智。本书著者认为，夏商两朝灭亡的根本原因在于王道违背了尧舜时代王权“民受之”的根本，违背民意的王权，民必推翻之。

尧舜“天与之，民受之”的理念奠定了汉族初民的王权传统，当一个好皇帝的合法性有两个标准，一是“天与之”，即君权神授；二是“民受之”，即得到百姓的普遍接受和爱戴。夏商两代只继承其一半，所以其王权统治仅有一半的合法性。因此夏商两代的依次灭亡揭开了中国几千年王朝更替的一个规律，即仅有“天与之”而缺少“民受之”的王权不具有完全的合法性，迟早要被推翻的。相反，历史上那些既拥有“天与之”，又不乏“民受之”的王权统治，才具有完全的合法性。正是因为先祖开发了王权统治合法性的内外两大标准，所以才有可能为后人所继承。后来周代恰恰继承了这两项标准，并创造性地把两项标准综合为一个“敬天保民”的完整标准。

周人本是小民，周灭商是凭借商朝王权违背“保民”而“民受之”的合理性，促使民反商王倒戈于周人的结果。面对数倍于周的商人民众，周王不仅要

---

〔1〕 张践：《民族宗教关系的社会理论考察》，宗教文化出版社2009年版，第68页。

给自己灭商提供一个合理合法的说法，还必须让商民心服口服地接受周王的统治，这就必须建立一套完整的统治思想。因此统治的合法性就成为至关重要的问题。

周公把统治的真正内在的合法性建立在因统治者“保民”而使“民受之”的基础上。“保民”是“民受之”的前提条件。一个“天子”的理念不足以建立完善的王权统治的合法性。“保民”是当时王权统治，乃至现代国家统治的最后合法性根据。一个不能保民的皇帝不是一个好皇帝。好皇帝的保民则集中体现于“德行”，有德行的皇帝，才有保民的意识。周公充分吸取夏、商王国的根本在于缺乏保民的德行，清醒地意识到保民德行的重要性，为此告诫自己的子侄，王权的承继“惟命不于常”[1]，上帝只保佑那些拥有保民德行的皇帝，所以提出“皇天无亲，惟德是辅”[2]的思想。周代统治者把德纳入上帝信仰中，是为了强调上帝的神性和天意是“惟德是辅”，君王必须“明德”、“崇德”、“敬德”，才能保持统治权的最大合法性，才能更好地驯服万民：“天佑下民，作之君，作之师，惟其克相上帝，宠绥四方，有罪无罪，予曷敢有越厥志”[3]。意思是说，君不敢超越上帝的意志而行事，判民有罪无罪是按上帝的意志办理的。因此周朝进而建立了“明德慎罚”的法制思想。穆王时，命吕侯按“明德慎罚”的原则，重修刑书，史称《吕刑》。史书说，“吕命穆王，训夏赎刑，作吕刑”[4]。

可以说，只有阐释了王权保民德行的内在标准，才能充分展示国家统治的真正合法性，进而才能营造和谐的社会。这种统治合法性的实质在于其合理性。只有“有德行”才能“保民”，只有保民才能得到人民的拥护与爱戴。只有使人民安居乐业，天下才能真正太平，才能真正建立和谐的社会。历史上的昏君都不能做到这一点，所以终究被人民推翻。在中国封建社会的条件下，凡是能够真正做到保民德行的皇帝，在没有外族侵扰的前提下，一般都能实现人民安居乐业、社会和谐、天下太平的基本目标。

夏商周三代实行集权式等级分封制度，王权与神权结合，王权与族权合一，

〔1〕《尚书·召诰》。
〔2〕《尚书·蔡仲之命》。
〔3〕《尚书·泰誓上》。
〔4〕《尚书·序》。

家与国一体。帝王具有最高的立法权、执法权和司法权，所以“予一人致天之罚”[1]。“天讨有罪”，“代天刑罚”[2] 是夏商周三代的重要法律思想。一直到晚清，皇帝圣旨的名头都是“奉天承运，皇帝诏曰”。这种集权于王权的宗教政治制度，是颛顼改革确定帝王祭天传统的继续，成为汉族宗教信仰不可问津王道、神道的根本原因。

尽管汉族的王道主义宗法制不断完善，但可惜的是，汉族的创世“神道”并未随着王道主义的深化而深化，相反，汉族的创世说在上古时代是一片空白。因为，颛顼时代之后，帝王垄断祭天特权，主宰王道及其与神道的沟通。夏商周三代，帝王强化帝王对神道和王道的垄断，平民对神的想象权利不断被剥夺，以至于到了孔子时代，“上帝到底是什么（样子）”的问题还在困惑着汉族。创世说的空白必然导致上帝创造世界观念的缺失。正是因为华夏民族从三皇五帝到春秋战国时代，汉族还没形成创世说，所以才有了孔子的“远神论”[3]。

孔子说“敬鬼神而远之”[4]，所以机智地提出“未知生，焉知死”，“未能事人，焉能事鬼”[5] 的“远神论”，这对汉族宗教文化的影响是两方面的。一方面，由于受到传统宗教和儒学“远神论”的主导，从而阻碍了佛教在主流社会中的传播。由于春秋战国以前，儒家文化未能充分下乡，因此为佛教在民间的流传留下了广阔的发展空间。由于儒家文化成为在汉地阻碍佛教流传的坚强巨石，因此决定佛教入主上层政治的地区只能是少数民族地区，而不是汉地。其中也隐含着少数民族用佛教与汉人儒家文化相抗争的意味。由于有些少数民族把佛教作为与汉人抗争的法宝，所以把中国西北地区铸造成了中外宗教交流的“丝绸之路”。佛教成为敦煌艺术宝库中含量最大的宗教。另一方面，儒家文化在中国历史两千多年的儒家文化下乡运动中，远神论的思想不断深入士大夫和民间，对汉族信仰产生了深远的影响。

颛顼改革和汉族创世说空白影响之三：颛顼改革把帝王祭天确立为中国后

---

〔1〕《尚书·汤誓》。

〔2〕《尚书·皋陶谟》。

〔3〕“远神论”是中国著名宗教学者张践的高见，也是本书著者最为欣赏的说法，“作为汉文化主体的儒家学说，虽然对各种神秘主义文化现象采取高度理性化的立场，但其本质上并不是无神论，而是远神论”。参见张践、齐经轩：《中国历代民族宗教政策》，中国社会科学出版社 2007 年版，第 181 页。

〔4〕《论语·雍也第六》。

〔5〕《论语·先进第十一》。

来主流政治文化的发展方向，阻止了平民祭天、参与创世文化的构建，导致了愚民政策，把天道主义作为王道主义的合法性根据，为王权主义和王法主义提供了理论根据。

前面已经说明，帝王祭天阻止了平民祭天、参与创世文化的构建的原因，这一原因产生的最严重的历史后果就是导致了中国历史上的愚民政策。这说明愚民政策是确保王族统治社会的政治需要。颛顼改革通过确立帝王祭天的规范，从而确立中国后来主流政治文化的发展方向。固然，造成中国历史上的愚民政策的原因是多方面的，但其中最重要的一个原因就是因为确立了帝王祭天、垄断天道的权力，臣民只能认可并服从，不能质疑甚至怀疑。于是进一步说明，颛顼改革实质上是把天道主义作为王道主义的合法性根据，为王权主义和王法主义提供了理论根据。另一方面，天道主义成为王道主义的合法性基础。颛顼"绝地天通"的宗教改革率先为王道主义提供了合法性基础。

在王道主义基础上，中国从夏商周到晚清又构建了王权主义和王法主义政法体制。所谓王权主义体制是基于王道主义基础构建的以维护王族利益为核心的政治体制。所谓王法主义体制是基于执法的王道主义合理合法性思想基础和王权主义政治基础，构建的保护以王族利益为核心的法律体制。

古代中国社会是一个权力支配社会的系统，而不是社会主宰权力的状态。为此，化涛提出，"'权力支配社会'是认识和把握中国古代政治史和社会史的一个关键性命题。对传统社会控制和运行机制的反思是当代中国创新社会管理、维护社会稳定、缔造理性政治秩序与政治生活的重要一环和基础性工作"。"'王权至尊'和'天下王有'乃是支撑中国几千年君主政体的制度架构和运行机制的核心政治价值理念。所谓的权力宰制社会，就是指以王权为核心的社会运作和控制机制对帝国政治、经济、文化以及社会生活等所有领域实施的制约和操纵。"〔1〕 最早把王权主义作为中国传统社会政权合法性基础的学者是中国政治制度研究专家刘泽华。〔2〕 王权主义本质就是极权主义。葛荃、鲁锦寰认为，"从现代政治学的视角看，王权主义具有某种极权主义的特征。中国传统政治文化本身并不含有现代化的因子，中华文化的现代化需要一个从传统到现代的转

---

〔1〕 化涛："权力宰制与社会运行——基于刘泽华先生'王权主义'的思考"，载《理学导刊》2012年第3期。

〔2〕 参见刘泽华：《王权思想论》，天津人民出版社2006年版，自序第3页、第170页。

型过程。”[1] 但他的看法有两大不足：其一，他把王权主义形成的朝代归于秦代，其实王权主义始于颛顼，健全于夏商周三代；其二，王权主义是汉族率先发明并创建的政治制度，而不应简单称之为“中国”。

有的学者亦把王权主义的理念运用到对中国诉讼的巨大影响的分析上，提出，“中国的王权主义决定了秩序建构是传统社会政治生命的第一要义。在健讼所造成的秩序困境面前，无讼成为王权主义对其‘秩序情结’的一种极致性表达；而王权主义作为衍生中国各种文化思维的‘元叙事’构成了无讼文化的起点和归宿：秩序要求塑造了中国文化的品格，反之，源于诸子各家的文化又共同创造了无讼的氛围，缔造了王权主义的秩序思想”[2]。

颛顼改革和汉族创世说空白影响之四：为外来宗教的入住和后来道教的产生提供广阔的发展空间。

佛教和道教在汉族社会发展的前提是汉族人具有的那种对世界本原、人的生命本原或生死问题的精神需要。由于颛顼改革导致了汉族原始神话创世说的空白，既没有解决世界本原问题，又没有解决生命本原和生死问题，因此不能满足汉族的这种终极关怀的需要。正是因为汉族原始宗教的空白和颛顼改革奠定了帝王祭天的规范，人民基于对世界本原和生死问题的关注，因此为外来宗教入主中国社会（包括汉族社会）提供了广阔的发展空间。

外来宗教对汉族的影响是很大的。第一次“西学东渐”给汉族人带来了佛教。这是公元前1世纪西汉发生的事情[3]。和第二次“西学东渐”相比，佛学作为中国近邻印度的宗教，不妨称之为“小西学”。佛教从汉代传到中国，大致经过800多年的历史，才在汉族下层民间信众中深深地扎下了根。尽管在中国上层发生过“三武一宗”[4] 多次的灭佛运动，但还是阻挡不了下层民间汉族对

---

〔1〕 葛荃、鲁锦寰：“论王权主义是一种极权主义——对中国传统政治文化的一种解读”，载《山东大学学报》（哲学社会科学版）2006年第4期。

〔2〕 王忠春、张分田：“无讼思想与王权主义秩序情结”，载《江西社会科学》2006年第5期。

〔3〕 据《三国志·东夷传》的注引鱼豢《魏略·西戎传》的记载，西汉哀帝元寿元年（公元前2年）大月氏使者伊存向博士弟子景卢口授《浮屠经》，介绍了佛陀的事迹。

〔4〕 “三武一宗”是指魏晋至隋唐五代发生的四次大规模的灭佛运动。中国佛教史上经历了许多“毁灭佛法”的事件，佛教徒称之为“法难”。大的灭佛事件有四次，学者概括为“三武一宗”现象。三武一宗主要是中国官方与佛教的冲突现象，主要表现为官方对佛教传播的四次禁断命令。其中的“三武”指北魏太武帝、北周武帝宇文邕、唐武宗。“一宗”则指后周世宗。从第一次灭佛到第四次，前后至少经历晋朝、十六国、南北朝、隋、唐、五代六个朝代，长达近550年。这550年是佛教与中国汉人文化最艰难的磨合期，主要表现为佛教与儒家、道家的文化冲突。

佛教的信仰。为此，学界才有“汉地佛教”或“汉传佛教”之说。佛教比基督教传入中国的时间要早约900年。在这漫长的900百年间，佛教早已扎根中国，成为中国人的一种精神需要。

尽管清代的“礼仪之争”把基督教阻挡在国门之外，但西方在殖民主义时代，凭借坚船利炮打开中国的国门后，基督教在中国得以广泛流传。这就是人们通常所说的著名的“西学东渐”。和佛教舶来印度相比，不妨称之为第二次“西学东渐”。由于基督教在中国还未曾很好地消化，经过1949年以后无神论的洗礼，基督教又暂时退出了中国的历史舞台。然而，改革开放30多年来，基督教在汉族人群传播的程度远远超过了在中国少数民族的传播。说当今所有的汉族人都不信基督教，一定会令人笑掉大牙的。究其根本，全是颛顼改革和汉族原始神话时代创世说空白导致的结果。

牟钟鉴认为，中国古人关于“天”的概念是模糊不清的，因此为外来宗教的进入提供了广阔的自由空间。“天命靡常”，中国文化的“天”是中国多民族创造的产物。

尽管颛顼改革和汉族创世说的空白的文化效应为外来佛教和本土道教提供了广阔的发展空间，但是，这种空间是有限制的，基于宗法性传统宗教和儒家思想把持着政治文化的主流，因此佛教和道教受到了很大程度的排挤。

颛顼改革和汉族创世说空白影响之五：为无神论发展提供了深度发展空间。

颛顼改革及其造成的汉族创世说的空白对中国后世无神论也产生了重要影响。从理论上讲，信仰上帝创造世界的创世说注定构建某种有神论，或印度教的多神论，或犹太教、基督教和伊斯兰教的一神论，而创世说的空白最容易造就无神论。汉族历史的发展事实也证明了这一点。因为本部分主题旨在解析汉族早期发展状况，我们姑且不说东汉时期王充的无神论代表作《论衡》[1]，只论及汉族最早的无神论。

汉族最早的无神论可追溯到西周时代。据牟钟鉴先生的考证，“中国的无神论思潮在西周末年便产生了，其中著名的例子是‘伯阳甫论地震’”[2]。古文说，“幽王二年，西周三川皆震。伯阳父曰：‘周将亡矣！夫天地之气，不失其

〔1〕《论衡》是中国历史上东汉时期思想家王充的一部著作，既是一部宣传无神论的檄文，又是一部古代唯物主义的哲学文献。在中国思想发展史上具有划时代的意义。

〔2〕 牟钟鉴、张践：《中国宗教通史》（上卷），中国社会科学出版社2007年版，第124页。

序；若过其序，民乱之也。阳伏而不能出，阴迫而不能烝，于是有地震。今三川实震，是阳失其所而鎮阴也。阳失而在阴，川源必塞；源塞，国必亡。夫水土演而民用也。水土无所演，民乏财用，不亡何待？昔伊、洛竭而夏亡，河竭而商亡。今周德若二代之季矣，其川源又塞，塞必竭。夫国必依山川，山崩川竭，亡之徵也。川竭，山必崩。若国亡不过十年，数之纪也。夫天之所弃，不过其纪。’是岁也，三川竭，岐山崩。十一年，幽王乃灭，周乃东迁。”[1]

在汉族早期为什么会产生无神论思想呢？其实，最初无神论的思想起源于对“天命善治”的怀疑。古文说，“浩浩昊天，不骏其德。降丧饥馑，斩伐四国。旻天疾威，弗虑弗图。舍彼有罪，既伏其辜。若此无罪，沦胥以铺”[2]。大意是说，浩浩苍天广大无边，你的恩德太不长远。降下那些丧乱饥馑，四方百姓都被害惨。皇天太过暴虐，思虑图谋总不周全。放掉那些真正的罪人，尽把他们罪过隐瞒。而像这些无罪好人，反而陷入无限痛苦。

前人没有把汉族创世说的空白与汉族无神论两大现象联系起来。找到汉族创世说的空白与汉族无神论两大现象的关联，是本部分的一大创见。由于汉族原始神话创世说的空白，导致了古代宗教信仰的动摇。虽然颛顼改革确定了汉族社会只有帝王才能祭天的限制，但是并不能泯灭臣民对创世的关怀，不能阻止臣民对“天命”的怀疑。“古代宗教的根本动摇还在于信仰的动摇。宗教从本质上说是一种价值形态，信仰是宗教的核心与灵魂，而宗教的其他要素都是从信仰中派生出来，并反映信仰需要，为信仰服务的。中国古代宗教信仰的核心是‘天神崇拜’和‘祖先崇拜’，可现实与宗教理论的矛盾却使人感到天神的可疑。古代宗教宣扬天地为民父母，养育万民，可为什么‘天降丧乱，饥馑存臻’？天神本应耳聪目明，无所不知，扬善惩恶，可为什么舍彼无罪，既伏其辜；若此有罪，沦胥以铺”，“天为什么要是非颠倒，降罪无辜呢？天子本为皇天元子，当统帅万邦，可现在天下大乱，诸侯侵夺，‘昊天不平，我王不宁’，为什么天不佑王呢？人们不仅怀疑天神，而且也怀疑祖神……祖先之灵为什么看着子孙受难而不拯救呢？”[3]

臣民对“创世说”的关怀和对“天命”的思考产生了一系列的文化后果。

---

〔1〕《国语·周语》。

〔2〕有说出自《诗经·小雅·雨无正》，又说出自《诗经·小雅·节南山之什》。

〔3〕牟钟鉴、张践：《中国宗教通史》（上卷），中国社会科学出版社2007年版，第123～124页。

其思考的发展逻辑是"由怀疑转而诅咒"，"由诅咒转而思考"。[1] 其结果是，"一旦人们摆脱了神学的束缚，重新从世界的本来面目看待世界时，宗教的神秘性、神圣性、权威性就再也无法维持了"[2]。人支配自然的能力提高了，便不再事事乞灵于神，而是更相信自己的力量。[3]

春秋时代的无神论者大都是有学问之人，如齐国宰相晏婴、军事家孙武等。此外，好多法家人物都是无神论者，因为法家大多是现实主义者。

更有意义的问题是：汉族原始神话时代创世说的空白与后来汉族人接受马克思主义之间也有着某种内在的联系。虽然我们不能仅把现代汉族的无神论归功于马克思主义的影响，但有必要挖掘其历史传统的根源。中国因原始神话时代创世说的空白导致了中国西周时代的无神论以及春秋法家的无神论，进一步成为汉族接受马克思主义的思想基础。中国有的学者已经发现了中国历史上的无神论与汉族接受马克思主义的关系，明确提出"中国自古以来就是无神思想居重要地位的唯一大国……科学的马克思主义之所以能在中国得到广泛而稳固的传播，其重要原因就是中国有无神论的思想基础。"[4] 本部分则进一步找到了汉族原始神话时代创世说的空白与汉族无神论的内在联系。

颛顼改革和汉族创世说空白影响之六：中国传统主流社会的政教关系不是从政教合一走向政教分离，而是从政教合一走向政教主从。

在学界，由于受西方学术观点的影响，认为人类政教关系的普遍发展规律是从政教合一走向政教分离。其实，这并不是人类政教关系的普遍发展规律。首先，在西亚北非地区，至今还没有从政教合一走向政教分离。其次，据考察，只有西方社会是从政教合一走向政教分离，而中国尤其是汉族的政教关系发展，是另外一种发展规律，即不是从政教合一走向政教分离，而是从政教合一发展为政教主从关系。也就是说，在政教关系上，世界各民族的发展规律是不同的。西方政教关系发展模式并非通用。

何谓"政教关系"？就是政治与宗教的关系，主要是指政权主宰的主流政治文化与宗教的关系。有的学者概括说，政治和宗教的关系有三种模式：教会与

---

〔1〕 牟钟鉴、张践：《中国宗教通史》（上卷），中国社会科学出版社 2007 年版，第 124 页。

〔2〕 牟钟鉴、张践：《中国宗教通史》（上卷），中国社会科学出版社 2007 年版，第 124 页。

〔3〕《国语·鲁语》。

〔4〕 王雅轩："中国历史上的无神论是马克思主义在中国传播的思想基础"，载《辽宁大学学报》（哲学社会科学版）2000 年第 1 期。

国家关系；宗教与民间社会关系；宗教取向与历史行动模式关系。[1]

何谓“政教主从关系”？政教主从关系是指政权或主流政治与宗教特殊类型的黏合关系，是政权和主流政治文化决定了宗教的存在与发展状况，宗教服务并服从于政权和主流政治文化的需要。或者说两者的关系，政权和政治主流文化是“主人”，而宗教则是为“主人”服务的“奴仆”。凡是违背或与政权、主流政治文化矛盾和冲突的宗教形态，都会受到主流政治的打压，甚至产生毁灭宗教的运动。中国历史上的“三武一宗”就属于这种情况。凡是与主流政治相统一或迎合主流政治的宗教，都有可能受到政权的扶持。

汉族社会的政教关系，在夏商周三代就开启了这种政教主从关系的历史。中国宗教研究专家牟钟鉴率先发现了这种特殊现象。[2] 本书著者沿着牟钟鉴先生的研究进路，进一步提升出如下两个观点：第一，中国从氏族社会发展到王族社会的发展规律是从政教合一发展到王族主导宗教（牟钟鉴先生称之为“国家宗教”）的主从关系。第二，决定中国历史上的政教关系不是从政教合一走向政教分离，而是从政教合一发展为政教主从关系的原因是颛顼改革和汉族原始神话创世说的空白。自颛顼时代以后，中国的任何宗教都必须依附于主流政治，符合则发展之，不符合则毁损之。因为，颛顼“绝地天通”的改革，决定祭天是帝王的霸业，凡是阐释政权存在发展合法性、合理性的任何宗教都将受到政权的干预。简言之，颛顼改革决定了帝王祭天规则，从而决定了中国历史上从颛顼时代一直到晚清的政教关系都是政教主从关系。

然而，这种政教关系的发展仅适用于汉族社会或认可并遵从这种规则的少数民族社会，对中国其他民族并不适用，如藏族社会在历史上不是从政教合一走向政教主从，只是部分地从政教合一走向政教分离，如今在藏民社会生活中还留存着一定成分的政教合一。还有维吾尔族、回族对于生死问题的理解，以及对死后安葬的问题，与汉族的区别很大（也有共性）。因此，我们在研究民族宗教时，有必要把汉族宗教从中国宗教的母体中分离出来。

颛顼改革和汉族创世说空白影响之七：造成后世汉族信仰尴尬的历史根源。

---

〔1〕 Church - state; religion and civil society; religious orientations and the modes of histrical action: Carroll Bourg, “Politics and Religion”, 4 *Socioligical Analysis* 4 (1981), p. 297.

〔2〕 本书著者在聆听牟钟鉴讲述中国宗教时，特意请教了牟钟鉴先生，他特别为我讲述这种观点。

世界上大约有2000个民族[1]，多数民族的宗教信仰是专一的，"一神教具有强烈的排他性"[2]，唯独汉族的宗教信仰具有不确定、多元、宽容的特点[3]。这些特点在现实生活中造成汉族如此的尴尬境遇：当汉族人问中国少数民族和外国人"你信仰什么宗教"时，会很快得到直接的答案，"我信仰某某宗教"。当反问汉族人"那么你信仰什么宗教呢"时，汉族人则很难回答这个问题。实际上，这不仅成为汉族人本身的困惑，也造成了中国的少数民族和外国人对汉族人的困惑，甚至也是中国汉族学者的困惑。对此，中国民族宗教研究学者李亦园总结了其中的尴尬，"通常外国人总喜欢问我们说，你们中国人原来是信什么教的啊？我们被问到这一问题时，总是觉得难以正确回答……心里不免气闷，甚至觉得有点自卑，连我们自己信什么教都答不出来"[4]。李亦园先生这里所说的"中国人"其实主要是中国的汉族人。汉族无论怎样的回答都存在一定的问题。因为，汉族"回答说是信道教、信佛教，似乎不完全正确，因为道教虽是固有的宗教，但未必人人都真正'信'它、'皈依'于它；佛教也是如此，它在国境内虽很流行，却不是人人都信，更不用说皈依佛教要有一定形式。有时外国人会逼问我们说，那么你们应该算是信'儒教'了？这时我们心中也许会兴起一个念头，儒家算是'教'吗？既然不敢肯定儒家是宗教，因此也就不能承认我们汉族信的是'儒教'"[5]。

无论如何，汉族人在与外族人（包括与中国的少数民族和外国人）打交道时，都将面临无法准确回答的尴尬局面。为了避免尴尬局面，好多汉族人干脆说，"我没有宗教信仰"。其实，这虽是一种无奈的回答，但却是一种不负责任的回答。退一万步说，即使汉族有宗教信仰，也很不虔诚、讲究实用、半信半疑、信奉多种宗教，当然信儒释道的居多，正如毛泽东所说的汉族人是混血儿："各个少数民族对中国的历史都作过贡献。汉族人口多，也是长期内许多民族混

---

〔1〕 民族学界大都说世界约有2000个民族，参见白芳辰："世界上有多少民族"，载《四川统一战线》2003年第2期；C. N. 布鲁克、李毅夫、金天明："当代世界上究竟有多少民族"，载《世界民族》1979年第3期。

〔2〕 据宗教学界研究，"一神教具有强烈的排他性"。参见张践：《民族宗教关系的社会理论考察》，宗教文化出版社2009年版，第57页。

〔3〕 这是本书著者对汉族宗教信仰特点的一种概括。

〔4〕 李亦园：《宗教与神话》，广西师范大学出版社2004年版，第115页。

〔5〕 李亦园：《宗教与神话》，广西师范大学出版社2004年版，第115页。

血成的"[1]。

汉族的宗教信仰很奇特，从古至今往往是见庙就进、见神就拜，还美其名曰："自己拜的神灵越多，自己拥有的保护神也就越多，可能获得的幸福也就越大"[2]。甚至有的人，在自己膜拜的神龛上一同供奉着老子、关帝、孔子、佛祖、耶稣，即便把这些神像随便轮换位置，把谁摆在第一都无所谓。[3] 可以说，汉族信仰的姿态是多神、宽容和实用。在汉族历史发展的几千年岁月风霜中，汉族人对许多宗教都采取兼收姿态。一个汉族人，可能信仰一点佛教，同时还可以吸收一点道教，甚至同时还保持着儒家风范。因此，汉族是世界上宗教信仰最不执着的民族，是对宗教信仰最大的宽容者。汉族历史上从来没有发生过任何一场大的宗教战争。汉族人对宗教信仰的态度是"宁可信其有，不可信其无"。需要什么神灵就拜什么神灵，所以必然造成"见庙就进，见神就拜"的奇特人文景观。

为什么汉族人会遇到如此尴尬的局面？为什么这种尴尬局面在汉族社会中具有很大的普遍性？本书著者以为，汉族宗教信仰的这种尴尬局面主要是颛顼改革和汉族原始宗教创世说的空白造成的，当然不能排除其他原因。因为，虽然从汉代到民国年间，完善了女娲补天、盘古开天辟地及中庸阴阳神话，但这类神话并没有对中国主流政法文化产生什么影响，而且对全民也没产生什么重要影响。因为，全民以及整个文化系统的形成都取决于原始神话时代的内涵，汉族创世说的空白及其祭祖、祖先崇拜的发达，决定了汉族孝悌文化体系的发达。因此，产生了后世汉族信仰的如此尴尬。

颛顼改革和汉族创世说空白影响之八：凡事都有正反两个方面。汉族宗教信仰虽然暴露出原始神话时代创世说的空白等多种缺陷，但也恰恰因此把汉族宗教发展为别具特色的信仰，具有极大的多元性、宽容性、包容性，对排他性宗教拥有最大的化解能力，还有最易破除迷信等优点，因此汉族与他族之间未曾产生宗教战争。

一张白纸可以画出最美的画卷。基于颛顼改革和汉族创世说空白，决定了后世汉族为了解决世界本原问题和人生本原问题即生死问题，才会不断吸收有

---

〔1〕 毛泽东：《论十大关系》，载《毛泽东选集》（第5卷），人民出版社1977年版，第278页。

〔2〕 本书著者在东北曾亲临大仙给人看病现场，为了身临其境，也装作病人，让巫师看病。巫师说出了这番话。这具有汉族信仰的典型特征，不过还保留了一些萨满教的味道。

〔3〕 这是汉族宗教信仰的一种很普遍的现象。

关此生、来世（即转生）的外来佛教的营养，发展了追求长生不死即“神仙术”的本土道教，甚至有的汉地的汉族还保留着原始萨满宗教的信仰，从而形成了汉族宗教多元、宽容和不排他的特点，为此决定了在汉族历史发展中没有发生过一次因与其他民族的宗教分歧而导致的宗教战争。这在世界历史发展中是非常罕见的现象。如果汉族确定了一神论排他性很强的宗教信仰，那么在中国历史上将会发生很多宗教战争。

由于汉族宗教信仰最少具有排他性，随着中国的不断强大并对世界产生更大的影响，因而能够成为基穆冲突的最好化解者，为当今世界文明发展作出较大的积极贡献。汉族信仰的特殊性将对世界文明的发展具有非凡意义。汉族传统宗教和孔子“远神论”具有的宗教宽容性，将是克服宗教排他性的最好文明范式。

因为，一神论的排他性很强。宗教排他性导致了民族的不宽容性。“由于排他性的宗教观，犹太教和基督教对于信仰其他宗教的其他民族也是不宽容的。”[1] 外国基督教和伊斯兰教都具有圣战尚武精神。中国的穆斯林已经被中国化，消解了这种原生态伊斯兰教的圣战尚武精神，吸收了中国传统宗教的崇文贵和精神。相反，正是外国基督教世界与伊斯兰教世界的这种排他性、不宽容性和圣战尚武精神，才导致了历史上基督教世界和犹太教世界的冲突，导致了近代史上西方基督教世界对犹太人的排挤和迫害；导致了历史上基督教世界针对伊斯兰世界的十字军东侵，导致了当代“9·11”事件，以及后“9·11”时代西方以美国为首的基督教世界一个一个地推翻伊斯兰世界的所谓“无赖国家政府”，从而演绎了从推翻阿富汗塔利班政权到推翻伊拉克萨达姆政权，再到推翻利比亚卡扎菲政权，还隐含着对叙利亚巴沙尔政权、伊朗政权的威胁和颠覆。

鉴于此，本部分在承认汉族宗教的缺陷的同时，并不否认汉族宗教信仰本就拥有的积极性方面：一方面，在古代中国成为东亚地区的文明中心，汉族文化在古代对东亚、大南亚产生了积极性的影响，汉族的儒家文明和佛教传播到日本、韩国等国，成为汉族文明新的生长地区。另一方面，当人类进入全球社会时代，汉族远神论的影响将大放光彩，将是引领人们走出世界民族宗教冲突的一种文明方式。世界上的两千个民族，唯有汉族的宗教信仰最为宽容。汉族

---

〔1〕 张践：《民族宗教关系的社会理论考察》，宗教文化出版社2009年版，第99页。

承继儒家“合而不同”、“崇文”、“贵和”、“和谐”等的合理性，必将成为调解世界上各种宗教冲突的有效良方。其实，“上帝”是宇宙大象，不同宗教只是触摸到宇宙之象的不同侧面而已。因此，印度“盲人摸象”的寓言道出了其中的奥秘。人类的出路，用佛教的一个原理来说，就是“破除法执”和“破除我执”，走向世界大同。然而，汉族对未来化解世界文明冲突的作为必定是任重而道远！

当然，汉族社会颛顼改革和原始宗教创世说的空白导致的上述八大现象，还有待深入研究。这里只是一种粗浅的论证。另外，事物的发展往往是多因一果、多因多果而不是一因一果的，因此造成上述八种现象的原因是多方面的，本部分只是从颛顼改革和汉族原始神话创世说空白的因果关系及其对后世的影响，来解析上述八大现象的一个元素，还有很多其他元素，因此本部分难免挂一漏万。

二、古希腊元点神话对后世的影响

古希腊哲学的发展早已随着古希腊时代的消亡而成为历史的过去，但古希腊神话精神和哲学精神却成为后来西方文艺复兴打破基督教神学篱笆的重要动能。

公元 14 世纪至 17 世纪中叶，是欧洲各国封建社会处于动荡和转变的伟大时代。在这期间，欧洲出现了人类历史上文化蓬勃发展的新运动——文艺复兴运动。这一运动在 15 世纪至 16 世纪达到顶峰。

文艺复兴运动是新兴资产阶级在意识形态领域中反封建、反神学统治的一场新文化运动，它与宗教改革、农民战争等一起向旧世界提出了宣战，揭开了资产阶级革命的序幕。当时，市民资产阶级的思想代表们怀着极大的热情研究古代语言、历史、哲学和文艺，搜集和整理古典著作抄本，发掘古代历史文物，按照古典作品的范式进行文艺创作。古典文化的学习和研究蔚成一代风尚。这一切为文艺复兴的出现和发展，为哲学思想的变化奠定了坚实的基础，“文艺复兴”的名称也由此得之。但是，它们并不是古代文化的简单再现，而是思想家对古代文化的批判与继承。

文艺复兴的突出特点是以人文主义作为新文化革命的旗帜，把以“人”为本位，反对以“神”为中心的世界观提到首要地位，将人们的思想意识从神学的束缚中解放出来，为人类才能和智慧的发挥开辟了广阔的前程，以哲学上的革命为先导，使窒息的实验科学和自然科学从神学的教义中解放出来，开创了近代哲学和自然科学的新纪元。正如恩格斯所说："现代自然科学同古代人的天才的自然哲学的直观相反，同阿拉伯人的非常重要的，但是零散的并且大部分已经无结果地消失了的发现相反，它达到了科学的、系统的和全面的发展。"

15 世纪上半叶至 16 世纪，西方近代自然科学有了长足的发展，尤其是 1543 年哥白尼的《天体运行说》问世，标志自然科学的独立宣言，尔后科学纷纷从哲学母体中逐渐分离出去。这是人类文明和科学发展史上的一次伟大的飞跃，为近代哲学的发展提供了可靠的科学依据。

古希腊精神对西方文明产生了最为深厚的影响，古希腊的自由、平等、民主、法治精神不仅成为近现代欧洲文明，而且成为美国文明的最大偏爱。古希腊超人精神和基督教上帝使命观激活了美国精神。

一方面，美国充分吸收了古希腊文明元素，尤其是古希腊超人精神。古希腊精神是美国精神的文化源泉。美国是西方文明的一个域外代表。另一方面，美国极致地发挥了基督教元素中的"上帝使命观"。美国大片精神实际上是古希腊神话超人精神和基督教上帝使命观双重文化元素相结合的产物。可以说，如果没有古希腊的超人精神不会有美国精神，缺乏基督教的上帝使命观同样不足为美国精神。

超人是美国大众文化中流传最广、最深入人心的形象。从古希腊最后一个超人赫拉克勒斯到美国好莱坞《蜘蛛侠》和《蝙蝠侠》等大片有一种看不见的连线，那就是拯救人类的英雄史观。超人的终极关怀和追求是伸张正义。在美国文化元素中，超人不只是蜘蛛侠和蝙蝠侠，还有神奇女侠、绿灯侠等，他们都是追求正义的勇士。

上帝使命观也叫做"天赋使命"，发源于 17 世纪盎格鲁－撒克逊白人清教徒的宿命论思想，大意是，美国人是世界上最优秀的人，所以能够成为拯救世界的领袖，美国受上帝的委托，对人类社会的发展命运负有一种拯救的责任或使命。这种上帝使命观不仅对美国政界政治领袖制定决策产生了深刻影响，而且对美国民众产生了深远影响。美国人认为其有责任把人类从苦海中拯救出来。

上帝使命观成为美国外交政策拯救、解放人类的思想底蕴。美国史学家莫雷尔·希尔德（Morrell Heald）在《文化与外交》一书中直言不讳地说，"美国外交事务的出发点是这样一种信仰，即美国在外部世界关系中享有一种任何其他国家都不能享有的特殊使命"。这种使命责任感在美国历任总统的领导意识中留下了浓浓的历史痕迹。威尔逊总统 1919 年宣称，"我比其他任何人更相信美国的使命，我认为，它有一种精神能量，任何其他国家都不能用此来使人类获得解放，美国享有完成其使命和拯救世界的无限特权”。乔治·布什在 1991 年海湾战争时也庄严宣称，在世界各民族中，只有美国既有道德标准又有手段维护世界和平，是这个星球上能够团结和平力量的唯一民族。

美国是个充满悖论的国家。一方面，它最大限度地保护美国的国家利益，不惜牺牲他国的利益，以维护本国公民的利益。另一方面，自恃为世界领袖，极力推广西方自古希腊以来开发出来的自由、平等、民主、法治及人权的理念。虽然这是一个不可能两全其美的世界工程，美国事实上把保护美国国家利益作为第一位，因而对全球化产生了极为负面的影响。

第五章 中西元点法律精神

在处理人定法（自上而下的制定法）与自然法（自然法则、自然习惯的社会法则是自下而上的）的关系时，中西方走上了不同的道路。清末以前的中国社会所走的法律发展道路是不断强化王法而不断削弱自然法（包括习惯法）。西方从古希腊古罗马到近代古典自然法形态，走的却是相反的道路，即不断增强自然法的内涵，但并不是简单削弱人定法。虽然西方制定法也在不断加强，但在古典自然法形态之前，西方法学家一致认为，自然法高于制定法，制定法不能超脱自然法的制约。后来实证法学派、社会法学派等向自然法提出挑战，那是发生在后来的事情。制定法有两种：一种是自上而下的人为创制的法律，中国古代的王法大都是这样的；另一种是自下而上的习惯法。确切地说，王法是制定的，习惯法是官方认可的。习惯法是联结自然法和人定法的桥梁。

第一节 中西元点自然法的不同取舍

一、中西“自然法”的不同特色

虽然古代中国和古希腊都有自然法思想，但不仅两者的自然法思想各不相同，而且中国政法体系的中轴和生命线是王法，绝不是自然法，因此中国不可能是自然法在不断深入和强化，而是自然法从先天不足到逐渐淡化和弱化，基于王法和人定法的不断走强，决定了人定法不断超越自然法的界限。其间虽然也有再度启用自然法（如汉代重用黄老之术）的倾向，但那不是主流而是支流，而总体上呈现自然法不断走弱和人定法不断走强的态势。

西方从古希腊到古罗马，再到中世纪，再到文艺复兴，再到近现代，把本就先天十足的自然法再行不断完善，逐渐推向极致，把自然法的内涵发展得淋漓尽致。西方的自然法的一再走强，使得自然法成为西方政法文明不断完善的轴心。

中国有的学者早在20世纪末就已经提出，不仅古希腊有自然法，而且中国的“自然法观点极其丰富”〔1〕。本书著者认为，这种说法有些言过其实。固然，先秦从儒、墨、道、法直到阴阳五行和杂家，都有不同程度上的自然法，有的典型，有的牵强，有的系统，有的零乱，但最明显、最突出的是道家的自然法。

与古希腊自然法表现为“自然”之本不同的是，春秋战国诸子百家的自然法思想不仅表现为宗教意义上的主宰人们命运的“主宰之天”，还有哲学和伦理学意义上的“义理之天”，也有法家意义上的“自然之天”。

对“天理”的各种理解，春秋战国诸子百家，从自身理论的需要出发，各取所需，各有侧重，或单独取之，或兼而有之，各有分合。与古希腊自然哲学家不同，先秦诸子百家已经把人与万物有所区别，认识到人和万物虽然都是自然产物，但人有知、有情、有义，是万物中最贵者，居于天地万物的中央。

儒家已经有了一定的自然法思想。儒家认为“礼治”之所以合乎天理，就在于它乃“承天之道”以“治人之情”。儒家孟子讲“天人合一”。儒家荀子主张“明于天人之分”〔2〕，把“君臣、父子、兄弟、夫妇”比作“与天地同理”，“与万世同久”的“大本”。所以有“礼者，天地之序也”和“礼也者，理之不可易者也”〔3〕的说法。

尽管中国的先民与古希腊的初民都有天法和自然法的领悟，但对天法、自然法和人定法的关系的理解是不同的。首先，荀子的儒家思想与古希腊自然法思想有很大的不同。古希腊自然法认为，人定法的基础是自然法，自然法是人

---

〔1〕 李光灿、张国华主编：《中国法律思想通史》，国家“七五”社科重点课题，国家“八五”重点出版物，山西人民出版社1994年版，总论第26页。

〔2〕《荀子》。

〔3〕《乐记·乐论》。原文是：“乐者，天地之和也；礼者，天地之序也。和，故百物皆化；序，故群物皆别。乐由天作，礼以地制。过制则乱，过作则暴。”大意是，乐所表现的是天地间的和谐；礼所表现的是天地间的秩序。因为和谐，万物能化育生长；因为秩序，万物能显现出差别。乐依天道而凿，礼按地理而制。制礼超过分寸会造成混乱，作乐超过分寸会越出正轨。明白天地的道理，然后才能制礼作乐。和谐而不混乱，是乐内在的精神；让人欣喜欢爱，是乐有的功能。中正无邪，是礼的本质；庄重恭顺，是礼的职能。至于运用乐器来表现礼乐，声音使礼乐得到传播，用于宗庙社稷的祭祀活动，祭祀山川鬼神，统治者与民众都要共同这样做。

定法的根源，自然法高于人定法。而荀子却主张“制天命而用之”[1] 和“天地之间人最贵”，从而确立了儒家的“人本主义”。其次，道家自然法思想也与古希腊自然法有很大区别。道家的自然法和古希腊的自然法的根本区别是“有为”和“无为”。古希腊自然法追求正义，而道家并不追求正义。“道法自然”是道家的根本道理。道家公开宣称以“无为而治”来避免“天之道损有余以益不足”[2]。

法家的政法理念与古希腊思想的区别更大：

第一，在古希腊那里，自然法（中国人称之为“天道”的）高于人定法，人定法源于自然法。然而，法家认为，人定法与天道没有太多的关系，人定法的根本源于人性恶，“人生而好利恶害”是人生而有之的自然本质，是后天所不能也无法改变的；因此并非天法而是人定法的“法律”只能“因人之情”、“顺人之性”，法律的本质在于克服人性的弱点。虽然法家主张“（人定）法”应公平、正直，强调“法”的客观性和平等性，但这种“公平”、“正直”并非源自自然法，而是源自以国家为本位的制定法本身。在前期法家看来，“法”是为整个王族利益服务的。王族利益高于所有社会成员（包括最高统治者）的个人利益；个人利益为“私”，整体利益（实际上是王族利益）为“公”，体现这种整体利益的“法”为“公法”；“公”高于“私”，所以公法也高于私法。在中国人的思维中，公与私、公法与私法之间是势不两立的。所以坚决反对“君臣释法任私”，而提出“夫立法令者，以废私也，法令行而私道废矣”[3]。

第二，法家并未像古希腊的自然法那样，把自然法说成是抽象的公平、公正和正义，而是将其视为新兴地主阶级利益和意志的集中体现，把自然法提升为“法”。

第三，法家最大的不足和古希腊最大的优点在于，古希腊的自然法与民主制紧密联系起来，而法家并没有把他们的“法治”和民主联系起来，相反却把他们的法制变成维护极端的君主专制的理论基础。这是由两种政治文明背景的不同所决定的。古希腊自然法与民主制的结合，既是古希腊人（限于贵族）的

〔1〕“制天命而用之”思想指出了人在自然界面前不是消极无为的，肯定了人类改造自然、利用自然的能力和重要意义。荀子认为，人不应该只是仰慕、颂扬自然的伟大和等待自然界的赐予，而应该通过自己的努力，促进自然界的变化，利用自然界来为自己服务。

〔2〕《道德经》。

〔3〕《韩非子》。

幸事，也是后来西方人类的幸事，甚至演变为全人类的幸事。中国法家的不足，不仅是法家的缺憾，也是中国古代法制的缺憾。

总之，古中国和古希腊的自然法简直就是两股道上跑的车，在元点上就产生了根本性的区别。中西元点政法精神在古典时代就作出了不同取舍，首先表现为人定法与自然法的不同取舍。

二、人定法和自然法的不同取舍

在自然法和人定法的互动关系中，中国古代和西方走着并不相同的道路。中国元点政法出于追求忠孝仁礼的需要，使得王法和人定法不断加强，自然法不断削弱。西方元点政法出于追求正义的需要，在人定法不断加强的同时，自然法也不断加强。

中国元点文明的核心是宗法体系，经历五帝时代至西周时代得以完善，形成“亲亲”、“尊尊”的宗法体制。由于诸侯崛起和周边民族问鼎中原，东周时代天下大乱，史称“礼崩乐坏”，西周礼乐文化受到严重挑战。诸子百家纷纷献策，动摇着传统礼乐文化。可以说，春秋战国时代是决定中国元点文明流向的关键时代。学者的“指点江山”必须得到君王的采纳，才能在“历史”中发挥作用。

春秋战国有一个奇特的现象，就是诸国重用最多的宰相不是儒家，也不是道家，而是法家。[1] 法家最重人定法而不是自然法。于是，中国元点文明的最初流向便是强化人定法（主要是王法），而本来就已先天不足的自然法，就更加弱化。

西方早期古希腊的自然法到了古罗马人手里更加升值，古罗马人不断深入发展自然法，并把自然法作为人定法的根据和根源，不断用自然法的思想充实人定法，不断提高人定法中的自然法含金量。于是当西方从古希腊文明发展到古罗马文明之后，西方自然法思想向前迈了一大步。

中国法律的发展则是一个相反的过程。不是不断加强自然法的价值，而是不断提升人定法的价值；通过一代又一代的政治法律发展运动，在不断提升人定法的过程中，使得自然法不断贬值和褪色。

中国早在战国时期就开启了礼治主义和法治主义争论的先河，并分别融进理论与实践的指导思想。无论是赵简子还是子产，都从理论上把礼治主义视为

〔1〕 对此，后面还会在适当地方进行详细分析。

天经地义之理，但在实践上却奉行法治主义，完全否认了礼治主义。

历史上越王勾践采用范蠡建议的史实，充分证明了中国先民很难在理论上实现礼治主义与法治主义统一的道理。春秋战国时期，范蠡常年寓居嘉兴，和越王勾践共谋灭吴复国取得成功。史书载："范蠡事越王勾践，与勾践深谋二十余年，竟灭吴，报会稽之耻。"[1] 吴国曾派使臣到越国求和，范蠡坚决不许。吴国使臣当面辱骂他"助天为虐"，范蠡坦言回答："你这样说，我虽然很难堪，即便我如禽兽，那也没有可以谴责的。"他为什么会回答得如此坦坦荡荡和理直气壮，而且表现出了胜利者的得意心态？在他看来，禽兽之性与人性没有什么不同，都是自然本性，天就是自然之天，根本不具有道德属性，因此天不能赏善罚恶，所以"助天为虐"的废话也就无从谈起。可以说，范蠡把法家思想推向了极致。然而，范蠡基于自我的良知，后来还是引退了。[2]

法家的这种脱离上帝"主宰之天"和人间"义理之天"而重点追求"自然之天"的思想，是对自然法的严重削弱。这种思想是法家特有的一种思想。其与儒家自然法的思想是不同的，与古希腊古罗马自然法的思想更是相差甚远。

秦代重用法家，既是其成功（建立秦国统一中国）的原因，也是秦朝灭亡的根本原因。可以说，秦代法律的本质就是试图用一种脱离上帝"主宰之天"和人间"义理之天"的纯粹"自然之天"的思想，获得长久的统治。结果是事与愿违。这使我们不得不反思，中国的"天道"理念是上帝"主宰之天"、人间"义理之天"和"自然之天"的三个"天"的统一，单纯依靠任何一个"天"都无法获取治国的根本。

三、自然法的弱化与强化

自然法在古代中国、古希腊和古罗马的命运是不同的。古代中国从夏商周到明清，自然法不断弱化。欧洲从古希腊到古罗马，自然法不断强化，虽然在近现代自然法受到了"实证主义"法学派的质疑，但自然法得到了新的提升和增值。

---

〔1〕《范蠡》。

〔2〕因为范蠡认为自己有功高盖主的嫌疑，难以久居，"飞鸟尽，良弓藏；狡兔死，走狗烹"。他深知勾践为人的"长颈鸟喙"，可与共患难，难与同安乐，遂与西施一起泛舟齐国，变姓名为鸱夷子皮，带领儿子和门徒在海边结庐而居。戮力垦荒耕作，兼营副业并经商，没有几年，就积累了数千万家产。范蠡仗义疏财，施善乡梓，他的贤明能干被齐人赏识，齐王把他请进国都临淄，拜为主持政务的相国。他喟然感叹："居官至于卿相，治家至于千金，对于一个白手起家的布衣来讲，已经到了极点。久受尊名，恐怕不是吉祥的征兆。"于是，才三年，他再次急流勇退，向齐王归还了相印，散尽家财给知交和老乡。

从先秦诸子百家到秦代采用法家的“一断于法”是中国历史上继“刑始于兵”及“礼起于祀”之后[1]，对人定法的进一步强化，也是对自然法的弱化。

从前述的分析中，我们不难看出，在中国法律思想的发展道路中，自然法的褪色与人定法的升值过程，时而相互交叉，时而此起彼伏，时而相辅相成。其内在的法律精神说明，人定法的升值就意味着自然法的褪色。

中国历史上自然法的褪色走弱和制定法的增值走强是互相推波助澜和不断完成的过程。“刑始于兵”和“礼起于祀”是中国自然法的褪色走弱和制定法的增值走强的最初环节。中国从秦汉以后，自然法思想逐渐被官方制定的人定法吞噬，自然法逐渐褪色，官方的制定法不断升值。因此，“一断于法”是中国自然法的褪色走弱和制定法的增值走强的第二个重要环节。而中国自然法的褪色走弱和制定法的增值走强的第三个重要环节则是贯彻儒家思想的“一准乎礼”。

“一断于法”中的“法”的根本是人为的或人制定的“法律”，与后来中国民间所说的“善有善报，恶有恶报；不是不报，时候不到；时候一到，必然要报”，以及“天（法）网恢恢，疏而不漏”的“法”的内涵并不相同。后者指的显然是自然法。

法家的“一断于法”是从春秋战国各国“事断于法”演化而来的。周代末期，“礼崩乐坏”，春秋时期以预先制定的明文“法”作为依据，从而使得人们可以“弃礼而征于书”[2]，按照刑书中的规定为自己争辩。于是，“议事以制”的礼及刑当然不如具有客观性、确定性的“法”，因此各国纷纷“发宪出令，设为赏罚”，从而导致“事断于法”，为战国时期完成“法治”奠定了基础。后来经过法家向秦国的建议，把“事断于法”上升为治国的根本的法律原则，因此便深化为“一断于法”。[3]

---

〔1〕 详见第五章第一节的具体论述。

〔2〕 子产的《铸刑书》。“民知争端矣，将弃礼而征于书”，认为如果人民知道竞争，就会抛弃礼。叔向并不认为传统的社会秩序必将灭亡，他担心的是刑书公布后民的争利。

〔3〕 参见本书第七章的解析。重要的段落是：慎到早年曾学黄老之术，是从道家分化出来的法家。他的法律思想侧重论“势”，即权势，权力。其名言为：“民一于君，事断于法，是国之大道也！”他认为，权力是诸多政治因素的核心，“势”是君王立世之本，也是人立于社会之本，因为“有权者治人，无权者治于人”。君主专制的第一原则就是维护并巩固自己的权势。他提出，“尧为匹夫，不能治三人；而桀为天子，能乱天下”。因此，他反对儒家的“礼治”和“仁治”，而主张法治。本书著者觉得，慎到最独到和最杰出的思想，是对治国、亡国责任的全面思考，不能归功于或归罪于君主一个，“亡国之君，非一人之罪也；治国之君，非一人之功也”。一个时代过去了，不能完全归罪于一国之君，“天下兴亡，匹夫有责”。

法家的“一断于法”显然不是对王者的规范，而是对民众的规范。法家的“法治”，从根本上讲，与现代社会的“法治”是不同的。法家的法治是对王者的建议，是对民众的规范，不是对王者的规范。所以法家思想的本质是专制的，不是民主的。现代社会的“法治”是对一切人的规范，包括对国家领导人的规范，不止步于对公民的规范，其本质是民主的，不是专制的。

由于法家的“一断于法”中的“法”不是“天讨有罪”和“法网恢恢，疏而不漏”中的法律，是人间制定的人定法即制定法，本质上是人为的，不是自然法。因此，中国历史上法家“一断于法”的法律现象是中国自然法的进一步褪色和走弱，而不是对西方理念中的自然法的强化。

继“一断于法”之后，经过汉儒的努力，把礼治、仁治和诸子百家的相近思想融为一体，把“礼治”再改造为“礼教”，成为指导立法、司法的原则和理论依据。“礼教”的核心与宗旨就是“三纲”，“三纲”成为治理中国社会的政治及伦理原则。到了唐代，官方把儒家的“一准乎礼”确定为中国社会制定法律的基本原则。可以说，儒家的“一准乎礼”思想也是对自然法的进一步削弱。“一准乎礼”也是对中国社会不同等级即人与人不平等的确认，因此也是对“法律面前人人平等”的自然法原则的进一步削弱。

“一准乎礼”的法律思想和法律原则是对中国社会不平等制度的确定，是对人人平等的自然法的削弱。不平等的礼制决定了法律内容的直接定位。中国古代婚姻法中“七出”、“三不去”是对男女不平等的公然肯定与合法化；“八议”、“请”和丧服制度的相继入律，则不断加强了对自然法的削弱和对人定法的加固。不妨以“八议”现象为例。

“八议”制度是对自然法平等思想的有力削弱。八议是封建社会官员贵族享受的一种特权法，是“刑不上大夫”的具体体现。八议制度起源于周代。在律典内明文规定八议，是从魏开始的。晋、南朝宋、齐、梁、陈、北魏、北齐、北周、隋、唐、宋、辽、金、元、明、清都有八议。但各朝规定不尽相同。《周礼·秋官·小司寇》有“以八辟丽邦法”的记载。辟即法，八辟即议亲之辟、议故之辟、议贤之辟、议能之辟、议功之辟、议贵之辟、议勤之辟、议宾之辟。“八议”是公元229年（魏明帝太和三年）陈群、刘劭等引入《魏律》的，这使儒家礼治逐步取得了主导地位。“八议”是中国封建刑律对于八种权贵人物在审判上给予特殊照顾的制度。对于这些权贵人物来说，就是一种特权。“八议”包括议亲、议故、议贤、议能、议功、议贵、议勤、议宾。“亲”指皇室一定范围的亲属。“故”指皇帝的某些故旧。“贤”指朝廷认为“有大德行”的贤人君子。“能”指“有大才业”,“能”指整军旅、莅政事,为帝王之辅佐、人伦之师范者。“功”指“有大功勋”者。“贵”指职事官三品以上、散官二品以上及爵一品者。“勤”指“有大勤劳”者。“宾”指“承先代之后为国宾者”。[1] 这八种人犯了死罪,官府不能直接定罪判刑,而要将他的犯罪情况和特殊身份报到朝廷,由负责官员集体审议,提出意见,报请皇帝裁决。这八种人犯(流放以下的)罪,都要减一等论罪。唯一例外的是,如果他们犯十恶罪,则不适用八议的规定。

西方自然法不仅发展的起点与中国是不同的,而且发展的进路更与中国不同。西方自然法发展到古典自然法学派时代,人本主义或人道主义成为自然法的核心理念,自由、平等、博爱、民主、法治成为自然法探讨的主题。这诸多主题可以从古典自然法理论的主要特征中看出来。

古典自然法理论主要有社会契约主义、理性主义、个人主义、激进主义、分权主义等五大显著特征。

其一,社会契约论。社会契约论是霍布斯、洛克、孟德斯鸠、卢梭等人共有的思想,虽然见解各有不同,但他们在下述思想达到一致:人虽然生而自由、平等,但在自然状态下却难以维护,唯有通过协议组成社会或国家,才能保障大家的自由和平等;国家产生于社会契约,法律是基于每个社会成员的协商而制定的契约,而不是依靠权力强加于人的命令;合法的政府和权力源自契约,政府权力只能在契约预设的范围内行使,未经人民的同意,不得行使强制权力;人是带着自然权利加入社会和国家的,在他们加入社会和国家的时候,他们让渡了自己的权利,但始终有权收回自己让渡的权利;公民进入社会是为了使自己的权利得到更好的保护;国家政府是社会契约的产物,政府是为公众幸福服务的,所以当政府严重损害公众利益时,人民有权起来革命推翻它。

其二,理性主义。古典自然法论者把自然法归于理性,或认为理性是自然法的核心。人的理性是人类的一种自然的能力,是行为或信仰的正当理由,是评判善恶是非的根本标准。把自然法视为理性的建构,意味着自然法是不证自明的和必然有效的,即便上帝也不能改变。

其三,个人主义。古典自然法学家以个人主义为其价值核心。由于集体和

---

[1] 《唐律疏议·名例》。

社会是由个体组成的，因此个体是集体和社会存在的基础前提和发展目标，个人对集体、社会及其政治代表拥有优先权。个人本质上是其能力的私有者，并不欠社会任何东西。社会没有剥夺个人自由和财产的任何权力，国家对个人的干预必须在最低限度之下。

其四，分权主义。古典自然法学家，尤其孟德斯鸠发现，滥用国家权力是导致社会腐败的根本原因，一切有权力的人都容易滥用权力，而无限制的权力必然摧毁人民的自由和权利。从根本上铲除腐败是不可能的，但制约权力的滥用和节制腐败是可能的。具体的方法只能是以权力制约权力，这就是分权。分权的目的是为防止政府滥用权力，将权力依其职能划分为相对独立的各个部分，分别由不同的机关行使。

从上述对西方古典自然法思想的概括中可以看出，从古希腊古罗马的自然法到中世纪的神学自然法，再到古典自然法的发展，自然法的原则是不断升华的。古希腊古罗马的自然法学派奉行自然主义，中世纪深化为神学主义，古典自然法学派则发展为人本主义。在这三个发展阶段中，自然法原则始终高于人定法，自然法是国家法律权威的基础和界限，人定法不能超越自然法。

研究中国和罗马法律思想和法律制度的异同是一件非常有意义的工作。就其相同性而言，罗马在国家形成的初期和中国具有同样的三大局限性或不发达性：一是都没有成文法典。二是都有很发达的未经政府明确承认却被人们默认为社会关系之规则的习惯法。由于习惯法没有固定的成文形式，因此习惯法具有很大的伸缩性、变化性和不确定性。三是由法律制度不确定性造成的局限，因此在司法制度落后的古代必然导致法律规范的不精确，自然就为法官故意压迫平民、袒护贵族提供了“大有作为”的广阔空间。

比较奇妙的是，公元前5世纪在中西两地发生了较惊人的相似事实：罗马人与中国人竟然能够在时间相差不多的年代中，即公元前5世纪中期形成各自的第一部系统的成文法。罗马在公元前450年至前449年颁布了第一部成文法典《十二铜表法》。中国在公元前445年，魏国的魏文公即位后，命李悝进行改革，制定了中国历史上第一部成文法典《法经》。如果不考量法律内容的系统性，其实中国的第一部成文法，比《法经》还早。公元前536年（郑简公三十年，即周景王九年），郑国执政的子产鉴于当时社会混乱和礼制的破坏，因此“铸刑书于鼎，以为国之常法”[1]，这就是历史上著名的“刑鼎”。这是人们所知的中国古代第一次正式公布的成文法典。

然而，罗马与中国的法律改革的方向却是极不相同，甚至是相反的。仔细分析，最初中国与罗马法律发展就有了很大的不同。其中，中国与罗马法有许多特点值得研究。

总之，中西方初民政法理念的根本不同就是中国把法律关注的重心倾注在忠孝于君王的“王法”（人定法），而“法自君出”则决定了君王是法律的最终决定者。古希腊关注的却是“自然法”，而不是人定法。自然法的本质是“法出自然”。而王法之法则要“法自君出”。自然法服从理性，以正义公平为标准，追求的是公民权利。而王法服从君王的意志，主要是感性的而更多不是理性的，追求的主要是君王利益，而根本没有保护民利的意识。

中国先民人定法的强化源于对“王法”的情有独钟。古希腊由君主政体向民主政体的成功转向，在于自然法的滋养。后来中国的法律沿着王法（忠孝为主线）不断完善的路线发展，而古希腊古罗马的法律沿着自然法（正义为价值理性）不断加强的路线发展。这个政法源头的价值定势，为以后的各自发展方向起到了决定性的作用。

政法理性从元点到后来的发展是相互印证的。有什么样的元点政法就有什么样的政法流向。在中西古典政法文明的发展时代，都曾有过人治、法治的治理方案，但中西元点的人治理念和法治理念是截然不同的。中西元点文明对人治和法治的不同理解和运用，成为解开中西方政法理念发展流向根本奥秘的关键。

第二节　中西法律原则的不同取舍

一、借用习惯法与变法方向的不同

中国的变法方向是自上而下的，因此形成王法至尊的体制，从而公法发达而私法不发达；古希腊古罗马的变法则是自下而上的，因此从习惯法演变为成文法，从而私法（民法）发达。有人认为，按公法、私法的划分，罗马法主要

[1]《左传·哀公二年》。

是私法。[1]

中西早在最初的成文法典就有了泾渭分明的区别。中国子产的“刑鼎”、李悝的《法经》是中国社会从上而下的改革运动。其改革的目的是巩固封建地主阶级的土地私有制、巩固封建社会的行政和赋税制度以及通过国家行政力量的干预来协调农业生产者和城镇手工业者之间的关系。虽然《法经》也对许多习惯法进行了整理，但注入了统治阶级更多的意志。

与中国不同，罗马的《十二铜表法》却是自下而上的结果。罗马平民为了改变与贵族不平等的地位，在罗马共和国早期就曾主动组织起来向政府施加压力，要求编纂成文法。《十二铜表法》正是平民反对贵族斗争的成果。因此，《十二铜表法》更多地承认和编撰了平民的习惯法，在一定程度上对贵族的专横和滥用权力作了限制。其内容相当广泛，包括公法与私法、刑法与民法、实体法与程序法、同态复仇与罚金、氏族继承与遗嘱等。此后，随着平民与贵族斗争的继续，罗马进一步调整了公民内部的阶级关系，也不断促进了国家立法工作的继续进行。

因此，在本书著者看来，中国和罗马法的最初成文法特点就很不同。中国先民的习惯法也很发达，但从“刑鼎”、《法经》开始到商鞅“改法为律”，再从秦汉以后，逐渐剔除习惯法，不断加强官方制定法，强化王法。制定法与成文法不是一个对等或对位的概念。在罗马法世界，注入成文法更多的是来自民间百姓意志的习惯法，而不是来自官方意志的“王法”。可以不完全地说，中国和罗马的第一成文法就已经注定了两种法律发展的不同方向：罗马更多地集中了民众意志，而中国则更多地集中了官方意志。这种起点的不同决定了中国与罗马法律后来的发展方向，在罗马世界，公法与私法得以并重发展；在古老中国，公法远比私法更为发达，甚至可以说私法不断受到限制，私法不可能得到应有的发展。

中国变法的方向是自上而下，而罗马则是自下而上的。罗马法从习惯法演变为成文法，因此私法（民法）发达。有人认为，按公法、私法的划分，罗马法主要是私法。[2] 中国主要以官方意志为制定法的灵魂，所以公法发达，私法不发达。

---

〔1〕 参见纪坡民：“补一下罗马法的课”，载《读书》1994年第6期。

〔2〕 参见纪坡民：“补一下罗马法的课”，载《读书》1994年第6期。

二、制定成文法的基石不同

中国以官方意志为制定法的基础和源泉，属于民法范畴的习惯法逐渐受到限制，所以私法不发达并逐渐萎缩。古希腊古罗马法以习惯法为成文法的基础和源泉，所以私法与公法同样发达。

在古代希腊罗马，“法”有两个词根，即“*ius*”和“*lex*”。前者是指自然形成的法与习俗，它本身就含有潜在的完善性，并成为所有人定法的正当性源泉；后者则专指由世俗权力机构制定、认可的人定法或制定法。这就是说，在古罗马，法包括自然法和人定法，而且自然法高于人定法。西塞罗把“*ius*”理解为“有关命令和禁止的正确理性”，五大法学家之一莫德斯丁则把“*lex*”的效力限定在统治者的命令、禁止、允许和惩罚方面。显然，“*ius*”比“*lex*”的含义要广泛。如果进行比较，“*lex*”的原意是来自统治者的命令，似乎这是公法之源。然而，由于“*ius*”更加广泛，一方面，罗马人并没有堵死私法发展的道路；相反，罗马人却用自然民俗的“*ius*”为“*lex*”开辟了极其广泛的发展道路。不仅如此，在罗马法世界，自然民俗还是官方制定法的基石，官方的制定法要尽可能地遵循、符合自然的固有的法与习俗。因此，罗马法才被称为“自然法观念”的法。

从古希腊法到罗马法的世界，私法特别发达。因为，古希腊古罗马法是维护以私有制为基础的法律的最完备的形式，它体现了商品经济的一般规律。从《法学阶梯》里对契约和债的详细规定就可以看出，它几乎已经覆盖了当时所有的商品经济领域，为后来资本主义法律的发展打下基础。

可以说，在罗马法世界，自然法、国法（实为贵族法）和民意三者的关系顺序是自然法决定民意民俗进而决定国法。

在中国则相反，天法、王法和民意三者的关系顺序是天法决定王法进而决定民意。尧舜时代的自然法是双向的，一来王者是“天与之”，即“君权神授”。二来王者必须“民受之”，即受到人民的爱戴与拥护。夏商两代则不再理睬“民受之”，而只关注“天与之”，因此自然法演变为单向的，而不是双向的。周代恢复双向自然法，王者要“敬天保民”、“明德慎罚”。然而，从颛顼的“绝地天通”到周代的天子理念，剥夺了平民祭天的权利，垄断为王者的特权。春秋战国，诸侯发达，“礼崩乐坏”，秦国重用法家，扫六合。几经演变，中国先民的自然法变成了单边自然法，即王者爱民、管民是没得商量的，法律主要不是从平民的习惯法提炼为成文法，而是走上了官方意志逐渐显露、习惯法逐渐衰微、官方制定法逐渐成为唯一的不归路。究其根本，在天、王、民三者关系中，是天决定王，王决定民的“单边主义”。这种法律发展道路，其实质已经脱离了自然法的本质。自然法的本质不仅是双向的或双边的，而且基本路线是天意决定民意，民意决定官意，从而决定法律。

为此，在古代中国，公法尤其是刑法特别发达，而私法（民法和商法）则非常不发达。中国古代的法律大多都以公法和刑法为主。这是中国古代专制国家机器高度发达的必然产物。

三、法律的最高原则不同

在中国先民那里，法律的最高原则是宗法制，追求的最高法律规范是忠孝仁礼。在古希腊古罗马，法律的最高原则是自然法，追求的最高法律规范是公平正义。

在自然法是否高于人定法上中西古典法律是有根本区别的。在罗马世界，自然法是最高的法律理性，在古老中国皇帝意志是建立法律的最高原则，因此自然法不可能高于王法（人定法）。

在西塞罗法律思想中，最有价值的是他的自然法思想。在西塞罗之前，希腊思想家早就阐述过自然法问题。但在西方法学史上第一次系统地阐述自然法学说的是西塞罗。

西塞罗认为，“人是如此众多的各种各样的质的生命中唯一获得一种理性和思维的生命”，理性作为在各种动物中唯一为人所具有的东西，它就是人的本性。因此，要从人的本性中探求法律的本质，也就是要从理性中探求法律的本质。在西塞罗看来，作为法律存在的理性源出于自然，人有着共同的本性，凡是人总以愉快和痛苦为标准，检验每件事是称心或不称心。在制定法和自然法关系中，西塞罗认为，自然法并不是人重新制定出来的东西，并不是各民族制定出来的一种任意的规定，而是自然固有的支配宇宙的永恒理性的印记。也就是说人定法要根据自然法来制定，人定法的好坏亦应由自然法来判定。[1]

在理性基础上，西塞罗陈述了法律至上原则：“在一个以法律为根基的国度，弃法律于不顾的行径将会是更大的耻辱。因为法律是维系个人在共同体中的利益的纽带，是我们得享自由的基础，是正义的源头……没有法律的国家犹如缺失头脑的人体……执政官司掌法律之执行，法官照看法律之解释。总而言之，

---

〔1〕 李娟：“西塞罗——法是最高的理性”，载 http：//www. ynift. edu. cn.

我们遵守法律，是因为法律赋予我们自由”[1]。

从法律的实用本质上讲，法律在于实用和适用，而不在于理论。罗马民族是一个重实际而不太崇尚理论的民族。法律必须始终重视社会实际才能有生命力。罗马法能够历经千年而经久不衰，与其注重实际的民族精神是分不开的。古希腊与古罗马精神虽有承继关系，但二者并不相同。在罗马文明发展过程中虽受过希腊文明的熏陶，但当理论与实际发生冲突时，罗马法总是不全从纯理论出发，而是致力于满足实际的需要。这是与罗马精神分不开的，罗马人非常注重实践精神。难怪乎古罗马著名的历史学家说，对于出类拔萃的人应该“行重于言”。典型的罗马精神源于满足于解决实际问题而非简单来源于天赋本性。归根结底地说，古罗马人的精神就是万事皆讲求基本实效的精神。

总之，中国与古罗马的法律思想是极不相同的，是两种不同风格的法律文化。

四、法律的宗教基础不同

中西元点法律基石是不同的。中国的夏商周以宗法制为法律基石。古罗马人、日耳曼人以基督教信仰为巩固和弘扬法律的基石。

从古希腊到古罗马帝国，正如古希腊哲学发展到柏拉图和亚里士多德，提炼出第一本体，“神”成为主宰一切的“第一动力”，提前为基督教入主欧洲腾出最佳位置，基督教在罗马时代很顺利地逐渐成为主宰一切文化的基本精神，必然也就成为欧洲自然法的基石，也成为罗马社会的道德基础。对于这一观念，被称为“自然法之父”的罗马法学家西塞罗对此有过美妙的阐述：“真正的法律是与自然相一致的正确理性；它适用于所有人且不变而永恒，……对于真正的法律，其神圣性不可能被贬低，其合法性不可能被扭曲，其效力不可能被废止；我们不能通过元老院抑或公民大会的命令来驱逐它，我们无须诉诸任何人来确定和解释它；将不会在罗马有一种法律，在雅典有另一种，或者现在有一种，将来有另一种，有的只是一种永恒不变的法律，它对所有的民族和在任何时候都是有效的……对永恒的法的违反即是对人自己以及人的本性的违背，因此，谁若违背之，哪怕他逃避了对他的行为作出的其他相应惩罚，也将受到最严厉的处罚”[2]。

---

〔1〕 转引自高尚：“古罗马与罗马法”，载《中国民商法律网》2004年8月7日。
〔2〕［古罗马］西塞罗：《论共和国》，王焕生译，上海人民出版社2006年版，第33页。

基督教在获得世俗政权支持及教会政权的壮大后，开始着手力求从理论上树立自身权威。基督教变成西方主流社会的精神支柱之后，出现了一批以制定和论证教会信条为职业的人，这就是所谓的“教父”。他们提出的信条和论证就被称为“教父学”。教父德尔图良（约150～222年）公开宣称：“正因为是荒谬的（有的翻译为‘不能理解的’），所以我才相信（有的译为‘信仰’）。”

因此，教父学实际上就是基督教神学。教父们制定的基督教的基本教条，最主要的有如下几条：其一，三位一体说，认为上帝具有所谓圣父、圣子、圣灵三重人格，而这三者又是在同一个神的实体之中，上帝是一个有意志、有智慧、有感情的人格化的神。其二，创世说，认为世界一切事物都是上帝从虚无中创造出来的。其三，原罪说，认为人类的祖先亚当和夏娃在天堂的花园里犯了罪，因此，他们的子子孙孙要受苦受难为他们赎罪。其四，来世报应说，认为今生受苦，死后可以进入天堂，来世必当享受幸福。因此，人们应当鄙视现世生活，逆来顺受，过着禁欲主义的生活。

因此，基督教对法律的主宰，使得中世纪自然法理论发展为绝对神学主义的自然法，其典型代表是托马斯·阿奎那。阿奎那的自然法学说富于创造性，而且自成体系。他的自然法学说融合了奥古斯丁的神学法律思想与亚里士多德的自然主义的自然法思想。

阿奎那最著名的思想就是把法分为四种，即神法、永恒法、自然法和人定法。其中神法最高，人定法最低。四法的决定顺序是神法决定永恒法，进而决定自然法，再进而决定人定法。这表明了他的自然法是从神意出发并以神意为归宿的。所以，在他那里，自然法已不再是最高的法，“自然法是理性动物对永恒法的参与”，但自然法成为人定法通向永恒法的桥梁；自然法是表现上帝与人之间关系的那一部分的永恒法。此外，他的自然法和以往自然法还有不同，即传统的自然法是一种绝对的自然法，认为自然法在时间上与空间上永远不变，人们对它丝毫无能为力，自然法具有一定程度的可变性。但是，阿奎那则认为，自然法的属性是可变的，随着时间的推移，神法和人法都有可能甚至有必要对自然法加以“补充”。

和古罗马不同，中国从夏商周三代到清末，整个法律思想的基础，或法律的宗教基础都是宗法制。中国历史上，自夏商周三代以后至唐代，经历了2100多年的历史发展，终于确立了中国宗法制宗教儒家在中国文化发展中的主导地位。凡是外来的宗教必须服从宗法制宗教和儒学思想的部分内容才能有所发展。

因此，佛教虽自汉代就传到中国，但经历了800多年才在中国取得与儒教、道教三足鼎立的地位。由于中国对精神文化发展的需要，又由于儒学不能满足关于生死问题等精神需要的缺陷而佛教刚好满足了这一精神需要，因此自唐宋以后，佛教才成为发展中国精神文化的最强势力之一，因此佛教在中国才取得长足的发展与成功。佛教不仅满足了中国人的精神需要，还弥补了儒教的不足进而把孔教改造为理学和心学。因此，只有儒学而没有佛学，就不可能有理学和心学。因为，理学和心学是儒学与佛学相结合的产物。

中国的宗法制本身就是靠血缘关系维持的，宗法制成为中国文化的灵魂，它渗透于中国生活的各个领域。它也是维持一切人际关系的核心纽带。中国原始宗教中虽然也有天神，但在中国思想中不占统治地位，统治中国人思想的是祖神（宗法制）而不是天神。后来的中国人信奉祖神超过天神，或者通过祖神祭祀天神，信仰天神是手段，而信仰祖神才是目的。因此，就有了从商代的“宾于帝”到周代“天子”的演变。宗法制是中国历史上宗教发展的根本，所以称之为“体”，而儒释道三教都是在宗法制之下，为“体”服务的“用”。儒释道中只有顺从宗法制的时候，才能得以充分发展；相反与宗法制冲突的时候，那就是被排除甚至被毁灭的时代，所以有了三武一宗的灭宗事件。

第三节　中西元点私法是否发达的原因

我国许多学者把中国政法制度的古典成因追溯于秦始皇的中央集权，法学界的许多学者还把它认定为后来中国私法发展欠缺的历史根源。本书著者反对这种不负责任的治学态度，提出造成中国私法不发达的主要原因，是中国早在古典时代即夏商周三代就奠定了王权主义、王法主义的政法体制，维护王族利益的礼治体系决定了中国古典时代用刑法来压制民法的发展，因此决定了公法的异常发达和压制私法导致私法的不发达。此后，从秦汉至清末，刑法和公法不断走强，民法和私法不断走弱。虽然经过中华民国、中华人民共和国的现代制度的洗礼，但由于古典政法的深厚积淀，我国民法和私法依然很弱。

中国的现实社会积淀着深厚的历史惯性。现代中国民法典迟迟不能出台，有着深厚的历史渊源，探索其中的渊源是本节的主要任务。本书著者认为，中国民法和私法不发达的根源是由中国法律古典传统造成的；中华法制文明的基石是中华古典法制。中国民法和私法历史及现实发展的弱势主要取决于中国夏商周铸造的王权主义政治和王法主义法律的政法古典文化。

几十年来，中国从政界要人到大批学者，许多仁人志士都以隆重推出中国民法典为重任，可是中国民法典却还是“千呼万唤不出来”。于是，人们开始思考，中国民法典迟迟不能出台的根本原因在于中国私法的不发达。对此，中国学者不仅发现了中国私法不发达的事实，而且开始深入研究其中的内在原因。但对其深远影响、历史性根本原因的研究还远不够深入。这便成为本书本节的研究焦点。本书著者认为，中国私法的不发达起因于中国夏商周时代的王法主义的古典法律制度，而中国王法主义的法律系统则取决于中国的王权主义的政治制度。单纯从法制文明角度无法探明中国私法不发达的根本原因，还需要政治学研究的介入，需要法学研究与政治研究跨学科的合作。本书正是这种努力的一个文本。

本书著者认为，在古典中国，公法与私法、刑法与民法的关系绝不是并列的关系，而是主从的关系，确切说是民法附属于刑法，私法附属于公法，刑法和公法是皮，而民法和私法则是毛，皮之不存，毛将焉附？私法的相对独立状况取决于公法的许可程度。

在这里，本书著者第一次借用政治学界有关王权主义的研究成果，用来分析中国私法不足的成因；并第一次提出了王法主义是造成中国私法严重缺陷的法制成因。

一、中国民法、私法不发达的现实

私法、民法不仅在古代中国不发达，即便在市场经济发展神速的当代中国，依然还很不发达。问题的严重性已经达到了惊人的地步，为此引起了我国法学界的高度注意，并逐渐把当代中国民法不健全归因于历史上私法不发达的法律传统。这些研究是值得提炼的。

骆伟雄明确提出，中国私法文化自古就发育不良[1]，这已成为举世公认的“铁的事实”。姚金海明确提出：“中国私法观念缺失是一个客观事实，从中国传统社会政治结构的内在方面，我国四九年后存在的几个误区和法律建设上存在

〔1〕 有学者提出：“中国民法文化自古发育不良，这一点为世人所公认。”参见骆伟雄：“略论民法与礼——中国古代民法文化不发达原因分析”，载《社会科学家》1991年第2期。

问题。”[1] 他具体分析了古代的三个原因：其一，中国传统社会政治结构的独特性。从秦始皇（注意，他仅仅归因于秦代，而并未挖掘更早的朝代）统一中国以来，中央集权专制成为基本法律的政治传统，“一切服务于皇权统治为目标，以家族家长制为基础，以人身依附关系为特征的等级森严的官僚制度”[2]。其二，商品经济发展先天不足。其三，中国传统法律文化独特性，诸法合体，民刑不分，重刑轻民、以刑统民，甚至有刑无民。

姚金海同样解析了20世纪80年代后，中国依然存在严重的不足：法律体系建设结构失衡，中国法体系中不可否认归属公法领域的比重大，而归属私法领域的比重轻，特别是适应市场经济飞速发展的私法（民商法）严重缺失。有识之士同时尖锐指出，中国市场经济变化飞速，私法长期严重滞后。理论上存在公法与私法认识误区，产生了公法优位论与私法优位论的争论，法制宣传与法治教育也存在误区。[3]

有的学者探讨了我国私法精神缺失的历史根源。张晨晨认为：“私法是法治的真正基础，私法精神的缺失是我国目前法制现代化建设中的瓶颈。”[4] 他认为，我国私法精神缺失的历史根源，造成民刑不分、重刑轻民、德主刑辅、礼法结合等传统法律制度无法为我国私法精神提供存在的基础；契约精神缺失、独立人格的否定、（官员）权力本位而非（公民）权利本位、身份差等尊卑有别等数千年封建专制社会形成了与私法精神内核完全相悖的文化理念。为此他主张：“私法精神是建立在市场经济基础上的，并且需要民主自由的而非专制集权的政治制度为保障。因此我国要实现法治，要构建起私法精神，一方面，我们需在法律制度上实现从公法优位主义向私法优位主义的转变，加快民商法典的制定进程；另一方面，需要加快经济体制的转型和政治体制改革的进程，从而促进现代化的法律理念的产生与发展，最终推动我国法治社会的建设。”[5]

我国著名民商法学家江平2002年就提出中国私法处于弱势状态，是一种极其不发达的法律，甚至呼吁“中国的私权保护太薄弱了”。回顾他1951年至1956年到苏联学习，接触到的列宁的一句名言就是“我们不承认任何私法”。

---

〔1〕 姚金海：“论我国私法观念的缺失”，载《求索》2004年第9期。
〔2〕 同上。
〔3〕 同上。
〔4〕 张晨晨：“探讨中国私法精神缺失的历史根源”，载《法制与社会》2009年第25期。
〔5〕 同上。

因此，他认为："从社会主义苏联开始，法律就是绝对不承认任何私法：私人的一切领域，国家无所不干预、国家无所不控制。"[1] 现代中国民法、私法的不发达根源于对苏联政法制度的继承。有的学者把中国私法的不发达归因于继承苏联社会主义政法传统，社会主义本质是弘扬公有制否定私有制的社会。

不难看出，从列宁"我们不承认任何私法"到毛泽东对私有制的全盘否定，私法没有任何生存和发展的空间。改革开放以来，私有经济从"社会主义经济必要补充部分"发展到"社会主义经济重要组成部分"，再到《中华人民共和国物权法》的制定与实施。中国的私法有了长足的发展，私有经济的政治制度以及相关法律的保护力度大幅度提高，但是公权力对私权利的限制仍然是主流，国家对公民的私权利的干预程度依然很高；公法依然是中国法律体系的中流砥柱，私法依然是法律体系的边缘，因此造成中国的民法典迟迟不能出台的难堪景象。显然，政治决定法律，而不是法律决定政治；中国民法典的"姗姗来迟"与私法的不发达主要源于有关中国私权利政治制度的欠缺和不完善。

中国现代的私法和民法，不是本土出生的，而是对发达国家私法和民法的引进。正如柳经纬所说："当代中国发展私法与清末民国一样，离不开借鉴西方私法。中国私法的发展动因是市场化的内在需求与对民主法制的追求，所以是学习借鉴而非'照抄照搬'。"[2] 叶林也提出了同样的观念。他提出："我国现代私法主要是通过法律移植发展起来的。与大多数东方国家相似，为了顺应团体或法人现象的出现，我国私法通过法律规范的准用，将规范自然人的法律适用于团体或法人，实现了对团体或法人的特殊调整。然而，如何解释我国私法人和私法权利的社会内涵，却长期没有受到学术界应有的重视。"[3]

对中国私法研究比较深入的是许中缘"论民法典与我国私法的发展"的研究课题[4]。该课题对私法与公法的区分进行了高度的总结和概括。第一种是主体说，认为私法主体是私人或私团体，公法主体是国家或在国家之下的公团体。

---

〔1〕 江平："民法典的私法传统"，载王卫国主编：《中国民法典论坛（2002～2005）》，中国政法大学出版社2006年版。

〔2〕 柳经纬："当代中国私法之发展与对西方私法的借鉴"，载《暨南学报》（哲学社会科学版）2011年第3期。

〔3〕 叶林："私法权利的转型——一个团体法视角的观察"，载《法学家》2010年第4期。

〔4〕 许中缘："论民法典与我国私法的发展"，2004年度国家社科基金资助项目"我国民法典总则立法若干疑难问题研究"阶段成果。资助批号＝04CFX019。

第二种是利益说，被认为源于罗马法学家乌尔比安的“公法是有关罗马国家稳定的法，私法是涉及个人利益的法”[1]。现代学者也是这么认为的，私法是“维护个人利益为宗旨，通过私人间的自己的行为即可实现其利益追求的法规范”，而公法是“以维护统治集团利益，对社会采用行政、刑事、经济等手段进行治理的法规范”。[2] 第三种是关系说，认为私法中调整的关系是主体平等的关系，而公法调整的是一种“权力者与服从者”的关系。值得特别注意的是，他还提出了“民法典是发展私法的最高形式”、“私法发展到民法典，这是私法发展的一般规律所决定的”、“由私法发展到民法典，这是由民法典所具有的优越性所决定的”等鲜明的看法。[3]

国内一些学者对于我国私法不发达的历史原因进行了较有深度的研究。李旭燕认为，历史上自然经济的禁锢与刑法本位主义是造成中国私法不发达的主要原因，“自然经济的禁锢，等级制度的藩篱，使得传统民事制度处于夹缝之中，高度发达的刑事法律制度，更使其显得苍白无力。以至有学者认为，中国传统法律是以刑法为中心的法律模式，民事法律是一个空白”。李旭燕归纳出中国古代民法三大特征：内容简单化、私法公法化和法律伦理化。[4]

高伟从“私法公法化”的视角分析了我国现实私法不发达的原因。[5] 私法公法化有两种倾向：一种是中国道路，一种是西方道路。中国道路是用公法侵吞私法的存在合理性，私法自古至今都是不发达的。在中国，从古代到现代，国家与社会实现了高度统一。[6] 于是，社会被国家吸收，个体权益也被国家利益融合，国家支配着社会的各个领域，[7] 因此，国家通过单位制度把个人纳入到行政框架，使得个人成为与国家高度统一的“组织人”。由于国家与社会的高度一体化，个人的基本权益受到吞并。[8] 与中国道路不同的是西方道路。自古希腊的《格尔蒂法典》和古罗马的《十二铜表法》到近现代的自由资本主义时

---

〔1〕［古罗马］查士丁尼：《法学总论》，张企泰译，商务印书馆 1989 年版，第 5 ~ 6 页。

〔2〕李建华、彭诚信：《民法总论》，吉林大学出版社 1998 年版，第 57 页。

〔3〕许中缘：“论民法典与我国私法的发展”，2004 年度国家社科基金资助项目“我国民法典总则立法若干疑难问题研究”阶段成果。资助批号 = 04CFX019。

〔4〕李旭燕：“中国古代民法文化的特征及其形成原因”，载《滨州职业学院学报》2009 年第 2 期。

〔5〕参见高伟：《私法公法化研究》，社会科学文献出版社 2012 年版。

〔6〕高伟：《私法公法化研究》，社会科学文献出版社 2012 年版，第 157 页。

〔7〕王继军：《公法与私法的现代诠释》，法律出版社 2008 年版，第 79 页。

〔8〕邓正来：《市民社会理论的研究》，中国政法大学出版社 2002 年版，第 12 页。

代，高度发展了政治上的私权利和法律上对私权利的私法保护。当西方社会发展到垄断资本主义之后，国家利益开始限制私权利的恶性发展，因此出现了私法公法化的现象，这是对西方社会变革的一种回应，因此西方的“私法公法化是国家干预的一种表现”[1]。足见，这两种私法公法化的道路是不能同日而语的。

虽然学界对中国私法不发达的历史原因进行了颇有深度的研究，但本书著者认为尚未抓住问题的根本，为此提出下述相关的理论分析。

二、王权主义决定王法主义的古典成因

本书著者以为，现代中国民法典迟迟不能出台以及私法的不发达有着深厚的古典成因。学者多数把历史原因追溯到秦始皇以后的中央集权专制。其实不然，秦汉的王权主义政治系统、王法主义法律传统早在夏商周时代就已经奠定了。把中国私法的历史原因追溯于哪个朝代，并不是把历史根源提前的问题，而是如何从根本上挖掘中国法律根本缺陷的重要问题。古典之所以是古典，就是决定民族文明的根本性的东西，不仅始终决定着民族文明的发展方向，而且决定着民族文明的价值取向。本书著者还认为，秦汉是夏商周的继续或继承，秦汉的中央集权只是外形，其实夏商周的王权主义、王法主义的根本才是内在。造成这种现象的主要原因是中国早在夏商周三代就奠定了王权主义、王法主义的政法体制，礼治体系决定刑法发达而民法不发达、公法发达而私法不发达，后来从秦汉至清末，刑法和公法不断强化，民法和私法不断弱化。虽然经过中华民国、中华人民共和国的现代制度的洗礼，但民法和私法依然很弱，以至于造成中国民法典千呼万唤难出来的文化景观。

可以说，中国私法薄弱最根本的古典成因是王权主义和王法主义传统体制。中国传统政法王权主义与王法主义相匹配的体制，为王权王法的发展提供了广阔的发展空间，极大地压制了私法的生存与发展空间。

造成中国刑法、公法的强势和民法、私法的弱势的第一个根本性历史原因是夏商周时代奠定的王权主义决定王法主义的政法传统。王法主义的法制传统取决于王权主义政治传统。在政法关系上，是政治决定法律，而不是法律决定政治。中国民法、私法弱势的历史原因是中国法律重心或法律体制是以王法主义为核心的。至今老百姓还习惯称谓之为王法，而不是国法。在漫长的封建社

[1] 高伟：《私法公法化研究》，社会科学文献出版社2012年版，第2页。

会，中国的国之本是“王”，而不是民。

中国从夏商周一直发展到明清，始终都跳不出王权与王法的窠臼。早在夏商周时代，就已经形成了“法自君出”[1] 的文化定势。帝王既是王权的持有者，更是王法的最高制定者。由于王权王法的至尊，因此造成三类法律现象。其一，很多本应是民法的内容也提升为公法及刑法的高度，因此必然剥夺了私法或民法能给予人民的民权。其二，中国法律体系中，基于忠是孝的放大体制，把皇帝及官员称为“青天大老爷”或“父母官”而把人民称为“子民”，把执政的合理性称为“爱民如子”，把不遵守王法的人称之为“刁民”。其三，夏商周三代的中国社会不仅私法极不发达，甚至可以说，那个时代根本没有独立的私法。这一现象决定了中国后来发展私法、完善民法注定要经过极其艰难的历程。

中国的立法和变法方向是自上而下的，因此形成王法至尊的体制；有人认为，按公法、私法的划分，罗马法主要是私法。[2] 中国主要以官方意志为制定法的灵魂，所以公法发达，私法不发达。与中国不同，古希腊古罗马的立法和变法则是自下而上的，因此从习惯法演变为成文法，因此私法（民法）发达。古罗马的《十二铜表法》也是自下而上的结果。罗马平民为了改变与贵族不平等的地位，在罗马共和国早期就曾主动组织起来向政府施加压力，要求编纂成文法。《十二铜表法》正是平民反对贵族斗争的成果。因此，《十二铜表法》更多地承认和编辑了平民的习惯法，在一定程度上对贵族的专横和滥用权力作了限制。其内容相当广泛，包括公法与私法、刑法与民法、实体法与程序法、同态复仇与罚金、氏族继承与遗嘱等。此后，随着平民与贵族斗争的继续，罗马进一步调整了公民内部的阶级关系，也不断促进国家立法工作的继续进行。从《十二铜表法》的条文中，可以看出三个基本法律精神：其一，自由民在“私法”范围内是平等的，主要体现在契约缔结及财产私有的一些条款上。其二，贵族的司法专横得到了一定的限制。其三，它体现了一定的奴隶制民主，规定了“以后凡人民会议的所有决定都应具有法律效力”。很显然，这三种状况都不可能发生在中国古代社会。

---

〔1〕《尚书·盘庚》说：“余一人之作猷”，“惟余一人之有佚罚”。帝王“口含天宪”，“法自君出”。皇帝的诏令是最有权威的法律形式。

〔2〕 纪坡民：“补一下罗马法的课”，载《读书》1994 年第 6 期。

决定中国古代自上而下的变法方向的主要原因是，中国以官方意志为制定法的基础和源泉，习惯法逐渐受到限制，所以私法不发达并逐渐萎缩。古希腊古罗马法以习惯法为成文法的基础和源泉，所以私法与公法同样发达。

本书著者在对中国古典政法的研究中发现，如果说中国的王法主义是由王权主义决定的，那么就可以说，王权主义则是由王道主义决定的。

中国王道主义、王权主义、王法主义的历史传统一直延续到晚清，甚至部分延续到现代中国社会。因为，在如今许多官员和百姓的观念里依然部分地存在三王主义系统。

中国的许多政法人认为提升中国私法的关键在于建立中国的民法典。不过，民法典的提出和完善似乎成为中国人的一块心病了，以至于有的学者发自内心地说："中国人的20世纪是一个令人激动而又沉重得不得不让人深思的100年。上半个世纪，充满忧患又富于希望；下半个世纪，让人兴奋又使人困惑。那生于忧患中的中国民法典（1929年民法典）如今还在我国台湾地区适用；而在兴奋中的人们虽然没有一部民法典，而新一轮的民法典制定工作毕竟可以令人再次激动不已"〔1〕。

三、王法主义根源：民义务本位和官权力本位

那么，造成中国古典时代的王权主义和王法主义的根源又是什么呢？这是一个更深层次的问题。本书著者认为，其中最为根本的原因是中国古典时代官权力与民权利的特殊结构，以及官民对权力的契约构成。造成中国刑法、公法的强势和民法、私法弱势的根源是中国古典政法体制中官权力与民权利契约精神的不足。中国传统社会缺乏官权力与民权利的契约精神，不是把民权利作为官权力的合理合法根据，而是相反把官权力作为民权利存在的根据。所以在中国，官员是老爷，民是子，是子民。这必然成全了官员腐败的合法性，而不是把"王法"建立在民权合理性的基础上。西方古希腊古罗马把公民权利作为政府官员权力的根源，所以政权不仅具有合法性，还同时具有合理性。与此相应的是，中国古代政法体制是子民义务本位与官员权利本位的相辅相成，西方政法体制则是公民权利本位与政府责任（义务）本位相匹配。

古罗马最有价值的政治思想是，公民权利是统治者权力的合法性基础。这

〔1〕易继明："将私法作为一个整体的学问"，载易继明主编：《私法》（第1辑第2卷），北京大学出版社2002年版。

个思想成为西方政治文明的风骨和精髓。当然，在古罗马时代，公民不等于人民。公民并不包括奴隶、外邦人和妇女。中国从来没有这种政法传统。相反，中国政法传统是从来不怀疑君主权力对人民权利的绝对征服甚至践踏。中西方政法传统的根本不同是价值取向或方向性的不同——中国从统治者的权力出发派生出人民的权利，统治者的权力是人民享有权利的根本和来源，皇帝恩赐给人民甚至是百官多少权利，人民和百官就只能享有多少权利，权力也是剥夺人民权利的根据，因此“君让臣死，臣不能不死”。

从“亲民”、“爱民”、“保民”的角度看，中国古典时代的文明程度远远高于西方古希腊古罗马文明。因为，古希腊公民仅限于10%的男性贵族的范围，奴隶只是政法关系的客体而被排除在政法关系主体之外，就是说当时西方政法并不是为保护奴隶而构建的；相反中国早在西周就以“保民”、“贵民”为建国之本。中国从来就没有像西方那样经历过典型的奴隶社会。虽然中国古代社会的主体有主仆之分，但绝没有奴隶主和奴隶之分，因此所有人民都被视为“保民”的对象，人民是法律关系的主体，而不像古希腊古罗马那样，奴隶仅仅是法律关系的客体。

西方从古希腊经过罗马法的洗礼，把官权力与民权利的关系颠倒过来：公民的权利是统治者权力的根据、合法性基础，统治者的权力如果违背和侵害人民的权利就是不合理的，就失去了合法的基础。因此，西方私法极其发达。而中国则相反，私法极其弱小，因此婚姻法都是源于礼制（公法），亲亲宗宗的忠孝是决定一切中国政法理性的核心。这种传统如不能得到纠正，人民就只能是统治者案板上的肉食，任其宰割。所以，中国传统政法理性是民任官宰割的法制体系，相反西方则是（公）民权利制约官员权力的法制体系。罗马人有着优良的法律传统，到罗马帝国时代，他们的法律成就达到了顶点。集中体现为《查士丁尼国法大全》。上层人物以不懂法为耻，于是涌现出一批著名法学家，而且法学家具有很高的法律地位，其著作成为法律依据。罗马法的主体是私法，其精华和影响最大的部分也是私法部分。虽然私法本身及其理论并不属于政治学的范畴，但罗马法对罗马政治学有关私权利的政治学思想产生了很大的积极影响。罗马法理论与实践，使得罗马人的“权利”概念更加深入人心。

和中国古代法不同，罗马法学关注的问题由维护社会秩序的功能转向了保障个人权利。人们认为，法学“是关于正义和非正义的科学”，而“正义是给予每个人应得的部分的这种坚定而恒久的愿望"[1]。因此，法律和政治所关注的重心是保护个人权利。在西方政治法律思想史中，权利概念首先产生于罗马法。因为，古代希腊政治学和法学并没有形成权利概念。当代法学家庞德提出："希腊哲学家们并不议论权利问题……他们议论的是，什么是正当的或什么是正义的。"[2] 萨拜因分析了其中的具体原因："希腊人认为，他的公民资格不是拥有什么而是分享什么，这很像是处于一个家庭中的成员地位。……这就意味着像希腊人所设想的，问题不在于为一个正当的权利，而是保证他处于他有资格所处的地位。"[3]

罗马法对罗马政治影响的第二个要素是罗马法引进并发展了斯多葛的自然法思想。自然法认为，一切人都是生而平等的。因此，奴隶制度是违背自然的。所以，在罗马，奴隶在法律上的地位和待遇不断得到改善，家长的权威也逐步得以削弱。结果到罗马帝国末期，人人平等的权利在私法领域已经接近实现。

此外，罗马法学的权利意识为其政治学提供了一种权利思维方式。"在法学昌盛时代，罗马法在各门学科中占有压倒一切的优势地位。在中世纪，罗马法享有与《圣经》相似的权威。……除'物理学'外，没有一门科学是没有经过罗马法律学过滤的。"[4] 萨拜因认为："法学的论证——依据人们的权利和统治者有依据的权力来推理——成为并且依旧是政治推论的一个得到普遍认可的方法。"[5] 因此，"它不接受没有根据的事实，不承认没有权利的权力。它要追问：政治权力的合法基础是什么？占有和行使权力的依据是什么？这种权力是否是他们的权利？人民何以有义务服从这种权力？人民的权利与统治者权力是什么关系？等等。总之，统治者的权力必须有权利的依据，只有以权利为基础的权力才是合法的。这种思维方式成为西方政治学的特点之一"[6]。

造成中国刑法公法的强势和民法私法弱势的另一个根本性历史原因是刑法主宰民法、公法主宰私法的独特主从关系。这个主从关系如果颠倒过来，才是私法极大发展的时代。中国法律传统铸造了公法主宰私法、刑法主宰民法发展

---

〔1〕［古罗马］查士丁尼：《法学总论》，张企泰译，商务印书馆1989年版，第5页。
〔2〕［美］庞德：《通过法律的社会控制》，沈宗灵译，商务印书馆1984年版，第44页。
〔3〕［美］萨拜因：《政治学说史》，盛葵阳、崔妙因译，商务印书馆1986年版，第25页。
〔4〕徐大同主编：《西方政治思想史》，天津教育出版社2000年版，第61页。
〔5〕［美］萨拜因：《政治学说史》，盛葵阳、崔妙因译，商务印书馆1986年版，第209页。
〔6〕徐大同主编：《西方政治思想史》，天津教育出版社2000年版，第61页。

的局面，确切说是民法附属于刑法，私法附属于公法，私法的相对独立状况取决于公法的许可度。本书著者认为，中国历史上原本就没有私法，只有被公法包容的私法，私法并未获得独立存在的地位。难怪有的学者说，“我国现代私法主要是通过法律移植发展起来的”[1]。

只有克服了上述三大缺陷，中国民法典的隆重推出才是可行的，才是成功的，才可能是惠及人民的，否则将是不成功的、难产的。其实，社会主义的本质是政府官员全心全意“为人民服务”、“国家的一切权力属于人民”，实际上就意味着政府官员的权力是以公民的权利为根据的，因此国家的公权力应以公民的私权利为根据。

四、我国私法缺陷追因研究：政治学对法学的提升

在对中国文明根本缺陷的研究中，我国政治学界的研究远比法学界的研究更为深入。从王权主义视角思考中国古典政法的不足，无疑是研究中国私法不足的一大突破。政治学界刘泽华最先提出了王权主义概念，并把中国政治文明的发展不足归因于王权主义。[2] 不过，本书著者并不赞同刘泽华先生仅仅把王权主义归结于秦始皇[3]，其实应该追溯到夏商周三代。

一百多年间中国社会实现着从古代到近现代，即从王权社会向公民社会的转型。李宝刚、刘占虎从王权主义传统下现代公民社会的建构与生成的视角，分析了我国社会转型的关键是实现公民社会，“中国传统政治文化之王权主义视界中的权力本位、臣民意识、民本思想、崇圣观念等传统因素则是现代公民主体以及公民意识生成的内在蔽障。这就要求在当代中国的社会转型过程中克制传统王权主义对公民社会生成的消解，由权力本位转向权利本位、臣民意识转向公民意识、民本观念通向民主观念，逐步实现公民主体重塑和公民社会的生成”[4]。然而，他们所说的公民社会还停留在国家公民社会，还有待提升为全球公民社会。

王权主义本质就是极权主义。葛荃、鲁锦寰认为：“从现代政治学的视角看，王权主义具有某种极权主义的特征。中国传统政治文化本身并不含有现代化的

〔1〕 叶林：“私法权利的转型——一个团体法视角的观察”，载《法学家》2010年第4期。

〔2〕 参见刘泽华：《王权思想论》，天津人民出版社2006年版，自序第3页，第170页。

〔3〕 刘泽华：《中国的王权主义》，上海人民出版社2000年版，第1、482~484页。

〔4〕 李宝刚、刘占虎：“论王权主义传统下现代公民社会的建构与生成”，载《江西财经大学学报》2004年第4期。

因子，中华文化的现代化需要一个从传统到现代的转型过程。”[1]

古代中国社会是一个权力支配社会，而不是社会主宰权力的状态。为此，化涛提出：“‘权力支配社会’是认识和把握中国古代政治史和社会史的一个关键性命题。对传统社会控制和运行机制的反思是当代中国创新社会管理、维护社会稳定、缔造理性政治秩序与政治生活的重要一环和基础性工作。”“‘王权至尊’和‘天下王有’乃是支撑中国几千年君主政体的制度架构和运行机制的核心政治价值理念。所谓的权力宰制社会，就是指以王权为核心的社会运作和控制机制对帝国政治、经济、文化以及社会生活等所有领域实施的制约和操纵。”[2]

有的学者又把王权主义的理念运用到对中国诉讼的巨大影响的分析上，提出：“中国的王权主义决定了秩序建构是传统社会政治生命的第一要义。在健讼所造成的秩序困境面前，无讼成为王权主义对其‘秩序情结’的一种极致性表达；而王权主义作为衍生中国各种文化思维的‘元叙事’构成了无讼文化的起点和归宿：秩序要求塑造了中国文化的品格，反之，源于诸子各家的文化又共同创造了无讼的氛围，缔造了王权主义的秩序思想”[3]。

总之，政治学界对王权主义的研究是解析中国传统社会政治文明不足的根本。一方面政治学界的研究远比法学界的相关研究更加深入，另一方面政治学界的研究也有待进一步地深入。因为，政治学界并未能把王权主义与中国私法发展联系起来。对此，本书著者借用政治学界王权主义研究成果，进而作为剖析中国私法不发达的根本原因，大胆地提出这样的因果关系：中国传统社会正是由于王权主义政治状况，才决定了中国王法主义的法律状况，进而成为中国私法不发达的根本原因。

人类政法文明的进步在于从为王族利益服务发展到为国家利益服务，而国家利益的根本则是以民为本的民本主义、民权主义、国法主义，而不是王权主义和王法主义。因此，中国要想真正实现社会主义现代化或融入全球化，就必须克服中国传统王权主义和王法主义的传统。而这种克服及中国法治完善的出

---

[1] 葛荃、鲁锦寰：“论王权主义是一种极权主义——对中国传统政治文化的一种解读”，载《山东大学学报》2006年第4期。

[2] 化涛：“权力宰制与社会运行——基于刘泽华先生‘王权主义’的思考”，载《理学导刊》2012年第3期。

[3] 王忠春、张分田：“无讼思想与王权主义秩序情结”，载《江西社会科学》2006年第5期。

路是在全球化时代完成的。

五、西方私法发达源于《格尔蒂法典》、《十二铜表法》

与中国自古至今私法就不发达这一文化景观相反，西方早在古希腊古罗马时代，私法就是一派繁荣的景象。集中体现在《格尔蒂法典》和《十二铜表法》两部法典。

根据考古学家们的发现，法学界的学者认为古希腊存留下来的唯一一部完整的、也即欧洲第一部法典是公元5世纪的《格尔蒂法典》。分别于1857年、1879年、1884年在希腊克里特岛上古代格尔蒂城河边的古城墙上发现了《格尔蒂法典》，共有12栏、600多行法典残篇。刻有此法典的墙壁至今仍挺立在古城格尔蒂的废墟上。

从私法精神强弱的角度看，《格尔蒂法典》远比《十二铜表法》更代表着私法的发展方向，《格尔蒂法典》的私法精神更强。中国学者易继明认为："从后来发掘的《格尔蒂法典》的内容来看，就私法方面而言，它不仅丝毫不逊色于《十二铜表法》；相反，它更接近私法发展的方向——或者说，它体现了比《十二铜表法》更为先进的法律思想。"[1] 他给出的理由如下：

首先，以今天的法律分类标准来衡量，《格尔蒂法典》更像一部民法典。该法典共12栏，从第2栏第49行起，便规范关涉私人生活的婚姻、收养、继承、赠与、保证、抵押、合伙、许诺、监护等方面的行为。以当时希腊城邦制度看，其必定是一个"宪政国家"或"法治国家"。在"法治"环境下，《格尔蒂法典》似乎很单纯地仅仅是私法的规范，正是民主主义国家法治的体现。[2]

其次，该法典基本上摆脱了初民社会法律的残酷性。[3] 法典对于强暴、通奸、遗弃、妨碍诉讼等行为的处罚中，没有任何人身刑刑罚，仅有关于罚金的规定。如对男女自由人施以强暴者，罚其一百斯塔特[4]，而对企图与一位在亲属保护之下的女自由人交合者，若证据确凿，则罚其十斯塔特[5]，与女自由人通奸者，若在其父亲的、兄弟的或其丈夫的房间中被捉，罚其一百斯塔特，若

---

〔1〕 易继明：《私法精神与制度选择》，中国政法大学出版社2003年版，第38页。

〔2〕 同上书，第39页。

〔3〕 同上书，第39~40页。

〔4〕《格尔蒂法典》第2栏，第1~4行。

〔5〕 同上书，第2栏第18~20行。

在其他房间被捉，则罚五十斯塔特[1]。若独居妇女在按章送交孩子之前遗弃其子，如其败诉，她要受罚，为一个自由人孩子罚五十斯塔特[2]。这说明当时古希腊从法律文明到社会文明都取得了长足的发展。从文明的角度看，说明一方面法律放弃了对人肢体的摧残是对人自身的尊重，法律人格的观念即萌生于这种早期的人本主义思想。另一方面，从人身刑到财产刑，表明对财产权利的重视，是商品经济社会里财产流转加强的一种表现。雅典梭伦改革的要点是以财产来划分公民的等级，而财产的获得比身份的获得更自由，更能激发人的创造性。这足以说明当时的古希腊，政治上的私权观念和法律上的私法观念已经达到了相当高的水平，以至于公民在政法生活中基本上实现了权利本位的高度。

再次，《格尔蒂法典》对具体行为规范详细、细腻，表达简洁、明了。[3]如该法第7栏至第9栏关于女继承人的规定，对嫁人的顺序、婚龄、财产、孩子抚养等都有明确规定，十分详尽具体。此外，《格尔蒂法典》用语简洁、明了，没有诸如“拟诉弃权”、“要式买卖”和“要式现金借贷”等之类的抽象、晦涩语汇。这种通俗化的用语与国民接近，易于被国民理解、接受，也进一步体现了成文法的精神要旨。更重要的是，这个法典最大限度地保护民主自由主义利益，在规范内容中，体现了民法规范中的放任主义思想。如在对婚姻问题的规范中，结婚方面的内容大都留给了当事人自己，仅对易于出现纠纷或有必要加以规范的再婚、离婚等问题进行明确、统一的规定。再如，古希腊贸易发达，法典不作更多规定，而是交给当事人自己，仅对较复杂的合伙、投机、抵押、保证等内容进行规范。

此外，《格尔蒂法典》确立了当事人的行为与其法律效力之间的关系模式，奠定了近代民法核心理论即法律行为理论的基础。[4]这种法律规范采用了“如果……那么……”的逻辑结构，确立了行为模式与其结果模式的法律行为理论。该法典规定，欠款者或败诉者或涉及正在审理中的案件中的当事人，向他人赠予的财物，若其余的财产不足以补偿全部债务则赠送无效。该法典还规定，若在市场购置奴隶，六十天内不完成交易，该奴隶在此前后所犯罪过，由拥有他

[1] 同上书，第2栏第21~25行。
[2] 《格尔蒂法典》第4栏，第10~15行。
[3] 易继明：《私法精神与制度选择》，中国政法大学出版社2003年版，第40~41页。
[4] 同上书，第41~42页。

的人负法律责任[1]。不难发现，该法典出现了法律效力、无效、法律责任等概念，为学术化的法律行为理论奠定了基础。

最后，婚姻家庭是私法的重要组成部分。《格尔蒂法典》在婚姻家庭方面，折射出更多的婚姻自由的理念。[2] 提高了人们尤其是妇女结婚自由和离婚自由的权利。该法不仅赋予自由人妇女可以与奴隶通婚的权利[3]，还赋予妇女许多离婚的自由[4]。此外，还赋予妇女在一定条件下有选择婚姻的自由[5]。

《格尔蒂法典》开始削弱家长的权利。虽然还保留着父亲尚在时儿子不得作保人[6]的规定，但开始出现了父子财产分割制度，并且出现了丈夫不得损害妻子、儿女不得侵害母亲财产的权利的规定，即"丈夫不可以出卖或抵押妻子的财产，儿子不可以出卖或抵押其母亲的财产"[7]。此外，此法典在婚姻家庭方面还出现了许多先进的法律理念。如未成年人不能收养子（第11栏），女继承人12岁以后才能结婚且于此之前父母亲属代管财产和收益（第12栏）。这种法律规定的意义重大，其赋予一定年龄的公民以相应的权利，可以摆脱家族的摆布，意味着儿女遵从的家庭契约"命令关系不存在了，只存在一种互相提供必要帮助的、神圣不可侵犯的关系，以及一种对所受慈爱表示感谢的关系"[8]。总之，《格尔蒂法典》关于婚姻家庭的诸多规定表明以血缘为纽带的宗族制度出现衰落，身份等级的人身依附关系受到冲击，在城邦民主制度下的公民获得了一定的解放，体现了平等、自由的观念。

如果说古希腊人以《格尔蒂法典》见证了西方私法起源的发达，那么古罗马人则用《十二铜表法》见证了西方私法的继承与发展。古罗马人把《十二铜表法》誉为西方"一切公法和私法的渊源的立法里程碑"[9]。关于《十二铜表

---

〔1〕《格尔蒂法典》第7栏，第13～18行。

〔2〕易继明：《私法精神与制度选择》，中国政法大学出版社2003年版，第44～45页。

〔3〕《格尔蒂法典》第7栏。

〔4〕同上书，第2、3、4、5栏。

〔5〕同上书，第7、8栏。

〔6〕同上书，第9栏第40～41行。

〔7〕同上书，第6栏第9～14行。

〔8〕贝卡里亚认为：共和国如果以家庭为单位联合，就意味着孩子们受家长摆布，法律和习俗是家长的习惯感情结果，称作家庭精神，这是第一种情况；第二种情况是，共和国按人进行联合，意味着每个个体都是独立的，没有奴隶，称为共和国的精神（或称调整精神）。参见［意］贝卡里亚：《论犯罪与刑罚》，中国大百科全书出版社1993年版，第99～101页。

〔9〕［意］朱塞佩·格罗索：《罗马法史》，黄风译，中国政法大学出版社1994年版，第78页。

法》的具体内容，后面再作阐述。

六、中国《法经》与古罗马《十二铜表法》的比较

中国法学教科书讲述了中西方第一部成文法典的常识，认定中国的第一部成文法典是春秋战国时的《法经》，西方的第一部成文法典是古罗马时代的《十二铜表法》。这两部法典隐含着完全不同的法律精神。

作为中国第一部比较系统的封建法典，《法经》是战国李悝总结春秋以来各诸侯国的立法经验编纂的。非常可惜，《法经》早已失传。《晋书·刑法志》只保存了它的指导思想和篇目。《法经》分盗法、贼法、囚法、捕法、杂法、具法六篇。由于当时财产有限，保护财产是当时社会的要务，因此李悝以为“王者之政莫急于盗贼”，故将盗法和贼法列于六篇之首。“盗法”是涉及公私财产受到侵犯的法律。“贼法”是有关危及政权稳定和人身安全的法律。“囚法”是有关审判、断狱的法律。“捕法”是有关追捕罪犯的法律。“杂法”是有关处罚狡诈、越城、赌博、贪污、淫乱等行为的法律。“具法”是规定定罪量刑的通例与原则的法律，相当于现代刑法典的总则部分。其他五篇为“罪名之制”，相当于现代刑法典的分则部分。可以说，《法经》是一部诸法合体而以刑为主的刑法和刑事诉讼法典，它初步确立了封建法典的基本原则和体系，对后世封建立法影响深远。

《法经》是商鞅手中改革的利器。秦孝公时，商鞅携《法经》入秦，主持过两次变法，是法家变法最有成效者。第一次于公元前359年，以《法经》为蓝本，结合秦国的具体情况加以修订、扩充，制定了秦律，并制定了连坐法，颁行秦国，励行法治；奖励军功，禁止私斗，取消世卿世禄及一切特权；奖励耕织，重农抑商。商鞅第二次变法开始于公元前350年，主要内容包括废除井田制，确立封建土地私有制；普遍推行县制，县令、县丞等地方官由国君直接任免，集权中央，并统一度量衡制度；按户口征收军赋，以利开垦荒地和增加赋税收入。

《法经》在中国法制史中具有不可或缺的历史地位。《法经》初步确立了封建法典的体例和基本原则，成为中国古代第一部比较系统的封建法典，标志着中国古代的立法技术已开始走向成熟，成为后世立法的滥觞。《法经》的出现有利于后世立法的系统化，使立法活动在兼顾历史沿革和横向联系的科学环境中进行，避免重复和抵牾。《法经》的出现，有利于法律文献的整理、修订、解释和研究。

然而,《法经》所要保护的不是平民的利益，而是王权利益，重点是要防止劳动人民对统治阶级利益的“犯上作乱”，其立法思想是“王者之政，莫急于盗贼”。《法经》维护的是君主专制制度和封建等级制度，规定了窥宫，盗玺；也规定了丞相受金，左右伏诛，是说如果丞相受贿，要把他左右的臣属斩首问罪。很显然是因为“刑不上丞相”之故。

《十二铜表法》制定于公元前452年至公元前451年。在平民保民官的强烈要求和平民努力的双重压力下，政府编订出十个法表，镌刻在十块青铜板上，公布于罗马广场。由于这十铜表法主要是由贵族编制并为贵族利益服务的，因此引起平民的强烈不满。于是，为了调和阶级矛盾，罗马政府于公元前450年，又增加了两表，保护平民利益。因此形成著名的《十二铜表法》。这就是古罗马乃至西方第一部成文法典。可惜的是，公元前390年，高卢人入侵罗马，铜表在战火中全部被毁，原文也散佚，后来只能从其他古代著作中略见梗概。

《十二铜表法》是古罗马时代平民和贵族矛盾化解的产物，是平民与贵族斗争胜利的产物，反映了平民在政治、经济、法律地位上的诉求。

《十二铜表法》内容广泛，包括民法、刑法和诉讼程序，基本上是习惯法的汇编，主要包括传唤、审判、求偿、家父权、继承及监护、所有权及占有、房屋及土地、私犯、公法、宗教法、前五表之补充、后五表之补充等十二篇。《十二铜表法》颁布之后，就成为共和时期罗马法律的主要渊源。法律明文规定维护私有制度和奴隶主贵族的权益，保护私有财产，严惩破坏私有权者。例如，债务法规定债权人可以拘禁不能按期还债的债务人，甚至将其变卖为奴或处死。再如，家庭法给予家长对其家庭成员的绝对权力，可把子女出卖为奴。该法典禁止贵族与平民通婚。很显然，此法还存在氏族制度的残余，如继承法既实行遗嘱自由又规定财产在氏族内继承，惩罚方法既采用罚金又保存同态复仇。由于平民的斗争,《十二铜表法》对贵族滥用权力作了一些限制，贵族不能再任意解释法律。因此,《十二铜表法》限制了贵族的特权，打破了贵族对法律的垄断，一定程度上保护了平民的利益，是平民的胜利。

《十二铜表法》体现了古希腊古罗马的民主法治观。《十二铜表法》够得上亚里士多德所说的良法和法治的两点要求，即“已成立的法律获得普遍的服从，而大家所服从的法律又应该本身是制定得良好的法律”[1]。

---

〔1〕［古希腊］亚里士多德:《政治学》，吴寿彭译，商务印书馆1981年版，第199页。

从《十二铜表法》的条文中，可以看出三个基本法律精神。其一，自由民在“私法”范围内是平等的，主要体现在契约缔结及财产私有的一些条款上。其二，贵族的司法专横得到了一定的限制。其三，它体现了一定的奴隶制民主，规定了“以后凡人民会议的所有决定都应具有法律效力”。很显然，这三种状况都不可能出现在中国古代社会。

从中国的《法经》和古罗马的《十二铜表法》的比较研究，可以看出其中的同和异。虽然两部法典都主要是为统治阶级服务的，但罗马平民进行了抗争，抗争也起到了很大的作用。而在中国的《法经》里看不到中国平民抗争的影子。显然，是当时王权王法至上起作用的结果。

七、全球化中的中国私法的发展趋向

人类主体从“氏族”发展为“古代民族”（中国古代是“王族”），再发展为“民族国家”，最后发展为“人类共同体”或“全球共同体”。在这个发展过程中，政治上的私权利以及法律上对私权利保护的私法，无不打上了时代的印记。

在氏族社会，由于生产力低下，社会财富匮乏，社会成员的私权利不能得到完全的实现和被保护，而更多地被包容在公权力之中，以至于公权力成为限制和锁定私权利的瓶颈，只有与公权力相容的私权利部分才能得到保护，否则只能被埋没。从氏族社会发展到阶级社会，人类主体从氏族共同体发展为古代民族或“王族共同体”（中国）或“贵族共同体”（古希腊古罗马），随着生产力的提高和社会财富的相对丰富，部分社会成员（仅局限于王族和贵族）的私权利得到不同程度的实现和被保护，而多数社会成员（如奴隶与平民）的私权利还无法得到保护。在西方古希腊社会，只有贵族获得了公民的地位，从而实现了公民私权利的极大保护。然而，非贵族的私权利根本无法得到保护。古罗马把公民的适用范围从贵族向富裕平民扩大，更多的社会成员实现了一定程度上的私权利，但依然有更多的社会成员（如奴隶和贫穷的平民）不能实现自己的私权利。

中国从古代到晚清，政治和法律制度所保护的私权利是以王族为中心的官员利益，平民利益很难得到应有的保护。叶林认为，中国对国家的理解，“国”是政权代表者，反映了“君臣”观念；“家”是以血缘为纽带的社会单位，揭示了“父子”的观念。“国家”一词深刻揭示了政权和家庭在社会生活中的主导地位。在这种独特的社会背景下，私法人从来不是政治和社会生活的主角，他们要么被置于国家结构下，要么被封闭在家庭中，失去了自我。在这种社会结构下，个人自由主义从来不是主流的社会价值观，团体和法人制度的发展也极为缓慢。在“国”和“家”主导私法关系的社会结构中，个人自由必然受到压抑，私法权利难以昌盛。民众习惯于义务本位或社会本位，个人权利和自由更像是理想王国的奢侈品。在这种社会结构中，社会民众不甚了解私权的本意及其运转规律，公权力却拥有巨大权威，它在惯性中稳定运行，并造就了私权运行的独特模式。[1] 在我国现实社会中，个人正逐渐取得独立于“国”与“家”的身份，“自由”正从“国”与“家”的权威中释放出来，“从身份到契约”[2] 的预言正逐渐成为现实，但在本书著者看来还远未成为当今的现实，未来的路程还很遥远。

中国如何完善私法体系，怎样实现公民私权利的最大限度的政法保护，完善中国的“民法典”体系，这乃是一个重大的社会问题。叶林认为，我国现代私法主要是通过法律移植发展起来的。与大多数东方国家相似，为了顺应团体或法人现象的出现，我国私法通过法律规范的准用，将规范自然人的法律适用于团体或法人，实现了对团体或法人的特殊调整。然而，如何解释我国私法人和私法权利的社会内涵，却长期没有受到学术界应有的重视。[3]

对此易军认为，应当通过发展个人主义方法提升私法的地位。他明确提出，虽然自19世纪末期以来，私法公法化、法律社会化的呼吁乃至实践一直不绝如缕，但个人主义的价值观作为民法的精神基础一直未受动摇。[4] 然而，在本书著者看来，提倡个人主义或自由主义，忽视集体主义和国家主义，并不适合中国的现实国情。

有学者认为，提升中国对私权利的私法保护，必须通过提升民法典的地位和充实民法典的内涵。对此，许中缘分析了民法典与私法存在的许多悖论。他认为，尽管民法典是发展私法的有效形式，民法典的制定与私法的发展却存在着诸多悖论：悖论一，民法典的制定与私法的自我发展的悖论。民法典的编纂在一定程度上阻滞了私法的自我发展。正如德国伟大法学家雅科布斯所说：“在《德国民法典》生效之后的那个法学发展阶段，我们有证据证明：在法典编纂之

〔1〕 叶林：“私法权利的转型——一个团体法视角的观察”，载《法学家》2010年第4期。
〔2〕［英］梅因：《古代法》，沈景一译，商务印书馆1996年版，第97页。
〔3〕 叶林：“私法权利的转型——一个团体法视角的观察”，载《法学家》2010年第4期。
〔4〕 易军：“个人主义方法论与私法”，载《法学研究》2006年第1期。

后，与真正法源的分离导致了法学的衰落。"[1] 悖论二，民法典的制定与社会发展、经济增长的悖论。悖论三，民法典与单行法律的悖论。悖论四，人类理性的有限性与社会生活的无限性的悖论。悖论五，法典的明确性、可预见性与法典规定具体明确之间的悖论。悖论六，民法典体系的"刚性"与法律发展的悖论。悖论七，民法典的完善与法学的发展的矛盾。[2]

易继明认为，纷繁复杂的学科分类体系已经肢解了私法的整合性研究，从而妨碍了对私法理论的抽象和私法文化的建立。确立私法的界线是将私法作为一个整体进行研究的前提条件；私法统一在以自然理性为基础的理论核心中，也应以此将私法作为一个统一的整体，进行整合性研究。[3]

总之，中国从历史到现实的私法都很不发达，我国学者提出应当提升中国对私权利的私法保护，通过提高中国的"民法典"的地位和充实其内涵等路径，来完善我国的私法水平，这都是积极的富有建设性的看法。然而，本书著者认为，中国私法水平的提高不能完全局限于国内私法发展的狭隘视野，必须用全球文明的宏观发展眼光，展望中国的私法发展。中国社会从古代到当代是从王族社会向民族国家社会发展的过程，未来还是再向全球社会发展的过程。这个过程，中国必须克服传统社会维护王族利益的王权主义和王法主义政法体制，提升为维护国家利益的国家主义和国法主义，这乃是当代中国需要完成的主要时代任务。下一个阶段才是进一步提升为维护全球利益的全球法治主义，那将是未来的政法任务。未来人类从国家共同体发展到全球共同体，需要完成三个提升，即从国家利益发展到全球利益，从国家伦理发展为全球伦理，从国家法治发展为全球法治。

全球法治的出路将是法律的全球化，实现全球法治主义社会。

---

〔1〕［德］霍尔斯特·海因里希·雅科布斯：《十九世纪德国民法科学与立法》，王娜译，法律出版社2003年版，第49页。

〔2〕许中缘："论民法典与我国私法的发展"，2004年度国家社科基金资助项目"我国民法典总则立法若干疑难问题研究"阶段成果。资助批号＝04CFX019。

〔3〕易继明："将私法作为一个整体的学问"，载易继明主编：《私法》（第1辑第2卷），北京大学出版社2002年版。

第六章

中国的“三王”精神

中国元点政法文明的内在结构实际就是王道主义、王权主义和王法主义组合成为“三王主义”文明系统，充分体现了古中国的政法价值取向。这是本书著者的一大创见。

在中西方文明的比较研究中，中国学者免不了要经历一个可笑的东施效颦阶段。在哲学领域，一定要用西方哲学史的发展轨迹来套中国哲学发展史。其实，中西方古代哲学是两种完全不同的哲学类型。同样，在法学领域，许多中国学者用西方早期的自然法来套中国先民的法律思想，说中国也不乏“自然法”的发展，更有甚者鼓吹中国先民的“自然法观点极其丰富”[1]。一定要把古老中国的元点文明套在西方元点文明发展的这架马车上，才算是坚持了马克思主义吗？马克思不太懂得中国古代文化的内在机理，中国的学者对中国的元点文明应该进行实事求是的研究，不能削足适履，否则必定东施效颦。本书著者认为，中国先哲思想的核心体现了一种王道主义精神，中国古典时代政法制度的中轴线或元点文明不是自然法，而是宗法制及其衍生的君王制、礼治、人治的体系，从而铸造了王道主义、王权主义和王法主义的系统。

第一节　三王精神：中国先民构建政权的内核

三王主义导致了中国政法发展必须注重“权术”文化的发展。尽管中国历

〔1〕 李光灿、张国华主编：《中国法律思想通史》，国家“七五”社科重点课题，国家“八五”重点出版物，山西人民出版社1994年版，总论第26页。

朝历代的统治者主要推崇儒家，但实际上运用最多的还是法家的“权术学”。在中国古代著名法家思想家韩非子死后的两千多年中，帝王们虽然更多地宣称以儒治国，但实际上采用的主要是韩非子的权术思想。虽然没有一个人明言承认师从韩非子，第一个也是最后一个敢于公开赞扬韩非的帝王是秦始皇，但后来的很多政治家在公开场合讲《论语》谈仁义，回到家中关上房门，阅读的还是《韩非子》。这是追求权术的需要，也是适应三王主义的需要。

一、中国法的起点：“刑始于兵”与“礼起于祀”

“刑始于兵”与“礼起于祀”是中国上古法律思想起源的两个根本。

“刑始于兵而终于礼”是对中国古代法独特发源路径的经典概括。在古代社会，“刑始于兵”开始仅仅适用于部族之间的国际社会，部族战争产生的暴力行为是对侵犯本部族而发起军事打击作为刑罚方式。“刑始于兵”还规范己方的军事行为，维护己方的军事利益，并形成以礼来规范军事事项的军事法（包括军礼）。所以形成了军事刑法。后来这种暴力方式引申到非军事的日常生活，通过刑罚惩罚犯罪来确立正确的行为规范，因此演变为国内社会的刑法。

西周时期，在“宗法结合封建”的“维新”制度下，“礼”从原始社会的氏族习惯发展为王法，对违礼而致犯罪行为的惩罚方式有战争与刑罚两种。所以，“刑始于兵”是古代从“国际法”引申为“国内法”的一种演变。这说明，战争开始从国际社会的单纯弱肉强食的森林法则演变为国内政治的法则。

氏族时代，中国还未形成国家，还处在多部落相互征战的混乱岁月，于是法律是适应调整不同氏族之间的连年战争和族内关系的需要而产生的。

在中国上古时代，商品经济的不发达和以小农耕经济为主的生产特点，决定了当时中国地区调整族际关系和族内关系的两大特点：

第一，不同的族际关系决定中国法律“刑始于兵”。中国先民紧张的族际关系催生了发达的兵法和完善的军令系统。中国古代法律的形成直接与兵事、战事有密切的渊源关系。

“刑始于兵”主要解决不同部落之间的关系法则。中国在“五帝”时代，征战之多、规模之大、战况之烈，均为世界历史所罕见。[1]

许多文献都有对“刑始于兵”的记载。古文中“大刑用甲兵……中刑用刀

〔1〕 段秋关、王立民：《中国法制史》，北京大学出版社2005年版，第14页。

锯”的记载[1]，说明“兵”既是武器，又是刑具，即“兵刑一体”；也说明中国起初的主要法律形态是军令军法。在中国上古时代，氏族之间以掠夺的手段获取财物，部落首领之间为夺取财物、地域、人口及最高统治权，通常用战争手段解决他们之间的矛盾与纠纷。相传黄帝与蚩尤曾战于涿鹿，后世将这种军事讨伐称为“大刑”。古代传说中，蚩尤既是战神，又是刑神，因此他既作“五兵”，又制“五刑”。

从文字来考察，刑原为“井刂”。“井刂，罚罪也。从井，从刀。”关于“刑始于兵”的古代文献有很多，如“黄帝以兵定天下，此刑之大者”[2]。再如，“德以柔中国，刑以威四夷”[3]。还有，“夫战，刑也。”[4]

晋国的范文子将战争说成是“刑”，说明兵与刑的区别是“刑外”与“刑内”的关系：“吾闻之，君人者刑其民，成，而后振武于外，是以内和平而外威。今吾司寇之刀锯（小人之刑）日弊，而斧钺（大刑）不行（不行于大臣）。内犹有不刑，而况外乎？夫战，刑也（言用兵犹用刑），刑之过也（刑杀有过者）。过由大（大臣），而怨由细（细民），故以惠诛（除）怨，以忍（忍以义断）去过。细无怨，而大不过，而后可以武，刑外之不服者”。司马迁验证了这种说法：“故教笞不可废于家，刑罚不可捐于国，诛伐不可偃于天下。”[5]

因此，中国最早的刑法源于族际的战争关系，“刑”是用来对待族际战事中从异族虏获的俘虏。由于俘虏是外族人，因此不同氏族部落都是用“刑”来对待俘虏的。所以，“刑”在最初是解决不同氏族部落关系的。后来，不同氏族部落联合为一个部落联盟，到了夏朝便演变为国家，“刑”也就演变为统治者对待被统治者的方式，进而从解决族际关系的方式演变为国家内部关系。

第二，族体内部关系的调整决定了“礼起于祀”。

深入分析，中国“礼起于祀”的法律思想是取决于中国特殊的人文地理产业的。中国上古时代，生产工具尚不发达，商品经济极其薄弱，以农耕经济为主。在商品经济和生产工具均不发达的条件下，农耕经济必须以家族为单位进

---

〔1〕《国语·鲁语上》：“大刑用甲兵，其次用斧钺；中刑用刀锯，其次用钻笮；薄刑用鞭扑，以威民也。故大者陈诸原野，小者致之市朝。五刑三次，是无隐也。”

〔2〕《汉书·刑法志》。

〔3〕《左传·僖公二十五年》。

〔4〕《国语·晋语六》。

〔5〕司马迁：《史记·律书》。

行，因此人们只有依靠经验丰富的年长者才能维持正常的生活。发展到尧舜时代，过去单一的氏族部落演变为诸多家族并存的社会，以往一族的家长演变为多族公认的“王”，因此父权演变为王权。从而也就诞生了中国的君王本位制。

作为中国最初法律的主要内容的“礼”是直接从氏族父系家长制习惯演化而来的。[1] 因此，在中国“礼”是用来调整族体内部关系的。“兵”才是调整氏族或部落外部关系的。“礼”最初主要用来祭祀鬼神。在中国氏族时代，祭祀鬼神是氏族内部最重要的活动，但并非人人都有祭祀鬼神的权利，而是只有父系家长才有的特权。

尧舜时代的“礼”是由祭祀的“礼”扩充而成的，史称“国之大事，在祀与戎”[2]。甚至可以直接说“礼”就是五帝之法，所以古人说“礼义者，五帝三王之法籍”[3]。

尧舜之后，“礼”的适用范围不再局限于“国之大事”，扩大到身份、地位、婚丧、交际、道德等领域，礼的内容几乎容纳社会的一切方面，远远大于前代。当时的古人就已经领悟到：“礼，始于冠，本于昏，重于丧祭，尊于朝聘，和于射乡，此礼之大体也。”[4] 甚至可以说：“道德仁义，非礼不成；教训正俗，非礼不备；分争辨讼，非礼不决；君臣上下、父子兄弟，非礼不定。”[5] 足见，礼成为管理全社会的行为规范。

“礼起于祀”是对自然法的辩证否定，“礼起于祀”中既包含了自然法的成分，也包含了反自然法的成分。“礼”最初是中国先民在氏族社会末期祭祀祖先神灵的习惯，因此包含了自然法的理念；后来才逐渐演化为以王权为核心的国家制度，确定人们以王族和家长为核心的血缘关系的亲疏尊卑和社会等级的行为规范，因此“礼”逐渐从习惯演化为王法。

在中国上古时代，宗教生活成为主宰社会生活的根本，因此把人生与社稷命运全部维系在宗教祭祀中。“祭祀”是对上苍、上天安排和保佑的寄托。祭祀不仅是王者的活动，更是民众的活动。祭祀的意义在于，人不能掌握自己的命运，只有寄希望于神灵，从而神成为人命运的主宰。

---

〔1〕 段秋关、王立民：《中国法制史》，北京大学出版社2005年版，第17页。
〔2〕《左传·成公十三年》。
〔3〕《淮南子·齐俗训》。
〔4〕《礼记·昏义》。
〔5〕《礼记·曲礼》。

不同的是，从颛顼“绝地天通”的宗教改革到周王“敬天保民”的社会改革，把原本人人都有的“祭天”权利收归王者，只有王者才能祭天。[1] 民众既然不能祭天，就只能祭祖。中国发展到夏商周国家社会之后，民众不仅可以祭祖，而且必须“拜王”。“祭祖”是中国那个时代官方授权给民众的权利，属于授权性法律规范，而民众不得祭天则是民众禁止性法律规范，民众必须拜王、拜官则是民众应当具有的命令性法律规范。这三者都是人为的法律规范，而且都是与自然法相违背的。

当然，夏商两代，王权继承尧舜时代“天与之”的自然法部分，而不再管“民受之”的部分，从而是对自然法的巨大冲击，为此成为夏商两代灭亡的根本。因此，周王重新思考王权的合法性，确立周人统治国家的合理性，把尧舜时代的“天与之，民受之”改造为“敬天保民”，是对自然法的再确认和发展。其中，“敬天”是对“天与之”的继承与发展，“保民”是对“民受之”的继承与发展。其中的发展线索是“天与之，民受之”的自然法从肯定（尧舜时代）到否定（夏商两代）到否定之否定（周代）。

荀子从物欲的角度阐述礼的起源，他从社会经济学的角度，说明礼起源于“定分止争”：“礼起于何也？曰：人生而有欲，欲而不得，则不能无求。求而无度量分界，则不能不争。争则乱，乱则穷（无法收拾）。先王恶其乱也，故制礼义（法和伦理道德）以分之，以养人之欲，给人之求，使欲不穷乎物，物必不屈于欲，两者相持而长，是礼之起也。故礼者，养也”[2]。这里的“定分”是指确定名分（所有权）问题；“止争”是指禁止和消除争夺的状态。荀子所说的“礼”指的是礼法，也就是习惯法。习惯法几乎是无所不包的。

荀子的学生韩非发展了“定分止争”的思想，他用人口增殖而财富不增的理论，讲述了要用“刑”来定分止争的必要性：“古者，丈夫不耕，草木之实足食也；妇人不织，禽兽之皮足衣也。不事力而养足，人民少而财有余，故民不争。是以厚赏不行，重罚不用，而民自治。今人有五子不多，子又有五子，大父未死而有二十五孙，是以人民众而财货寡，事力劳而养供薄，故民争；虽倍赏累罚而不免于乱。……是以古之易财，非仁也，财多也；今之争夺，非鄙也，财寡也。轻辞天子，非高也，势薄也；重净土橐，非下也，权重也。故圣人议

〔1〕参见第五章第一节的论述。
〔2〕《荀子·礼论》。

多少，论厚薄，为之政。故罚薄不为慈，诛严不为戾，称俗而行也”[1]。对此，韩非举例说：一只兔子在野外奔跑，一群人都去追赶；而将一百只兔子关在市场上的笼中，却无人敢动。这并不是因为在野外的兔子的价值高于市场上的兔子，只是因为那只兔子的名分未定，谁追着就是谁的；而市场上的百兔的名分已定，谁再擅自拿取，即有可能被定为“盗”，会被追究责任，甚至定罪。

无论从尧舜时代发展到夏商周三代，还是从先秦发展到清末，中国法律流向的主流是宗法制的确立、完善。也就是说，宗法制是中国清末以前法律的根本。宗法制是人为的，是对自然法的人为的否定。

二、王法宗教源：图腾崇拜、祖先崇拜、天神崇拜

在原始宗教的传承上，中国社会和西方社会不同：西方社会从部族原始宗教发展为古老民族宗教再发展为基督教，图腾崇拜、祖先崇拜、天神崇拜等原始宗教的成色早已被基督教否定。古中国则不同，图腾崇拜、祖先崇拜、天神崇拜等原始宗教的成色不但没有被后来的宗教否定，而且不断被继承、不断被强化，发展并提升为龙凤文化。这种宗教的政治功能就是为王权、王法服务的。可以说，图腾崇拜、祖先崇拜、天神崇拜及后来提升出来的龙凤文化恰恰是王法的宗教基础或宗教根源。这是一种奇妙的事情。

按照人类学的观点，人类文明起源于氏族社会。在氏族社会，政治组织和社会组织还未曾分立，而是合为一体的；政治领导者和宗教领导者往往是一体的，这使原始社会处于“政教合一”的状态。因此法律思想也被包含在宗教母体中。宗教不仅是那个时代的文化母体，而且是那个时代氏族组织的唯一意识形态。最先把氏族成员凝聚为一体的意识形式是祖先崇拜和图腾崇拜。

祖先崇拜是通过祭祀有功远祖和血缘关系密切的近代祖先，把祖先当做保护本族或本家庭的神秘力量而加以崇拜。祖先崇拜意在通过纪念祖先的功绩，加强共同血缘观念，明确人们之间的辈分关系。祖先崇拜是中国人解决天人关系的初始点，家庭父子关系成为中国先民解决天人关系的轴心，“万物本乎天，人本乎祖”[2]，这是中国先民对生命本原的基本看法。“有天地然后有万物，有万物然后有男女，有男女然后有夫妇，有夫妇然后有父子，有父子然后有君臣，

〔1〕《韩非子·五蠹》。
〔2〕《礼记·郊特性》。

有君臣然后有上下，有上下然后礼义有所措。”[1] 这里把社会归结为家庭，把家庭归结为两性，把两性归结为自然，从而把一切轴心归结为家庭父子关系。

祖先崇拜与图腾崇拜是凝聚氏族的精神纽带。因为图腾是氏族的保护神，常以动植物为膜拜对象，意在膜拜本氏族的祖先。图腾崇拜和祖先崇拜的对内社会功能是巩固族体团结、确立氏族意识、实现氏族认同；对外的社会功能在和平年代用以与外族相区别，战时则是用以发动战争的氏族标识。

中国先民的姓氏与图腾有内在的源流关系，如羊图腾演变为炎帝之后的姜姓。中国人有大量以动植物为姓氏的，如牛、马、羊、龙、虎、熊、杨、李、梅、花、叶。从这个角度看，中国的百家姓，至少隐含了一百个氏族的图腾标识。把百家进一步凝聚为一体的是龙凤图腾。龙凤图腾本身就是多种动物的精华综合，也从另外角度说明了中华民族甚至是华夏民族的多元一体性。

古籍记载的英雄祖先的感生神话，如附宝见大电光感生黄帝[2]，女登感神龙而生炎帝[3]，也是祖先崇拜与图腾崇拜的结果。此外，图腾崇拜还有力地巩固了原始社会的“族外婚制”。同姓不婚的制度禁止同一图腾内的人群结婚，符合优生学的原则。

族体[4]的发展规模与原始宗教的发展深度是同步的。随着生产力的提高，人们的视野也随之扩大，抽象思维也不断提升，因此族体宗教也就从祖先图腾崇拜发展为天神崇拜。祖先图腾崇拜局限于氏族的范围，只有发展为天神崇拜，人类才能从氏族发展为民族。在氏族社会，氏族成员只能提炼出氏族保护神，大都表现为图腾崇拜和祖先崇拜。这些祖先崇拜、图腾崇拜是氏族保护神，表现为不同的形态。在未深层交往之时，这些不同的氏族保护神，还没能一比高低，在本氏族中都是最高的。

先民的抽象能力是通过不同氏族保护神的对比得以不断升华的。随着邻近氏族走向联合，几个氏族组成一个部落联盟。部落联盟既然是由不同氏族组成的，那么就必然存在不同氏族保护神的关系问题，因此产生了一系列问题需要解决：其一，部落联盟的保护神不再是一个，而是多个。其二，随之需要解决

---

〔1〕《易传·序卦》。

〔2〕《太平御览》。

〔3〕《史记·补三皇本纪》。

〔4〕这里使用“族体”而不用“民族”，是因为在民族学界有争议。西方学者认为古代没有民族，民族是近代资本主义社会的产物。国内多数学者也这样认为。因此，使用更大的一个概念，即“族体”。

的核心问题就是哪个氏族保护神更高的问题。其三，进而需要解决的问题就是，哪个氏族保护神能够上升为部落联盟保护神的问题，这样就必须通过比较、较量来一决高下。其四，天上各路神灵如何排序的问题。在氏族社会阶段，有的氏族部落也有天神，但那时天神与地神、日神、月神、酒神等其他自然神灵并列在一起，还未曾分出高下。一旦不同氏族交往在一起，不同氏族保护神就发生了交往的关系，不同氏族保护神就展开了一较高低的漫长过程。随着人们视野的不断扩大以及人们抽象思维的不断提高，神灵不断从动植物神上升为天神，天神逐渐从各路神仙中突出出来，成为统率百神的首领。

如何给各路神灵排序是个复杂的过程。最起码有两个要素不容忽视：首先，随着视野的不断扩大，神灵的发展也就由近及远，由小到大，由动植物神灵发展到天神。其次，人们是根据天下人间权力的排序给天上神灵进行排序的。正如恩格斯所言："没有统一的君主就决不会出现统一的神……神的统一性不过是同一的东方专制君主的反映，无非是那个支配着形形色色的自然现象，联合着各种互相对抗的自然力，而这个君主在表面上或实际上联合着利益冲突、彼此敌对的人。"〔1〕中国宗教研究的学者吕大吉、牟钟鉴概括了其中的神灵发展进路说，由于"天在人上，高远广大，笼罩大地，容纳日月星辰。当人们视野逐渐扩大，思维有能力把各种自然神灵按照人间社会秩序的模式整理成一个系统的时候，很容易把天神作为统率百神的首领，并用以支撑和说明地上部族首领的主导地位和权力"〔2〕。

从这种历史发展的意义上看，没有不同氏族的联合，就没有不同氏族保护神的联合，就没有原始神话宗教的深入发展，祖先图腾崇拜就不会升华为天神崇拜。当然，这个联合的过程是一个不断融合的过程，甚至也是一个充满战争的过程。

三、颛项"绝地天通"改革及尧舜政权合理性

社会是否和谐的关键在于处理好天道、王道和民道三者的关系。中国传统文化的关键在于中国先民所铸造的天、王、民的特殊关系。重心在于解决王权统治的合法性问题。这正是中国人喜欢把法律称为"王法"的原因所在。

许多学者研究中国传统文化，大都追溯到夏商周三代。其实，中国传统文

〔1〕《马克思恩格斯全集》（第27卷），人民出版社1995年版，第65～66页。
〔2〕吕大吉、牟钟鉴：《概说中国宗教与传统文化》，中国社会科学出版社2005年版，第118页。

化的真正起始点是三皇五帝时代。约公元前6000年，中华先民开始定居下来，从事种植养殖，是在传说中的三皇[1]时代，当时的中国社会面临着从母系社会向父系社会转变。到了公元前3000年，确立了以父权为中心的家族制度，是在五帝[2]时代。在本书著者看来，其中为中国传统文明奠定基业的是颛顼和尧舜。

中国传统宗教文化的真正转折是处在部落联盟的颛顼所进行的“绝地天通”的宗教改革。颛顼的“绝地天通”的宗教改革改变了平民百姓皆可祭天降神的原始巫术之风。颛顼之前，“民神杂糅，不可方物，夫人（即人人）作享，家为巫史”[3]，即民神同位，神人之间没有一定界限，神与神之间也无一定秩序，人人都可以祭祀天神。颛顼是部落联盟的首领，他命南正负责整理天上诸神的秩序，使黎为火正，负责管理地上（天下）人民，断绝氏族成员任意与天神交接的通路，把宗教事务完全垄断在王权手中。总之，颛顼“绝地天通”宗教改革的宗旨就是剥夺百姓祭天的权利，把祭祀天神的特权收归王权所有，使祭天成为只有王权才能拥有的文化霸权。颛顼的“绝地天通”确定了天神崇拜的文化理念。

颛顼改革的文化逻辑是这样来解决天道、王道和民道三者的关系的：天道体现为王道，天法通过王法而起作用。民道归王法管理。王是上天的代表，因此民不能直接祭祀上天。祭天只能归属于王。王把上天的意志表现为王法，以此来治理庶民。

尧舜时代的最大特点是王权承继的禅让（让贤）制而不是世袭制，王位不是传给子嗣，而是让贤于能者。这种贤能者是“天与之”和“民受之”[4]。

虽然，“民族”源于何时，还是一个学界争论不休的问题，但广义的民族源

---

[1] 三皇的说法，中国最权威的辞书《辞源》有六种说法：一是“伏羲、神农、黄帝”的说法，出自《世本》、《尚书·序》、《帝王世纪》；二是“天皇、地皇、泰皇”的说法，出自《史记·秦始皇本纪》；三是“伏羲、神农、祝融”的说法，出自《白虎通·号》；四是“伏羲、女娲、神农”的说法，出自《风俗通·皇霸》、《史记·三皇本纪》；五是“天皇、地皇、人皇”的说法，出自《艺文类聚》；六是“伏羲、女娲、燧人”的说法，出自《白虎通·号》。

[2] 一是“黄帝、颛顼、帝喾、尧、舜”的说法，出自《大戴礼记》；二是“庖牺、神农、黄帝、尧、舜”的说法，出自《战国策》；三是“太昊、炎帝、黄帝、少昊、颛顼”的说法，出自《吕氏春秋》；四是“黄帝、少昊、颛顼、帝喾、尧”的说法，出自《资治通鉴外纪》；五是“少昊、颛顼、帝喾、尧、舜”的说法，出自《尚书序》。

[3] 《国语·楚语下》。

[4] 《孟子·万章上》。

于氏族社会走向部落联盟时代则得到了多数学者的认同。有的学者干脆把氏族视为民族发展的早期形态[1]。民族的产生经历了一个漫长的过程。根据宗教学研究的思路，中国的华夏民族不是源于汉代，而是形成于尧舜到三代时期。因为这个时期是天神观念的成熟期。在早期中华民族融合过程中，作为百神之长的天神，"起于何时，难以细考，不过据传说和文献记载，大致可以推断发生在原始社会后期的尧舜时代"[2]。

尧舜时代追求的是天下为公的"公天下"，不是"家天下"。因此，天神是天上的真正贤能者，尧舜是天下的真正贤能者。这就是当时中国社会和谐的根源。如果天上与天下的权力归于真正的贤能者掌管，社会的和谐也必将维持下去。

王权与天神关系的演变不单纯事关王权统治的合法性，而且事关天下社稷的安定和谐，关系到社会存在的合理性。中国从夏代，经历商代，发展到周代，是在解决天神、王权、民众的关系中，逐渐完成中国先民统治者治理社会的法律思想的。其中的脉络是从"公天下"到"家天下"。

四、中国上古时代民权利的缺失

中国在夏商周时代营造了异常发达的王权与王法，因此不会再营造"民权"与"民法"的政法理念，因此"王权力"异常发达而"（公）民权利"非常薄弱。所以，古代中国不可能营造出古希腊自由、平等的民权利的政法范畴。相反，在古希腊古罗马世界，"（公）民权利"的政治范畴相当发达，因此造成西方发达的私法和民法体制。

虽然儒家在反思夏商周王权不合理性和失去政权合法性时，提倡实行"仁政"、"善制"、"贵民"的思想，要求统治者为了保证政权合理性，必须重视或体恤下民，但其真正的意图是为王权、王法服务，是为了永保王权、王法的稳固。足见，"仁政"、"善制"、"贵民"只是实现确保王权王法的合法性手段，目的是确保王权的合法地位。

中国古代王权至上的王权主义政治体制必然导致"公权力至上主义"和"民权利"卑微的社会局面。其实，"公权力"不是真正的公权力，而是王权力。

夏商周三代奠定了王权政治集权体制，于是集权制度、封建等级特权制度

---

〔1〕 参见王希恩：《民族过程与国家》，甘肃人民出版社 1998 年版，第 17 页。

〔2〕 吕大吉、牟钟鉴：《概说中国宗教与传统文化》，中国社会科学出版社 2005 年版，第 118 页。

得到了长足的发展，而私权利或公民权利（中国古代根本没有公民的范畴，有的只是黎民百姓等范畴）发展十分滞后。

中国上古时代民权利的缺失源于缺少自由契约精神和契约制度。“普天之下，莫非王土”的传统政治决定了古代中国法从未承认过纯属私人的土地所有权。

造成这种政治现象的根本原因是中国古代社会从未有过营造平等政治法律主体的政法体制。中西从一开始就走向了完全不同的政法发展道路。基于王权主义和王法主义紧密结合的政法体制，营造的主体结构是自上而下地位等级的金字塔体系。帝王的政治地位最高，贱民的地位最低。其他等级介于两者之间。金字塔体制中的人的政治法律主体地位是由高到低的，因而绝不是平等的。

王权的强化和民权的弱化或者民权的卑微化是中国传统政治发展的中轴线。因此，中国先民的私法或民法体系不仅很不发达，而且被公法化，成为王法体制的一部分。甚至婚姻法都是为宗法王权服务的，“七出”和“三不去”的婚姻政法制度就是最好的证明。

“七出”和“三不去”是西周时期确立的政法制度。“七出”是丈夫休妻的充足理由，只具备其一即可。“七出”是指妻子“不顺父母”、“无子”、“淫”、“妒”、“恶疾”、“口舌”、“窃盗”。“三不去”是休妻制度的“但书”，包括“有所取无所归”、“与更三年丧”、“前贫贱后富贵”。其一指结婚时女方父母健在，休妻时已去世，原来的大家庭已不存在，休妻等于是使妻子无家可归，因此不能休妻。其二是妻子和丈夫一起为父亲或母亲守孝三年的不能被休。其三是丈夫娶妻的时候贫贱，后来富贵了，也不能休妻。然而，“三不去”还有个限制条件，即并不适用“七出”中的“有恶疾”和“淫”两项。

“七出”和“三不去”的制度，表面上是为家庭的“和谐”服务的，说到底其实是为王权服务的。古代宗法伦理观念对婚姻十分重视，将婚礼置于礼之本的地位。因为，“男女有别而后夫妇有义，夫妇有义而后父子有亲，父子有亲而后君臣有正。故曰：昏礼者，礼之本也”[1]。

商周两代的婚姻制度是为王权服务的。在统治阶级中，一夫一妻制只适用于平民。对于贵族和商人，适用的是“一夫一妻多妾制”。对于王室则必须是“一夫一妻多妾制”，才能保证王权的传递。“七出”和“三不去”的制度规定，

---

〔1〕《礼记·昏礼》。

从婚姻的缔结到解除，没有一条是关于男女感情的，可是每一条都与稳定王权的社会需要息息相关。

五、王法高于自然法

在古代中国的法律体系中，王法是中枢，自然法是边缘，王法高于并统治自然法。中国先民并未产生鲜明的自然法思想，自然法的思想只是模糊地掺杂于王法体系之中。

由于中国原始神化本体论的缺憾，使得最初的中国法哲学不得不从宗法制传统宗教中吸取营养，因此中国先民的自然法思想必然具有先天不足的特点，逐渐走上了自然法不断褪色和人定法不断强化的道路。在古代中国，强化宗法的人定法不断增强，而追求正义合理性的自然法未能进入政法理念的主流。在中国政坛的发展主流是从法家到儒家的分流，进而实现儒法并治的合流。

从尧舜时代到夏商两代，是自然法先天不足、王法（人定法）升值的关键朝代。在这个历史过程中，开始兼具自然法和人定法的“天与之，民受之”的双重标准，后来从春秋战国到秦汉以后，不断强化“天与之”的要素，淡化“民受之”的要素，是后来中国自然法思想的不断褪色和王法不断强化的体现。

但这与古希腊的自然法并不一样。西方古代的自然法是人定法的根据，法律关系主体是平权的（权利平等的），追求的目标是正义与民主。中国尧舜时代的“天与之，民受之”，其中的“天与之”是君权神授，即把权力授给君王视为当然合理（其实未必）；其中的“民受之”是王法执政的合理性，要求君王执政的合理性基础是人民的拥护。

所以，分析尧舜时代王法合法性与合理性的根本有两条：

一是“天与之”。这是王政的合法性根据。社会成员把王权建立在上天赐予、恩赐的基础上，从而具有了合法性。在原始社会末期，人类诞生了原始宗教，宗教成为主宰社会一切的根本。无论是社会首领的担任和选任，还是决定对外的战事，以及处理社会关系的方方面面，包括治疗疾病、生老病死等，都以氏族宗教为取舍，从而也必然成为法律（或法律前身）的主宰。其中，首领的选任必须是能者居之，采用“贤人政治”。“天与之”的前提是能者居之。天不赐予无能之人。从习惯走向习惯法再走向制定法（人定法）是适用于人类各族法律产生和发展的规律，当然中国也不例外。“天与之”与“贤人制”的统一是尧舜时代选王的最高原则。

二是“民受之”。这是王政的合理性根据。尧舜时代的王者不仅是上苍的恩赐，更重要的是民众的爱戴，但还不是人民普选出来的。只是单面认定，不爱民的人不配选为王。爱民、亲民、保民是配做王者的根本。无论是“天与之”，还是“民受之”，都不是以当权者自己的意志为转移的，必须是能者居之和人民爱之。

前面已经叙述，尧舜时代之所以能够构建和谐社会，其根本原因在于最高管理者必须符合“天与之”（王权神授）和“民受之”（得到人民的爱戴）的双重标准。后来夏商两代的统治者只接受王权“天与之”合法性的原则，而不再理会王权还必须是“民受之”的合理内涵，因此失去了王权统治应得到民众支持的合理性。这是中国先民自然法的两次较大的褪色过程，也是人定法的两次升值过程。夏王何以成为“天与之”的最好代表呢？夏朝并不能很好地解决这个问题。为了更好地解决这一问题，商朝建立了君王“宾于帝”思想。意思是说，商王之所以能够成为君王，是因为商王的先帝死后成为上帝的贵宾；正是因为先王成为上帝的贵宾，所以上帝自然保护其后代在人世间的统治地位。换句话说就是，后来的商王之所以能够确保江山，是因为有上帝的保佑。

此外，中国传统思想中有一种“天讨有罪”、“代天行罚”的思想，后来一直成为中国古代社会的重要法律思想。这也是中国先民赋予自然法的一个内涵。据有人考证，最早从理论上来说明“代天行罚”之可行性的是夏朝的大法官皋陶。皋陶有一次在对大禹教诫如何为君之时曾说过这么一句话：“天工，人其代之。”这句话十分重要，它成了后来人们特别是人君代天行事的重要语录。皋陶虽然并非圣王，但他的德行和功劳足以让他那个时代的人们甚至圣王所钦佩，所以皋陶虽非圣王却胜似圣王。这样一个人物其言其行当然也就有了深远的感召力。其实，“天讨有罪”、“代天行罚”正是法律行业所说的“天（法）网恢恢，疏而不漏”，以及后来民间百姓所说“善有善报，恶有恶报；不是不报，时候不到；时候一到，必然要报”的最原始表达。

六、中国“三王至尊”的整固

从颛顼“帝王祭天”到尧舜的“天与之，民受之”的发展过程中，完成了中国元点政法的最初构建。在这个构建中，政治的发展核心是王权主义，法律的发展核心则是王法主义，政权合法性的核心是王道主义。经过夏商周三代，王道主义、王权主义和王法主义的“三王精神”终于成为中国元点政法文明的主干。春秋战国时代，周礼体制开始崩溃，周天子失去了统治的核心地位，周时代分封的诸邦国开始分立，统一于周天子的王道主义开始动摇，但是王权主义和王法主义依然是那个时代的主流。秦汉以前，王道主义不是为“周王”服务，而是为“国王”（西周的诸侯演变为后来的诸国）服务。再后来一直到晚清，王道主义、王权主义和王法主义不断走强。虽然帝王可以改朝换代，即王道主义可以在不同的姓氏中不断流转，王道主义的合法性精神也不断发展或提升，但即便是经历了鸦片战争和甲午战争洗礼之后的清王朝，中国的王权主义和王法主义的统治地位也从来没有撼动过，然而，辛亥革命不仅动摇了三王主义，而且打倒了三王主义，因此推翻了晚清帝制。可以说，“三王主义”元点政法文明是封闭中国的特产，是古中国的最大特色。

中国五千年文明史，绝大多数是在农业文明中度过的。自然农耕文明恰恰是造就王权主义和王法主义的经济基础。把中国政治传统概括为王权主义，是刘泽华先生的一大学术贡献。尽管有的学者提出反对意见，但刘先生的基本观点是应当肯定的。王法主义则是本书著者的一种判断。

刘泽华先生捕捉到了中国不同于西方的那种特殊的政治传统的精华：在中国，经济利益主要不是通过经济方式来解决，而是通过政治方式或强力方式来解决的，政治权力一直处于历史舞台的中心，在相当长的时期内成为社会运动的主角。所以，他认为，中国传统文化的主体是政治思想和政治文化，而其主旨就是王权主义。王权在社会经济关系、社会结构、社会运转中起着主导、枢纽作用，又是思想文化的核心。不过，刘先生重点把王权主义归结于秦汉以后。其实，在本书著者看来，王权主义传统早在夏商周三代就已经形成，而且很完整。

王权主义有三大特征：首先，在制度上，暴力决定成败，政治决定经济而不是经济决定政治，为此培育出“强权即真理”的集体潜意识和超经济强制制度模式；政治统治者始终享有对土地和人民的占有权。王居于权力之巅，不受任何有效力量的约束。这样的政治体制极大地压制并阻碍了生产力的发展，尤其对商品经济具有极大的破坏作用。其次，在观念上，王权主义成为整个思想文化的核心。先秦诸子百家的学说和思维方式，纷纷为王献策。那些“最伟大最杰出”的民族思想家都在为王权编织着各种各样的理论，把历史命运和治国平天下的使命托付给君王。于是，诸子百家都纷纷争相美化王权专制主义。最后，权力结构上，王贵独揽至高权，决事独断，地位至尊，“普天之下，莫非王土”，君王不仅拥有天下的土地，而且拥有天下的人民。君王要想坐稳天下，就必须开明纳谏，虚心用贤。因此，儒家劝君要贵民、爱民、利民、惠民和恤民。

其中，“开明纳谏，虚心用贤”的思想显然是受到了尧舜时代开辟出的“贤人政治”的影响。

总之，王权主义的核心特征在于，不仅王权专制支配社会，而且官员的权力成为侵占与分配社会财富的根据。由于刘泽华先生对此有详尽的解析，本书在此只是借用这种观点。

王权主义是诸子百家中的儒家和法家无可怀疑的政治思想的核心，因此，儒法两家成为中华政治文化的主流传统。因为，王权主义政治传统与儒法两家是相辅相成、同生共死的。即便是儒家进言的贵民，也绝不是民主主义思想，而是要君王为天下人做主，简称“做民主”。做民主是君王专制而不是民主，是人治而不是法治。

可以说，王权主义是对中国传统政治的极好概括。如果更准确地说，王权主义实质上就是王权至尊。王权主义是从颛顼时代的“帝王祭天”、尧舜的“天与之”和西周“亲亲、尊尊”的宗法制中演化出来的。“亲亲”的法则是孝，“尊尊”的法则是忠。忠与孝发生矛盾时，“尊尊”为大，孝必须遵从忠。由于王权是中国传统文化的命脉、核心，因此其他的诸如经济、社会文化以及人民生活都由这个核心来决定。这种政治文明的类型不可能培育出商品经济和市民社会，而只能成为限制甚至是扼杀商品经济和市民社会产生和发展的根本。因此，在中国先民社会，并不存在“市民社会决定上层建筑”的文明类型，而“市民社会决定上层建筑”的文明类型只是西学对西方社会的一种概括；中国先民基于王权至尊，因此决定了“政治决定经济和社会发展”的国情。

政治和法律的联系最为密切。因此，中国传统的王权主义或王权至尊，必然导致王法主义或王法至尊。

王法主义是本书著者首次提出来的。通过中西方政法理性比较，本书提出中国的法律结构核心是王法主义，西方元点法律是“民法主义”或者“私法主义”[1]。

在中国，王法至尊的历史颇为久远，正如前面所分析的那样，至少可以追溯到五帝中的颛顼。颛顼进行“绝地天通”的宗教改革对中华文明后来的发展起到了决定性的影响。从民族宗教文明角度看，这场改革，使得王权获得了祭

〔1〕 这里的“民法”中的民是公民的范畴，对于古希腊文明来讲就是贵族的范畴。因为，古希腊的公民只是贵族成年男子。这在前面及后面各章都有深入的分析。

天的文化霸权，臣民丧失了祭天的合法性。既然只把祭祖留给了臣民百姓，那么臣民也就失去了对上苍的想象兴趣和能力。从法律角度看，这场改革为中国政法精神从王权至尊走向王法至尊奠定了中华民族的法理基础。后来，中国的王法至尊经历了历朝各代的强化，到明清达到了极致。夏商周三代，是在国家社会确定了王法至尊地位的时代。经过夏商两代的探索，西周“亲亲尊尊”的政法宗法原则，奠定了王法至尊的地位。秦汉则进一步强化了王权王法至尊的原则，唐宋通过把儒家推向极致（“一准乎礼”成为立法的最高原则）而巩固了王法至尊的原则。明清进而把王权王法至尊发展到了极致。可以说，在中华民国以前，王法至尊的地位从来没有动摇过。甚至在民国期间，王法在很大程度上也得以继承。即便在毛泽东时代，王权至尊的地位非但没有动摇，反而更加强化了。毛主席语录大于法律，则是那个毛时代“王法至尊”的表现。就是说，明清以后，王权王法至尊的地位都未能得到根本性的动摇。只有到了邓小平时代、江泽民和胡锦涛时代，王法至尊的地位才有所动摇，才开启依法治国和“国法代替王法”的发展道路。

当然，不同朝代，对王道王权王法至尊的推崇，由于不同时代的背景不同而拥有了不同的内涵。

第二节　中国先民寻找政法合理性的规律

古中国从三皇五帝到夏商周，完成了从“公天下”到“家天下”的发展，但不是任何“人家”的天下，而是“王者”的天下。

一、从“公天下”到“家天下”

中国自夏之后，夏禹传子不传贤，打破了能者居之“公天下”的和谐时代，开启了父传子“家天下”的历史。夏代“家天下”是对尧舜“公天下”的辩证否定。首先，夏代继承了以往君权神授“天与之”的神学思想，确立了君权至高无上的合法地位。其次，由于不再理会社会最高权力是否“民受之”，因此社会不和谐、君权神授的不合法因素也就为日后夏朝灭亡埋下了“伏笔”。

夏禹传子不传贤，而大禹之子启废除了传统部落的“禅让”制，杀死益而称王，建立了中国历史上第一个国家夏朝。其中心区域在今天的河南西部和山西南部一带。据说启死后，太康即位，出现了一时的政权更迭，即所谓“失国"。再经少康中兴，重建夏朝。到孔甲统治时，夏朝走向衰落。此后，三传至桀，夏朝灭亡。据中国古籍记载，自启至桀凡共传14世17王[1]，计471年。公元前16世纪，夏朝最后一个王夏桀暴虐无道，奴隶们不断反抗他的统治。于是，居住在黄河下游的商部落，在首领汤的率领下乘机起兵，向夏进攻，打败了桀，夏朝灭亡了。

夏朝的灭亡是历史事实，但夏朝灭亡的原因并没形成定论，所以后人仍然可以见仁见智。本书著者认为，夏朝灭亡的根本原因在于王道违背了尧舜时代王权"民受之"的根本，违背民意的王权，民必推翻之。

中国先民从三皇到尧舜的时代，就已经形成了完善的王权传统，当一个好皇帝的合法性有两个标准：一是"天与之"，即君权神授；二是"民受之"，即得到百姓的普遍接受和爱戴。夏代只继承其一半，所以夏代的王权统治仅有一半的合法性。因此夏代灭亡揭开了中国几千年王朝更替的一个规律，即仅有"天与之"而缺少"民受之"的王权不具有完全的合法性，迟早要被推翻的。相反，历史上那些既拥有"天与之"，又不乏"民受之"的王权统治，才具有完全的合法性，才更能营造太平盛世。正是因为先祖开发了王权统治合法性的内外两大标准，所以才有可能为后人所继承。后来周代恰恰继承了这两项标准，并创造性地把两项标准综合为一个"敬天保民"的完整标准。

当然，夏朝还有两大不足，一是没有文字，二是青铜器不发达。夏朝虽然已经使用铜器，但因当时铜很珍贵，没有用于农业生产。夏朝人用木制的耒耜等种地翻土，用石刀、蚌镰收割庄稼。那时，已经有原始的水利灌溉技术。然而，这两大不足并不是夏朝灭亡的原因。

夏朝把中国核心地带从氏族社会推向（王族）国家社会，社会共同体从氏族、部落联盟发展为古代民族国家。确切说，由于王道主义、王权主义和王法主义，这样的国家不是人民的国家，而是王族的国家，简称为"王族国家"。因此，王族国家社会是从夏商周发展到晚清的基本政治形式。直到民国时代和中华人民共和国时代，王族国家才演变为人民国家时代。

夏朝由于落实了王道主义，组建了王权主义和王法主义的王族国家，因此在王族社会中，中国有了共同地理环境、共同生活方式和共同宗教心理。尽管

---

〔1〕《史记集解》。这17王分别是：启；太康；仲康；相；少康；予；槐（芬）；芒（荒）；泄（世）；不降；扃（局、禺）；胤甲；孔甲；皋（吴、皋苟）；发（发惠）；履；桀凡。

学界对华夏民族源于何时还有争论，但不能否定夏朝的人已经超出氏族阶段进入到王族发展阶段。

夏朝替换为商朝，以及后来商朝再替换为周朝，王权主义和王法主义并没有发生任何变化，变化的只是王道主义。或者换句话说，在构建中国元点政法过程中，不变的是王权主义和王法主义，变化的只是王道主义和天道主义的组合关系，完善着帝王与上天的关系，政权的合法性合理性沿着如何完善政权的宗教理念的路径发展。

二、商朝的“宾于帝”

尽管夏朝王权统治缺乏“民受之”的合法性，但夏朝前期的统治者励精图治，保证着政权的合法性与合理性。然而，夏朝末年，王权统治者奢侈无度，完全失去了其存在的合法性与合理性，所以夏为商所灭。

当夏朝桀王在位，夏朝国势渐衰。汤乘机起兵，首先攻灭葛及十多小国和部落，然后又攻克韦、顾、昆吾等小国，经过 11 次战争，利用娀氏反叛，起兵打败夏桀王，一举灭夏。由于商汤以武力灭夏，打破国王永定的说法，从此中国历代王朝皆如此更迭。

商朝（约公元前 1600 年 ~ 公元前 1045 年）是中国有文字可考的第一个王朝。商王朝建立了一套比较完整的国家机构，包括中央分设管理政务的卿事寮和主持祭祀的太史寮两大机构；用侯、邦伯加强各地的统治；建立了宫廷侍卫和由商朝王室直接掌握的国家军队为标志的国家武装力量；设立了刑法和监狱。

汤灭夏后建立了商朝。商朝势力最大的时候，东到大海，西达陕西西部，东北到辽宁，南到长江流域，是当时中国这片土地上的一个大国。商朝前期，屡次迁都，公元前 14 世纪，商王盘庚把都城迁到殷，从此稳定下来。因此商朝又称为殷朝。后来，殷都成为废墟，人们称之为“殷墟”。

商朝和谐发达的原因是多重的，主要是生产力的发展和王权统治的合理合法性的确立，因此导致了商朝所拥有的辽阔疆域在当时世界是独一无二的局面。生产力的发达表现为物质生产力和精神生产力两个方面。商朝物质生产力的发达主要是农业和青铜手工制造业的发展。农业是商朝生产的主要部门，种植的作物有黍、稷、麦、稻、桑、麻等。商朝的手工业也很发达，青铜器制造是手工业的重要部门。商朝的青铜器制造和青铜器艺术具有独特的风格，铸造技术达到当时世界的先进水平，把铜、锡、铅放在一起，用高温冶炼出青铜器溶液，再铸出青铜器。商朝后期制造的司母戊大方鼎，是现今世界上发现的最大的青铜器。语言文字是社会发展的重要因素，构成精神生产力的主要部分。商朝的文字在当时世界是先进的，后来发展成为世界上使用时间最长和空间最广的一种文字。19世纪末，在殷墟发现了刻有文字的龟甲和兽骨。这些刻在龟甲和兽骨上的文字，叫作“甲骨文”。甲骨文是一种比较成熟的文字。今天的汉字，就是从甲骨文发展来的。

商朝王权统治还未能在“民受之”、“保民”方面确保王权统治的合法性，而是继续在开发“天与之”方面大做文章，于是提出了先祖“宾于帝”的统治思想。“宾于帝”是说殷人祖先死后升天客居在上帝那里，殷人祖先与上帝有直接联系。殷墟卜辞中有殷人死去的祖先“宾于帝”的记载：“咸不宾于帝，下乙宾于（帝）”，“下乙不宾于帝，大甲宾于（帝）”。[1]

从民族学的研究角度看，“宾于帝”现象具有重大的民族意义：殷人“宾于帝”思想的出现，反映了殷族战胜其他民族，兼并、统治其他民族的社会现实，为殷族统治多民族国家提供合法性。可以说，殷族创造“宾于帝”的思想是为殷族统治多民族国家提供合法性服务的思想基础。

然而，这里存在三重的困惑问题需要解决：其一，只有商王的先帝才能成为上帝的贵宾吗？如果上帝还有其他贵宾，上帝保护不保护？其二，凭什么说商王的先帝是上帝的贵宾？其三，上帝的贵宾重要，还是上帝的儿子重要？在贵宾和儿子中间，上帝应该保护哪一个？仅仅是上帝的贵宾显然还不足够。为解决这三重困惑问题，商朝的王道主义思想发展为周朝的王道主义，于是商朝的“宾于帝”发展为周朝的“天子”理念。

三、西周的“天子”与“敬天保民”

从夏、商到周，发生了神权思想或王道思想的根本转变。夏、商的神权法思想主要体现在奴隶主阶级的“天命”、“天罚”思想上。西周的神权法思想出现了一次重大转变：即为了适应新的统治形势，周公提出了“以德配天”之说。

商朝最后一个王纣，统治非常残暴。因此，公元前11世纪中期，生活在泾水、渭水流域的商朝属国首领周武王，继承了父亲周文王的事业，发动了讨伐商纣的战争。周武王带领一些部落，向商都进军，在商都郊外的牧野展开激战。

---

〔1〕 从甲骨文看来，殷人以为先王死后，可以配帝。如武丁时卜“辞挽：342. 贞咸宾于帝。343. 贞咸不宾于帝。344. 贞大□宾于帝。345. 贞大甲不宾于帝。346. 贞下乙□于帝。347. 贞下乙不宾于帝。宾之义为配”。

值得注意的是，商纣临时武装了大批奴隶进行抵抗，结果阵前奴隶倒戈，引导周军攻入商都，成为商亡的直接原因之一。其间，民族矛盾与阶级矛盾交织在一起，王权的更替可以借用阶级矛盾为自己服务。商朝灭亡的根本原因是其违背了王权统治合理性，即合法政权的根本在于"保民"而使"民受之"。如果王权统治不能做到保民，就无法出现"民受之"的社会和谐局面。这不仅是夏朝灭亡的原因，也是商朝灭亡的根本。

公元前1046年，武王灭商，定都镐京，到幽王亡国，共历300多年，史称西周，共传12王。公元前770年，周平王被迫迁都洛邑（即洛阳），史称东周。东周王室衰微，政权名存实亡，至公元前256年为强秦所灭。

周朝灭亡的根本原因在于春秋战国礼崩乐坏，五霸迭起，七雄并立。在这个剧烈变革、诸侯逐鹿问鼎中原的时代，产生了罕见的百家争鸣、诸子比肩、创新繁荣的人文景观。

周人本是小民族，起初只是活动于甘肃及陕西一代。[1] 征服商王族后，因面对数倍于周的商族民众（后简称商民），周王要给自己灭商提供一个合理合法的根据，让商民心服口服地接受周王的统治，就必须建立一套完整的执政理念或统治思想。因此，"如何解释西周统治的合理性是摆在西周统治者面前的一个难题"[2]。西周统治者已经深刻体会到，天命是会转移的，因此有"天命靡长"[3] 之说。周灭商是凭借商朝王权违背"保民"而"民受之"的合理性，促使民众反商王倒戈于周人的结果。因此统治的合理性就成为至关重要的问题。商王把统治的合法性建立在"宾于帝"之上，误以为其祖先"宾于帝"，上帝就会永远保佑他。商王祖先"宾于帝"只是其统治的外在合法性。殊不知，其统治真正内在的合理性在于因统治者的"保民"而使"民受之"。

周公改革，制定周礼，开宗庙祭祀之风，解决了周王统治合理合法性的两大根本问题：

第一，商王祖先"宾于帝"，周王不能也把合法性的基础放在"宾于帝"。于是，周公经过改革，把其统治建立在更加合理合法的基础之上，即用"天子"的理念超越"宾于帝"的理念。"宾于帝"的理念，充其量不过说商王祖先是上

---

〔1〕 杨鸿烈：《中国法律发达史》，中国政法大学出版社2009年版，第22页。
〔2〕 王立民：《中国法制史》，北京大学出版社2008年版，第20页。
〔3〕《诗经·大雅·文王》。

帝的贵宾而已，商王与上帝并没有血缘关系。而“天子”的理念，则建立了周王与上帝的血缘关系，周王是上帝的儿子，所以成为当然的统治者。中国的真龙天子的理念始于周朝。真龙天子一直成为从周朝到清朝统治的（外在）合法性基础。中国历史上之所以发展到西周才建立起“天子”的理念系统，就是因为西周以后，各类有关“天”的概念才异常发达，才有了皇天、上天、旻天、昊天、苍天等概念。因此《诗经》上便有了“燕及皇天”〔1〕，“上天之载”〔2〕，“旻天疾威”〔3〕，“浩浩昊天”〔4〕，“苍天苍天，视彼骄人”〔5〕等诸多提法。

第二，周公建立了统治的内在合理性，那就是把统治的真正内在合法性建立在统治者“保民”而使“民受之”的合理性基础上。“保民”是“民受之”的前提条件。一个“天子”的理念不足以建立完善的王权统治的合法性。“保民”是当时王权统治，乃至现代国家统治的最后合理性根据。一个不能保民的皇帝不是一个好皇帝。好皇帝的保民则集中体现于“德行”，有德行的皇帝，才有保民的意识。周公充分吸取夏、商亡国的根本在于缺乏保民的德行的教训，清醒地意识到保民德行的重要性，为此告诫自己的子侄，王权的承继“惟命不于常”〔6〕，上帝只保佑那些拥有保民德行的皇帝，所以提出“皇天无亲，惟德是辅”〔7〕的思想。周代统治者把德纳入上帝信仰中，是为了强调上帝的神性和天意是“惟德是辅”，君王必须“明德”、“崇德”、“敬德”，才能保持统治权的最大合法性，才能更好地驯服万民：“天佑下民，作之君，作之师，惟其克相上帝，宠绥四方，有罪无罪，予曷敢有越厥志”〔8〕。意思是说，君不敢超越上帝的意志而行事，判民有罪或无罪是按上帝的意志办理的。因此，周朝进而建立了“明德慎罚”的法制思想。穆王时，命吕侯按“明德慎罚”的原则，重修刑书，史称《吕刑》。史书说：“吕命穆王，训夏赎刑，作吕刑。”〔9〕

可以说，只有阐释了王权保民德行的内在合理性标准，才能充分展示国家

---

〔1〕《诗经·雝》。
〔2〕《诗经·文王》。
〔3〕《诗经·召旻》。
〔4〕《诗经·雨无正》。
〔5〕《诗经·巷伯》。
〔6〕《尚书·召诰》。
〔7〕《尚书·蔡仲之命》。
〔8〕《尚书·泰誓上》。
〔9〕《尚书·序》。

统治的真正合法性，进而才能营造和谐的社会。只有“有德行”才能“保民”，只有保民才能得到人民的拥护与爱戴。只有使人民安居乐业，天下才能真正太平，才能真正建立和谐的社会。历史上的昏君都不能做到这一点，所以终究被人民推翻。在中国封建社会的条件下，凡是能够真正做到保民德行的皇帝，在没有外族侵扰的前提下，一般都能实现人民安居乐业、社会和谐、天下太平的基本目标。

要想保证国家统治的合理合法性，不能仅仅把上述两种标准作为两张皮来处理，必须把“天与之”与“民受之”有机地结合起来。周公改革，通过“敬天保民”和“以德配天”完成了这一伟大使命。“敬天保民”和“以德配天”合理地解决了（上帝）天、（皇）帝、民三者的关系，人间的皇帝能够在“保民”的基础上“敬天”，才能既处理好最高统治者与人民的关系，同时又处理好最高统治者与上帝的关系。从这种意义上看，只有处理好这两种关系，才能建立和谐的社会。

四、周朝灭亡的根本：丧失内在合理性

正是因为周朝建立了上述完善的合法统治制度，周朝的统治才得以空前的巩固，其疆域才达到空前的广大。如果周朝历代皇帝都能坚持“敬天保民”、“明德慎罚”的内在合法性统治原则，周朝的历史不会那么短暂。

细思量，西周灭亡的原因主要有三个：

一是西周统治者放弃了“敬天保民”的原则，王权统治失去了合法性。西周后期，周厉王贪财好利，霸占山林川泽，不准平民上山砍柴打猎，下河捕鱼，还派人监视平民言论和行动，终于公元前 841 年爆发了“国人暴动”，镐京的平民和奴隶举起武器攻进王宫，赶走了周厉王。

二是西周分封制导致了诸侯群起，进而为西周灭亡埋下了种子。周初统治者为了巩固奴隶制国家政权，把王族、功臣和先代贵族分封到各地做诸侯，建立诸侯国，以藩屏周，营建东都洛邑成周，监临东方诸侯。诸侯要服从周王的命令，要向周王贡献财物，要派兵随从周王作战。周朝先后分封的重要诸侯国有鲁、齐、燕、卫、宋、晋等。诸侯强盛后，纷纷进入祭天的行列，最后导致春秋的礼崩乐坏，旧秩序大乱。

三是外族的干扰与入侵。西周末年，穆王以后，周朝逐渐衰微，社会动荡不安，诸侯常常不来朝贡，西北方少数民族戎狄攻入镐京。王朝陷入长期的战争之中，国力消耗很大，不得不加重对民众的剥削，国内矛盾日益尖锐。有的贵族也开始破产，而表现出对现实的愤懑。这种内忧外患，终于在周平王时代只得将都城迁到洛邑，史称“平王东迁”，东周开始。

上述三条，第一条是根本。由于西周末年统治者放弃了“敬天保民”、“明德慎罚”的统治原则，王权统治失去了合法性，进而才会使得诸侯破坏社会秩序，导致国家社会的礼崩乐坏。也正是因为放弃了统治的内在合法性，才导致王朝腐败，朝廷衰微，战事频繁，这种种的内忧才会为外敌，即为戎狄留下可乘之机。

总之，遵循还是放弃“敬天保民”、“明德慎罚”的内在合理性原则，是周人成败的关键。遵循了这个内在合法原则，周人灭殷商之后，小“国民”（周人）能够合法统治大“国民”（殷商）。打江山不易，守江山更难。周人遵循了其内在统治合理原则，不仅坐稳了江山，而且扩大了江山社稷。然而，周人放弃了这个内在统治合理原则之时，就是其失去江山之际。

五、初民和谐社会的根本：确保政权内在合法性

各国法律思想的发展自有其独特的发展规律。历史发展自有其内在的规律。民族发展既有其共同的规律，也有各族发展的特有规律。社会发展规律是社会基本矛盾的展开，民族发展规律则是社会基本矛盾展开的一个侧面。

何为社会基本矛盾，不同的学科，甚至不同的学者持有不同的看法。马克思从社会结构关系角度，把社会基本矛盾领悟为生产力、生产关系（经济基础）与上层建筑三者的矛盾关系。如果我们从认识论的角度来看，社会基本矛盾应该是哲学家为人们所展示出来的哲学基本问题，即主体与客体、主观与客观、思维与存在、社会存在与社会意识的矛盾。不仅动物还没有这种矛盾的意识，而且人类早期的漫长历史过程也没有这种矛盾意识。人类的历史已经过了450万~1500万年，但从有文字为文明的起点，人类文明发展的历史还不到1万年，如果以宗教现象作为标准，人类文明最多也不过10万年的历史[1]，与1500万年相比则是沧海一粟。哲学家向人们展示的基本问题具有一定的启发性和普遍意义。人类文明的根源在于人类开始有意识地处理主体与客体、主观与客观、思维与存在的矛盾问题。人类对这一系列矛盾问题的解决是一个不断深入、不断扩大的过程，但人类永远也不会最终完全解决这一系列矛盾问题，所以人类文明的发展才是永无止境的过程。

---

〔1〕 宗教学界有说4万年的，有说8万年的。

如果从宗教学角度看问题，那么社会基本关系问题就是此生与来世、人间与天堂的关系、人与神的关系，用中国人的话语表述就是天人关系。不同民族对天人关系的解决重心也是不同的。由于不同民族所处环境的狭隘性，不同民族的“天”也就具有了很大的局限性。民族之天都可谓是“井底之蛙，坐井观天”，因而构成了不同天神崇拜的民族个性。

中华民族与古希腊的天神观念早在其原始神话时代就有了最初的分野。从颛顼到尧舜再到夏商周三代，中华民族文明关注的发展重心在天下，而不在天上。中国人的天下意识发达，而天上意识很不发达，所以在中国先民的心目中，天上的世界是模糊的，而天下的世界是清晰可辨的。因此，中国人发展了天下主义，而把天上主义悬置起来。中国先民也有“英雄超人”的理念，但“英雄超人”不是天神与凡女偷情的结果，而是凡女与天神感生的结果（祖先黄帝是附宝见大电光感生的杰作，炎帝是女登感神龙而感生的结果）。中国原始神话不仅缺乏天神的等级排序，而且停留在神龙等图腾崇拜的阶段。

古希腊则不然，古希腊民族关注的重心既在天下，又在天上，即古希腊人关注的重心是天上与天下两个世界，因此天上的世界与天下的世界都是很健全的，所以天下意识和天上意识都很发达，于是古希腊人既关注天下凡人的幸福，还关注天上神灵的幸福，他们认为天神与人一样有七情六欲，天神是情种，天神的情人是多多益善，天神时常下到凡间与美女偷情生下半神半人的“英雄超人”。

简单说，古希腊民族追求的是天上与天下两个世界的对峙、对应与摇摆，华夏民族追求的则是天人合一。中国学者余敦康精确地把天人合一问题总结为中国宗教、哲学发展的基本问题，“关于天与人的合一，……无论是从哲学史还是从易学史的角度上说，都是一个基本问题，也是一个不易得到破解的难题”[1]。

中国先民之所以把“天下意识”和“天下主义”作为追求第一位，取决于中国三个历史大事变：五帝中的颛顼进行了“绝地天通”的宗教改革，确定了唯有王室才有祭天的权力；尧舜把“天与之”和“民受之”确定为王权统治的双重合法性；周王进一步把尧舜合法性的思想发展为“敬天保民”与“明德慎罚”。这三个发展的进一步延续，就变成了后来中国文明传承的传统。奇怪的

〔1〕 余敦康：《宗教·哲学·伦理》，中国社会科学出版社2005年版，第226页。

是，中国从夏商周到1840年的漫长岁月，从来没有人从根本上质疑过专制是否合理合法的问题；春秋战国诸子百家，对人间各类问题都进行过激烈的争论，但唯独不争论甚至不怀疑专制是否合理合法的问题；其根本原因可能根源于“祭天是王室特权”问题是无可怀疑、不容怀疑的。

中国从三皇时代到明清时代，祭天成为王室的文化霸权，因此百姓不能祭天只能祭祖。既然祭天是王室特权，士大夫就不能更多地关注天上的事情，而把更多的精力放在关注天下的事情，所以天上的思考非常薄弱，天下的思考和论述就异常发达。最著名的典籍就是《庄子·天下篇》：“天下大乱，贤圣不明，道德不一，天下多得一察焉以自好”；“是故内圣外王之道，暗而不明，郁而不发，天下之人各为其所欲焉以自为方。悲夫！百家往而不反，必不合矣。后世之学者，不幸不见天地之纯，古人之大体，道术将为天下裂”；“以天为宗，以德为本，以道为门”[1]。这种天德道关系的理论也正是《周书》、《诗经》的主要论旨。

中国早期先民建立和谐社会的根本在于统治天下的合法性问题。天下大治在于明君不仅遵循了“敬天”、“以天为宗”的外在合法性，而且遵循了“保民”、“民为贵”和“明德慎罚”的内在合理性，所以人民安居乐业，天下太平。如果昏君当道，“贤圣不明，道德不一”，那么必然奸臣得志，贪官林立，民不聊生，天下大乱。政权不稳与社会不和谐的根本在于民不聊生。民不聊生的根源又在于国家统治者不能真正做到贵民而保民。中国历史上并不缺少国家良性统治即“保民”、“明德”的内在合理性标准，但中国历史上真正遵循这一内在合理性标准的好皇帝并不多。

从中国上古社会的历史经验教训来看，和谐社会的建立在于处理好多元民族关系和宗教关系。从三皇五帝到夏商周三代是华夏民族形成的年代。华夏民族以前可以认为是中国先民的氏族社会（这里采用广义的氏族社会，即包括部落联盟的过渡阶段），之后可以称为民族社会。[2] 推动中国社会从氏族社会提升到民族社会的根本动力是社会根本问题的不断深入解决。从三皇五帝到夏商周三代，中国人营造和谐社会的关键在于找到了处理多元民族宗教的方法，并凝聚为传统中华民族宗教精神。

---

〔1〕《庄子·天下篇》。

〔2〕在此采用的是古代意义上的民族，不是近现代意义上的民族。

仅仅从三代发展来看，华夏民族至少是夏商周三大部落的联合。商本是夏朝的一个属国，周原来也是商朝的一个属国〔1〕。这里的问题是什么文明精神把夏商周三类融合为一体的？答案是宗教相通性精神，即由于宗教相通性精神，才把夏商周三类融合为一个华夏民族。能够把夏商周三个族体〔2〕凝聚为一个民族的重要精神纽带就是其祭天祭祖等共同的宗教相通性精神。从颛顼的“绝地天通”发展到尧舜的“天与之”、“民受之”的宗教精神，再发展为夏人的敬天祭祖，再发展到商人的“宾于帝”，再发展到周人的“天子”理念，始终有一个贯彻其中的宗教相通性精神，那就是把“敬天法祖”作为王权统治合法性的宗教精神。只有到了周朝才开发出王权统治的外在合法性与内在合理性相统一的标准，夏商周三代发展了尧舜“天与之”和“民受之”的双重标准，提升为天神与王权紧密相连为外在合法性，以及与以“保民”与“明德慎罚”为掌管王权的内在合理性的有机统一。作为合格的天子必须上通天神，下达民意，不仅成为上帝的儿子，还必须真正做到“保民”和“明德慎罚”，才能成为一代明君，成为合理的统治者。

深入分析，只有内外民族关系所展开的政权文明的交替互动，才会产生周代天子理念。仅仅从民族内部关系，不足以营造天子理念。就是说，中国先民的夏商周三类人的互动，才会凝聚成更大的民族即华夏民族，这是民族互动的结果。

六、和谐社会的真理：两个法则的和谐关系

现代文明人不能把营造现代和谐社会试图再行建立在“成者王侯败者贼”的基础之上，因为“成者王侯败者贼”是一种强盗逻辑，不再适应现代文明社会。现代和谐社会应从历史中汲取合理性文化资源。

经过1840年鸦片战争、1911年辛亥革命、1919年五四运动、1949年中华人民共和国的建立、十年“文化大革命”等一系列社会运动的发展变迁，中国传统性宗教终于逐渐被挤出了主流文化。所以，现代中国人要想营造和谐社会不可能再依靠中国传统性宗教精神，但其中所含有的合理性民族精神文化遗产则是需要我们进行深入挖掘的。最重要的文化遗产就是两个法则的和谐关系，这是不可忽视的。

---

〔1〕 段秋关、王立民主编：《中国法制史》，北京大学出版社2005年版，第19页。

〔2〕 由于目前学界把夏商周三类都称为部落联盟，还未称为民族，所以在此我们称之为族体。

其实，无论在中国，还是在国外，组建和谐社会都有一个共同的规律，那就是天法（宇宙法则）与人定法两个法则的良性互动。但不同的是，中国先民的天下法很发达，天上法则很薄弱。中国先民的重心是发展王法。但“天法”在古希腊古罗马人那里被认定为是自然法。所以在西方从古希腊古罗马时代到现代，自然法源远流长。

在古希腊人那里，人间法是人定法；人定法是恶法还是良法，根本上取决于其是否能适应自然法；自然法是永恒法，不是人定的，是自然和宇宙之天固有的法则。在中国先民看来，“天法”的合理性决定了王法甚至国家政权存在的合法性。“王法”的合法性理应建立在“天法”的合理性基础之上。王法可通过成文法来表达，所以王法是有形的、可观的。但天法则是无形的，是通过民意来表达的，所以天法的合理性是通过亲民、贵民、保民的机制而赋予国家政权合法性。这有形的王法与无形的天法的和谐与适应是一个漫长的互动过程，必须通过无数次的互动，才能不断克服人间恶法，建立人间良法。所以，中国法律不可能止步于尧舜和周代。

但是，我们可以从中国先民领悟政权合法性的历史资源中看出，“王法”的内在合理性是从尧舜时代政权“民受之”发展到周朝“保民”与“明德慎罚”的持续发展。只有真正从根本制度上确定保民或确保亲民、贵民的国家政府才是能够建立和谐社会的政府，才是能够长久存在的政府。

王法是人定的，而天法则不是人定的。一些人凭借自己的金钱等实力，可以逍遥法外，其中这个“法”是人定法或“王法”，不是天法。既然“天网恢恢，疏而不漏”，那些凭借自己实力可以规避人定法或“王法”的惩罚，虽然可以逍遥法外，但终究不能逃脱天法的惩罚。

中华文明发展的驱动力，不仅源于族内的单纯发展，重要的是源于外族与内族的文明互动与合力。其互动中必须有一个可持续发展的向心力、共驱力即文明的相通性精神，否则不会有合力，不会导致各族的凝聚，不会铸造更大的民族。华夏民族是夏人、商人和周人三位一体的文化产物。

最初使得中华各族先民凝聚、靠拢在一起的密码是共通性的祖先崇拜。经过夏商周三代的发展，祖先祭祀制度不断完善，不仅减少了祭祖的次数和规模，以“俑”代替了被杀殉的人，而且确立了“庙制”、“宗法淘汰制”和“庶子不祭祖”等制度，自然演变为中国宗教信仰中一块不可动摇的基石。祭祀祖先具有团结宗族、凝聚民族的向心力，是先民治国的根本。他们在解释祖先祭祀的意义时提出："祭者，所以追养继孝也。孝者畜也。顺于道不逆于伦，是之谓畜。""褅尝之义大矣。治国之本也，不可不知也。""修宗庙，敬祭事，教民追孝也。"[1]

由于敬天法祖、重建社稷成为华夏民族的宗教传统，祭天、祭祖、祭社的宗教活动成为官方的重要政治活动，才成为后来历朝历代的重要凝聚点。春秋战国，天下大乱，礼崩乐坏，儒家重修礼乐，承继君臣关系，发展礼乐文化，虽未能成为秦朝的统治法则，但单纯重视法家的秦朝未能千秋万代，秦二世便告终结。因此，汉代统治阶级在充分接受秦朝灭亡的教训之后，启用儒家思想，继承了"敬天法祖"、重建社稷的传统，才带来了汉代的兴盛。汉代之后，儒家与法家成为后来治理国家不可或缺的两大法宝。

汉代之后，魏晋时期，生活在东北、西北边疆地区的匈奴、鲜卑、羯、氐、羌等五个少数民族先后进入北方建立地方政权。虽然中华各族的祖先是不同的，虽然祖先崇拜在中华各族的具体表现千姿百态，尤其是少数民族与中原汉族祖先崇拜的具体形式并不相同，但少数民族编造一个个与华夏君王有关的血缘谱系，对祖先崇拜有了共同的追认，使得少数民族与汉族有了可以沟通的桥梁。在魏晋南北朝以后，汉族与少数民族在宗教上和政治上的认同与互动，使得各族融合、聚集在一起成为可能。虽然第一个在北方建立后汉王朝的刘渊是匈奴人，但他却认为自己是汉朝公主的后代，汉朝的皇帝是他的舅舅。对此，史料有证："新兴匈奴人，……汉高祖以宗室女为公主，以妻冒顿，约为兄弟，故其子孙遂冒姓刘氏"[2]。于是，他"立汉高祖以下三祖五宗神主而祭之"[3]。刘渊的这种做法为后来胡人建立政权时所纷纷效法，他们大都忙于建郊坛、立宗庙、修社稷。前秦皇帝氐人苻氏家族自称，"其先盖有扈氏之苗裔，世为西戎酋长"[4]。后秦羌姚氏也自称，"其先有虞氏之苗裔，禹封舜少子于西戎，世为羌酋"[5]。北凉建国者沮渠蒙逊同样自称其是"姚氏舜后"[6]。创立夏国的匈奴

[1]《礼记·祭统》。
[2]《晋书·载记·刘元海》。
[3]《晋书·载记·刘元海》。
[4]《晋书·载记·苻洪》。
[5]《晋书·载记·姚弋》。
[6]《晋书·载记·沮渠蒙逊》。

人赫连勃勃也同样自称是“大禹之后”[1]。对上述奇特历史现象，中国的宗教研究学者张践提出高见：“通过祭天、祭祖、祭社稷等一系列宗教活动，使匈奴、鲜卑、羯、氐、羌等‘五胡’自然融合于华夏。宋、元、明、清，契丹、女真、党项、蒙古、满洲诸民族纷纷入主中原，建立了地域性或全国性的政权，但天神崇拜的宗教活动使他们从来没有自外于华夏‘道统’，并最终与汉族一起融合为现代的中华民族”[2]。

总之，上述历史现象一直持续到清代，即中国在民国以前，真正把中华各民族统一在一起，建立和谐社会的根本基因是能够把各族宗教凝聚在一起的中国传统性宗教精神。

为什么一些中国少数民族对不同的祖先给予共同的追认呢？其原因何在，后果又如何？答案只能是：中华各族追认共同祖先的后果是造就了各族团结、凝聚的重要力量，从而把中华各族凝聚在一起，成为后来中华各族为一个国族的主要根据。

奇妙的问题是：少数民族追认华夏的建国君王，不是他们不知道不同的民族自有不同的祖先，他们为什么编造与华夏的血缘关系？唯一的解释就是，他们在为少数民族政权入主中原或进入中原寻找或提供一个有力的合法性、合理性、有效性依据。既然是（拟制的）同一祖先，就同样有权力组建中国政权。入主中原组建政权的这种合法性、合理性、有效性的根本不能不是尧舜时代“天与之”的承继与发展。

第三节　先秦的多元政权合法性

西周礼乐文明走向衰微的时代却是春秋战国文化光辉灿烂的时代，为诸子百家提供了百家争鸣的绝好时机，但中国元点政法精神不但没有走弱，王权王法的忠孝文明反倒更加强化了。古中国的自然法开始走弱，以王法为核心的人定法在不断完善中逐渐走强。

〔1〕《晋书·载记·赫连勃勃》。

〔2〕张践：《宗教·政治·民族》，中国社会科学出版社2005年版，第266页。

一、诸子百家的政法多元性及政治向心力

夏商周三代王权统治的合理性与合法性的发展是不断趋于合理和逐渐深入的。三代都把王权统治的合理性与合法性建立在天道的基础上。夏朝以“代天行罚”作为王权统治的合理性与合法性。然而，凭什么“代天行罚”的主体只能是帝王而不可以是其他人，其理由是不充分的。因此，商朝以王者先祖是“宾于帝”（上帝的贵宾）作为王权统治的合理性与合法性，试图解决帝王“代天行罚”的合理性。可是，臣民也可以“宾于帝”，商朝执政的重大缺陷是人间帝王与上帝没有直接联系。为此，周朝一方面，用“天子”、“敬天”（人间帝王是上苍上帝的儿子，因此天子祭天就意味着儿子祭天便是祭祖），在人间帝王是上苍上帝之间建立了血缘关系，极大地提升了帝王统治的理由。另一方面，用“保民”增添了帝王执政合理性的新的内涵，承继了夏商周之前“尧舜”时代“天与之，民受之”的优良传统。

周朝从西周演变为东周（即春秋时代）。西周“敬天保民”的执政合法性依然存在巨大的缺陷或漏洞——天下是天下人的天下，为什么不允许天下人忧虑“天下兴亡”呢？西周灭亡后，春秋时代王室衰微，诸侯争霸，人们更多关心的时代主题不再是帝王执政的合理性问题，而是天下兴亡的问题，从而打破了“庶人不议”的窠臼，出现“处士横议”的活跃的社会氛围。社会发展主题不再是简单的崇信“天道”即“天上主义精神”，而是如何统一天下、治理国家、教化民众等“天下主义精神”。

不同的学者对天下主义进行了不同的诠释，学者们秉承自己的学派周游列国，为诸侯出谋划策，到战国时代形成了“百家争鸣”的可喜局面，并形成各种不同的学派。不同学派的创立者和代表人物被称为“诸子”，所形成的学派林立局面被誉为“百家”。各学派的“诸子”对当时的一系列时代主题纷纷著书立说，并到处游说，推行自己的政治主张。诸子都是文化高手，他们的散文大都观点鲜明，针砭时弊，言辞犀利，感情充沛，表达方式灵活多样，具有很强的社会感染力。因此，诸子百家的文章成为中国的古代文化典范，不仅具有重要的理论价值，也具有重要的文学价值，而且对汉族的形成铸造了必需的文化元素。不难推论，如果没有古汉语，如今的汉族也许会分立为许多个不同的民族。难怪西方民族学家安德森高度赞誉了古汉语的作用，还挖掘了文人的宗教情怀对民族的伟大作用，“文人在一个以神为顶点的宇宙秩序中，构成一个具有战略

性地位的阶层”[1]。

其实，“百家”并非百家，主要有十家左右。到底有多少家，人们的看法不尽相同。最早对百家进行划分的是司马迁的父亲司马谈。[2] 他将百家首次划分为阴阳、儒、墨、名、法、道等六家。后来，刘歆在司马谈六家基础上，增加了“纵横、杂、农、小说”四家，合为十家。[3] 后来班固提出：“诸子十家，其可观者九家而已。”[4] 因此，便把“小说家”去掉，将剩下的九家称为“九流”。吕思勉在《先秦学术概论》一书中再增“兵和医”两家，就增至十二家。

先秦最有影响以及对后世影响最大的主要有儒家、墨家、道家和法家四家。理由何在？凭什么这样看？本书著者的理由有两方面：一方面，凡是围绕当时时代主题的并能解决时代主题相关问题的，就会具有强大的社会影响力。曾邦哲的《结构论》提出，儒家、法家、兵家、纵横家等偏向政治军事与伦理领域，墨家、道家、名家、医家和农家等偏向自然工艺与逻辑等领域，杂家、书画家等则偏向人文艺术等领域。只有儒家、墨家、道家和法家才对当时社会根本问题，主要是政治问题提出了自己的解决方案。另一方面，诸子学说本身属于春秋后产生的“私学”，凡是对“公学”产生巨大影响的，对社会政法制度能够产生深远影响的，才会成为流转社会的大学问。儒家、墨家、道家和法家关怀社会公共问题，并提出了自圆其说的自家之言。总之，当时中国社会发展的政治向心力决定了“诸子百家”的流转命运。

表面上看，春秋战国时代的诸子“百家争鸣”，热闹非凡，学术自由。但是，在本书著者看来，人们忽视了影响诸子学说流转后世的两大元素。其一，夏商周形成的历史传统或本书所称的中华特色的“文明元点”决定了后来诸子百家中到底哪家成为中国后来发展的主流或中流砥柱。后来中国发展的历史证明，儒家、墨家、道家和法家四家能够继承从尧舜到夏商周的元点传统，从而才能发扬光大，其他各家要么被后来的历史所淘汰，要么流转于中华文明的部

〔1〕［美］本尼迪克特·安德森：《想象的共同体：民族主义的起源与散布》，吴叡人译，上海人民出版社2005年版，第14页。

〔2〕司马谈（？~前110年）西汉夏阳今陕西韩城人。父司马喜，在汉初为五大夫。子司马迁受他的影响最深，司马谈在汉武帝时任太史令。汉武帝元封元年（前110年），东巡至泰山，并在山上举行祭祀天地的典礼，这就是所谓“封禅”大典。司马谈当时因病留在洛阳，未能从行，深感遗憾，抑郁愤恨而死。他所要论著历史的理想和计划，便留给儿子司马迁去实现。

〔3〕《七略》。

〔4〕《汉书·艺文志》。

分领域。其二，夏商周的帝王执政问题是当时社会最重要的问题。这是诸子学说都不能规避的重大问题。在当时中国社会的发展情况下，结束战国混乱局面，继承夏商周的国家"大一统帝王制"的文化传统而统一中国成为那个时代的主题。儒家的礼制和法家的法治继承并发展了治国的传统，因此成为后来中国发展的主流。墨家由于"尚贤政治"必然成为后来的历代统治阶级所厌恶、所不取甚至剿灭的范畴，因此墨家便消失在中国的历史长河中。道家由于主张"小国寡民"，反对构建大一统的中国，以及遁世、出世等主张，于是被后来中国历代统治阶级的"治国"方略抛弃。即便偶尔（如汉代初）启用道家（黄老之术），也终究沦落为被中国政治"爱情遗忘的角落"。不过，道家由于是一流的修身养性的学术，而流转于民间和官员的私密空间。道家的"修身养性"之术、人生精神修养的智慧成为中国人的重要养分。

战国之后的中国历史证明，中国需要的是统一，不会像古希腊那样分立为若干个邦联小国，不会像欧洲那样分成多国而治理的"国际社会格局"，而是中原文明与周边各族文明不断互动为一个文明。其互动不是像欧洲那样选择并列发展，而是有向心力的发展。这个向心力就是中国周边民族文明不断向中原文明靠拢，以"中原逐鹿"或占据中原为最终使命。因此，"需要统一"便自然成为中国先秦时代的社会第一需要。当时中国的这个第一需要，决定了中国传统政治的第一需要就是君主制，而不是民主制；不会像古希腊城邦社会那样最需要民主制。这是中国当时政治的大需要。一切都将围绕着这个时代主题展开。

本书著者不是先知，但可以通过先秦以后的中国历史选择来反思当时诸子百家究竟哪一家或哪几家会得宠。后来的历史证明，也正是先秦时代中国的第一需要，才最终决定了，诸子百家中，唯独儒家和法家最得宠，儒法合治是后来中国政法发展的历史必然。对此，有几点中华精神必须明确：首先，夏商周三代形成的中国传统的力量是非常强大的。其次，中国几千年的传统主流绝不是儒家一家，而是儒法两家合力治理的结果。再次，政权的合理性与合法性是有民族特色的。最后，中华文化的发展取决于中国元点文明精神。一个民族最先爱上了一个东西，似乎这个民族是很难完全放弃的。政治上，西方人始终都在不断关照"民主"，中国则在不断强化王道与王法。而人治、专制是根植于王道、王权与王法这个根本点的。正是这个"三王精神"成为中华历史文化的命根子。我们很难估量"三王传统精神"潜藏着多少深厚的力量。虽然这正是本书的主题，但本书著者也不知道其中的最后结局是什么，只能顺应全球化发展得出一个简单结论：全球各民族国家的天下共治。

总之，历史发展结果是多因的，而不是简单一个原因；历史的发展不是线性的，而是立体的。因此，正如本书第一章所研究的那样，中国元点政法精神是中国元点地理环境、元点伦理、元点经济、元点人文精神的中华文化系统中的一元。这个元点系统决定了中国政法发展的主流始终围绕着从王道到王权再到王法的轨道，中国从夏商周一直发展到明清，始终都跳不出王道、王权与王法的局限。中国历史的发展选择的是王道不是民道，是王权不是民权，是王法不是国法，更不是“民法”。这一点，中西政法的分野是非常鲜明的。

由于儒家和法家是中国传统社会的两大主流，本书后面有两个专章（第九、十章）解析，这里就不重点介绍儒家和法家的基本主张了。因此，下面将突出解析墨家和道家，也重点分析百家之魂“三纲”。

二、墨家的博爱、非攻、尚贤

战国时代，中国社会失去了周朝统一的政治管控，因此各种思想（包括政治法律思想）纷纷登上历史舞台，从而取得了爆发性的发展，前期墨家在战国初具有很大影响，与杨朱学派并称显学。墨家创始人墨翟的基本主张很多，主要有三，即“兼爱”、“非攻”、“尚贤”，与儒家观点尖锐对立，两者互为天敌。

墨家在诸子百家之中是产生较早的主要哲学派别之一，大约产生于战国时期，创始人为墨翟，主要论著有《墨子》（原著七十一篇，只剩下五十三篇，墨翟所作）、《胡非子》（三篇，墨翟弟子所作）。墨家是一个有领袖、有学说、有组织的学派，墨者们吃苦耐劳、严于律己，严格遵守“墨者之法，杀人者死，伤人者刑”，把维护公理与道义看作是义不容辞的责任，拥有强烈的社会实践精神。墨者大多是有知识的劳动者。墨家是一个纪律严明的学术团体，要求其成员到各国为官时必须推行墨家主张，所得俸禄也必须向团体奉献。按墨家的规定，被派往各国做官的墨者，必须推行墨家的政治主张；行不通时宁可辞职。当首领的要以身作则。墨家学派的发展经过了从前期到后期的过程。前期墨家思想重心在开发社会政治、伦理、认识论，后期墨家注重逻辑学。

墨子姓墨名翟（dí，历史学界至今无法确定墨子的真实姓名），生卒年不详，大约生活在公元前479年至公元前381年，是中国战国时代著名思想家、政治家、军事家、社会活动家和自然科学家。墨家生活清苦，墨者可以“赴火蹈刃，死不旋踵"[1]，十分注重艰苦实践，"短褐之衣，藜藿之羹，朝得之，则夕弗得"[2]。墨家成员多来自社会下层，目的是为了"兴天下之利，除天下之害"[3] 即"摩顶放踵，利天下，为之"[4]。墨者有两大能力，一是谈辩，二是擅长武功。

墨家的基本思想主要有十点：第一，"兼爱"，与儒家的亲亲相对，将父慈、子孝、兄友、弟悌等对待亲人方式，扩展到其他陌生人身上。第二，"非攻"，反对侵略战争，因墨子认为，战争伤害生命和财产，是没有意义的破坏行动，即便对于胜方，仅仅是获得了数座城池与税收，但总的来说伤害与损失也是巨大的。第三，"尚贤"，不分贵贱唯才是举。第四，"尚同"，上下一心为人民服务（很类似共产党的"全心全意为人民服务"），为社会兴利除弊。第五，"天志"，要人掌握自然规律，天子要代天行政。第六，"明鬼"，墨家认为，鬼并非迷信，而是希望以神鬼之说使人民警惕，不行邪恶。第七，"非命"，主张通过努力奋斗掌握自己的命运。第八，"非乐"，摆脱划分等级的礼乐的束缚，废除繁琐奢靡的制造和演奏。第九，"节用"，主张节约扩大生产，反对奢侈享乐生活。第十，"节葬"，绝不主张把社会财富浪费在死人身上。

战国时代，诸子百家各展风姿，相互批判。墨家与儒家在中国战国舞台上同台表现，唱的是对台戏。墨家对儒家也进行了深刻的批判，形成了墨家与儒家针锋相对的局面。

墨家与儒家争锋之一在于儒、墨两家虽都提倡"仁爱"，然而，儒家的"仁爱"是不平等的或分等级的，墨家的"仁爱"是众生平等的。因为，儒家的"仁"看起来主张"爱人"，似乎爱一切人，可事实上所"爱"之人是有等级次第的，讲求的是"亲亲、尊尊、长长"有序的爱。墨家主张的"仁爱"是众生平等的"兼相爱"。因为，墨家的"兼爱"是"纯笃无疵"的仁爱，要求"爱无差等。"[5]

墨家与儒家争锋之二在于对"义"进行了不同角度的诠释。儒家"义"与

〔1〕《淮南子·泰族训》记载："墨子服役者百八十人，皆可使赴火蹈刃，死不旋踵。"

〔2〕《尚贤下》说："为贤之道将奈何？曰：有力者疾以助人，有财者勉以分人，有道者劝以教人。若此，则饥者得食，寒者得衣，乱者得治。若饥则得食，寒则得衣，乱则得治。"

〔3〕《墨攻》。

〔4〕《孟子·尽心上》。

〔5〕《墨子》。

“利”对立起来，而墨家则把“义”与“利”结合起来，并从“兼相爱”推导出“交相利”[1]。孔子不仅“罕言利”，而且还认定，“君子喻于义，小人喻于利”[2]。即把注重追求“利”贬低称为“小人”。

墨家与儒家争锋之三在于对鬼神的态度是决然不同的。儒家思想是远神论，对天地鬼神的信仰并不虔诚，孔子主张“敬鬼神而远之”[3] 和“不语怪、力、乱、神”[4]，提出“未能事人，焉能事鬼”。结果造成“天鬼不悦”，不然降祸于人。墨家相信鬼神，主张“明鬼”。

墨家与儒家争锋之四在于儒家的“厚葬”与墨家的“节葬”的对立。儒家从贵贱有别出发而重视礼仪。古代的葬礼，“天子棺椁七重，诸侯五重，大夫三重，士再重”[5]。对于父母去世，子女要守“三年之丧”。墨子认为，“久丧”会造成“国家必贫，人民必寡，刑政必乱”[6] 的严重后果，因此墨子主张“节葬”、短丧，节约社会财富。墨子制定的埋葬办法是仅用三寸厚的桐木棺材，穿两件衣服就可以了。儒家提倡葬礼，墨家反对葬礼。然而，墨家并不能阻碍中国主流上层社会“厚葬”的习俗。

墨家与儒家争锋之五就是儒家“天命”论与墨家“非命”论的对立。儒家认为人的贫穷与富贵、长寿与短命、国家的混乱与安危，以及谁为君谁为臣谁为民，都是由天命决定的，并且是不可改变的。所以有了“死生有命，富贵在天”的说法。[7] 墨家否定“天命”论，主张“非命”论，提出“不敢怠倦”[8] 的宝贵思想，重视发挥人的主观能动性，使人奋发图强。

墨家与儒家争锋之六就是儒家“重乐”与墨家“非乐”的对立。儒家重乐，成为孔子教授弟子的“六艺”之一。其实，孔子“重礼”必然“重乐”，“乐”与“礼”相辅相成。音乐是精神上抒发感情的活动与享受，但君王之乐决不与臣同乐，更不“与民同乐”。然而，墨家主张“非乐”，反对音乐享受。因为，

---

〔1〕《墨子》。

〔2〕《论语·里仁》。

〔3〕《论语·雍也第六》。

〔4〕《论语·述而第七》。

〔5〕《庄子·杂篇·天子》。

〔6〕《墨子·节葬下》。

〔7〕《论语·颜渊》。

〔8〕墨子说：“今也农夫之所以早出暮入，强乎耕稼树艺，多聚菽粟，而不敢怠倦者，何也？曰：‘彼以为强必富，不强必贫；强必饱，不强必饥。故不敢怠倦’。”

墨子认为，享受音乐要花费大量人力、物力和财力，影响官员管理国家和人民参与生产劳动。为此，墨子庄严提出，要想“兴天下之利，除天下之害”，就必须要禁止音乐。儒家“盛为声乐，以淫愚民”[1]，因而音乐转化成为少数贵族奢侈享受的特权。总之，孔子代表周礼贵族文化，企图通过改良恢复传统周礼文化对社会的统治地位，墨子反映社会下层民众的心声。

此外，墨子还批判儒家的宿命论，造成民众怠惰顺命，失去积极进取的向上精神。

墨子关于国家起源理论是非常特别的，和西方自然状态说和契约论有些相似。他认为，国家兴起之前，社会处在一个“自然状态”中，没有统一的是非标准，社会非常混乱。国家产生的原因是为了制止人们各行其是造成的混乱，社会上需要国君顺应天意而产生。然而，国君不是依靠尚武的方法产生，而是靠选举产生，君子尚贤。要求国家与君主，“闻善而不善，皆以告其上。上之所是必皆是之，上之所非必皆非之”[2]，“上同而不下比”[3]。由于古代中国社会的司法权和行政权是合一的，因此墨子也未能逃出“专制独裁”的思想。自然，墨子在那个时代不可能提出西方近现代政治文明“三权分立”的思想，但却提出了民选君主的伟大思想。固然，墨子并未提出天子和各级行政官员的执政时间，以及选举方式是直接选举还是间接选举。

战国年代是弱肉强食的时代，因此统治者只看中墨子的守城术。从根本上讲，一方面由于墨家代表了贫苦阶级的利益，不为统治阶级所欢迎，并且墨家推崇的理想并非人人可达的艰苦训练，因此战国以后，墨家已经衰微。另一方面西汉汉武帝推崇“独尊儒术”的政策，因此墨家在西汉之后基本消失。墨家思想可谓中华民族的一种绝学遗产。从秦统一六国以后到清朝的两千年里，墨学进入最低潮的时期，基本上是处于停滞阶段，治墨者屈指可数。

虽然墨子兼爱平等、民选君主、给民正义的思想，未能跻身于后来中国社会的主流，但我们没有理由认定中国没有产生民主及国家为民伸张正义的“火种”。只是这种“民主与正义的火种”被泯灭了，甚至可以说被古中国的社会发展扼杀在萌芽状态中。相反，古希腊的“民主与正义之火种”却成为西方政治

[1]《墨子·非儒下》。
[2]《墨子》。
[3]《墨子》。

文明的主流。

三、道家的小国寡民

以老庄为代表的道家思想，一反儒墨积极入世的传统，反对自强进取，提出了一套独具特色、不求名利、不参与政治、一心只求“全性保真”的达观智慧。

老子（约公元前571年~公元前471年），字伯阳，谥号聃，又称李耳（古时“老”和“李”同音，“聃”和“耳”同义）。老子是我国先秦时代的伟大哲学家和思想家，道家学派创始人，世界文化名人，世界百位历史名人之一，著名代表作是《道德经》（又称《老子》、《五千言》）。此书对中西方都产生了深远的影响，是仅次于《圣经》的世界第二大畅销书。在西方，《道德经》远比孔子或任何儒家的作品更为流行。该书至少出版过四十种不同的英文译本，除了《圣经》之外远远多于任何其他书籍的版本。楚国文化滋养了他。他出生于楚国苦县厉乡曲仁里（今河南省鹿邑县太清宫镇）。

老聃的智慧极其高超。“柔弱胜刚强”是其最有见地的智慧之一。《老子》认为，“坚强处下，柔弱处上”〔1〕。因为“人生之柔弱，其死坚强。万物草木生之柔脆，其死枯槁”。由此可见，“坚强者死之徒，柔弱者生之徒”。〔2〕在老子看来，凡柔弱的皆为活生生之体，凡已死的，其体都呈坚强之状，故坚强与死相通，柔弱是有生命力的象征。柔弱胜刚强在于，柔弱具有强大的耐力和韧劲，可以承担比自己重许多倍的压力，可以被超越自己力量的东西揉以成屈，而内部结构仍会保持原状。所以，老子主张：“见小曰明，守柔曰强”，“柔胜刚，弱胜强”〔3〕。他认为柔弱与刚强的关系并不像人们表面上所见到的那样，刚强比柔弱好，柔弱不如刚强。刚强虽然表面上一副至强、至硬、很难摧毁的样子，但是它缺少韧性，一旦攻击它的力量比它强大或来势猛烈，或连绵不断，就会轰然全毁，无法继续承受压力和重力。

基于“柔弱胜刚强”，《老子》非常推崇“水”，认为“水”有三种品质，使之能够安居尊位：其一，“水善利万物，又不争”；其二，水“善下之”；其三，天下柔弱莫过于水，而攻坚。为此他提出著名的“上善若水”〔4〕思想。他

---

〔1〕《道德经·七十六章》。
〔2〕《道德经·七十六章》。
〔3〕《道德经·五十二章》。
〔4〕《道德经·八章》。

还说，“江河……以其善下之，故能为百谷王”，“天下柔弱莫过于水，而攻坚，故强莫之能先”[1]。水以其不争、善下、柔弱智慧能最后战胜刚强，成为百谷之王，为人们所仿效。

“无为而无不为”[2] 是《道德经》的主要政治主张。政治上，《老子》主张无为而治。他认为，圣人之治即无为之治。如果以无为治理人民，“常使民无知无欲，使夫知者不敢为”[3]，那么国家“无不治”。相反，“民之难治，以其上有为，是以难治”[4]。这里包含了“愚民政策”，但不能简单归结于“愚民政策”。

人民治理难的原因就是因为其君主总想以有为治之的缘故。如果上贵贤，则民争；上贵难得之货，则民盗；上以礼教民，则民虚假伪装；上与民智慧，则民生计谋之心。故虽欲有为而实无为；欲治民而使民乱。因此，“圣人欲不欲，不贵难得之货；学不学，复众人之所过”[5]。以不欲为欲，以不学为学反而可以成为圣人。他认为：“不尚贤，使民不争。不贵难得之货，使民不为盗；不见可欲，使民心不乱。是以圣人之治，虚其心，实其腹，弱其志，强其骨。常使民无知无欲。使夫智者不敢为也。为无为，则无不治。”[6] 他认为，“为者败之，执者失之”[7]。有为就会有失败，有得就必会有失。作为与失败、执着与损失是同时而来、不分先后的。只有“无为”、“无执”，才能“无败”、“无失”，这是不言而喻、天经地义的。

《道德经》把“不争而善胜，不言而善应，不召而自来，繟然而善谋”[8] 唤作“天之道”。认为“道常无为而无不为，侯王若能守，万物将自化”[9]，只有顺道而行，不自生、不自见、不自是、不自伐、不自矜，“为无为，事无事，味无味”[10]，才能“终不为大”却“能成其大”，“以其无私”而“成其私”[11]，

---

〔1〕《道德经·五十二章》。
〔2〕《道德经·三十七章》。
〔3〕《道德经·三章》。
〔4〕《道德经·七十五章》。
〔5〕《道德经·三章》。
〔6〕《道德经·三章》。
〔7〕《道德经·二十九章》。
〔8〕《道德经·七十三章》。
〔9〕《道德经·三十七章》。
〔10〕《道德经·六十三章》。
〔11〕《道德经·七章》。

能长胜久远。“是以圣人后其身而身先，外其身而身存。”[1]

《道德经》崇尚自然，反对人为的东西。他说：“生之畜畜，生而不有，为而不恃，长而不宰，是谓玄德。”[2] 他认为，追求天道，不能向追求学问一样日进不止，聪明才智越多越好，而应尽量减损那些人为的仁义礼智，要“损之而益，或益之而损”[3]。但是，崇尚自然无为的目的并非执意如此，而是认为只有这样，才能“无为而无不为”。

基于上述思想，最后他提出小国寡民的思想：“小国寡民。使有什伯之器而不用；使民重死而不远徙。虽有舟舆，无所乘之，虽有甲兵，无所陈之。使民复结绳而用之。甘其食，美其服，安其居，乐其俗。邻国相望，鸡犬之声相闻，民至老死，不相往来”。[4] 其大意是，国家要小，人民要少。这样的国家社会，有了效率高达十倍百倍的机械也不使用；人民爱惜生命，不向远方迁徙；虽然有船和车，人们却没有地方要乘坐它；虽然有武器装备，却没有地方去陈列它；人民对他们的吃食感到香甜，对他们的穿戴感到漂亮，对他们的住宅感到安适，对他们的习俗感到满意。其结果，邻国互相望得见，鸡鸣狗叫的声音互相听得见，而人民直到老死也不相往来。

可见，《老子》虽一再强调不争、无为，目的却并不是真的无为，而是为了更大更广地作为，为了包容万象地去作为。足见，他的“无为”不是目的，只是“无不为”的手段和途径。因此，在一点上可以肯定地说，老子并不主张出世，而主张更深、更广地入世。这一点与后来发展为追求出世、上山修行的道教有本质上的区别。

四、三纲：儒法共同的治国纲领

许多人认为“三纲五常”是儒家特有的思想，是礼治的灵魂。依据是：“臣事君，子事父，妻事夫，三者顺则天下治，三者逆则天下乱，此天下之常道也。”[5] 更有“君为臣纲，夫为妻纲，父为子纲”之说。孔子有“君君、臣臣、父父、子子”之说。韩非认为，“臣事君、子事父、妻事夫”的原则是“天下之

---

〔1〕《道德经·七章》。
〔2〕《道德经·五十一章》。
〔3〕《道德经·四十二章》。
〔4〕《道德经·八十章》。
〔5〕《韩非子·忠孝》。

常道"[1]。

其实，说"三纲五常是礼治的灵魂"这话没错，说"五常"是儒家思想也没错，但认为三纲是儒家特有的思想则是大错特错的。国内有的学者对此也曾提出过反驳意见。如徐立志先生《法家传统是中国走向法治的障碍》一文[2]，就曾反驳了把三纲归于儒家的看法，认为这是很大的误会，因为"三纲"的基本精神并非来自儒家，故不能代表儒家的思想。

在本书著者看来，"三纲"的现象并非仅仅起源于汉代之后。早在颛顼的"绝地天通"就确立了王者的最高地位，提出只有王才享有祭天的特权。经过夏商周三代，王者祭天的特权不断得到加固。

春秋战国，三纲是诸子百家多数赞同的社会纲领，法家也不反对。法家的最大政治理想就是在遵守王权最大、王权最高的前提下，向皇帝举荐"依法治国"之术。如果法家反对君为臣纲，法家的思想便不会得到君主的赞许和认可。

可以说，三纲是中国封建社会最基本的道德规范。这需要大量的实证资料来证实。但这不是本书论述的重点。本书所要分析的重点是"三纲五常"与自然法的关系以及对中国法律发展的影响。

显然，中国人的"三纲"绝不会具有古希腊古罗马的那种自然法的精神。中国虽然知道有"天上"，但其关注的重心始终是"天下"。三纲是"天下"的三纲，不是天上的三纲。所以，三纲是中国社会法，不是古希腊古罗马意义上的自然法。

从尧舜不仅追求以"天与之"为君王统治的合法性，更追求以"民受之"为君王统治的合理性，因此才能实现君王统治的有效性和正当性。因此，才有了后来周公的"敬天保民"的思想。可以说，尧舜时代的"民受之"和周公的"敬天保民"才是中国真正意义上的自然法的精髓。儒家把"民受之"和"敬天保民"沉淀或升华为"五常"，则是其真正的继承。三纲只是儒家信奉的外在形式，其内在要求真正的统治者应当做到仁义礼智信即"五常"。也就是说，虽然三纲在五常之上，但三纲是外在的政治框架，五常才是内在的伦理内涵。

五、狭隘的天下主义

从中西元点文化对比角度看，古老中国的"天下主义"原来不过只是"井

---

〔1〕《韩非子·忠孝》。

〔2〕徐立志："法家传统是中国走向法治的障碍"，载《法律史论丛》（第7辑），重庆出版社2000年版。

底之蛙，坐井观天”而已。每当中国的一些学者津津乐道于自己的国粹即“天下主义”之时，本书著者的心都在流血：传统中国的天下主义是一种夜郎自大的中国中心主义论。传统中国的“天下主义”是井底之蛙、坐井观天的“天”，这个“天空”实在是太小了，不能不说是一种狭隘的天下主义。以至于明代中国的士大夫们读懂了意大利传教士利马窦绘制的《世界地图》之后，才意识到中国不过是天下之一，而不再是天下的中心，“意大利亚，居大西洋中，自古不通中国。万历时，其国人利马窦至京师，为《万国全图》，言天下有五大洲，第一曰亚细亚洲，中凡百余国，而中国居其一”[1]。

中国文化中的“天下”理念是逐渐放大的。“普天之下，莫非王土；率土之滨，莫非王臣”[2]。可见，最初的“天下”不过“王土”那么一大点的地方。经过五帝和三代的历史演变，“天下”被确定为由每一执政朝代的中央所在地和其周围的四方部落或诸侯领地共同构成。古老中国人用“天下”构筑了自己的地理理念，同时又构筑了中央政权想要对之实施行政管理的政治理念，萌发了早期的宗教神学和文化伦理权威的理念。秦代，“天下”有了新的拓展，引进了“六合”，即天、地、东、西、南、北。所谓“六合之内，皇帝之土。西涉流沙，南尽北户。东有东海，北过大夏。人迹所至，无不臣者。功盖五帝，泽及牛马。莫不受德，各安其宇”[3]。

中国汉人的“天下”观，后来不断受到外来的冲击与洗刷。先是北方少数民族游牧人的冲击，后来是西方列强的洗刷。中国少数民族曾两次最大限度地改写了中国历史，占据统治地位的不再是汉人，而是蒙古人和满族人。每次都极大地拓宽了中国人的“天下”。中国少数民族两度入主中原之时，都是中国地盘最大、天下视野最广阔的时代。少数民族从军事上和政治上征服了汉人，但在文化上反过来被汉化了：无论是传统宗法制宗教，还是儒释道三合一的文化，还是经济上的农耕经济，以及政治上的大一统，都把“天下主义”精神沉淀下来，并放大开来。于是，汉人心里依然有种自豪感，汉人文化中心主义依旧隐藏在“天下主义”的外衣中。

可以说，中国的“天下主义”对中国文化的影响是非常深远的。难怪国内

---

〔1〕《明史·外国传》。

〔2〕《诗经·北山》。

〔3〕《史记·秦始皇本纪》。

有学者提出："'天下'概念从五帝三代的地理空间意义向秦汉后的以仁为核心的普世伦理转化是中华民族发展中的重要变局。'天下'理念的意义在于，它不仅有助于维系中华民族在数千年历史演变中的疆域完整和民族团结，而且培育出了中国式的伦理自由主义，对中华民族的社会生活和个人修养都有巨大的凝聚和激励作用。"[1]

如何走出狭隘的天下主义？完整的天下主义应当是全球主义。天下主义的合理内涵应该就是"天下共治"。对于中国来说，至少是56个民族的"天下共治"。对于世界来说，至少是200多个国家地区的"天下共治"。其实，算上台湾的少数民族，中华民族何止56个民族？天下主义，在世界范围内来讲，就是一切世界民族的"天下共主"。"主"什么？是主权。真正的主权是人民主权，而不是国家主权。天下主义的"天下共主"在于民族信仰的自由平等精神。天下主义是对民族主义最好的克服。由于民族主义的敏感性，本书在此不论。天下主义的真正合理内涵是全球主义，而绝不是什么宗法制的"家天下"，更不是什么唯我中心主义。

天下主义的糟粕是宗法制的"家天下"，这是中国最初天下主义的局限性。单纯先生经过研究提出："最初只是反映'家天下'的'四海之内皆兄弟'的宗法制度或《禹贡》'九州'的行政地理划分都逐渐演变成了'天下为公'的'大同'伦理思想或世界的地理空间概念。中华民族也据此而发明了一套制度，以之维系民族的统一和促进民族的发展。"[2]

中国传统文化中的天下主义的合理内核不是地理上、军事上和政治上的中心主义，也不是宗法伦理意义上的"家天下"，而是伦理意义上的"公天下"。有学者认为，中华民族的"天下"观从"家天下"的地理空间转换到"公天下"的天下主义理念，首先体现的就是儒家的最高价值内涵"仁"。[3] 但是孔子并没有超越宗法制"家天下"的怪圈。于是，运用宗法制的"家天下"理念组建的中国历史就成为由社会腐败到惩治腐败廉政"大治"改朝换代的怪圈。

逻辑学者金岳霖曾说："我们若将'天'既解为自然之天，又解为主宰自然的上帝之天，时而强调这个解释，时而强调另一个解释，这样我们也许就接近

〔1〕 单纯："论中国人的'天下民族主义'"，载《世界民族》2001年第2期。
〔2〕 单纯："论中国人的'天下民族主义'"，载《世界民族》2001年第2期。
〔3〕 单纯："论中国人的'天下民族主义'"，载《世界民族》2001年第2期。

了这个中国名词的几分真谛。”[1] 对此观点，本书著者不敢苟同。天下主义的合理性就在于全球主义，在于全球的“天下共治”和“天下共主”，在于人民主权。概念不能是模糊的。

古中国“天下主义”的核心理念是王道主义、王权主义和王法主义。

[1] 转引自冯友兰：《中国哲学简史》，北京大学出版社1985年版，第226页。

第七章 古希腊的民主与正义精神

西方元点政法的火种或主流精神是古希腊人开辟出来的，其构建的是以民主为主流的政治形势，以追求正义为目的，以自然法为表现形态，以贵族范围内的三民主义为重心的西方古典政法形态。西方元点政法把解决政权合理性与合法性价值核心归结于正义、公平与公正，因此政法精神才追求自由、平等、民主和法治，主张民主主义、民权主义和民法主义。简单地讲，古希腊民主制根源于自然法正义精神。

第一节 古希腊政治制度中的正义精神

古希腊的政法正义观经历了一个从神灵正义观到自然正义观，再到人本伦理正义观的发展过程。其核心是正义问题，不过，正义发展的进路是从神灵回归自然，再降落到人间伦理。虽然整个古希腊学术都笼罩在神学的关怀中，但哲学家逐渐告别或淡化神灵的关怀，逐渐从天上回归自然，再降落到人间，从神秘的命运到自然规律，再到人性的善恶正义，其发展逻辑的轴心是沿着正义的理路向前发展的。这种发展呈现三个发展阶段。第一阶段出现了神灵正义观（有的学者称之为“神命政治观”[1]），其核心观点认为，史诗英雄们都是神的后裔，是创造人类社会文化的超人。第二阶段把神灵正义提升为自然正义。神灵的正义演变为自然本原和自然的“逻各斯”，人靠理性把握自然正义。第三阶

〔1〕 徐大同主编：《西方政治思想史》（第1卷，本卷主编王乐理），天津人民出版社2005年版，第29页。

段再把自然正义提升为人本的正义。这是智者派以普罗泰戈拉（Protagoras）为代表提出的“人是万物的尺度”为标志，后来苏格拉底提出“至善”的正义，从而把人本政治提升为伦理政治观。

古希腊政治制度虽然采纳过君主制、贵族制和民主制各种形式，但民主制不仅是其中的一种，而且逐渐演变为古希腊政治发展的主流形态。后来西方各国政治制度的发展虽然都是呈现不断深入的过程，并各具民族特色，但是古希腊的政治资源成为西方各国政治发展的元点。古希腊政治核心取决于古希腊人以自然法为主导，因此其社会内部政治的首要法则就是正义与公平。

一、古希腊政治文明齐全的奇迹

西方政治虽然都源于古希腊古罗马传统，但各民族在自己的历史发展过程中各有特点，差异很大。即便是近代西方各国的政党制也不同。英国是强党体制，美国属于弱党体制。有的学者一针见血地指出，应当走出两个误区：一是西方当代政治制度是资产阶级革命后新建立起来的，以前并没有资本主义的政治形式。二是认为西方政治制度都是一种模式。[1] 黑格尔深刻认识到各国政治的民族性，认为国家政治是民族的：“一个民族的国家制度必须体现这一民族对自己权利和地位的感情，否则国家制度只能在外部存在着，而没有任何意义和价值”[2]。

古希腊民主制成为西方民主制的源头。西方的民主制经历了氏族民主制、奴隶制贵族民主制、资产阶级民主制的发展过程。阶级内容不断改变，但民主的许多形式被保留下来。如英国资产阶级革命，只是变革了中世纪的政治制度的阶级内容，王权被逐渐削弱。法国由君主制变成了民主制。西方民主制是古希腊古罗马制度的继承和发展，执政官变成了总统，元老院变成了参议院，民众大会变成了代议制的众议院。[3]

古希腊文明之所以能够成为西方文明的发源地，就是因为古希腊文明孕育了西方后来发展的所有文明元素。古希腊政治包括的君主制、贵族制、民主制成为后来西方政治文明的古典政治资源。

希腊雅典的民主制是西方政法文明的开端。古希腊开创了西方那个时代最

---

〔1〕 马啸原：《西方政治制度史》，高等教育出版社 2006 年版，前言第 2 页。

〔2〕［德］黑格尔：《法哲学原理》，范阳、张企泰译，商务印书馆 1979 年版，第 292 页。

〔3〕 马啸原：《西方政治制度史》，高等教育出版社 2006 年版，前言第 1 页。

先进的文明形态，因此成为西方法律文明的中心。希腊文明四周的部落社会逐渐向古希腊文明靠拢。古希腊社会是一个神奇的世界。哲学大师黑格尔认为："一提到古希腊的名字，在有教养的欧洲人心中，尤其在我们德国人的心中，自然会引起一种家园之感。"〔1〕恩格斯也惊叹道："在希腊哲学的多种样式的形式中，差不多可以找到以后各种观点的胚胎、萌芽。"〔2〕20 世纪美国哲学家梯利也高度赞扬了古希腊文化，认为希腊人不仅奠定了一切后来的西方思想体系的基础，而且几乎提出和提供了两千年来欧洲文明所探究的所有问题和答案。

然而，雅典民主与正义的适用范围却是很有限的。首先，民主不适用于奴隶，这样就削减了一大半。其次，民主也不适用于妇女。这样，民主的适用范围再减去一少半的一半。再次，外邦人和穷人也不能进入民主范围。最后，剩下来的民主主体很难说到底有多少，最多只有 10%。所以，雅典的民主是奴隶主贵族的民主，绝不是全民的民主。

二、希腊从氏族"政治"走向奴隶政治

在欧洲，古希腊是最早进入阶级社会的国家。古希腊也是第一个建立奴隶阶级专政的国家，从而成为西方文明的"先行者"。

古希腊文明最早可以追溯到克里特岛文明。希腊半岛附近的克里特岛曾出现过西方最早的奴隶制国家。据考古学者推测，最初出现的奴隶制国家可能是一些各自独立的小国，一座王宫就是一个小国的统治中心。各国之间发生激烈战争，也有过内部起义和各种骚乱。

克里特文明的确切时间很难断定，但在此发掘出公元前 10000 年至公元前 3300 年的新石器文化遗迹，可以确定大约从公元前 2600 年至公元前 1125 年，岛上涌现了著名的米诺斯文化，建立了统一的米诺斯王朝。克里特地区出现了欧洲地区最早的文字。据史学家分析，最早的原住民已经无法考证。可能是来自西亚的卡里亚人，其后裔史学上叫做"佩拉司吉人"。最早进入克里特岛的欧洲南下移民，民族学称之为"阿该亚人"。阿该亚人，约在公元前 15 世纪创立了迈锡尼文明，建立了迈锡尼王朝。另一批阿该亚人大约于公元前 1450 年，在该岛的克诺索斯城市确定了他们的统治地位，可惜的是，这个文明大约于公元

〔1〕［德］黑格尔：《哲学史讲演录》（第 1 卷），贺麟、王太庆译，商务印书馆 1981 年版，第 157 页。

〔2〕《马克思恩格斯选集》（第 4 卷），人民出版社 1995 年版，第 287 页。

前14世纪被毁于地震等自然灾害。

迈锡尼文明大约处于青铜时代晚期文化时代。主要分布于希腊大陆，延伸到爱琴海诸岛（包括克里特岛）。因当时希腊最强的王国及其首都迈锡尼而得名。大约公元前2000年，希腊人就开始在巴尔干半岛南端定居。

在古希腊氏族时代，复杂的地理环境培育了不同部落民，历史文献把他们称为多利亚人、阿开亚人和达那俄斯人，希腊人不过是这些部落民的总称。[1]古希腊人是迟到的民族，但却营造了发达的文明。难怪黑格尔把古希腊文明比喻为智慧的猫头鹰。“密涅瓦”是古希腊古罗马神话中的智慧女神雅典娜，栖落在她身边的猫头鹰则是思想和理性的象征。诚然，黑格尔实际上是将哲学比喻为密涅瓦的猫头鹰。黑格尔说，哲学就像密涅瓦的猫头鹰一样，不是在旭日东升的时候翱翔在蓝天里，而是在薄暮降临时才悄然起飞。

由于特殊地理环境的培育，古希腊人很快就超越了古老民族的特征，母系制很快让位于父系制，群婚痕迹开始消失。恩格斯曾说过：“希腊人，在他们出现在历史舞台上的时候，已经站在文明时代的门槛上了。”[2] 私有制的产生和父系制的确立，摧毁了氏族法权体制。

可惜的是，克里特岛文明和迈锡尼文明都相继夭折了，在公元前12世纪至公元前11世纪之间出现了中断。残留下来的只有两部著名史诗《伊利亚特》和《奥德赛》，还有赫西俄德的长诗《母系》的残篇。此后的古希腊进入了“黑暗时期”，数百年遭受多里安人的入侵。古希腊人经过不屈不挠的努力，终于在公元前9世纪后，进入一个新的繁荣时期。

10世纪左右，希腊雅典氏族已经建立了维护氏族社会内部秩序、抵御外来侵略的武装力量，从而形成对内对外的氏族公共权力。原始民主、原始平等理念仍然占据统治地位。

古希腊社会的文化中心在雅典。雅典有四个希腊人部落。部落内部已经形成了一整套公共权力体制，包括议事会、人民大会和巴塞勒斯。

其中议事会是常设权力机关，最初由氏族首领集团组成，后来由氏族成员选举出的代表组成。再后来发展到阶级社会，议事会成员演变为贵族，议事会

〔1〕 马啸原：《西方政治制度史》，高等教育出版社2006年版，第2页。

〔2〕 恩格斯：“家庭、私有制和国家的起源”，载《马克思恩格斯选集》（第4卷），人民出版社1995年版，第97页。

则演变为元老院。

虽然议事会是常设权力机关，但人民大会才是拥有最高权力的机关。人民大会一般采取两种形式。一种是自下而上的开会方式，当议事会开会时，氏族成年男女自发聚集，用欢呼和叫喊影响议事会的决定。另一种是自上而下的形式，一旦遇到大事发生时，便召集开会讨论和解决有关重大问题。同样，自上而下的开会方式，形成的决定也是由举手或欢呼的方式通过的。

如果说人民大会解决的是社会内部重大问题，那么解决对外重大问题则依靠巴塞勒斯。巴塞勒斯只是军事首领，还不是君主。马克思批判欧洲有的学者把巴塞勒斯看做是君主的观点，“欧洲的学者们大都是天生的宫廷奴才，他们把巴塞勒斯看成是现代意义上的君主。共和党人美国佬摩尔根是反对这一点的”〔1〕。军事首领不是世袭制，而是由氏族成员选举产生。巴塞勒斯是战争的统帅，同时拥有祭祀、审判、行政权力。

可以说，由于产品剩余和私有制的出现，迫使古希腊从氏族社会转向阶级社会。在社会转轨过程中，旧的秩序遭到破坏，新的秩序尚未建立。但是，“氏族制度已经走到了尽头。社会一天天成长，越来越超出氏族制度的范围；即使是最严重的坏事在它前头发生，它也不能组织，又不能铲除了。但在这时，国家已经不知不觉地发展起来”〔2〕。

新的社会形式正是替代氏族的国家。于是，古希腊从氏族社会发展到奴隶国家社会。

三、雅典的民主政治改革

公元前8世纪至公元前6世纪，古希腊人建立了100多个城邦国家。古希腊城邦最著名的代表有两个，即雅典和斯巴达。雅典的政体形式是奴隶主的民主制，斯巴达的政体形式则是奴隶主贵族的寡头专制。〔3〕

古希腊人为了强大自己，加强了经济改革和军事改革，导致了相应的政治变革。最早的改革可以追溯到雅典氏族社会晚期的提秀斯改革。起初，古希腊各城邦实行君主政体，后来逐渐转向贵族寡头政治，再后来有的城邦转向民主政治。

---

〔1〕 恩格斯：“家庭、私有制和国家的起源”，载《马克思恩格斯选集》（第4卷），人民出版社1995年版，第104页。

〔2〕 同上书，第97页。

〔3〕 张宏生、谷春德：《西方法律思想史》，北京大学出版社2000年版，第9页。

提秀斯的政治改革导致了雅典社会民主共和的产生。提秀斯（Theseus）是雅典传说中的著名人物，他统一了雅典所在的阿提卡半岛，并在雅典建立起共和制。

当时雅典与克里特的政治关系是属国与宗主国的关系，两者的统治者是王子与国王的关系。提秀斯政治改革之前，雅典还是一个很小的国家，臣属于地中海的岛国克里特，每九年向克里特神牛（人头牛身怪物米诺陶洛斯）献上童男九人，童女七人。有一年克里特国王派人索要童男童女，雅典王子提秀斯为了解除人民的苦难，向国王埃勾斯请求自充童男，为国雪耻，要求给他十三个人，去征服克里特神牛。国王答应了他的要求，并在临别前嘱咐提秀斯，如果平安回国，回来时就取下船上的黑帆换上白帆，以免为父挂念。提秀斯来到克里特，在克里特国王女儿阿里阿德涅的帮助下，杀了克里特神牛，安全返回雅典。然而，由于他们过度高兴，竟忘了把黑帆换为白帆。埃勾斯看到船上挂的仍旧是黑帆，以为自己的儿子离开了人世，悲痛万分，投海自尽。于是提秀斯继承王位，成为国王。

上述神话故事只是一种传说，并不足信。但据历史考证，提秀斯最初只是一个军事首领巴塞勒斯。由于当时恶劣的地理环境，雅典社会不能发展自然农业经济，只好发展商业性农业经济。此外，雅典地区的商品经济很发达。伴随商品经济的发展，社会关系发生了巨大的变化，氏族部落成员的关系也发生了相应的变化。财产逐渐向贵族集中，多数成员逐渐贫困化。于是，社会内部成员产生了贵族与平民的分野。此外，本族人与外族人的激烈斗争也对雅典社会产生巨大的社会压力。社会内外压力，逼迫提秀斯进行改革。

提秀斯的改革是系统性的。这种改革的最大政治作为就是放弃君王政治，建立民主共和制[1]。首先，在雅典四大部落之上，建立一个中央管理机关，就是雅典总议事会，原来由四大部落独立处理的重大事务转而由雅典总议事会统管。于是，四大部落融合为一个统一的城邦。四大部落的人演变为统一的民族，即雅典人。原来的雅典习惯法演变为民族法。雅典法保护的是雅典贵族男性公民，并不包括外邦人、妇女和贫民。提秀斯在改革中，把原来的雅典氏族全体成员划分为贵族、农民和手工业者三个等级。只有贵族才能担任公职、掌管公

〔1〕 确切地说是男性贵族民主制。即民主制的适用范围是贵族公民。只有男性贵族才能成为贵族。只有贵族才拥有公共权力。

共权力，从而形成贵族特权。可以说，正如恩格斯所分析的那样："建立国家的最初企图，就在于破坏氏族的联系，其办法就是把每一氏族的成员分为特权者和非特权者，把非特权者又按照他们的职业分为两个阶级，从而使之互相对立起来"[1]。

约在公元前7世纪，雅典军事首领不再由社会全体成员选举产生，而只能由贵族选举产生，于是巴塞勒斯演变为执政官。执政官的任期最初是终身的，后来改为十年改选一次。开始执政官是一人，后来增至九人，其中一人为首席执政官，掌握最高权力。一人为掌管祭祀权力的执政官。第三才是统率军队的执政官。其余六名则是掌管司法权的执政官，是法律的维护者。后来，执政官的任期由十年改为一年。原来的氏族长老会变成贵族代表的元老院。执政官任期满后，都进入元老院。

继提秀斯改革之后的雅典改革是格拉古改革。雅典社会阶级矛盾的激化，导致了平民的无数反抗。雅典国家刚刚建立时，法律还停留在习惯法发展阶段，并无明文规定。结果，"氏族权贵常常按照自己的意愿随意解释习惯法，以保护贵族利益，压迫平民，因此广大平民要求明文规定的法律，以便约束贵族。公元前621年，在平民的压力下，贵族表示让步，授权执政官格拉古进行改革，制定了成文法"[2]。格拉古制定的法律，处罚极重，可谓严刑酷法，堪为重刑主义，主要维护的是贵族利益。为了保护贵族债权人的利益，法律允许将逾期不能归还负债的债务人及其家属贬为奴隶甚至卖到国外为奴。对于纵火、杀人、渎神和盗窃，一律处以死刑。当格拉古自己解释缘何刑罚如此严重时，他的解释具有难以想象的血腥味道："轻罪理当处死，至于更大的罪，还处以比死刑更重的刑罚"[3]。

重刑主义的格拉古改革，非但没有缓解贵族与平民的阶级矛盾，反而激化了阶级矛盾。为了缓解阶级矛盾，因此产生了古希腊著名的梭伦改革。

梭伦改革是雅典城邦乃至整个古希腊历史上最重要的社会政治改革之一，其为雅典城邦的振兴与富强开辟了道路，奠定了城邦民主政治的基础。梭伦改革不仅为雅典民主政治提供了重要的政治条件，而且完善了国家制度，为普通

---

〔1〕《马克思恩格斯选集》（第4卷），人民出版社1995年版，第109页。
〔2〕马啸原：《西方政治制度史》，高等教育出版社2006年版，第6~7页。
〔3〕［古希腊］普鲁塔克：《传记集》，吴于廑等译，商务印书馆1962年版，第25页。

公民参与国家政治活动提供了制度保证，从而实现了有利于公民行使职权的各种制度的社会价值，对雅典民主政治具有重要的意义。所以说，梭伦改革奠定了雅典民主政治乃至西方民主政治的基础。

梭伦（约公元前638年~公元前560年）出身于贵族家庭，曾担任军事指挥官，展现出杰出的军事才能。公元前594年，他在平民的支持下，当选为执政官，进行了重大的政治改革。梭伦改革的最重要政法结果是“解负令”，主要内容是禁止以人身为担保的借债，取消以往一切公私债务，废除了债务奴隶制，国家赎回因负债被卖到国外为奴的雅典人。这种改革标志着从野蛮走向文明，极大地解放了社会生产力。梭伦改革成果还包括一系列的积极政策，如鼓励工商业和对外贸易，改革币值，统一度量衡，规定手工业者必须世代传习技艺，承认私有财产权和继承自由，从而极大地扩大了社会的自由度和正义的适用范围。

梭伦废除了世袭贵族的垄断权利，不再以出身而以财产的数量来划分公民等级，把全体成员按照全年农产品收入的数量划分为四个等级。第一等级是“五百麦斗者”，可以担任包括执政官在内的高级官职。第二等级是收入多达三百麦斗者的“骑士”。第三等级是收入多达二百麦斗者的“牛轭”。第二、三等级可以担任一般官职。第四等级不能担任官职，但可参加公民大会。第四等级是收入少于二百麦斗者的“日佣”。

梭伦为了限制贵族权力，恢复并提高了公民大会的地位，使它成为最高权力机关，决定城邦大事，选举行政官，一切公民，不管是穷是富，都有权参加公民大会。公民大会可以选举官吏，进行重大审判，决定战争与媾和等国家大事。此外，还设立了新的政府机关即四百人会议，由雅典的四个部落各选一百人组成。除第四等级外，其他各级公民都可当选。设立了陪审法庭，每个公民都可被选为陪审员，参与案件的审理。陪审法庭成为雅典的最高司法机关。这样就完全打破了贵族对立法、行政、司法的各种垄断特权，为雅典政治制度的民主化开辟了道路。

此外，梭伦还制定了新法典，取消了格拉古的严酷法律，但保留了其中有关杀人罪的部分，使整个雅典法充满了人道的色彩。新法规定任何人都有因受害对包括官吏的其他人提出控告的权利。甚至外邦人在受害时，也有权提出控告。此外，新法还提出禁止买卖婚姻，保障妇女孤儿的权益，禁止婚丧节庆仪式中的无度挥霍，惩罚懒惰者和无业游民，对不关心公共事务的公民则剥夺其选举权。

梭伦也是个提倡中庸的政治家，他反对大贫大富，主张中产阶级成为国家的栋梁。梭伦改革既不迁就贵族，也不偏袒平民。他说过，“因为许多有钱的人并不幸福，而许多只有中等财产的人却是幸福的”，中产阶级能够避免很多“灾难降临到他们身上”。[1]

梭伦改革的历史意义是重大的，它是雅典城邦历史发展中的重要里程碑，奠定了雅典民主政治的基础，有助于工商业的发展，调整了公民集体内不同阶层之间的利益关系，使自身从事劳动的中、小所有者公民在经济、政治和社会上的地位得以保证，为雅典的奴隶主工商业经济的繁荣奠定了基础。《解负令》将广大平民从债务奴隶制的枷锁中解脱出来，成为享有自由权利的公民，形成了民主政治必备的公民群体。财产等级制度的确立，使财产资格取代血缘资格，从根本上瓦解了贵族世袭政治特权的基础，且使工商业奴隶主分享了政治权利，也使下层平民获得了一定的公民权利。改组国家权力机构的措施，打破了贵族对国家权力的垄断，在一定程度上确保了公民参与国家事务的政治权利。

如果从正义角度看，梭伦改革的意义在于扩大了正义的适用范围，极大地激发了公民参与政治、从事生产的各种积极性，从而将个人的力量发挥到极致，使权力立足法律并重归法治。雅典发展到伯里克利时代，发展了梭伦改革成果，把希腊民主制提升到自由民主制的高度，从而再度扩大了希腊社会的正义适用范围。

四、斯巴达的贵族民主制

斯巴达是希腊另一个较大的城邦，位于伯罗奔尼撒半岛南部的拉哥尼亚平原，欧罗塔斯河的西岸。斯巴达城是个战略要塞，三面环山，扼守着泰格特斯山脉。这是希腊城邦中少有的富饶农业地区之一，工商业却极不发达。

斯巴达城邦是在公元前9世纪前后建立的。开始斯巴达也分为许多血缘部落，后来由于土地肥沃适于农耕，出现地区性的大村落。他们建立了一种半公有制的经济体制，称为“平等人公社”。基本产业是农业，国家拥有土地所有权，土地被分割成不同份额分配给公民，但农民只拥有土地管理权和使用权。他们大部分从事农业，只有外乡人才从事工商业。但外乡人被认为是“贱民”，工商业被认为是贱业。这一点和古老中国有些类似。

---

〔1〕［古希腊］希罗多德：《历史》，王以铸译，商务印书馆1959年版，第182页。

斯巴达社会把人分为三个等级：第一等级是斯巴达人，他们是城邦中的贵族全权公民，完全靠剥削奴隶劳动生活，最盛时约有9000户。“平等者公社”是斯巴达的最高军事政治组织。在斯巴达，只有成年男性公民才能加入军事性质的“平等者公社”，成为斯巴达国家的统治阶层。第二等级是“边民”，叫做“庇里阿西”，是被征服的边区城市居民，约有3万户。他们在本地有自治权，但没有斯巴达城邦的公民权，主要务农，有的从事工商业。第三等级是“黑劳士”，是斯巴达城邦所有的农业奴隶。

和雅典相同的是，斯巴达在政治上也实行贵族民主制，不同的是斯巴达剥夺了边区居民的政治权利。斯巴达为了控制大批受管辖的居民，不得不像管理军营那样掌控自己的国家。男孩7岁就到兵营里受训，不满60岁的男人都必须受军纪训练。因此，在这里，奢侈品不受欢迎，个人生活几乎全部被取代。早晨跳入欧落塔斯河冰冷的河水中开始训练，餐桌上的食品匮乏，所居住的房子也十分简陋，是用斧头砍制的粗糙木房。他们集体用餐，有组织地进行军事训练和处理公众事务，甚至连娱乐活动都是有组织的。

斯巴达的国家机构由国王、公民大会、长老会议和监察官组成。但国王不止有一人，而是二人，分别由两个家族世袭。平时主持国家祭祀和处理涉及家族法的案件。战时一个国王外出领兵作战，权力较大。虽然有公民大会，但权力实际上远远低于长老会。一切国家大事先由长老会议讨论决定，然后交公民大会通过。如不能通过，长老有权宣布休会。公民大会由年满30岁的斯巴达男子组成，对长老会议只有提议权和表决权，但无讨论权。长老会议成员和监察官由公民大会选出。长老会议是最高权力机关，成员共30人，除去两个国王外，其余28人都是年逾60岁的贵族，终身任职，如有缺额，仍须从年逾60岁的贵族中补选。长老会议不仅是立法机关，还是最高司法机关，一切民事案件、刑事案件和国事案件都由它审理。监察官共有五人，由公民大会一年一选，年满30岁的公民皆可当选。他们的职责是监督国王，审理国王不法行为，监察公民生活和镇压希洛人的反抗。从公元前5世纪，他们的权力不断加大，代替国王取得了主持长老会议和公民大会的权力，原归长老会议的审理民事案件的权力也落到了他们手中。

斯巴达因其严酷纪律、独裁统治和军国主义，所以能够把社会财力和人力聚集为国家，因此在伯罗奔尼撒战争中，斯巴达及其同盟者战胜了雅典军队，并霸占整个希腊。可是，斯巴达在称霸希腊不久便被新兴的底比斯打败，在北方的马其顿崛起后，斯巴达便失去了在希腊的影响力。

五、古希腊的“宪政”

众所周知，宪政和宪法是近代资本主义社会的产物，在奴隶社会和封建社会是没有宪政和宪法的。有的学者认为，宪政的基础是宪法，宪法是资产阶级革命的产物，宪政是近代民族国家主权的伴生物，“宪政是以宪法为基础建立起来的政治制度”〔1〕。因此，根据这种观点似乎可以推论，古希腊是奴隶社会，因此古希腊不可能有宪法，也不可能有宪政。然而，宪法思想应当产生于古希腊。据可靠的文献资料证明，在雅典时期就曾有过多部“宪法”，著名古希腊哲学家、政治学家亚里士多德曾在他的《政治学》中讨论过“立宪政府”，研究什么是最好的“宪法”。

在本书著者看来，古代无宪法和无宪政的看法似乎是个普遍规律，适用于绝大多数的国家或地区。但是，事物往往有例外。古希腊政治正是其中的例外。古希腊不仅有宪法的萌芽，而且还有宪政的萌芽。当然严格来讲，古希腊并不具有完整的宪政，只具有宪政的萌芽。原因何在?

在本书著者看来，宪政需要三个条件：第一个条件是公民的产生。公民是宪法和宪政产生的前提条件，没有公民就没有宪政和宪法。有了公民才有可能但并不必然有宪政。第二个条件就是民主政治。民主政治是确定并保证平权型权力体制的政治条件。只有民主政治，才可能有宪政。第三个条件是政党制。政党是宪政的核心。莫纪宏学者认为：“宪政是以宪法为基础建立起来的政治制度。……宪政是最高法的原则。”〔2〕 言外之意，宪法是宪政的前提，有宪法才有宪政。他还提出，政党政治是宪政的核心，政党只有在宪法和法律的范围内活动，受到法制的规范，才能保证宪政的健康发展。言外之意，先有宪法，后有政党，然后才有政党在宪法和法律的范围内活动。因此，有了公民只为宪政的产生提供了一种可能，把这种可能转化为“现实”，政党制是必备条件。中国学者李步云进一步提出宪政应当包含的三个基本要素，即民主、法治和人权。〔3〕

如果按照上述三个条件分析，古希腊只有宪政的萌芽，并不具有完整意义上的宪政。因为古希腊民主制和“宪政”所适用的时空世界是很有限的。就其

〔1〕 转引自张定河、白雪峰：《西方政治制度史》，山东人民出版社2003年版，第54页。

〔2〕 莫纪宏主编：《全球化与宪政》，法律出版社2005年版，第5页。

〔3〕 李步云：“宪政与中国”，载宪法比较研究课题组编：《宪法比较研究文集》，中国民主法制出版社1993年版，第2页。

历史时间而言，只适用古希腊历史的一部分，古希腊初期的社会性质是君主制社会，只是后来才演变为民主制社会。其典型是雅典社会。雅典的民主体制也只是介于公元前594年的梭伦立宪至公元前338年被马其顿军事占领之间的历史，还是在贵族与平民的竞争中建立起来的公共生活过程中，经过漫长曲折的系列立宪政治改革才创立起来的。因此，本书这里所说的古希腊"宪政"是有限制或有局限的，我们没有理由把宪政放大到整个古希腊时代或古希腊世界。然而，古希腊的"宪政"则是人类宪政政治的"火种"。不难断定，星星之火，是可以燎原的。

西方早在古希腊和古罗马时代就产生了初级发展形态的民主和宪政制度。古希腊的宪政制度和古希腊的城邦民主政治是匹配的，古希腊城邦民主的形成过程正是宪政发展过程。典范是雅典城邦的宪政制度。正如前面所述，雅典民主制通过系列宪政改革，从君主政体发展到寡头政体，再发展为民主政体。雅典最初实行君主政体，后来让位于9个执政官的贵族寡头政治。后来经过德拉古立法、梭伦改革、克里斯提尼改革、伯里克利改革，最后才确立了民主政体的地位。

在雅典民主制度中，公民拥有城邦的政治权利，公民轮流主政，雅典公民不仅享有广泛的政治参与权，还拥有担任各种官职的可能性。雅典公民的资格、权利和义务成了城邦生活的最重要的政治元素。雅典公职面向全体公民。雅典公民资格只属于成年男性贵族，妇女、外邦人、奴隶和农奴都不是公民，甚至边区居民也不是公民。在伯里克利时代，雅典人口约有40万人，属于公民即祖籍本城的成年男子约有4万人，仅占雅典人口总数的10%。公民大会是雅典城邦最高权力机关，笼统地说所有的公民都有参加权，但真正参加公民大会的公民只有8000人，因为雅典的公民会场只能容纳8000人。参加公民大会的公民通过投票的方式决定城邦的内政、外交、战争、和平等一切大事。雅典在公民中执行普选，实行轮流执政的方式。每个年满30岁的公民都有可能被选为陪审员。议事会成员、陪审员、行政官等都由公民大会用抽签的方法选出，任期一年。将军和执政官用举手表决或抽签的方法选出，任期一年。

雅典政治体制是一个通过分权而制约权力的社会制度。但这种分权还是初级发展水平，还没有达到立法、行政和私法三权分立的高级形态。最高的权力由不同机关行使，由不同机关相互制约，将最终的决定权交给公民代表。在雅典，公民大会特别是五百人议事会既是立法机构，也是行政和司法机构，在总体上管理城邦的事务。此外，法院除具有司法权外，也享有立法权。由于雅典是一个小国寡民的城邦，在政体上有条件实行直接民主。公民对国家权力进行制约和监督，主要通过城邦公民集体的法律团体即“公民大会”来行使。当然，“公民大会”也受其常设机构“议事会”的制约。反过来“议事会”不仅要受到“公民大会”的制约，甚至还受到法院的制约，因为凡“议事会”通过判决案必须由法官送给陪审法院，陪审官的任何投票都应该具有最高权力。法院还有权对行政官员进行有效控制，官员任职前，其资格皆须先经法院审查。官员任期届满时还要受到陪审法院的审查。同样，法院也受“公民大会”和“议事会”的制约。这个监督制约的体系中，法院具有很高的地位。

雅典的宪法宪政制度得到初步的发展。宪法是关于城邦组织和权限的法律，是神圣不可侵犯的最高法律。雅典法院拥有违宪审查权。法院发现公民大会的决议如有违宪，可以宣布撤销该决议。更重要的是，任何一个公民都可以对某项法令提出违反宪法的控诉。一旦法院对此进行审理，该项法令便暂停执行。如法院对该项法令作出否定判决，那么该项法令就将被撤销。服从宪法或遵守宪法被视为神圣的事情，梭伦带头宣誓遵守宪法，如他违背宪法，就必须在特尔斐迪庙献上一座黄金人身像。这为后来雅典执政官树立了良好的榜样。

雅典宪政具有一定的缺陷。所有的公民每隔10天左右就往雅典城郊广场去开大会，这显然是不可能实现的。雅典公民过于关心政治，甚至以政为本。一个有作为的公民把这种参政权视为生命的第一需要。梭伦改革规定，对于不关心政治的人将会使其丧失公民权。因此雅典的直接民主制度造成政治肥大症，造成社会生活各种功能的深度失衡，使其他功能严重萎缩。此外，雅典宪政制度还有一个严重的缺陷，那就是多数人霸权。任何公民个人随时都有可能被多数人霸权吞没。如果多数公民掀起某种共同的感情或共同利益，反对少数公民的权利，甚至反对社会长久利益和集体利益，那就必然形成“多数人的暴政”的悲惨局面。

雅典宪政在行政选任上和司法判决上都有巨大缺陷。雅典选任是极其原始的抽签方式，选任公职人员如同儿戏。对此，苏格拉底曾对此批评道：“用豆子拈阄的办法来选举国家的领导人是非常愚蠢的，没有人愿意用豆子拈阄的办法来雇佣一个舵手，或建筑师，或奏笛子的人，或任何其他行业的人，而这类事若出错的话，危害要比管理国家方面发生的错误轻得多的"。[1] "拈阄" 就是在纸条上标出记号，制作成纸团，让相关的人各自取一个，打开纸团，按纸团上的记号，确定权利、义务或责任归属的一种处事方式。这是最原始的一种办法。这是历史发展的无奈，也充分暴露了雅典宪政的不足。雅典司法判决也采取民主投票的方法，少数服从多数。于是，多数人的暴政，可以"强奸"少数人的真理。真理往往掌握在少数人手里。苏格拉底之死就是最好的证明。

第二节　古希腊前期自然法的正义精神

自然法是古希腊政治追求的根本前提，因此自然法追求的正义成为古希腊政治理念的中枢。古希腊的自然法也经历了一个从神灵正义向自然正义发展，再向人本正义转型的三段发展过程。

一、古希腊前期政法正义观路线图：正义从神灵降到自然

古希腊前期包括了神灵正义与自然正义，其历史发展包括古希腊原始神话阶段和自然哲学阶段。古希腊原始神话的自然法精神潜伏于荷马史诗的《伊利亚特》、《奥德赛》和赫西俄德的长诗《母系》的残篇。古希腊自然哲学始于西方第一个哲学家泰勒斯对自然本原的探讨。

古希腊政法观的发展有个焦点思想，那就是自然法。自然法是西方政法精神的底蕴，其根本原因在于自然法精神里包含的追求正义与公平的政法精神。自然法是西方政法精神中最原始，最有生命力的文化底蕴。

古希腊原始神话精神的核心元点是超人精神。超人是神与美女结合的作品，由于继承了神的力量，从而超人成为人间一切文化的创造者。神创造自然世界，超人创造人类文化。这种神话体系有很多不能自圆其说的成分。为了自圆其说，超越原始神话的不足，实现逻辑解释的合理性，古希腊诞生了一批自然（法）哲学家。

古希腊自然法的大发展时期是希腊城邦时期。古希腊文明发展到希腊城邦时期，一大批自然哲学家如泰勒斯、阿那克西曼德、阿那克西美尼、安提芬、赫拉克利特、塞诺芬尼、恩培多克勒、阿那克萨戈拉、留基波、德谟克利特等，

---

〔1〕［古希腊］色诺芬：《回忆苏格拉底》，吴永泉译，商务印书馆1981年版，第4页。

在探索宇宙本原的过程中摆脱了神话的束缚，把对自然本原的探索从天上降到人间，成为人类政治生活的规则，从世俗角度阐发了自然法的理念。在自然哲学家看来，由于人类是自然界的一部分，因此自然界的秩序也应是人类最高的法则。

古希腊哲学家安提芬明确了自然法高于人定法的思想：人定法不能代表正义，只有自然法才是公正的。因为法律是根据“意见”或“习惯”制定的，所以不是真理。违背自然，毫无用处。他还明确提出，希腊法把外来人视为“野蛮人”是毫无道理的偏见。外来人和希腊人都具有人类特性。人定法之所以不公正，是因为它是少数人制定的，是种暴力。

后来，这种自然法则被赫拉克利特称为主宰人世间的“逻各斯”。“逻各斯”既是自然的最高法则和普遍规律，是万物运行的普遍尺度，因此也是衡量城邦政治生活的终极标准。从这里可以看出，赫拉克利特的“逻各斯”是西方后来自然法概念的前身。自然哲学家的合理性在于，他们看到了自然是立法的标准，法律应体现自然的规则。

古希腊前期政法观从自然哲学流派的自然正义观发展到斯多葛学派的世界主义思想。自然政治观是古代希腊的基本政治观。从一开始，希腊就形成人神分治的二元格局。人按照人类世界的结构创造出一个神的世界。神界与人间各自独立存在，互不干扰。思想家探索宇宙本原和规律，进而探索社会、国家的本原和规律，探索政治秩序建立的原因。他们的基本答案大体都认为政治秩序是社会发展的必然要求，是自然而然形成的。

古希腊自然法对古罗马产生了深远影响。由于罗马是个讲求实际的民族，在政治理论上更容易接受希腊自然法的思想，主要是柏拉图主义和斯多葛学派的思想。古希腊古罗马政法思想的轴心就是自然正义论。其私法思想之所以极其发达，就是因为自然正义论的缘故。古希腊用自然的眼光观察世界。自然正义成为第一要领。

为了深入研究古希腊从原始神话的正义发展为自然哲学家的自然正义的内在发展规律性，显然有必要进行个案分析。然而，由于古希腊自然哲学家众多，本书不可能一一分析，只选择两个典型，即只解析最早的两个哲学家泰勒斯和阿那克西曼德的思想。

二、西方第一个哲学家对神灵正义的否定

泰勒斯是西方人公认的第一位哲人。他出生于伊奥尼亚的米利都城邦，当时的伊奥尼亚是地中海沿岸各地文化最发达的地区。米利都又是当时伊奥尼亚诸城邦中最富庶最活跃的一个城邦。用后来的世界各大洲文明来识别，泰勒斯并不是欧洲人，而是亚洲人，确切地说是小亚细亚人。所以，认定西方文明发源于欧洲的看法是错误的，确切的应当认定为欧洲文明源于地中海文明。

泰勒斯的生卒年代已无法详考确证，据文献史资料估计，约在公元前 7 世纪后半叶到公元前 6 世纪前半叶。由于他从事政治和对自然的研究，被称为希腊的“七贤”之一，而且是第一个得到“贤者”称号的人。希腊贤者类似中国的圣人。

关于泰勒斯只留下一些传说故事和思想传说。有的说，他由于有科学知识，而远远胜于普通的实业家。他曾预见到一场橄榄的丰收，便事先以低价租进了所有的榨油机，待到丰收时再高价租出。有的传说他预言过一次日食。有的还传说他去过埃及同祭司们来往，在那里学到了几何测量的知识。他利用自己的数学知识能从一个塔顶测量出海上船只的距离。像他这样知识渊博、社会地位显赫、财产丰厚的人，在高度文明的米利都城邦里如鱼得水。这使得他能够积极而自由地从事多方面的活动，思考世界间的哲理只是他的一项活动。于是，在这种文化背景中造就了古希腊第一位贤哲，便是一种完全合乎自然的事情。

泰勒斯的全部智慧凝结为一个最高命题就是：“水是世界万物的本原。”意思是说，万物最初都是由水变来的，水是万物形成的最初原因，万物最终还都还原于水。万物可生可灭，水则无生无灭，无穷无尽。

泰勒斯为什么要把“水”，而不把其他物视为万物本原？后人亚里士多德猜测其中可能有两个原因：其一，大概泰勒斯体会到了水在生活中的重要性。亚里士多德在《形而上学》一书中指出：“他得到这个看法，也许是由于观察到万物都以湿的东西为养料，热本身就是从湿气里产生，靠湿气维持的……万物的种子都有潮湿的本性，而水则是潮湿本性的来源。”〔1〕其二，源于原始神话。早在古代埃及神话中就有水是万物之源的传说。在希腊神话中，人们把海洋神奥克安诺和他的妻子德蒂丝当做创造万物的祖先，并把被称为“冥河”的斯底克斯河当做最古老最受尊敬的东西，把它作为宣誓时的见证神灵。宣誓时首先要说：“凭着斯底克斯河宣誓。”

为什么泰勒斯提出“水是世界的本原”？这是个饶有兴趣的问题。其实，这

〔1〕［古希腊］亚里士多德：《形而上学》，贺麟、王太庆译，商务印书馆 1959 年版，第 7 页。

是从古希腊神话中借用过来的一种思维方式。同时，古希腊关于“水”的神话也成为最初启迪哲人的思想营养。另外，“水”的无形、富于流变性，也是哲人思考的智慧准则。关于“水”的学问，不仅是泰勒斯的基本思想，甚至是泰勒斯思想体系的全部。黑格尔总结道：“‘水是原则’这句话，是泰勒斯的全部哲学。”[1]

黑格尔大师揭示了其中更为深刻的两点原因：其一，水是无形的，只有无形的才富有变化，由自身变为万物。水富有弹性，水附于什么事物中就变成什么形状，水装入圆杯子中是圆形的，倒入方盒中便是方形的。而水本身则是无形的。水的这种弹性特征容易使人联想到水是怎样变为万物的。难怪哲学大师黑格尔说：“本质是无形式的。这是关于泰勒斯原则的要点。”[2] 水是万物的本原，那么水又是由什么变来的呢？如果水是由其他事物变来的，那么水便不足为万物的本原，由此黑格尔提出第二点关于泰勒斯原则的原因：其二，“水”是一个自身决定者。“水”是万物生成变化的绝对原则。而“‘绝对’是一个自身决定者”[3]。水变成万物，水则不是由他物变来，而是由自身变来。水又是怎样变为万物呢？水变为万物是由于水的凝聚和稀薄，“稀薄了的水变成空气，稀薄了的空气变成火的以太，凝聚了的水变成泥，然后变成土。这种稀薄了的水或空气是原来水的蒸发，以太是空气的蒸发，土、泥是水的沉淀”[4]。通俗的理解是：加热的水变为蒸汽，是由于水的稀薄，由水变为空气；水在零度以下结冻为冰，那是水的凝聚，由此水便变为固体。

泰勒斯“水为万物本原”虽是一个简单的命题，但其中包含了非常丰富的思想。它包含了一种非常伟大的思想——作为万物的本原必须是一种事物而不能是多种事物——本原是一而不是多。全部哲学智慧都源于这种思维方法。

泰勒斯没有留下任何著作，他的这种思维方法只隐藏于后人对他的思想传说之中。其一，亚里士多德在其《形而上学》一书中指出：“泰勒斯说‘水为万物本原’。”[5]

拉尔修记录了几行据说是泰勒斯写的诗句：

---

〔1〕［德］黑格尔：《哲学史讲演录》（第1卷），贺麟译，商务印书馆1983年版，第186页。
〔2〕同上书，第183页。
〔3〕［德］黑格尔：《哲学史讲演录》（第1卷），贺麟译，商务印书馆1983年版，第188页。
〔4〕同上。
〔5〕［古希腊］亚里士多德：《形而上学》，贺麟、王太庆译，商务印书馆1959年版，第7页。

多说话并不表示心里理解，

去寻找唯一的智慧吧，

去选择唯一的善吧，

这样你就会箝住唠叨不休的舌头。

这里包含了要寻求统一万物的本原的智慧。它说明了智慧产生于寻求统一万物的本原，而这本原是一，不是多。

泰勒斯的智慧虽源于希腊神话，但却高于希腊神话。希腊神话已把海神视为创造万物的祖先，这里已包含了水是万物本原的思想。可是，在希腊神话中，作为派生万物的水被拟人化为万物（包括人）的祖先。这是一种神话猜想。神话把万物的本原猜测为水（海神）是一种武断。泰勒斯的智慧则不再是神话武断。

首先，在泰勒斯眼里，作为万物的本原物，不是拟人化的海神，而是自然本身的水。这表明人可以摆脱用人自身的形象（神的形象皆是人）去解释万物产生变化的原因，而把万物的原因归于自然。这里说明人类开始由野蛮的人变为文明的人。野蛮的人不能把自然和自我区别开来，完全用自我（人）去解释自然，神话就是这样产生的。文明的人开始把自我与自然区别开来，不再用人的自我形象去解释万物了。希腊神话中的本原物虽然是一（种事物）不是多（种事物），但这种本原物是有形的，不是无形的。海神等神都是以人为其形象的。从有形（人的形象）去说明有形的万物，还不是一种智慧，只是一种神话。人类开始用无形之物去解释有形之万物的时候，才象征着智慧的开端。泰勒斯把水作为万物的本原，这本身说明已经开始试图用无形的"一"（本原）去解释有形的"多"（万物）。这就是西方人智慧的开端。在无形的"一"中已经萌芽了某种简单的抽象。抽象是人类智慧产生的根本的思维武器。全部文化皆是人类抽象思维的产物。"本原是无形的"便是一种原始的抽象。抽象的实质和本性就在于它是无形的。泰勒斯用无形的水去揭示万物产生的原因，就是用抽象的本原穷诘具体的万物。

其次，泰勒斯不把自己的学说建立在神话基础之上，而是建立在自己对自然的合乎理性逻辑的理解论证之中。一切哲学皆由此而生，即都是用理性逻辑去理解对象（万物）的结果。泰勒斯用水的凝聚和稀薄的办法解释、论证了水是怎样变成万物的。这已经不是一种神话猜测，而是一种理论论证了。他的论证虽然还是一种幼稚的、粗糙的和原始的论证，但也不失是一种论证。只要是合乎某种道理的论证就可称得上是一种智慧，不能再说它是一种简单的神话武断。

泰勒斯不再相信拟人化的神，把万物的产生付之于水，说明他已经超越、否定了原始希腊神话。他不相信有上帝、神灵的存在。这是人类的一大进步，这一进步的重要意义在于哲学智慧的理性思考。

西方哲学智慧源于希腊神话，在某种意义上讲，从希腊神话到古希腊哲学是希腊神话的自身否定和自我超越。因为从希腊神话到古希腊哲学只是一步之隔，即不再用拟人化的神解释万物，而是用自然物解释自然。决定完成这一步的关键是希腊神话中就已经包含了这样一种思维方式：作为世界万物的本原物只能是某一种绝对特殊的东西。这种绝对特殊的东西可以派生万物，它既是万物产生的原因，同时又是自我产生、自我存在的原因（即自因），还是万物的最后归宿，因此它是一个完全自我决定的大全，它就是一切。泰勒斯正是用这种思维方式提出“水产生万物，万物又复归于水”的。

从时代精神与个人精神的关系上看，没有希腊神话的这种思维方式，就不会有泰勒斯的智慧思想。他那个时代思考本原的思维方式决定了他建构自己哲学思想的底蕴。

泰勒斯的思想源于古希腊神话，又超越了古希腊神话。确切地说，泰勒斯运用古希腊神话思考本原的思维方式超越了古希腊神话“神是万物本原”的认识结论。从内在的发展逻辑来看，正是由于古希腊神话的这种思考世界本原的思维方式才使希腊神话得以超越。首先，泰勒斯用这种思维方式否定了希腊神话，他认为人是自然界的一个物种，不是超自然的神，从而否定了古希腊神话“只有神才能作为万物本原”的结论。其次，泰勒斯否定了古希腊神话万物本原“神”的形态，同时否定了“神以人性的形态出现”的古希腊神话的知识体系。泰勒斯认为，古希腊神话眼里的万物本原不能采取某种具体自然物的面目，因为谁也没有见过神的真面目，又无法想象神的真面目，只好用人的形象去想象、塑造神的形象。于是，神便成了用人的面目、人的形象创造出来的东西。希腊神话中的神不像东方的神那样四大皆空，没有七情六欲。希腊神犹如人一样，有妻子，有儿女。如希腊海神就是由奥克安诺和他的妻子德蒂丝二人组成的。不能用人作为万物的本原，又要把作为万物本原的神打扮成人的形象，这是一对不可调和的矛盾。矛盾的结果是，既不能以人作为万物本原，也不能以神作为万物本原。

可见，古希腊神话的破灭是希腊先哲们用希腊神话中的那种思维方式解决希腊神话中自身矛盾的结果。由于希腊先哲们不是有意识、自觉地，而是自发地、无意识地按照古希腊神话的思维方式思考问题，所以，与其说泰勒斯等先哲超越和否定了希腊神话，倒不如说是希腊神话中的思维精华超越和否定了它自身，使其摆脱了旧的形态。因此，泰勒斯的哲学产生于希腊神话是极其自然的。

其实，自我超越，自我否定的精神实质是西方人类一切文化形态发展的本质。此后，西方哲学遵循着这一规律不断向前发展。古希腊神话作为历史上的一种文化形态虽然消亡了，但它的精神（那种合理的思维方式）则是永存的。它的精神不是天神上帝，是为人类所提供的那种合理的思维方式。

古希腊神话作为历史上的一种文化形态虽然消亡了，但它的精神（那种合理的思维方式和追求世界本原的精神）则是永存的。它的精神不是天神上帝，是为人类所提供的那种合理的思维方式。古希腊神话（的这种）精神后来演变为先是古希腊人，后是西方人，最后全人类的主流，成为人类知识大厦的一个可持续发展的世界性资源。

似乎泰勒斯的思想体系中并没有关于“正义”的探讨。但有两点不可忽视：其一，“水”的精神恰恰是公平与正义的“化身”或自然标志。“仁者乐山，智者乐水”，很显然，西方正义精神正是“水”的精神追求的对象。公平是“乐水者”的精神。“水”是最富有变化的精神，“水”之变化追求的终极关怀正是公平与正义。西方追求公平与正义的历史源远流长。公平与正义精神是自由、平等、民主与法治的精神本原。中国传统精神则相反，是“乐山者”的精神，巍巍高山，千万年不变，恪守并忠诚于固有的位阶。因此，中国传统精神不是公平与正义，而是对至高者（对于自然是高山，对于中国社会是皇帝）的忠诚或忠孝，铸造了一个自上而下从皇帝到平民百姓的社会等级金字塔。在这个社会金字塔中，追求的本质不是自由与平等，而是非自由、不平等。固然，道家创始人老子《道德经》也更是崇尚“水”的精神，而且提升为“上善若水”的境界。然而，道家文化更多地流转于中国社会的个体借用，而并没成为中国传统社会集体文化的主流。真正成为中国传统集体文化主流的是法家与儒家。其二，泰勒斯开创了用“自然本原说”的思想代替古希腊原始神话“神灵创世说”的先河。虽然泰勒斯还没有来得及探讨社会正义论，但他的思想伟大之处在于，通过用“自然本原说”代替古希腊原始神话“神灵创世说”，已经蕴含了把

“神灵正义论”提升为“自然正义论”的作为。

三、阿那克西曼德的“无限者”

被西方人推崇为第二个哲学家的是阿那克西曼德。阿那克西曼德也是米利都人，是泰勒斯的亲戚、朋友和学生。据记载，泰勒斯比他大28岁。第欧根尼·拉尔修根据一个雅典人阿波罗多洛的记载说：“他在第五十八届奥林比亚赛会的第二年（纪元前547年）已经有64岁，而且以后不久就死了。那就是说，他大约死在泰勒斯死的时候，泰勒斯如果是90岁死的，那么就应该比阿那克西曼德大约年长28岁。”[1] 阿那克西曼德的科学贡献和造诣是不可磨灭的，他创造出了许多个世界第一。他第一个发明了日晷以测定冬至、夏至和昼夜的平分点，第一个绘制出海陆轮廓的地图和天象图。他对世界作过许多大胆的假说，具有明显的科学探索性质。他说，人是从另一种动物变来的，人在最初很像鱼，人是由鱼演变而来的。这一猜想具有很大的科学性，在几千年以后的达尔文生物进化论中得到了证实。在这里，我们不难想象，先哲拥有着怎样一番远见卓识！

关于阿那克西曼德的生平材料记载留下来的极少。但后人知道他的比知道泰勒斯的要多得多。他的原著虽然佚失，但转述在古人的其他著作中的论述要比泰勒斯多。正像泰勒斯借用希腊神话的某种思维方式超越了希腊神话一样，阿那克西曼德利用泰勒斯的思维方式（希腊神话的合理思维方式加上泰勒斯新开创的用自然物去思考自然的思维方式）超越和否定了泰勒斯。

阿那克西曼德的成长突破点是对泰勒斯思想缺陷的克服。泰勒斯的学说有其自身的弊端。他的巨大贡献是提出了本原应该是无形的，而不应是有形的。为此，他选择了富有变化性的、相对无形的、滋润万物的“水”作为本原。水本身虽然没有形体，但它附在什么物体中就变为什么形体（附圆变圆，附方变方）。因此，水自身的形体是由别的物体决定的。由其他物体决定的东西绝不可能成为万物的本原。可见，泰勒斯的这一贡献正好为他的思想埋下了“死亡”的种子。

阿那克西曼德把泰勒斯关于本原应是无形的思想直接提炼为一种思维原则。他认为万物真实的本原不是海神，也不是“水”，而是“无限者”。

阿那克西曼德的“无限”不是现代人所使用的那种与有限物相对应的无限。

[1] [德] 黑格尔：《哲学史讲演录》（第1卷），贺麟译，商务印书馆1983年版，第193页。

阿那克西曼德的“无限”不仅是一种认识，重要的是一种思维方法。其中“限”是指“限制、规定、内容”等意思，故“无限者”是指那种不确定的、无具体规定、没有具体限制的东西。所以，阿那克西曼德的“无限者”真正要向人诉说的是，能够成为世界本原、万物归属的东西，不能是有形的东西而应是无形、没有具体限制的东西。这个思想无疑是深刻而合理的。

这是对泰勒斯“本原应是无形的”思维方法的直接发挥和升华。阿那克西曼德的进步与发展在于对泰勒斯的继承和肯定、否定和超越。他肯定并继承了泰勒斯视“本原为无形”的思考方式，同时把这种思考方式发挥得更加彻底——泰勒斯的“水”还是有形的而不是无形的，“无限者”才是更加无形的。无形胜过有形，世界本原只能诉求于无形而不是有形。

从这种进步中我们看到了人类的进步：人类的进步在于后人对前人的肯定与否定、继承和超越，即在继承的基础上超越，在肯定的基础上进行否定。思想家们不是在不继承的虚无中进行超越，不是在对前人不肯定的基础上进行单纯的否定。于是，阿那克西曼德的进步与发展体现了人类的进步与发展。

无限者不是有形具体的东西。在阿那克西曼德看来，如果一定要说出它是什么东西的话，那么它既不是具体有形物体，也不是“水”，更不是“气”，它是“比空气浓厚又比水稀薄”的东西。这种东西就是混沌或是宇宙尘埃。宇宙之初，一片混沌，万物皆由混沌而生而又都归于混沌。作为混沌的无限者，它有如下几种性质：

第一，本原者无本原。

如果说对于水，我们还能够找出它的本原的话，那么盘古之初的混沌，我们则再也找不出它的本原。混沌中产生世界万物，混沌是万物的本原，而混沌却无本原。作为万物的最初本原和最终归宿的混沌不能生也不能灭。能生，就不是万物的最初本原。能灭，便不是万物的最终本原。混沌是永恒的。

西方的混沌说与中国的混沌思想不尽相同。庄子说：“南海之帝为儵，北海之帝为忽，中央之帝为浑沌。儵与忽时相与遇于浑沌之地，浑沌待之甚善。儵与忽谋报浑沌之德，曰：人皆有七窍，以视听食息，此独无有，尝试凿元。日凿一窍，七日而浑沌死。”[1] 在中国关于混沌的传说中，说的是太古之初，天上有三界，南有儵王掌管，北有忽王主持，中界之王则是混沌。南北二王来中

〔1〕《庄子·应帝王》。

界游玩，混沌盛情款待。南北二王为了报答混沌，便想把混沌变成人。他们二神，一日凿一窍，七日凿七窍，等到七窍分明，混沌就死了——他就不再是混沌而变成了人。这里道出了这样一个深刻的哲学道理，那就是“七窍出而混沌死”。神话传说的隐喻是深刻的。这则故事，混沌作为心智尚未开启、对外部世界的认知欲还没有生成的“原始人”。此时的混沌是无知无识无欲无求的。当倏与忽开其七窍赋予它能够认知世界的感官以后，混沌却死了。这说明了当“混沌”素朴本性丧失后就变成彻头彻尾的认知主体，于是人的感知主体和外部世界之间的鸿沟也自然拉大了。

阿那克西曼德认为，混沌无声无息、不生不息，但却包罗一切。混沌具有最大的包容性。在它自身内“什么都不欠缺”〔1〕。任何事物都是混沌的一部分。任何事物的变化都是混沌的部分变化，而不是混沌自身在变化。故黑格尔把这种思想明确表述为“它的部分变化着，但是它自身是不变的”〔2〕。

在泰勒斯的思想中虽然也包含有本原者没有本原的含义，遗憾的是，后人们没有看到过有关他论述的原话和别人对他的记叙。然而，古希腊著名哲学大师亚里士多德则明确指出阿那克西曼德具有如此思想。“无限者没有本原，因为说无限有本原就等于说它有限。它作为本原，是不生不灭的。如是产生出来的东西，都要达到一个终点，然而有终点就是有限。所以说，无限者没有本原，它本身就是别的东西的本原，它包罗一切，支配一切。”〔3〕这是对“本原者无本原”的有力的逻辑论证。这种有力的逻辑论证就是哲学，不是神话。

第二，混沌没有任何特殊的规定性。

混沌是万物之源，就不能是万物中的某一种，就不能仅仅具有某一种特殊的规定性。宇宙间的任何一个具体事物都有其特殊的规定性。混沌之所以没有规定性，是因为混沌本身没有差别。盘古开天地之初，只是一片没有差别的混沌状态，任何地带都绝对相同，完全同一。正如一锅被搅匀的粥，从锅中的任何一个部位取出一勺，都是一样的，没有差别。具体事物的实质就是差别。任何两个具体事物之间都不可能完全同一，毫无差别。特殊事物的个性也是差别。混沌既然是一种完全无差别的绝对同一、相等，它就不可能有什么具体的特殊

〔1〕［德］黑格尔：《哲学史讲演录》（第1卷），贺麟译，商务印书馆1983年版，第195页。

〔2〕同上书，第194页。

〔3〕北京大学哲学系外国哲学史教研室编译：《西方哲学原著选读》（上卷），商务印书馆1981年版，第17页。

性质（规定性）。

第三，混沌具有派生万物的能动性。

混沌自身含有对立和分离的作用，因此它才具有派生万物的能动性。宇宙之初，由混沌变为万物的原因是混沌内部存在某种分离（后人称为吸引和排斥）的内驱力。这种内驱力推动混沌产生了万物。这种内驱力不在混沌之外，而在其内，是混沌自身的内驱力。阿那克西曼德明确"认为万物是借分离而从混沌中产生出来的"〔1〕。

混沌生万物，就在于混沌自身拥有一种内分离的力量，使混沌变成了自身的对立物（万物）。而这种分离过程则是混沌自身含有的热和冷、湿和干两种矛盾的力。混沌或宇宙尘埃，热时而涨，冷时而缩，涨而形成空气，缩而形成固体。日月星辰正是这样产生的：混沌由于冷和热的作用，变成一个火球，这火球"包围着围绕地球的空气，正如树皮包围着树一样。当这火球爆裂时，它的破片结成一些圆圈，日、月、星辰就是这样生成的。因此阿那克西曼德也把星辰称为'轮形的、充满若火的空气的包裹物'"〔2〕。

阿那克西曼德的思想智慧较之泰勒斯具有更优越的地方。

首先，阿那克西曼德不像泰勒斯那样，在本原之外另用"灵魂"之类的东西来解释万物的运动原因。万物的运动是由什么来推动的呢？水不足以推动万物！于是，泰勒斯便把这种动因归功于"灵魂"。他提出的根据是，"磁石有灵魂，因为它吸动铁"，琥珀摩擦后可以吸物。由此，泰勒斯推测万物能运动必然有一种普遍的原因——它们都有"灵魂"。因此，在泰勒斯那里隐含了"万物有灵论"的思想。只有人有灵魂，物怎么会有灵魂？重要的是，泰勒斯的细想体系中，含有致命的逻辑错误——在本原之外用"灵魂"解释万物，那么本原也不再是本原了。为此，阿那克西曼德抛弃了这种牵强附会的说法，提出较为合理的动因——"内分力"。

其次，阿那克西曼德用混沌的冷热两种内分力，具体地论述了从混沌派生万物的过程。这为后来的科学所证明。这比从水中派生万物的说法科学得多。

再次，阿那克西曼德把混沌的冷热两种内力派生万物的过程视作一种必然

〔1〕 北京大学哲学系外国哲学史教研室编译：《古希腊古罗马哲学》（资料），商务印书馆 1961 年版，第 9 页。

〔2〕 ［德］黑格尔：《哲学史讲演录》（第 1 卷），贺麟译，商务印书馆 1983 年版，第 196 ~ 197 页。

的过程，提出“时序”的概念。他说：“‘万物由以产生的源泉，万物又消灭而复归于它。’这是‘按必然性’发生的。因为万物彼此都仍按照一定的时序为各自的不义行为作出报偿。”[1] 这是西方古希腊智慧发展运动中的又一进步。这种由混沌派生万物的“时序”便是现代人所使用的“必然规律”的萌芽。

最后，一门学问、学说必须有自己的一整套概念、范畴。智慧学运动之初正处于产生范畴的开端。泰勒斯的水，灵魂远不足为哲学的范畴。阿那克西曼德的“无限者”、“时序”则已成为地地道道的哲学范畴。

哲学智慧源于一种文化综合，综合出真知。因此，正像泰勒斯的智慧取源于古希腊海神神话，阿那克西曼德的智慧也取源于古希腊神话，所不同的是取源于另一神话混沌神。

在古希腊神话赫西阿德的《神谱》中关于创世的神话叙述中，以及许多民族的古老传说中，“混沌”都是最原始的东西或最开端之神，它比水神、海神存在得还要早。甚至可以说，混沌神是海神之源。为此，阿那克西曼德便超越了泰勒斯，不采信水神而采信水神之源——混沌神，把它作为一切的来源。

泰勒斯把水作为万物本原，无法解释万物的不同性、特殊性，不能说明事物的最后动因是什么，所以阿那克西曼德便再返回希腊神话的海洋中汲取营养，提出宇宙最开端的神（混沌神），确立了无限者的理论，解决了泰勒斯解决不了的难题。从这里，可以进一步体味到，希腊神话是西方一切文化的母体。然而，“青取之于蓝，但胜于蓝”，阿那克西曼德的思想智慧却高于原始神话的混沌神，这不仅体现在他把混沌的拟人化的神的外衣脱下来，把混沌还给大自然。还体现在，他把混沌升华为无限者，进一步用理性把混沌规定为“无定形、无限制、无一定规定性”，于是“无限者”这个范畴便自然演绎出来。可见，阿那克西曼德一方面从希腊原始神话中汲取养料，另一方面又超越了希腊原始神话。

阿那克西曼德的另一思想智慧的来源是他的前哲。泰勒斯思想中含有“本原应该是无形的特殊物”的这一思考方式（或原则）是阿那克西曼德思想的一个直接来源。正像前面所分析的那样，“无限者”这个概念本身就是从“本原应是无形的高级物”这一思考方式中脱身而来的。这样，才使哲学内产生了第一个自身特有的范畴“无限者”。其他范畴如本原、冷热、混沌等都是毫无例外地

[1] 北京大学哲学系外国哲学史教研室编译：《古希腊古罗马哲学》（资料），商务印书馆1961年版，第109页。

从原始神话中借用来的。

第三节　古希腊后期自然法对正义的提升

古希腊自然哲学家通过对自然本原的探索发现了自然正义，扬弃了古希腊原始神话的神灵正义。然而，古希腊自然哲学思想也存在着很多的局限性。自然哲学家天真地认为，凡是主宰自然的法则也必定是主宰人间的人定法则。其历史局限性就是不能区分自然与人类社会，误以为自然法就是人定法。表现在正义观上则是，古希腊前期只是侧重发展了自然法的自然正义的原则，认定自然与人类一样，都具有追求正义的本性，追求正义的本性都是基于理性，认为自然理性与人的理性并无区别。其实，自然本身无所谓正义与非正义的区分问题，正义问题只有对人类才有意义。自然遵循的只是自然规律，而支配自然规律起作用的只是“物竞天择，适者生存”的森林法则，绝无惩恶扬善的正义法则。

为了再次扬弃古希腊自然哲学家们自然正义的局限性，古希腊诞生了一批人本主义思想家，他们用人本主义的正义观代替了自然哲学家的自然正义观，或者确切地说，古希腊人本主义思想家把自然哲学家的自然正义观提升为人本（至善）正义观或伦理正义观，因此实现了古希腊正义观的第二次转向。[1]

一、古希腊正义第二次转向：从自然正义到人性至善

实现古希腊正义观的第二次转向肇始于智者派，完成于苏格拉底、柏拉图和亚里士多德。其内在的思想发展路线图是从智者学派普罗泰戈拉“人是万物的尺度”发展到苏格拉底“正义是善”、柏拉图“正义是强者的利益”，再发展到亚里士多德的“正义是社会的尺度”，标志着古希腊思想的重心的再次转向。

古希腊政法正义观的第三个发展阶段是人本伦理自然正义观。基于城邦集体主义和爱国主义精神的丧失，人们开始追求个人伦理生活的真谛。于是，自由民的生活重心开始从原来的政治生活退居到个人伦理生活。人们关注的生活重心是个人精神世界的完善和健康。从而展现了从苏格拉底经过柏拉图再到亚

〔1〕 第一次转向是从古希腊原始神话的神灵正义到古希腊自然哲学家群体的自然正义的转变，第二次才是从自然正义到人本主义思想家群体的人本正义的转变。

里士多德的正义观发展路线图。

随着古希腊文明尤其是城邦政治的发展，古希腊哲学诞生了一个智者学派，对自然法和人定法作出了明确的区分。智者学派的思维方法是怀疑。公元前5世纪后半叶，希腊城邦涌现出一批智者的职业教师，传授辩论、诉讼、演说、修辞、参政技巧，收取学费。

智者学派最大的贡献就是把目光从自然和“神”转向了人与“社会”。古希腊最著名的怀疑论者就是普罗泰戈拉，他最著名的论断就是众所周知的“人是万物的尺度”。这个伟大的论断是古希腊人步入伟大时代的产物。智者学派对自然与社会、自然公正和社会公正进行区分。他们从人性出发，对“自然”和“约定”的关系进行了激烈的争论，提出许多对自然与人间约定相区分的一系列法律概念，如“合乎自然的法律”、“未成文的法律”、“到处都遵守一致的法律”。

智者派的诞生是古希腊社会转折的必然结果。公元前5世纪，古希腊社会迅速繁荣从而使古希腊人骄傲地耸立在周围国家和民族之上，雅典成为全希腊的中心和霸主，造就了雅典帝国的空前繁荣。这时的古希腊为智者的出现提供了直接社会土壤，即雅典由6000人组成的“陪审法庭”，陪审法庭处理公民的诉讼案件。在公民会议和陪审法庭上，人们常常要发表自己的独特见解，要和自己的对手直接辩论。而且，雅典法庭规定每个公民必须替自己辩护，不许旁人代为辩护。于是，古希腊最早的一批职业教育家和专业哲学家——智者——就破土而生了。

古希腊文明只有到了普罗泰戈拉才突破了用自然看人类的狭隘范围，而且翻转过来看世界，即用人去看自然，提出一条千古名言：“人是万物的尺度，是存在者存在的尺度，也是不存在者不存在的尺度”[1]。以前人类的智慧也十分关注“一个事物是否存在、怎样存在，衡量的标准是什么”的问题，但只是以自然本身作为标准去衡量自然事物的存在，没有以人为标准。普罗泰戈拉则把评判事物存在和不存在的标准颠倒过来，以人为标准。我们凭什么来肯定事物的存在和不存在，靠我们自己的感觉。评判事物存在和不存在的中心是人，认识事物以人的感觉为轴心。因此，不研究人的感觉、认识，别的问题就无法解

---

〔1〕 北京大学哲学系外国哲学史教研室编译：《西方哲学原著选读》（上卷），商务印书馆1981年版，第54页。

决。于是，智慧的注意焦点就由自然转向了人。

然而，智者派的政治哲学思想隐含着一种毒害希腊社会的毒素。因为智者派在古希腊社会发展到晚期，相对性、不确定性以及宣扬一切以我为准的利己主义、享乐至上的价值观念，日益成为导致希腊社会政治和思想道德混乱的理论根源，而成为否定客观规律、为所欲为、飘忽不定的观念；朴素的社会进化观念，成为对外征服、谋求霸权的强权政治观念；尊重个人价值变成了追求个人现世享乐、奢靡、不关心城邦政治生活的利己主义。古希腊历史发展到那个时代，需要诞生超越这种近乎颓废的思想，于是诞生了伟大的思想家精英苏格拉底。苏格拉底就是挽救古希腊正义发展方向的思想家。

二、苏格拉底对正义的伟大贡献

苏格拉底（Socrates，公元前468年~公元前399年）是个雅典公民，因此在出生地这一点上，他就天然优越于以往的大多数哲学家。他父亲是个雕刻匠，母亲是个助产婆。当时谁也不会想到他母亲的职业对他的思想还起到了重大启蒙作用。为此，苏格拉底创造了真理助产术，演绎出一个从接生助产婆到真理助产术的动人故事。苏格拉底用他那伟人的人格力量实现了自己的理想，兑现了自我诺言的品质，塑造了伟大壮烈而具有悲剧式的人生。苏格拉底有极强的社会组织能力，在他周围形成了一个思想政治上反对雅典民主制度的中心团体。参加这一团体的人有后来投奔斯巴达的著名政治活动家阿尔西比德，还有后来做了“三十年暴君”首领的克里底亚，以及著名的哲学家柏拉图和色诺芬。

苏格拉底把自然法和人定法区分开来，他认为无论是不成文的神法或自然法还是成文的人定法都必须考虑到正义，正义性是立法的共同本质，因此应是立法的标准。苏格拉底时代恰逢希腊史发展的顶点——雅典民主制时代。

苏格拉底超越了普罗泰戈拉。苏格拉底认为，普罗泰戈拉并没有认识人自己，却用人去作为万物的尺度。其实，更重要的是人要“认识你自己”。普罗泰戈拉只抓住人的表层即“感觉”，苏格拉底则深入人的底层挖掘人的深层即人的灵魂、人的至善，勇敢提出人对自己是无知的，要认识人内心的至善灵魂，这才是智慧的最高使命。“认识你自己”和“自知其无知”成为古希腊最高智慧领悟，也是深入领悟正义的转折点。

苏格拉底是一位有伟大人格力量、实现自己理想、兑现自我诺言的人。他三十多岁时参加了伯罗奔尼撒战争。战争中，他目睹了雅典帝国崩溃和覆灭的全过程，经受了其战后的动荡和耻辱。在这场战争中，他参加过三次战役，曾冒着生命危险在战场上抢救过自己的同伴，显示了英勇的爱国精神。

苏格拉底有一个庞大的人生计划：诱导人们追求和认识道德的善，以“至善”的原则批判一切不仁不义的事，从中改造和拯救人的灵魂，最后达到拯救国家的目的。至善是正义的目标。人不至善，正义毫无意义。

苏格拉底的理想不是为个人，而是为了古希腊民族，甚至是为了全人类。而古希腊人在一定的历史阶段总是被束缚在专制的铁蹄下受苦受难。因此，他便要树起自己的牛虻精神，刺激这种国家，使之改正错误。他把国家比作一匹骏马，由于肥胖懒惰变得迟钝昏睡，因而需要一只牛虻紧紧叮它，责备它，使它能从昏睡中惊醒而焕发出精神。苏格拉底喊出了自己的最强音：“公民们！我现在并不是像你们所想的那样，要为自己辩护，而是为了你们，不让你们由于是我的罪而对神赐给你们的恩典。你们如果杀了我，是不容易找到另外一个人继承我的事业的。我这个人，打个不恰当的比喻说，是一只牛虻，是神赐给这个国家的；这个国家好比一匹硕大的骏马，可是由于太大，行动迂缓不灵，需要一只牛虻叮叮它，使它的精神焕发起来。我就是神赐给这个国家的牛虻，随时随地紧跟着你们，鼓励你们，说服你们，责备你们。”这种牛虻精神是需要胆魄的，甚至是需要冒生命危险的。可是，这种牛虻精神却能为人类酿福造蜜，为拯救人类提供良丹妙药。这是一种牺牲精神。苏格拉底意识到了这样做可能要遇难：“很可能你们很恼火，就像一个人正在打盹，被人叫醒了一样，宁愿听安虞铎的话，把这只牛虻踩死。”[1] 苏格拉底真的实践了自己的这个使命和诺言，后来果然遭到了这种命运。

苏格拉底的人格力量还表现在他的正义精神之中。他在政治事件中显示了刚直不阿的品德。这表现在两个事件中。第一个事件是公元前 406 年发生的一次要处死海军十大将军的重大事件。这一年雅典海军在海战中取得了很大胜利，只因风暴未能收回阵亡士兵的尸体，雅典人民就大怒而控告了这十大将军。法庭上争议不休，便由五百人议事会来审议。正好苏格拉底轮任五百人议事会的主席，面对着狂怒喧哗的群众和许多威胁恐吓，苏格拉底全然不顾，成为唯一坚持要依法办事、反对把不合法的提案付诸表决的人。可是他只值班一天，第二天另外一人当主席，提案就表决通过，结果海军将领含屈而死。第二个事件是苏格拉底拒绝不合理抓人而几乎遭到一场横祸。公元前 404 年，雅典贵族在

〔1〕 这是苏格拉底在法庭上的申辩词。

斯巴达支持下建立了三十僭主的寡头专制有八个月之久。在这三十僭主当政期间，他们到处抓捕民主派政敌进行镇压，进行暴虐统治。有一次，他们约集苏格拉底参与抓人事件，苏格拉底无惧威胁，加以拒绝，结果导致三十僭主对他的仇视——他们便勒令他不得继续讲学，并且还要加害于他。万幸的是，不久三十僭主被推翻，他才避免了一场灾祸。这表明他的正义精神能够抗拒强大的政治运动。

苏格拉底时代的雅典民主制是希腊史发展的顶点。雅典的民主制，在希腊历史的发展中也起过巨大的进步作用。它是希腊历史发展的核心推动力量，它把希腊推向了全盛发展的顶峰。历史形态往往是物极必反，随着希腊历史的转折，雅典的民主制也就走向了反面。希腊的民主制潜藏着内在危机。希腊民主制是一种帝国制度。在它的内部潜藏一种根本性矛盾，就是希腊雅典城邦内部雅典公民内部、奴隶主自由人各阶层及相互之间的争权夺利、瓜分剥削果实的矛盾。为了缓和这种矛盾只有加大剥削。可以说，希腊雅典民主制是靠雅典帝国的扩张和对外族人的剥削来实现的。因此在把雅典人推向历史的高峰时，其他城邦也就落到了历史的低谷，最大限度地实现了雅典人的民主与自由的同时，也就最大限度地扼杀了其他城邦和人民的自主与自由。这里，历史的进步裹挟着奴役和罪恶的渊薮。当其他城邦人民无法忍受这种奴役时，他们就要起来反抗，并寻求新的力量来推翻希腊雅典政权。

苏格拉底批判了智者派“强权即正义”的观念。正义成为苏格拉底政治思想的核心。苏格拉底首先区分了两种知识，一种是与人身体有关的知识，包括体育和医学等；另一种即关于人的灵魂的知识。前者追求身体健康，后者追求灵魂健康。灵魂健康的关键就是追求社会正义。苏格拉底认为，“正义就是平等地分配而不过分”，“真正的正义就是平等地分享”。[1]

苏格拉底由于这种伟大人格终难逃脱现实政治对他的惩罚。如果说人类历史上有一位最伟大的为崇高事业而献身的巨人，那么他就是苏格拉底了。公元前399年，有位叫安虞铎的人控告苏格拉底犯有败坏青年和信仰新神的罪状。在法庭上，他毫不畏惧、并不求饶，而且侃侃而谈，申辩自己的所作所为是正当的。他说：“公民们！我对你们说，你们要知道，不管你们照不照安虞铎的话办，不管你们是不是释放我，我是决不会改变我的行径的，虽万死而不变。”

---

〔1〕 在柏拉图的很多著作中，都提到了苏格拉底对正义问题的阐述，如《高尔吉亚篇》。

结果，苏格拉底还是被判处死刑。朋友们打算营救他逃走，但他毅然决然地拒绝了，因为在他头脑中认为自己应该遵守雅典的法律，自己与国家之间的神圣契约是不能违背的。因此他十分自觉而从容地接受了死刑。更可贵的是他在临终前仍然同朋友们讨论人类智慧的问题，在时间到来时，他安详地喝下了毒酒，壮烈地结束了自己的生命，终年69岁。

苏格拉底之死后来成为历史上未了的公案。许多人为他的死感到十分惋惜，从而十分憎恨雅典法庭，认为这是雅典人做了一件伤天害理的事情；他为雅典人贡献了自己毕生的精力，他为了祖国追求真善美的理想付出了自己的一切聪明才智，而他的祖国却用死刑"回报"了他的贡献，真是千古奇冤，专制暴君的三十僭主都没敢害他，而在恢复了合法的民主制政府、公民获得自由的时候，他却被判处了死刑。后来有很多人为苏格拉底之死鸣冤叫屈。

苏格拉底既然知道自己是对的，他为什么还要服从不合理的法律惩罚？别人营救他，他为什么不逃呢？他的死值得吗？有人认为值得，有人认为不值。其实，不是古希腊人把苏格拉底杀死了，确切地说，是古希腊的神的观念把他杀死的。从智慧本性而言，哲学是神学的对立面。有的人却并不这样看。历史上仅有的一位最伟大的智慧大师黑格尔就不这样看。黑格尔客观地分析了其中的原因和道理："我们在这里不应当满足于认为苏格拉底是一个卓越的人，他受了冤屈等等，在这个控诉里面，是雅典的民族精神起来对抗他们极其有害的原则。"〔1〕 黑格尔认为苏格拉底被判死刑有两点合理性：第一点，苏格拉底所信仰的神超出了雅典人当时所信仰的神。在古希腊，神的位置是极其重要的，人们就是根据自己所信仰的神去评判一切。苏格拉底所信仰的神"是一种新的神"，不是雅典人过去一向相信的神，所以苏格拉底的控诉完全是对的。第二点，苏格拉底的做法在当时确实被人们公认为"败坏青年"。在希腊人和雅典人看来，子女和父母处于一体的直接伦理关系之中，任何第三者在中间干预都破坏了这种一体感，这被人们视为最坏的事。而且苏格拉底同青年说话，要他们摆脱老人们的旧的世俗偏见，正好促使青年人对他们的父母产生厌烦和反感。

黑格尔对苏格拉底之死的评论有一定的道理也有一定的偏颇之处。他说的两点理由都是合乎事实的。从雅典人的法律观念来看，苏格拉底也确实够判死刑的。苏格拉底之死的重要含义是他超越了当时的希腊民族的精神，他信仰一

〔1〕 参见［德］黑格尔：《哲学史讲演录》（第2卷），贺麟译，商务印书馆1981年版，第69页。

种更新更高的神，追求一种更新的更合理的伦理生活。这是不合时宜的。历史上的悲剧往往是这样，那些超越时代精神的，必然被世俗社会惩罚。尽管，苏格拉底手里抓着正义，但这种正义是超时代的，是当时时代所不允许的。只有后来的雅典人才会为他平反，当时的雅典人是不会为他平反的。因为只有后来的雅典人的精神才达到苏格拉底的水平。黑格尔的评价是扼杀人性的。在黑格尔的思想体系中，其轴心是绝对理念，不是人性。人性在黑格尔体系中占有的只是一个渺小的位置。

苏格拉底之死就这样成为未了的公案。然而，本书著者深信，苏格拉底之死最后总会得到历史的公正评价。

苏格拉底的冤死直接导致了他的学生柏拉图在思想上进行抗议，产生了一系列的思想观点，如民主制是不好的，民主制是导致苏格拉底冤死的根本，如果不是民主制，苏格拉底是不会冤死的。因此，柏拉图的政法主张不是民主与法治，而是哲学王的人治。可以说，从苏格拉底的冤死到柏拉图的人治思想有一种必然的逻辑。

三、苏格拉底弟子对正义思想的发展

继苏格拉底之后，柏拉图和亚里士多德，以及斯多葛派开始重新探讨关于正义的相关问题。

柏拉图开始看到正义法则必须服从强权的法则，开始思考正义与利益的关系问题，并提出“正义不是别的，就是强者的利益”的著名论断。这在人类还是服从森林法则的发展阶段，“正义就是强者的利益”[1] 不失为一种“真理”。任何一个国家，要想对自己的国家有正义，必须首先自己要强大，只有强大才能保证自己的正义。

然而，在本书著者看来，柏拉图的“正义就是强者的利益”思想是有诸多局限性的。第一，他混淆了正义和利益的界限，其实正义和利益不是一回事。诚然，正义是实现利益公平的社会价值和手段，人们最终追求的不是正义而是利益。但是，没有正义，利益分配就不会公平；不公平就不是正义。第二，“正义就是强者的利益”后来发展为“强权即真理”的强盗逻辑。公平是正义的生命线，失去公平，正义就失去了应有的生命力。第三，说到底，正义还有个对内政治和对外政治的公平合理性问题。如果说为了保证本国公民的特权利益，

〔1〕 这是古希腊智者斯拉斯马库的经典哲学命题，后来被柏拉图接受和继承。

就有权侵略外邦的领土，掠夺外邦的财产，甚至不惜剥夺外邦人的生命，这就已经沦落为强盗逻辑。追根到底，无论昔日柏拉图的“正义就是强者的利益”，还是后来美国的“强权即真理”，都把“正义”的适用范围局限于本国公民，都未能扩及国际关系的领域。当正义法则的适用范围扩及全世界的范围时，国家之间的战争才会最终消亡。

柏拉图看到苏格拉底为古希腊民主制度捐躯，开始把治理社会的重心从法治转向人治。诚然，柏拉图也不完全反对法治，但认为法治是“退而求其次第二好的”，治理国家社会最好的方法是哲学王的智慧之治。柏拉图的学生亚里士多德提出“法治优于人治”，有的学者认为这便“击中了人治的要害”。其实，不尽然。本书著者认为，柏拉图的人治的核心是“最好的一人用最高的智慧来治理社会”。这样的人治当然远比法治要好得多。问题是，没有办法落实让拥有“最高智慧”的那个“最好的一人”掌握最高的权力；相反，掌握最高权力的人往往不是最好的人，往往并不掌握最高的智慧。自古迄今，掌握最高权力的人选制度并不是筛选智慧或品德的途径，而是强权而已。此外，人治要想延续，必须建立接班人制度。接班人制度要么是世袭制，要么是“托孤制”或“托福制”。因此，法治远远比人治要好。其中的奥妙，本书留到后面再作解析。

柏拉图发展了苏格拉底的正义思想。柏拉图的法律正义论主要包括四个方面的内容：第一，法律是维护正义的手段，正义在于使国王、军人和平民三种人各司其职。第二，主张贤人政体，力主君主制，反对民主政体，主张人治高于法治。但这并非一概而论，分两种情形，当人无知时，法治高于人治；当人有知识后，人治高于法治。因为法律是无情的、无人味的。总的来讲，人治高于法治。第三，把法分类为习惯法和成文法。他认为只有成文法才是法律。第四，立法原则是公正理念和公共幸福。

在柏拉图看来，一切个别存在的东西都是暂时的、容易消失的，唯有个别存在中的普遍者才具有永恒的生命力。柏拉图认为，它是苏格拉底所寻求的那些普遍的善、正义、美之类的东西，它靠从特殊中归纳而来的一般定义所确定的对象，只是经过归纳，它变成了一种独立自存的东西，它是同类的各个具体事物中的共性。如果从语言上说，它是同类个别事物的共性。如红苹果和绿苹果，这个苹果和那个苹果，具体的苹果很多，它们的共性就是它们都是苹果。“苹果”就是一切不同的、个别的苹果的共名。可是，如果仅仅把普遍者视为一个共性的名称，那就错了。普遍者是客观存在的东西，它不由某些共性的名称来取舍，如正义、善等都有其客观标准。

亚里士多德发展了柏拉图的正义思想。他提出了自然正义和法律正义的概念，这是自然法思想发展史上的一个里程碑。虽然柏拉图也探讨了正义，但真正奠定法律正义理论，并对后世法律理论产生实质性影响的，则是亚里士多德。在亚里士多德看来，善德是政治学的核心，政治学又是最高的应用科学。他认为，宇宙万物都是向善的，他把学科分成思辨或理性科学、实践科学、创制科学等。政治学属于实践科学。政治学研究人和城邦“至善”的科学，研究个人至善的是伦理学，城邦的至善是政治学。他说：“政治学的功用既在于首先建立一个城邦，同时在于管理好所建立的城邦。”[1] 诚然，这种思想也具有很大的局限性，如果说“人类自然是趋向于城邦生活的动物”[2]，而很多并没有生活在城邦地区或国家的人就不是人了吗？此外，“亚里士多德的城邦概念包含着很深的公民偏见。它完全否定了奴隶、外邦人和妇女的政治权利”[3]。

正义是善的一个组成部分。亚里士多德提出了自然的人性基础，认为自然正义源于人的本性，并不依赖于立法权，可在所有的民主政体中得以普遍适用。他提出，法是无情的智慧，法是正义、平等；正义是法律、伦理学和政治学的核心；正义在于适中，适中是人的美德；法律是正义的体现和具体化。

在亚里士多德的伦理学中，他详细地阐述了他的正义观：正义（公正）是一种中庸，是一种完全的德性；不正义有违法和不均两种。后人从中把正义理解为合法、合理与平等。正义分为一般的正义和特殊的正义。亚里士多德的重点在特殊的正义。特殊的正义又包括两个基本的分类，一个是分配的正义，一个是矫正的正义。分配的正义强调各取所值，按照各自的价值进行分配，正义就是一种比例。一个人打人，一个人被打，一个人杀人，一个人被杀，这样在承受与行为之间形成了不均等，这就需要正义来矫正。矫正的正义就是在所得与所失中间找到一个平均值。分配的正义适用于立法和公法领域，矫正的正义适用于司法和私法领域。这种划分是合理的。分配不公才是进入司法程序的前提。立法和公法的本质主要解决的是分配正义的问题。司法和私法主要解决的是矫正正义的问题。

---

〔1〕［古希腊］亚里士多德：《亚里士多德全集》（第9卷），中国人民大学出版社1994年版，第89页。

〔2〕［古希腊］亚里士多德：《政治学》，吴寿彭译，商务印书馆1981年版，第7页。

〔3〕王乐理主编：《西方政治思想史》（第1卷），天津人民出版社2005年版。第41页。

伯罗奔尼撒战争后，希腊的城邦民主制度走向衰落。希腊城邦的衰落使人们对政治不再有狂热的激情，而更多关注个人生活。因此，希腊文明关注的核心学术就从政治学转向伦理学。于是，斯多葛派的自然法思想也就应运而生了。

把苏格拉底追求正义和“至善”原则发展到极致的是斯多葛派。斯多葛派重点从自然法的角度发展了苏格拉底的正义理念。自然法作为明确的概念肇始于斯多葛派。斯多葛派创始人芝诺及其追随者把“自然”本原置于他们的思想体系中心。其实，他们所说的“自然”并非严格意义上的自然界，而是自然中某种和谐的秩序。决定这种秩序的是宇宙的理性。斯多葛派认为，支配宇宙和个人的理性就是自然法。斯多葛派的自然法学说是作为伦理学的附属出现的。他们认为“理性”是宇宙秩序的创造者和主宰者，拥有命令人正确行动和禁止人错误行动的力量，因此人必须受宇宙中的普遍法则的支配。同时他们还认为，由于宇宙是绝对统一的整体，人只是这个整体的组成部分，因此人的理性也是宇宙普遍理性的一部分，人的本性也是宇宙本性的体现。因此，自然法和人的理性是一致的。由于人有理性，人的理性是自然的一部分，理性支配宇宙，人作为宇宙的一部分也受理性的支配，所以人能够理解宇宙秩序；因此，人靠理性能够建立社会秩序。按照理性去生活，就是自然地生活。自然法就是理性法。它构成了现实法和正义的基础。

斯多葛派还主张，一切人都是平等的，即便人们的地位、天赋和财富等都不可避免地存在着差别，但人人至少都有要求维护人的尊严的权利，正义要求法律应当认可这些权利并保护这些权利。

可以说，古希腊法律文明的发展有一条清晰的发展脉络：前城邦时代的自然法是神话主宰一切的神法，发展到城邦时代则演变为自然法与人定法的合流。古希腊法律思想的政治底蕴是其民主与法治的社会制度。

古希腊发展到晚期，暴露了其正义观的重大缺陷，因此走向衰弱。

第四节　古希腊晚期的衰落与正义观的缺陷

雅典政权的倒台是斯巴达人的杰作。正当雅典文明衰落时，斯巴达文明崛起了。从直接原因看，斯巴达人之所以能够战胜雅典人，主要是斯巴达社会组织的向心力大于雅典。从某种意义上讲，斯巴达人战胜雅典人是集体主义战胜个人主义的一个历史典型。

一、雅典政权的衰微与正义的缺陷

从社会形态来讲，斯巴达人聚焦的社会力量远胜于雅典人。斯巴达人是雅典人的天敌，在雅典人刚刚得势的时候，斯巴达人的陆战力量就比雅典人强大。斯巴达人始终在窥视着雅典人，他们在等待时机，他们也不断地向雅典人发动战争。在雅典人哀歌四起之际，斯巴达人便利用希腊其他各邦人民对雅典人的不满与反抗，终于在公元前 404 年推翻了雅典帝国。希腊各邦人并没有看出斯巴达人比雅典人更残忍，他们总以为雅典人对他们的剥削压迫是最令人无法忍受的、最可恶的，他们非常希望斯巴达人打败雅典人来解救他们。因此，在这种背景下，斯巴达人反而能以一种公正的姿态出现，且给自己的贵族制度涂上一层令人尊敬的色彩，于是，人们误以为斯巴达人比雅典人好些。

雅典人对希腊各邦的压迫为雅典帝国埋下了灭亡的种子，斯巴达人的力量为其提供了现实的动力。由此造成了希腊人的转折。苏格拉底就是这个历史转折所造就的人物。

然而，当雅典人感到志得意满的时候，突然被斯巴达人和内部的希腊人给彻底推翻了。到了这个时候，希腊人才不得不进行一种刻骨铭心的悔恨和反省。苏格拉底正是这种自我反省的领头人。在这时，他们才突然意识到，他们亲手创造的世界现在忽然颠覆了他们自己，往日那种豪迈正义的事业，现在显得那样使自己难堪万分，他们被自己的产物给毁灭了。

在这种反省过程中，希腊人丧失了昔日的自信。以往一直认为正义是好事，当下则认为正义毫无意义。在历史的转折中，希腊人走进了死谷。在历史的剧痛中，雅典人中产生了普遍的道德危机。如在大瘟疫的年代里，在这个最有法制的雅典开始出现空前的违法乱纪之事。在这法律遭到践踏的时代，雅典人的价值观念开始发生了根本的变化。亲身经历了这场灾祸的修昔底德这样记述着，一般人都承认，光荣的和有价值的东西只是那些暂时的快乐和一切使人能够得到这种快乐的东西。他们对神的畏惧和人为的法律都没有拘束的力量了。至于神祇，他们认为敬神和不敬神是一样的，因为他们看见好人和坏人一样毫无区别地死亡。至于违反人为的法律，没有一个人预料他能活到受审判和处罚的时候，每个人都感觉到对于他已经得到了更为沉重的判决，但他想在这个判决执行之前得到一点人生的乐趣，这是很自然的。

古希腊文明发展到这个时代，终于爆发了“幸福”与“德行”（或德性）

的激烈论争。

二、古希腊晚期"福德"之争

古希腊文明最昌盛的时代也正是开始衰微的时代。古希腊晚期的思想臻于成熟，终于爆发了"幸福"与"德行"之争，为人类后来留下了人生到底是追求幸福好还是德行好的重大社会问题。这是西方早期人类在追求正义的道路中必然产生的重大结果。

古希腊人与波斯人发生了一场重大的民族冲突。古希腊国王亚历山大东侵征服波斯以后，建立了一个地跨欧、亚、非三洲的邦联式的大帝国。由于古希腊人邦联制的传统政治习惯，这个帝国并没有统一或集权的政治基础，只是一个暂时的军事联盟。在亚历山大死后，帝国的这种形式上的联盟也取消了，再度分裂为几个王国。统治希腊（本土）地区的是马其顿本部。古希腊晚期（公元前4世纪后期~公元前2世纪初期），就是历史上所说的马其顿统治希腊的时期。

这一时期，古希腊民族矛盾消除后，各城邦内部的阶段矛盾开始激化，使城邦奴隶制危机不断加深，使希腊帝国趋于解体。这一时期古希腊奴隶主面临的主要问题是如何平息奴隶及贫民斗争，怎样摆脱城邦危机。由于贵族大奴隶主感觉到自身力量的不足，于是便把希望寄托在马其顿人身上——希望能用马其顿的武力来维持自己即将灭亡的统治，还幻想借助亚历山大东侵的东风，把带有反抗情绪的贫民和奴隶编入军队，送到东方以此来挽救自己的命运。为此，他们组成了亲马其顿党。然而，东侵结果并没给他们带来预期的好处。加上希腊大量人力物力流入东方，削弱了希腊城邦的经济。马其顿人不仅未能平息人民的反抗，反而激起了人民更大的反抗。一些中小奴隶主纷纷组成反马其顿党，希望用城邦联合来反对马其顿的统治。因此，爆发了几次希腊城邦联合反对马其顿的战争（公元前4世纪~公元前3世纪），结果马其顿人获胜。于是，加速了希腊城邦衰微的进程。没多久，公元前2世纪中期，整个希腊便被罗马人征服，并入了罗马的版图，成为它的一个省。

古希腊晚期，由于战争迭起、民不聊生，因此宿命论、怀疑主义、神秘主义等思潮开始盛行。古希腊文明昌盛的时代虽然衰微了，但古希腊关于社会正义的问题却没有停止发展。在此期间，有两大重要的学派仍然沿着古希腊文明在继续发展：一是沿着原子唯物主义哲学的发展，诞生了追求幸福的学派。他们反对外族压迫，反对贵族大奴隶主的专权，要求恢复民主制度。最著名的代表是伊壁鸠鲁。二是沿着苏格拉底和柏拉图路线的继续发展，以斯多葛派影响最大，也最具代表性。

伊壁鸠鲁（公元前341年~公元前270年）是晚期希腊著名的原子论者和唯物主义者。他的一生充满了流离与坎坷。他父亲是雅典的一个乡村教师。由于家境贫寒，他父亲带着全家随着一个移民团体来到萨摩斯岛。伊壁鸠鲁的幼年只能在萨摩斯度过。在萨摩斯的时光，他开始对德谟克里特原子唯物主义产生了兴趣。十八岁回到雅典后对德谟克里特原子论作了深入研究。当他在雅典时，萨摩斯发生了驱逐雅典移民的事件，他的全家逃到了小亚细亚，后来他也到了小亚细亚。三十岁时，他开始在小亚细亚各城邦教授哲学。三十六岁时，他回到了雅典，创办了一所学校。这所学校由于开设在花园内，由此被称为“花园”学校。他把自己后来人生的全部精力与时间都奉献给了这所学校。他用自己的学术活动参加了反对马其顿的斗争，论证了外来的政治压迫的不合理性和自由的必要性，展开了对宗教、迷信的批判，揭露其对人的危害。他的学校成为一个宣传民主政治、唯物主义和无神论的哲学团体。非常难得的是，这所学校在他死后还存在了很长时间。伊壁鸠鲁遭到了他的论敌的诽谤和诬蔑。伊壁鸠鲁勤笔耕耘，据说写了三百多卷的著作，可惜大都没能保存下来，只留下了三封信和一些作品的片断。

伊壁鸠鲁哲学最著名的理论是他的幸福论。他把幸福看做人生追求的最高目的，认为幸福就是快乐，就是“我们天生的最高的善”。然而，他并不是庸俗的享乐主义者，他反对恣情纵欲，一味追求肉体的享乐。他提出了著名的幸福论：“所谓的快乐，是指身体的无痛苦和灵魂的无纷扰。”[1] 他认定，人的灵魂快乐高于身体快乐。因为人需要德性，因为有德性必然有快乐，有了配置必然有德性，快乐和德性是不可分割的。人类文明发展几千年了，但他的幸福观依然没有过时。幸福无非两大标准，一个是身体上的幸福，我们现代人称之为“生理健康”，另一个就是灵魂上的无烦恼，现代人称之为“心理健康”。伊壁鸠鲁因为把精神的宁静看作人的最高幸福，因此特别强调个人的独立和自由。他用约定说来对抗贵族奴隶主宣扬的统治是神意安排的永恒秩序的说法。

伊壁鸠鲁认为，国家正义或公正是相对于契约而言的，如果没有契约，也就没有正义或公正可言。他说：“公正没有独立的存在，而是由互相约定而来，

[1] 邓晓芒、赵林：《西方哲学史》，高等教育出版社2005年版，第72页。

在任何地点，任何时间，只要有一个防范彼此伤害的互相约定，公正就成立了。”[1] 他的这种思想蕴含了“社会契约论”。马克思说：“国家起源于人们相互间的契约……这一观点就是伊壁鸠鲁最先提出来的。”[2]

伊壁鸠鲁思想中的一个最大特色是把宗教看成是妨碍人们获得幸福的最大障碍。在他看来，宗教是对命运的服从，对神和死亡的恐惧，使人经常处于战栗不安的境地。他反对这种宿命论和目的论。他认为世界万物并不体现什么神的目的。我们身体上的任何器官都不是因为我们要用它才产生出来，而是长了它以后才有它的用处的。他也反对灵魂不死的说法，认为灵魂必须依附于身体才能存在，一旦身体毁灭了，灵魂失去了依附，也就随着消散了。他由此消除人们对死亡的恐惧，“一切恶中最可怕的——死亡——对于我们是无足轻重的，因为当我们存在时，死亡对于我们还没有来，而当死亡时，我们已经不存在了”[3]。

伊壁鸠鲁对宗教的这些批判受到马克思的重视，他认为伊壁鸠鲁“是古代真正激进的启蒙者，他公开地攻击古代的宗教，如果说罗马人有过无神论，那么这种无神论就是由伊壁鸠鲁奠定的”[4]。伊壁鸠鲁并不是彻底的无神论者，他承认神的存在但反对神对自然人生的干预。他认为，神根本不存在于任何一个世界上，而是存在于各个世界之间，神是不愿干预世界生活的，因为这样就会扰乱了他们平静的生活，破坏了他们自己的幸福。

伊壁鸠鲁认为要把人从宗教迷信中解放出来，就必须研究自然规律，认清它的真相。因此，他进一步研究并发展了德谟克里特的原子唯物主义。伊壁鸠鲁认为，宇宙是由许多物体和虚空所构成的。物体的存在为人的感觉所证明，虚空则是物体存在和运动的必要条件。他认为，宇宙间的一切物体都是由最微小的不能再分解的物质粒子（原子）所组成的，这些物质粒子是万物的始因。

和伊壁鸠鲁看法相反的是斯多葛主义。斯多葛主义是古希腊晚期流传最广、影响最大的流派。它是同伊壁鸠鲁主义直接相对立的。它的奠基人叫芝诺。由于芝诺是马其顿国王的好友，他的学生和继承者是宫廷的座上常客，从而斯多

---

〔1〕 北京大学哲学系外国哲学教研室编译：《古希腊古罗马哲学》，三联书店1957年版，第347页。

〔2〕《马克思恩格斯全集》（第3卷），人民出版社1995年版，第147页。

〔3〕 北京大学哲学系外国哲学教研室编译：《古希腊古罗马哲学》，商务印书馆1982年版，第366页。

〔4〕 马克思、恩格斯：《德意志意识形态》（1845年~1846年），人民出版社1961年版。《马克思恩格斯全集》（第3卷），人民出版社1995年版，第147页。

葛主义成为当时的官方哲学。

斯多葛主义的创立者芝诺（公元前336年～公元前264年）出生于塞浦路斯岛。他的父亲是个商人。所以，他父亲到雅典做生意，把他带到雅典学习。在雅典，他学的是苏格拉底、柏拉图派的思想。后来，他开始自己收徒讲学。

由于斯多葛主义的创立者芝诺经常在市场的公共建筑的廊下讲学，所以人称之为廊下学派，其译音就是“斯多葛”派。斯多葛主义由此而得名。这个学派认为，世界上的一切都是预先安排好了的，所要发生的一切都必然要发生。命运是一种必然的规律。人们对于他们所遭遇的不幸，不应有摆脱的希望，只应逆来顺受，服从命运。他们认为，真正的幸福和真正的善就是服从命运。为了求得这种幸福，完全用不着什么物质条件或物质保证。他们反对追求快乐，主张克制一切欲望，主张为了“合理的原因”，可以放弃自己的生命。芝诺本人最后就以自杀结束了他的生命，他的后继者中也不乏自杀的人。

斯多葛派认为，人的命运和人类共同的法律都是神的意志的表现。因此，他们把他们的伦理学说和宗教观点融合在一起。因此，他们宣传宗教信仰，宣传对神的虔敬。正是因为这个缘故，斯多葛主义后来成了基督教的思想来源之一。

斯多葛派在说明自然事物的产生时，引用了赫拉克利特关于火的学说，认为一切东西都是由一种所谓“普纽玛”产生的。他们把“普纽玛”看做一种火和气的混合物，而其中主要的是火，并且认为它是一种原始的推动力。他们和赫拉克利特的看法也有不同的方面。赫拉克利特把“火”看做万物的内在始因，斯多葛派却把“普纽玛”看做某种可以和事物分开而在事物之外的东西，说它居住在世界的某一个特殊神圣的地方，或是在世界的中心，或是在太阳里，认为它是从这些地方向世界放射出来的一种安排世界和布置万物的力量，照射着混沌的原始物质，使它们形成不同的物体。斯多葛派毫不隐讳“普纽玛”的精神含义，他们把“普纽玛”叫做“能思想的火气”、“有匠师的智慧的火”等。他们认为“普纽玛”是一种最圆满的理性，也就是“神”。

斯多葛派反对伊壁鸠鲁认为有无数世界不断生成和毁灭的看法，而把我们这个世界看做是唯一的世界。他们借用赫拉克利特关于“大年”的思想，宣扬宿命论，认为世界从火产生后，按照神意和命运所规定的一定时期，要经历一次世界大火，大火之后，旧的世界被烧掉，新的世界产生出来。从一次大火到另一次大火之间，称为“大年”。其实，“大年”的意思就是“大限”或“终结”。

古希腊晚期，除了宿命论斯多葛派外，怀疑主义也相当流行。古希腊晚期的衰微导致了希腊人对正义的怀疑。然而，正义是西方文明的接力棒，在古希腊民族衰微之后，罗马人开始登上思考正义的舞台。

三、古希腊哲学提前为基督教腾出至尊地位

学界都认同西方文明是古希腊哲学和希伯来宗教“两希文明”的产物。希伯来人的犹太教后来发展的一个分支演变为基督教，对西方的精神文明产生了至关重要的影响，甚至具有核心的地位。然而，很少有学者探讨这样一个内在的问题，为什么早期西方人能够把基督教推到至尊的地位？古希腊哲学与西方人接受基督教之间有什么必然的联系？古希腊哲学自然法中正义、人本主义正义精神与基督教正义之间有什么文化的兼容与互助？

对于上述问题，在本书著者看来，古希腊哲学是西方文明的源头，如果古希腊哲学与基督教精神是冲突或矛盾的，基督教不可能入主西方；如果古希腊哲学不把探讨本原和本体作为文化的最高追求，并提升为至尊地位，基督教也就不可能被提升为最高地位；正是因为古希腊哲学把追求世界本原作为最高追求，同时在对本原的追求中遇到了“山重水复”的无奈窘境，基督教中上帝全能的属性正好满足了古希腊哲学探讨本原的不足。甚至可以说，基督教上帝全能的理念对于古希腊哲学文化发展尴尬境遇起到了及时雨的作用。可以说，古希腊哲学的本原探索精神和基督教的上帝全能精神是完全一致的，两者不仅没有冲突，而且恰恰是基督教能够弥补古希腊本原思想的漏洞，因此必然把基督教推向文化至尊的地位。

此外，古希腊自然法的正义精神与基督教“上帝面前人人平等”的正义精神不仅是一致的，而且基督教的正义精神提升了自然法的正义精神。正像托马斯·阿奎那总结的那样，自然法是人定法的根据，而永恒法则是自然法的根据。也就是说，人间法律若想实现正义，必须依据自然法的正义，而自然法的正义还必须依托另一个依据，那就是和谐的万能世界，那就是永恒法中的正义。

古希腊哲学经过自然哲学、人本哲学，到苏格拉底、柏拉图和亚里士多德，达到了高峰。其全部哲学的最高追求就是追溯世界的“第一本原”。亚里士多德的老师柏拉图也多少意识到了这一点。所以试图运用“通种论”来解决这个问题。但是，柏拉图不能完全超越把握世界本原的不足。所以把难题留给了他的学生亚里士多德。

亚里士多德也没能解决这一历史遗留的问题。亚里士多德试图运用“四因说”来解决柏拉图用理念世界解释现象世界的不足；用“潜能与现实”的理论

解决世界第一本原的问题。

亚里士多德把宇宙本原视为最高的范畴。他把运动的完成称为第一推动力推动的结果。这个第一推动力就是神。在亚里士多德看来，整个世界运动的结果构成了一个以神为“最后目的”的目的论等级体系。第一推动力，在亚里士多德那里有不同表述，“第一动因”、“原动者”、“不动变者”、“极因”、“永恒者”、“永恒本体”、“不动变之原动者”和“神”。在亚里士多德那里，第一推动力有多种内涵：其一，就本体论宏观而言，它是推动宇宙万物的“第一动因”。其二，就本体论微观而言，它是事物流转变化、逐级发展的“实现者”，一个“实现”在时间上常为另一“实现”之先，一直上溯到永在的原动者之实现。其三，就认识论、社会历史观而言，神是生命和认识真理的本原。其四，就世界的终极关怀而言，它是宇宙万物“终极原因”。其五，就第一推动力本身的属性而言，它是“不动者”。总之，亚里士多德对第一推动力的理解就完全符合基督教中全能的上帝的特点。

对于亚里士多德关于“永恒者”的思考，不能简单断定他的好坏。具体论之，应该包含两个方面：首先，不能否定其积极合理的因素。“永恒者”是哲学追求思考的对象。亚里士多德对“永恒者”的提出和思考，推动了哲学的深入发展。其次，也不可忽视其消极不合理的因素。这种消极不合理的因素中，折射着某种无奈和无能。

古希腊哲学智慧的发展是一场智慧发展的运动。这种特殊的智慧运动把亚里士多德推向一个特殊的境地：由于古希腊哲学执着于探讨世界本原并追寻世界的第一推动力，最后亚里士多德不得不把“第一推动力”付诸“神”，表现出古希腊哲学的无奈和无能。这不仅为后来的基督教留出了广阔的发展余地，而且为基督教提供了在欧洲古典文明平台上发展的理由与契机。可以说，正是古希腊哲学发展的这种无奈和无能为神学的再度崛起提供了广阔的发展空间，为以后基督教在欧洲登上历史舞台恰好腾出了极好的发展空间。

本书著者早在2005年出版的书中[1]认为，基督教入主西方哲学，从内在原因看，是古希腊古罗马哲学的无能和无奈，确切地说，是古希腊哲学的第一推动力正好为基督教的上帝腾出最好的位置。基督教之所以能够取代古希腊哲学的主导地位，主要有两方面的原因：一方面，“神”在古希腊文化发展中始终占

〔1〕 参见曹兴：《基督教在西方哲学中的浮沉》，民族出版社2005年版。

据着“本原”或“第一推动力”的主导地位。另一方面，古希腊神话最高神“宙斯”的诸多缺陷（具有人的感情用事、并非万能唯一神等），注定要为更优越的全能的上帝所取代。希伯来人所创造的犹太教及上帝正好能担此大任，但犹太教只是一个民族即犹太民族的信仰对象，因此古罗马人（包括古罗马时代在罗马地盘上的部分希伯来人）便把犹太教改造为基督教。

神在古希腊文化中占有非常重要的地位。即便古希腊哲学对神进行一而再再而三的否定与批判，古希腊哲学始终未能摆脱“神”的底蕴。然而，古希腊文化中的神的理念是有重大缺陷的神。因此还不是全能的上帝。由于古希腊哲学需要思考世界的本原或世界第一推动力的问题，他们命中注定必须扬弃古希腊文化中的神的理念，而选择了传入西方的犹太人的上帝理念。希伯来之“神”弥补了古希腊哲学的极限。可以说，古希腊哲学和古罗马哲学，穷其一切哲学智慧，都不能思考“世界第一推动力”问题，这是古希腊哲学的极限。他们可以对其他问题进行很好的哲学反思，但没有能力对“世界第一推动力”问题再进行反思。于是，古希腊古罗马哲学需要来自哲学和社会两方面的动力，推动它的进一步发展。

古希腊以及古罗马哲学的内在不足需要发展“第一推动力”的思想。然而，古希腊哲学本身并没有这种能力，因此便只好从古希腊文化之外汲取营养。可以说，当时西方文明的第一问题是“第一推动力”的问题，凡是能够解决当时古希腊、古罗马文化的“第一推动力”问题的文化，必然成为其走出困境的思想动能。正当古希腊哲学思考进入山穷水尽困境之时，希伯来宗教之“神”的东风使其步入“柳暗花明”的境地：古希腊哲学的第一推动力的理念世界已经穷尽了人的思维，人不可能再对它进行反思；理性对于思索人的价值源头和万物存在的根据都有一个终点，到了这个终点，人的理性思考已无能为力，只能留下一个空缺。希伯来的宗教信仰恰好能弥补这个空缺，上帝于是便成了“理念世界”的根据和不可被推动的“第一推动者”。希腊哲学中经验世界和理念世界、客观的运动实体和由理性假定的“第一推动者”之间的分离，与希伯来宗教思想中朴素自然与超自然相分的传统正相吻合，因此，基督教的“天国”和“上帝”便顺理成章地延续希腊的传统在中世纪的欧洲各国被接受成了正统的观念。“天国”中的“上帝”具有理性所能想象到的一切终极价值和权威。神的理性高于人的自然理性，神学自然也就高于哲学。古希腊的哲学思想被篡改之后，宗教哲学的目的变成了神学的教条和证明上帝的召唤。古希腊原始神话经过两次致命打击，终于退出了历史主导地位的舞台。先是文化上古希腊哲学的扬弃和否定，后是政治上和社会生活中的罗马帝国的打击和洗礼。由于罗马帝国对各民族的征服，不仅破坏了各民族的政治和社会的特点，而且把从这些社会和政治条件中产生出来并为它们服务的各民族自己的宗教也一并摧毁了。

古希腊人的哲学精神直接为古罗马人所继承，甚至为整个西方文明所继承。其集中表现为基督教精神之中，因为基督教是希伯来宗教与古希腊哲学的有机结合。在这种意义上讲，没有古希腊哲学和基督教文明，就没有西方文明。奥古斯丁和托马斯是中世纪两个最有影响的人物，没有这两个人基督教就不能在西方精神领域确立自己合法的统治地位。他们都承继了古希腊哲学精神。奥古斯丁继承了柏拉图，而托马斯继承了亚里士多德的某些哲学方法。当然，他们的哲学和古希腊哲学完全不同。古希腊哲学基本上是反宗教的，首先从超越古希腊神话中发展出朴素哲学形态（泰勒斯等），最后发展到伊壁鸠鲁达到了无神论的境地。而奥古斯丁和托马斯等中世纪哲学是以神学为中心的“经院哲学”。他们虽然也继承了古希腊哲学，但却是被扭曲了的和篡改了的古希腊哲学。

西方哲学，从古希腊哲学到古罗马哲学走了一条独特的发展曲线：“从宗教发端，然后与宗教越离越远，直到伊壁鸠鲁学派，完全与宗教分离；于是又稳步地向宗教靠拢，最后完全回到宗教中来”[1]。古希腊哲学的发展似乎走上了一条不归路。古希腊哲学发展展现出一条清晰的轨迹，那就是从宗教（确切地说是神话）出发，从超越神话出发，一步一步远离神话和否定神话，直到彻底否定神在世界中的统治地位，确立自己的哲学思维，发展到伊壁鸠鲁达到一个相对的顶峰。然而这只是表面现象。

其实，古希腊哲学一步也没有完全离开神话，他们从来就没有完全否认过“神”。就连代表着古希腊无神论最高水平的伊壁鸠鲁都承认神的存在，只不过反对神对世界生活的干预而已。后来，古罗马哲学又把宗教迎接到哲学的家园，不仅作为自己的“上上宾”，甚至是“太上皇”，哲学成为神学的婢女。因此，基督教入主西方社会不是犹太教对古希腊古罗马哲学的“鸠占鹊巢”，而是西方人夹道欢迎把上帝请到西方社会并推向至尊宝座地位。因为那个时代的哲学没有办法解决神（其实是世界本原）的问题，就连代表古希腊哲学最高水平的亚里士多德都把神视为最高的第一本原。

---

〔1〕［德］文德尔班：《哲学史教程》，罗达仁译，商务印书馆1987年版，第284页。

第八章

从古希腊到古罗马的正义提升

热爱正义是西方政法文明的生命和灵魂。西方元点政法的提升是通过古希腊人到古罗马人的接力棒实现的。其中有一条看不见但能提炼出来的内在轨迹。这条看不见的发展主线就是以正义观为目的或价值理性的，以自然法提升为基本主线，以罗马法为结晶的发展历程。

第一节 正义从古希腊走向古罗马

从古希腊时代走向古罗马时代的发展合理性就在于，古希腊人把正义交给了不足10%的公民〔1〕，而古罗马人则把正义给了更多的人。因此，西方历史从古希腊发展到古罗马的合理性就在于放大了正义的适用范围。

一、古希腊民主正义的局限性

公元前431年爆发并持续了27年之久的伯罗奔尼撒战争，在整个古代希腊世界历史上产生过极其重大而深远的影响，这场战争使得希腊丧失了海上霸权，大量难民无家可归，社会生产力遭到了空前的破坏，道理伦理急剧下降，原来对法律的推崇、对正义至善的追求变成了党派之间的残酷争斗、人与人之间的相互猜疑，不再有伸张正义的热情，民主不再是实现平等自由的手段，而沦落为政客排除异己的工具。这场战争成为希腊城邦由极盛走向全面危机的转折点。

成败自有其内因。伯罗奔尼撒战争充分暴露了古希腊民主制的两大缺陷。

第一，古希腊民主制的适用范围很有限，不到10%，不适用于妇女、外邦

---

〔1〕 具体分析参见第三章第一节中的“中西元点政治：王权专制与民权民主”部分。

人和奴隶。

第二，古希腊民主制只是对内适用于公民，为了保证自己社会内部公民的自由特权，对外不惜采取掠夺、侵略的手段，不仅对希腊城邦之外发动战争，而且在城邦之间也时常发动战争。于是，爆发了伯罗奔尼撒战争。有学者认为，“伯罗奔尼撒战争的爆发是这种畸形民主制度发展的必然结果”，“雅典的民主是一种过于极端的民主，结果民主没有能制止战争，战争反而很有可能摧毁民主”。[1]这是希腊政治文明的短板，也可能是希腊民主的短板。说明民主制度也是有局限性的。

本书著者则认为，古希腊的民主所追求的正义是有局限性的，这种美好的正义只给本邦公民，不仅不给非希腊人，而且不给希腊诸邦及他邦的人。也就是说，希腊各邦之间并没有类似“最惠国”的待遇，甚至有时用战争手段来处理各邦的关系。古希腊人追求的这种正义与公平只给本城邦的自由公民，为了本城邦公民的特权不惜侵略、掠夺邻邦。如果说，希腊人不给非希腊人以公民身份是可以理解的，但希腊各城邦之间也不给外邦人公民身份，这是希腊灭亡的根本原因之一。这也是后来美国建国时不把美国建成邦联而是联邦的重要原因之一。希腊文明的正反双重价值都为人类做出了杰出的贡献。

二、古罗马人对正义的接力

罗马帝国在西方历史发展史中在两个方面都起到了承前启后的作用。一方面，罗马人继承并放大了古希腊的正义原则。另一方面，基督教在罗马人的手里获得一定的合法地位，后来被确定为“国教”。然而，基督教在罗马帝国时代还未能获得中世纪时代的那种至高无上的地位。罗马人构建罗马帝国的根本力量并不是基督教而是罗马法。因此，罗马人对基督教的发展所起的作用是值得研究的。

古罗马人是从古希腊人手中接过正义接力棒的接力者，这对于西方文明发展的传承很重要。古希腊人把正义交给了不足10%的公民，罗马人则把正义给了更多的人。这是古罗马时代取代古希腊时代的历史必然，也彰显了古罗马社会制度具有更大的合理性。

在古希腊古罗马正义思想发展史中，诞生了两个关键人物。一个是波利比

---

〔1〕 何怀宏：“雅典的兴衰——读《伯罗奔尼撒战争史》笔记”，载《书屋》2002年第3期，第347页。

阿，另一个是西塞罗。这两个思想家标志着古希腊向古罗马成功转型，也标志着西方正义精神的传承和提升。

波利比阿和西塞罗是从古希腊向古罗马转型过程中两位最杰出的思想家。这两人生活的时代是罗马帝国发展为庞大帝国的时代。波利比阿生活在希腊化帝国走向衰亡的时代，而西塞罗生活的时代，罗马政治体制已经在向帝国过渡。有的学者已经证实："公元前3世纪前，罗马作为一个城邦共和国，与希腊城邦大体上是平行发展的。史料记载了希腊文化对罗马的一定影响，但是，罗马的共和体制并不是对希腊人的模仿，而是罗马人的独创，是罗马人在自己的政治事件中摸索发展起来的。……罗马人创造了非常发达的政治体制，其政治实践也相当成功。但罗马是个务实的民族，不擅长理论思维，直到公元前2世纪，在向东扩张中与希腊文化正式接触前，他们并没有产生自己的政治理论。当罗马人以强悍的武力将希腊世界置于自己的统治之下后，希腊发达的文化也开始征服罗马人。从此开始了希腊文化与罗马文化的融合过程。在这个过程中，发达成熟的希腊政治哲学与罗马人高超的政治实践智慧相遇，罗马人从希腊人那里接过了政治学发展的接力棒，西方政治学的发展进入了一个新的阶段。站在由希腊政治学向罗马政治学转换点上的是两位杰出的政治思想家，一个是希腊人波利比阿，一个是罗马人西塞罗。"[1]

从城邦时代到古罗马帝国是一种克服民族偏见、提升民族正义理念的过程。在城邦时代，无论是希腊人还是罗马人都有根深蒂固的种族偏见，认为只有他们自己才是优等种族，周围人类都是野蛮人。只有他们才是神的儿女和古老英雄的后裔，命运赐给了他们文明、开化、自由天性和理性的种种特质；其他民族则愚昧、不可理喻、残忍、暴虐、怯懦、怪诞。希腊罗马城邦特有的先进科技文化、独特的民主生活和政治自由，排外的宗教信仰和宗教仪式、生活，都构成了他们如此偏见的根据。[2] 这一点很像古代中国的中原人，唯有中原是"礼仪之邦"，在此之外，皆为野蛮民族。后来，在罗马世界帝国中产生了一种新的观念，即种族平等和世界主义观念，从而超越了古希腊人的民族偏见。

"世界帝国"拆除了地区性种族间的屏障，使各种族的人共同生活在一个政治共同体内，促进了相互的交流与融合。亚历山大娶两位蛮族公主为妻，试图

---

〔1〕 徐大同主编：《西方政治思想史》，天津教育出版社2000年版，第53页。

〔2〕 同上书，第49页。

使希腊人和波斯人融合为一个民族；罗马帝国把大量行省公民编入元老院骑士名单，让许多贵族加入元老院，将罗马垄断的公民权逐渐普及整个帝国所有自由民的政策，都表明了原有狭隘的种族主义已经开始淡化，一种世界主义思潮在帝国内悄然兴起。每人都是人类的一员，民族没有优劣之分，这种观念起源于东方，后来在西方也得到广泛接受，在上流社会尤为流行。斯多葛派就是最突出的代表。[1]

三、波利比阿的"混合政体"

波利比阿（Polibius，公元前210年～公元前128年），古希腊哲学家、史学家、政治家和政治思想家。他出生于伯罗奔尼撒半岛的麦加洛波利斯。其父吕科尔是亚细亚同盟的统帅与决策人。因此，特殊的家庭出身，使他年轻时便能跻身政界。公元前169年，他任阿哈伊亚同盟骑兵长官。不幸的是，公元前168年罗马人战胜马其顿后，他作为阿卡亚联盟1000个贵族人质之一被带到罗马。万幸的是，来到罗马后，他成为小西庇阿的家庭教师，因此成为罗马上层社会的一员。曾随小西庇阿远征迦太基。约公元前150年回到故乡。

特殊的人生经历使波利比阿能够成为完成希腊政治哲学向罗马政治哲学转换的思想家，他是把希腊文化"推荐"给罗马人的最有力的学者。他的政法思想的最大成就之一就是他剖析了希腊城邦制度的缺陷，提出希腊传统的政体循环理论；还识别了罗马政治制度是君主制、民主制和贵族制的混合。足见，不仅赏识，而且把古罗马人的混合政体推荐给后来的人类，使之发扬光大的是思想家及其世界名著。人类历史会记住波利比阿和后面的西塞罗的。他的又一杰出之处是对分权思想的完善。

波利比阿的政治思想是在继承了古希腊历史目的论的思想，对政体演变进行高度的总结时，发现了君主制、贵族制和民主制各种政体依次更替的规律。基于他的政治生涯，他意识到为了提高政治家的预测能力，必须了解人的理性与心理因素的作用。

波利比阿的历史观有几大亮点：

第一，他非常注重历史的因果关系。他认为，研究历史的目的就在鉴往知来，所以必须揭示史实的因果关系。他提出，单纯叙述历史事件，当然也有趣，但却没有教育意义。如果能补充说明其前因后果，那么，研究历史就会有收获

〔1〕 徐大同主编：《西方政治思想史》，天津教育出版社2000年版，第49页。

了。因为拿历史上的事实来比照我们当前的情况，我们便可以得到一种方法和梗概，用以推测未来。

第二，波利比阿目睹了希腊文明的衰落和罗马文明的崛起，从而认识到古希腊民主制的缺陷，挖掘了罗马政体的合理性，提出了混合政体的主张。由于他生活在罗马帝国上升时代，目睹了三次马其顿战争，为此他到政治制度中寻找罗马人成功的原因。他认为，罗马人成功的秘密在于罗马政治制度是一种混合政体的优越性。“罗马政治制度的形成不是理性思维的结果，而是一个不自觉的自然产物。波利比阿运用希腊人特有的理性思维和政治哲学知识，对罗马政治制度首次进行了考察分析。”

第三，波利比阿强调历史的垂训作用。波利比阿主张历史是经世致用的学问，学者不能好古敏求、寻章摘句。历史之所以可贵，在于历史有垂训作用。他把历史当做一种“以事实为训的哲学”。他认为，历史学具有实用价值，不仅可使人们心智广博，而且可作为人们的行动指南。因为历史能给人提供活生生的先例，使人们知所遵循。他意识到，从研究历史中所得到的真知灼见，对实际生活来说是一种最好的教育。因为历史，而且只有历史，才能使我们不涉及实际利害而训练我们的判断力，遇事能采取正确的方针。他还提出历史对政治具有积极作用。他提出，就政治生活而言，最好的教育和训练就是要研习历史。取鉴于前人的覆辙，是教人如何英勇豪迈地面对难关、战胜命运的不二法门，除此之外别无他途。

第四，波利比阿对人类自然状态有了一定的认识。他认为，在未开化状态下，人们与动物一样，服从于弱肉强食的森林法则，因此能力最强的人们渐渐成为统治社会的主权者，建立了王权，基于政权的合理性与合法性，正义和道德的观念便随之产生了。

波利比阿总结道，希腊失败的原因之所以是在六种政体中循环，即在君主政体—暴君政体—贵族政体—寡头政体—民主政体—暴民政体中循环，是因为在君主制体制中，王者的后代继承王位后，依靠君主权力谋求的各方面权利而居于普通人之上。王政变成政权的根本后，人民中最优秀的分子起来废除它，因此贵族制便代替了君主制。但是，由于贵族的后代继承权力后，热衷于聚敛财富和奢侈放荡，于是贵族政治又蜕变为寡头政治。因此，贵族制最终也与暴君制一样被历史抛弃。人民起来推翻贵族制，建立民主制政治，因此平等和自由得到尊重。可是，经过一两代人之后，人们不再尊重民主和自由，官僚为获取权力，不惜运用各种方法来腐化群众，然后民主制政治便再度让位于暴力统治，所以社会重新退化到野蛮状态。历史就是这样循环往复向前发展的。波利比阿认识到，罗马人能够跳出这个被动的循环，是因为他们将君主制、贵族制和民主制的因素混合起来，使这三种因素得到“精确地调整并处于恰好平衡的状态”，从而避免了自发的衰败倾向，保证了国家的强盛。罗马人的政治智慧在于，他们使这三种权力既互相钳制，又互相支持与合作，从而实现了相互间的制约与均衡，不使任何一种力量过于强大。〔1〕

四、西塞罗的正义精神

初期罗马法学家波利比阿对混合政体给予了高度称赞，探究了罗马兴盛之因在于适用混合政体；进而提出主体三权制衡（君主、贵族和平民大会）的思想，最后得出结论认为，罗马宪法的成功在于顺应了政体循环论的规律。波利比阿的思想为后来的“自然法之父”西塞罗所继承。西塞罗也吸取了波利比阿政体思想。

马库斯·塔留斯·西塞罗（Marcus Tullius Cicero，公元前106年~公元前43年），是古代罗马共和时期的文学家、哲学家、教育家和著名法学家。他出身于骑士家庭，从小受到良好的教育，先后就读于修辞学家、法学家以及斯多葛派哲学家所办的学校。青年时期受过军事训练并服过兵役。西塞罗从小就立下宏愿，一定要做个众人之上的人。当时平步青云的路只有两条，一条是当兵，一条是当律师。西塞罗厌恶战争，就选择了学习法律。他16岁到罗马求学，研读法律和哲学，25岁时开始担任律师。不久步入政界，凭借杰出的辩才和渊博的知识，于公元前64年当选为罗马共和国的执政官。因在政治上功绩显赫素有“国父”之称。公元前51年，赴任西西里亚行政长官。西塞罗是一位有实践、有理论的法学家，一生著述甚多，著名的有《共和国》、《法律篇》和《职务篇》，均系晚年所作。他因对恺撒的暴政和安东尼的野心进行尖锐的批评，后被安东尼派人暗杀。

西塞罗法律思想中最有价值的是他的自然法思想，并成为近代自然法学之父。在西塞罗之前，希腊思想家早就阐述过自然法问题。然而，在西方法学史上第一次系统地阐述自然法学说的是西塞罗的《法律篇》。他的《法律篇》第一次使法学从政治学中分离出来。

〔1〕 徐大同主编：《西方政治思想史》，天津教育出版社2000年版，第54页。

西塞罗法学思想的最高原则是正当理性。他认为，法是正当理性所把握的应该和不应该的行为原则、实施的民族惯例、正义和非正义的界限、最古老的契约。理性和正义是人和上帝的共同财产。所以法律是至高无上的、指导正当和禁止行为的一种权力，先于国家和民族而存在，与上帝同在。真正的法律是永恒的，不与成文法相始终。上帝是它的“起草者、解释者和监护人”。他提出，法不是别的，就是正确的理性；它规定什么是善与恶，禁止邪恶。因此，法就意味着正确。西塞罗熟知希腊政治哲学，信奉斯多葛派的学说。他提出，“国家是人民的事业”〔1〕。

此外，西塞罗的法律思想还有“法律统治执政官，执政官统治民”、“罪刑相应”和“权力制衡”。关于罪刑相应原则，他认为“罪刑相应”仅仅适用于平民，不适用于奴隶。权力制衡思想的直接来源是亚里士多德的政体三要素，即国家议事、行政和审判机能。

波利比阿从罗马混合政体中提炼出分权和制衡原则，后来又经过西塞罗的努力阐释，成为西方政治传统的重要组成部分。中世纪思想家大多数接受了混合政体是理想政体的原则，文艺复兴时代的思想家马基雅弗利及多数人文主义者都接受了混合政体的模式。〔2〕 17 世纪的英国革命受到分权学说理论遗产的影响，革命后建立的君主立宪制度就实现了一种混合政体的理想。光荣革命后，洛克发展了波利比阿的思想。18 世纪法国思想家孟德斯鸠进一步发展了三权分立互相制衡的学说，成为近代资本主义民主国家普遍采纳的宪法原则。〔3〕

西塞罗的思想不仅对罗马法的发展产生了深远影响，而且对后来资产阶级尤其对美国影响很大，以至于他的时代被后人称为“西塞罗时代”。罗马帝国时期最杰出的雄辩教育家昆体良认为西塞罗的雄辩术在当时已“达到了顶峰”。到了西欧文艺复兴时期，人们对西塞罗教育思想的研究经久不衰。15 世纪 ~16 世纪，西塞罗的拉丁散文作品被神圣化，成为当时文法教学的主要教材。他的拉丁文体受到人们的刻意模仿，以至于字斟句酌，形成所谓的西塞罗主义。此外，西方学者通常认为，他在政治思想史上的地位和影响，在于他是沟通古代希腊与欧洲中世纪，乃至近代的桥梁。

---

〔1〕［古罗马］西塞罗：《论共和国　论法律》，王焕生译，中国政法大学出版社 1997 年版，第 39 页。

〔2〕同上书，第 55 页。

〔3〕同上书，第 56 页。

第二节　古罗马的政治制度

古罗马的政治制度是在继承古希腊政治制度基础上发展而来的。从正义角度看，古罗马政法中蕴含的正义是对古希腊正义的提升。

一、古罗马王政时代的政治制度

古罗马拥有得天独厚的地理优势，北有阿尔卑斯山脉与西欧、中欧相分隔，南则三面临海，为亚得里亚海、爱奥尼亚海和第勒尼安海环绕。古罗马文明是公元前9世纪初发源于欧洲意大利半岛的文明，历经罗马王政时代和罗马共和国时代，1世纪前后扩张成为横跨欧洲、亚洲、非洲，称霸地中海沿岸的庞大帝国。

如以罗马帝国分裂为标准，罗马帝国的存在时期是公元前27年~公元395年，其实这只是古罗马文明的一个阶段。罗马曾经有数百年的共和制历史，但自从斯巴达克斯起义以后，罗马进入了军人执掌政权的时代，并通过两次“三巨头执政”后，屋大维被封为“奥古斯都”，成为罗马的独裁者，从此罗马进入了“罗马帝国”时代。罗马的扩张使罗马超出了一个城邦的概念，扩展为一个帝国。罗马疆域的全盛期是图拉真统治时期，罗马帝国在其鼎盛时期控制着大约590万平方公里的土地，人口约有5 500万到1.2亿，成为世界古代史上最大的国家之一。如果以西罗马帝国的灭亡为限，那么就可以把罗马帝国划分为前期帝国（公元前27年~192年）和后期帝国（193年~476年）两个阶段。前期帝国经朱里亚克劳狄王朝、弗拉维王朝，至安敦尼王朝（五贤帝时代）达到全盛，当时罗马帝国社会稳定繁荣，被称为罗马的黄金时期。后期帝国从3世纪起，经伊利里亚诸帝、戴克里先的四帝共治、君士坦丁大帝的帝国，至狄奥多西一世死后将帝国正式分为两部分（395年）。西罗马帝国在内忧外患中衰落，476年奥多亚克废黜最后一个西罗马帝国皇帝罗慕卢斯·奥古斯图卢斯，西罗马帝国灭亡。东罗马帝国直到1453年才被奥斯曼帝国灭亡，史学家也把东罗马帝国称为拜占庭帝国。

西罗马帝国灭亡后，许多蛮族王国侵入，在罗马版图上渐渐分裂成10个王国，即东哥特王国（意大利东北部）、法兰克王国（后分裂成法兰西、意大利、德意志）、布根地王国（瑞士）、西哥特王国（西班牙）、苏维王国（葡萄牙）、汪达尔王国（非洲北部突尼斯、阿尔及利亚附近）、伦巴地王国（奥地利、意大利北部）、盎格鲁撒克森王国（即英国）、黑如莱王国和阿勒曼尼王国。

据人类学考证，意大利半岛早在旧石器时代就有人类居住。后来，分别从南北两个方向移民意大利。新石器时代，非洲的利古里亚人从南面经过西班牙和法国来到意大利。公元前2000年左右的青铜时代，讲印欧语的部落从多瑙河和喀尔巴阡山越过阿尔卑斯山进入意大利。公元前8世纪至前6世纪，希腊人向意大利南部移民，并建立城邦。公元前7世纪，以帕拉提乌姆为中心开始部落联合过程，由单一的拉丁人部落联合包括萨宾人和伊特拉斯坎人等3个部落组成罗马人公社。公元前7世纪末至公元前6世纪末，罗马人公社处于伊特拉斯坎人的统治之下。此时，这个地区才完成了由氏族部落社会向城邦的过渡。公元前5世纪末，高卢人从阿尔卑斯山以北进入波河平原。这些部族经过长期融合同化，形成了意大利人的祖先。

从文化渊源看，古罗马人在文学、艺术、哲学、宗教各方面，几乎无一不模仿古希腊文化。因此，古罗马人必然成为古希腊自然法的正义精神的传承者。

罗马王政时期经历了250年左右（公元前753年～公元前509年）的历史。以罗穆卢斯在台伯河畔建罗马城为标志，开创了王政时代。王政时代先后经历过7个王，氏族部落组织尚完整存在，统治阶层包括王、元老院、库里亚会议（胞族，每10个氏族组成一个胞族，后为百人队会议所取代）。王政时代最后一位国王高傲者塔克文暴虐无道，被愤怒的罗马人赶走。公元前509年或公元前510年王政时代结束，选举两名执政官，建立起由罗马贵族掌权的罗马共和国。后来出现贵族与平民的分化。因此，罗马王政时期的社会性质属于原始社会末期向奴隶社会的过渡。

罗马人起初所建立的国家还是一个很小的国家。自公元前5世纪初开始，先后战胜拉丁同盟中的一些城市和伊特拉斯坎人等近邻，又征服了意大利半岛南部的土著和希腊人的城邦，成为地中海西部的大国。

古代罗马在王政时代，国王并非拥有全部权力或绝对权力。起初罗马国王只是部落首长，在拉丁语中叫“巴塞勒斯”，主要是军事首领，后来演变为国王。虽然国王后来成为集大立法官、军事首领、大祭祀长为一身的人，掌握立法权、军事权、祭祀权，但他的权力并不是至高无上的。他并不掌握民政权力，没有任意处理公民生命、财产和自由的权力，因此不能把他理解为专制的皇帝。恩格斯说：“他完全与希腊氏族社会末期的巴塞勒斯相同，并不像某些西方学者所描述的那样几乎是专制君主。"[1] 古罗马的民政权力掌握在元老院和公民大会手里。国王的权力受到元老院和公民大会的限制。元老院由不同部族首脑组成。按照宪法和传统习俗，元老院有权通过或否决国王的任命以及判定国王的立法和诉讼。公民大会由罗马的全体男性公民构成。公民授予君主行使权力，需要通过元老院的最后正式批准。

在解析中西元点政法文明时，最关键的一个任务就是要区分开中西方国王权力。民政权力是社会权力的核心元素。国王能否掌握民政权力成为中西元点政法分野的关键元素。中西元点政法的区别关键之一在于国王能否掌握民政权力。在古代中国，国王拥有至高无上的民政权力。而古罗马国王根本无法掌握主宰内部社会成员的生命、财产及自由的民政权力。

古罗马的立法体制是元老院与公民大会共同作为的结果。首先，元老院享有新的法律提案权，然后才由公民大会通过。古罗马公民大会叫做库里亚大会。公民大会是由氏族、胞族层层筛选出来的公民组成的。一个罗马氏族由若干家庭组成，几个罗马氏族组成一个库里亚即胞族。每个胞族都有自己的宗教仪式。每个库里亚首领被选送到库里亚大会即公民大会。公民大会通过法律时，30个库里亚有一个投票权。可以说，库里亚大会或公民大会是罗马的最高权力机关，不仅有权通过和否决一切法律，而且有权选举一切高级公职人员，还拥有对外宣战权和最高司法审判权，当然有权对罗马公民死刑作出最后裁决。

古罗马的民主制局限或止步于公民范围。确切地说，古罗马的公民或民主制局限于国王与贵族的范围。古罗马社会成员包括国王、贵族、平民、外邦人和奴隶。贵族妇女并不享有政治权利，因此并不属于公民的范畴。因此，社会成员中，只有男性贵族（包括国王）才属于公民的范畴。所以，公民权局限于贵族范围。平民并不享有政治权利和主要的民事权利，只享有人身自由、个人财产（不包括土地所有权）等少量的民事权利，并不完全享有法律关系主体资格，或主要不是法律关系主体，但也不被视为法律关系客体。因为，只有奴隶才被视为法律关系客体，法律关系主体资格完全被剥夺。

古罗马贵族是从氏族首领演化而来的。氏族首领成为古罗马公共事务的关键。因为，300个氏族首领组成元老院。由氏族首领组成的元老院负责处理社会公共事务。久而久之，氏族首领演化为氏族显贵。显贵家族便演变为贵族家庭。

---

〔1〕 转引自马啸原：《西方政治制度史》，高等教育出版社2006年版，第23页。

贵族家族垄断了进入元老院的特权，也垄断了担任一切官职的特权。罗马人民容忍了这种特权，正像古代中国人民容忍王族特权一样。

除了贵族和奴隶外，平民是古罗马社会特殊的阶层。开始平民是指被征服的土著居民，后来并不拥有土地、从事工商业的外来移民也被划入平民队伍。他们不享有参加公民大会等政治权利，也不享有土地所有权等主要的民事权利，更不享有参加宗教仪式的权利，只享有个人财产权和从事工商业及农业的权利。因此，在古罗马王政时代，平民并不是罗马公民，或者确切地说，平民只享有公民最低限度的权利，即只享有“个人财产权和从事工商业及农业的权利”，在此之上的所有公民权利都未曾获得，没有任何政治权利和主要的民事权利，甚至没有获得“可与贵族通婚的权利”。

古罗马王政时期，平民与贵族之间的阶级斗争是推动西方扩大公民社会的根本动力。公元前6世纪，被保护民和平民的数量已占绝对优势，迫使贵族不得不让步。于是导致了王政时代的第六个国王勒克斯塞尔维·里图阿（约公元前578年~公元前534年）的重大改革。第一，他按财产把人划分为五个等级，分别以财产达到10万阿司、7.5万阿司、5万阿司、2.5万阿司和1.1万阿司划分为第一、第二、第三、第四、第五等级。第二，他创立“森都里亚”大会为新的民众大会，无论贵族还是平民都可参加。但等级越高，与会表决权的份额也就越多，否则越少。不同等级拥有不同的表决权。具体情况是：“每一森都里亚都有一票表决权，规定第一等级组成80个步兵百人团，18个骑兵百人团享有98票表决权；第二等级组成22个百人团，享有22票表决权；第三等级组成20个百人团，享有20票表决权；第四等级组成22个百人团，享有22票表决权；第五等级组成30个百人团，享有30票表决权；……表决按等级顺序进行，只要第一等级一致通过，其他等级就无须再进行表决。”[1] 第三，废除了原来的三个血缘部落，把罗马划分为四个区域，使得维系社会关系的血缘纽带更加淡化。

从上述历史事实可以看出，古代西方的公民社会是不断扩大的过程。从古希腊到古罗马，完成了两次公民社会的扩大或者实现了两次扩大公民社会的划时代。第一次扩大是从古希腊把公民社会局限于贵族发展到古罗马时代把公民社会的适用范围扩大到平民。但平民只享有最低限度或最低最小主义的公民权利，即只享有“个人财产权和从事工商业及农业的权利”和“参与民众大会”

〔1〕 马啸原：《西方政治制度史》，高等教育出版社2006年版，第25页。

两项权利。

此外，平民还增加了一项义务和一项权利。增加的义务是，平民可以光荣地承受被保护人的义务。增加的权利是可以享有参加基层氏族组织的少量权利，应当是最低限度的权利。有学者考证："后来他们和罗马氏族中的被保护人一起承担被保护人的义务，并逐渐享有氏族组织的极少权利。"[1] 从中可以认定，平民所能够享有的只是极少量参加民众大会事务的权利。可以说，古罗马王政时代给予平民享有"个人财产权和从事工商业及农业的权利"和"最低限度参加民众大会少量事务的权利"，是在西方历史上实现公民社会放大的第一个里程碑。这时，不在贵族之列的平民已经跻身于政治权利的最低线。

然而，古罗马王政时期的平民还不是完全意义上的公民，或者说基本上还不是公民。公民首先享有政治权利，而他们基本上不享有政治权利，只是跻身于或滞留于政治权利的门口而并不享有任何实质意义的政治权利。

西方社会发展到罗马王政时代，还残留着原始社会的痕迹。有的学者提出："王政初期的罗马，氏族组织还存在着，但已经开始解体，出现了贵族和平民、保护人和被保护人、奴隶主和奴隶。"[2]

二、古罗马共和国时代撤离运动扩大公民范围

罗马共和国是古罗马在公元前510年到公元前28年之间实行的政体。公元前510年，罗马人驱逐了前国王卢修斯·塔克文·苏佩布，从而结束了罗马王政时代，建立了罗马共和国。

古罗马共和时期经历了约480年。公元前5世纪到前3世纪初，社会内部平民与贵族的斗争终于告一段落或达到了平衡状态，换来了意大利半岛的基本统一。罗马国力日益强大，向地中海沿岸扩张，征服了整个地中海地区，形成了以地中海为内海的强大帝国。罗马在走向强大的过程中，平民起到了至关重要的作用。因为对外扩张需要建立强大的军队，承担军事义务的主体是平民。然而，平民既无土地，也无权利，因此在土地问题和权利问题上，平民与贵族展开了长达近三百年的斗争，后来迫使贵族不断让步，罗马共和政法权利不得不向平民倾斜。罗马共和体制通过不断的改革得到不断发展和完善。

在这种政法改革过程中，平民与贵族的斗争导致了威胁罗马的"撤离运

---

〔1〕 马啸原：《西方政治制度史》，高等教育出版社2006年版，第24页。

〔2〕 同上书，第24页。

动”。罗马在扩张中，与强敌伊达拉里亚人、高卢人、埃魁人、沃尔奇克人展开多面性战争，需要广大平民的支持。然而，由于平民因贵族的债务奴役而变得不堪忍受，他们自发展开撤离运动，对罗马政权构成威胁，“他们利用强敌压境的机会，懈怠武器，离开罗马，到阿尼奥河对岸的圣山去，单独建立了自己的营地。这种斗争方式称为‘撤离运动’。这次撤离运动发生于公元前494年。由于平民拒不应敌，撤离罗马，极大地削弱了罗马兵力，引起了贵族的恐慌，不得不与平民谈判，向平民表示让步，允许平民选举自己的官吏，成为平民保民官”[1]。平民保民官获得了可以“否决贵族通过的不利于平民的任何决议，以保护平民不受贵族及其官吏的侵犯”[2]。于是，公元前494年，保民官现象出现在罗马历史上，拉开了为平民争取权利的序幕。

后来，公元前471年、公元前449年，平民发动了第二次、第三次撤离运动，使得贵族进一步让步，平民赢得了更大的权利，于是诞生了公元前451年颁布的《十二铜表法》，使得平民获得了前所未有的权利。起初贵族为了保护自己的利益，仅仅颁布保护贵族的“十表”法律，但基于平民的撤离运动威胁到国家政权的生死存亡，在平民的抗议下，才增补了少量保护平民的最后“两表”法律。在增补法律中，废除了平民与贵族不能通婚的限制。公元前326年，进而取消了债务奴隶制，使得平民不再会因为无法还债而遭受沦落为奴的悲惨命运，意味着平民获得了永久性的人身自由权。

公元前367年至公元前287年，平民获得了一系列的政治权利。首先，公元前367年，平民又获得了担任执政官的权利。这一年颁布的李锡尼—绥克斯图法案，结果要求以后在罗马两名执政官之中，必须有一名平民。其次，公元前351年，平民还获得了担任监察官的权利。最后，公元前326年，平民在占有土地和取消债务奴隶制方面获得了重大胜利。结果一方面限制了贵族拥有土地的上限，每户不得超过500犹格，另一方面废除了债务奴隶制。

如果说，古罗马王政时代只给予平民享有“个人财产权和从事工商业及农业的权利”和“最低限度参加民众大会的少量事务的权利”，是西方公民社会放大的第一个里程碑。那么，基于撤离运动的深远影响，《十二铜表法》之后增补了“可与贵族通婚的权利”和“可免于沦落为奴的权利”，后来平民又获得了

〔1〕 马啸原：《西方政治制度史》，高等教育出版社2006年版，第26～27页。
〔2〕 同上书，第26～27页。

"担任执政官和监察官的权利"，这就意味着实现了西方放大公民社会的第二个里程碑。

由于撤离运动的积极作用，平民先后获得了可与贵族通婚的权利、可免于沦落为奴的权利、担任执政官和监察官的权利。因此贵族特权淡化了，平民的地位提高了，贵族与平民逐渐成为完全平等的统一的罗马公民。于是，在西方政法发展史产生了最伟大的政法作为，催生了"罗马公民权"的范畴。罗马公民拥有了四项基本权利，即对土地和其他财产的占有权；公民之间的通婚权、因婚姻引起的财产继承权；参加公民大会权；担任公职权。

罗马公民理念的诞生，也意味着罗马共和政法体制的完备，以至于罗马人把自己的国家誉称为"共和国"。共和国的实质就是公民拥有参与公共事务的权利。罗马公民理念的诞生是人类政法史上最伟大的政法作为，对人类政权、国家属性的根本性转变产生了深远影响，意味着西方政法发展史产生了最重要的一次划时代转变——国家属性发生了质的变化。如果说，在罗马王政时代，国家是因王族利益和贵族利益而存在，国家是保护王族利益和贵族利益的权力机关，那么发展到罗马共和国时代，国家的存在不再仅仅是为了保护王族利益和贵族利益了，而是为了保护公民利益而存在的权力机关，当然主要还是保护王族利益和贵族利益。其间也导致了公民适用范围的根本性扩大。在古希腊时代，公民的适用范围仅仅是贵族，并不包括平民。从罗马王政时代发展到共和时代，则从根本上扩大了公民的适用范围，公民不仅包括王族和贵族，而且包括平民。这就从根本上激发了平民救国、爱国的积极性。因此，在本书著者看来，这种国家属性的根本变化、公民适用范围的根本性扩大，无异于人类政法发展史上的"哥白尼式的革命"。

在本书著者看来，社会正义是需要以公民为基础的。古希腊古罗马只把正义给了公民，而把妇女、奴隶和外邦人排除在公民范围之外。正义的范围取决于公民的适用范围。公民的适用范围越小，社会正义也就越小。公民的适用范围越大，社会正义的适用范围必然也就越大。社会正义必将随着公民社会的扩大而得以扩大。西方人类，甚至可以说，一部人类政法发展史就是公民社会和正义的适用范围不断扩大的历史。

然而，人类政治在其适用范围内还有一个两重天的区别。尽管古罗马共和时代把公民社会的适用范围扩大到平民，但依然还有两个极其野蛮的现象。一是对奴隶的野蛮，二是对别国侵略的野蛮。尽管古罗马文明发展到共和时代，社会正义已经适用于平民，但并不适用于奴隶和被侵略的国家地区。用国际关系理论来分析就是，古罗马共和时代的社会正义只适用于有限度的国内政治，并不适用于国际政治。从古希腊到古罗马，国际政治的文明一点也没有提高，依然停滞在野蛮的水平。

三、古罗马共和国的权力结构

古罗马共和国时代的政治结构是理解古罗马正义精神的一把钥匙。罗马共和时期的国家权力结构是元老院、执政官和部族大会特殊含义的“三权分立”。

元老院是由西方社会氏族末期长老会议演变而来的，是实质意义上的国家最高权力机关。在罗马王政时代，任命元老的人事权掌握在国王手里。罗马发展到了共和时代，任命元老的人事权则归属于执政官，后来又转归监察官。[1]监察官每五年审查一次元老名单。监察官有权从名单中删除那些他认为不再适合担任元老的人，也有权把认为适合担任元老的人补选进去。无疑，这是国家最高权力中最重要的一项。

罗马政体是混合的，不是单一型的，与中国式的金字塔权力结构有部分相似但本质上并不相同。因为，元老是有等级的。第一等级元老是高级元老，是“坐圈椅的”人，包括国王、执政官、监察官、高级行政长官。所以和古中国金字塔不同的是，坐在金字塔尖上的不是皇帝一人，而是国王、执政官、监察官、高级行政长官等“坐圈椅的”一群人。因此，确切说古罗马的权力结构不是金字塔，而是梯形结构。第二等级元老是过去担任过平民营造官、保民官、财务官等的人。这两大等级的权力是不一样的。

权力结构从古希腊到古罗马的发展，并没有严格划分为立法、行政、司法三项权力。从形式上看，元老院并无立法权，只有公民大会的决议才能制定法律。然而，从实际运作上看，只有元老院对立法才真正具有决定性的影响。这和中国有些相似。第一，元老院享有民众大会的提案权。第二，民众大会的决议必须经过元老院的认可，才能成为法律。第三，特殊时期，元老院有权宣布国家处于非常状态。第四，民众大会对国家高级官吏的选举，必须事先取得元老院的认可。第五，元老院行使最高行政权力，管理国家财政和国库，编制预算，规定税收，决定钱币的铸造。此外，元老院享有最高军事权和外交权。最重要的权力是元老院有权对国家内政、外交等所有重大问题作出裁决，而执政

---

〔1〕 奥维尼乌斯法规定：“监察官要宣誓把各种高级官吏中最优秀的人物选入元老院。”

官和民众大会都必须遵守元老院的决定。

罗马的民众大会有库里亚大会、森都里亚大会和特里布斯大会三种形式。起初，库里亚大会是古老氏族制度的残余。共和时期随着后两种的出现，库里亚大会便失去了实质性意义，变成了形式上的权力。森都里亚大会也叫“百人团”，是重要的国家权力机关。一切法律都由它来通过，一切高级官吏都通过它得以选举。此外，它还拥有宣战权、缔结和约权和审理剥夺罗马公民权。特里布斯大会也叫部落大会，是罗马最民主的民众大会。“它不分等级并且不要求财产资格，最初只是平民按照自己所属的氏族部落进行的一种集会，会上所作出的决议，只对平民有约束力。”后来获得了立法权，“它所作出的决议，全罗马国家的人民都必须遵守”〔1〕。

罗马的官吏分为高级官吏与一般官吏两种。官吏是元老院和民众大会决议的执行者。

罗马在被征服的地区建立行省。公元前2世纪中期，罗马共建立了9个行省。行省居民受到罗马极其残酷的剥削。罗马对外发动战争，目的是为了掠夺土地、财富和奴隶。罗马法规定奴隶没有人格，奴隶是物件和特殊的财富，奴隶主杀死奴隶不负任何法律责任。奴隶不能拥有财产，甚至不能拥有家庭。为此，“一个健壮的奴隶，不过七八年就会死去，能活到30岁的几乎很少。因此，奴隶起义此起彼伏……奴隶的大规模起义是罗马共和国转向罗马帝国和罗马帝国最终灭亡的主要原因”〔2〕。

因此，奴隶起义促使罗马从共和时代转向帝国时代。

四、古罗马帝国君主制

罗马从共和时代转向帝国时代，除了奴隶起义隐含的贵族与奴隶之间的矛盾之外，还有很多矛盾。首先是贵族与平民（包括小产平民和无产者平民）之间的矛盾，为了解决诸多矛盾，罗马统治者不得不长期依靠强大的军事力量维持自己的统治。然而，军人主要是由平民组成，出于不同阶级的利益追逐，于是出现了如此闹剧：“在公元前111年到公元前105年的‘朱古达’战争中，罗马军制破绽百出，司令官接受贿赂，士兵出卖武器，军纪荡然。士气涣散，屡

〔1〕 马啸原：《西方政治制度史》，高等教育出版社2006年版，第30～31页。

〔2〕 同上书，第35页。

次败北"[1]。

面对这种历史境遇，理应再扩大公民和正义的适用范围，以缓解社会矛盾。如果改革权在文官或“法官”手里，或许能够这样做。但败北的直接原因是军制问题。因此，军人改革成为罗马发展的关键。

军人改制为罗马政体演变为专制提供了可能性。公元前107年马略当选为执政官后，开始对军制实行重大改革。马略改制军制，推行雇佣军制，理所当然成为随军统帅，军队逐渐被军事统领个人控制，军队也成为军事首领个人与其他政治势力进行斗争的工具，从而为其在罗马建立军事独裁铺平了道路。马略首先成为罗马共和史上的第一个军事独裁者。由于处于共和时代，还不得不披上共和的外衣，因此他在独裁道路上未敢走得太远。然而，他的部将苏拉即位之后，由于出身于贵族，政治立场站在贵族派立场上，依靠军队夺取政权，不仅对马略分子进行残酷镇压，而且对罗马社会也实行军事独裁。他恢复了元老院对民众大会的否决权，取消了保民官对政府官吏的否决权，还提升了元老院的权力，可以不经过民众大会的授权或同意，有权授予任何人军权。苏拉还撤销了检察官，剥夺骑士的司法权，把元老院由300人增到600人。苏拉改革的实质，一方面削弱了民众大会的权力，另一方面提高了元老院的权力。

这种改制必然导致奴隶、平民与贵族矛盾的升级，也必然导致内战和内乱，不仅爆发了斯巴达克大规模奴隶起义，还出现了庞培、克拉苏和恺撒的前三雄政治和安东尼、雷比达和屋大维的后三雄政治，导致罗马社会的天下大乱。

从公元前27年开始到公元192年这一时期被称为前期帝国时期，经历了克劳狄王朝、弗拉维王朝和安东尼王朝等三个王朝。这一时期，社会相对稳定。安东尼王朝皇帝图拉真（98年~117年）在位时，帝国版图达到最大，包括西起西班牙、不列颠，东到幼发拉底河上游，南自非洲北部，北达莱茵河与多瑙河一带，地中海成为帝国的内海。经济空前繁荣。

罗马帝国，适逢公元1世纪中叶基督教的兴起，借助罗马帝国的力量，基督教于公元二三世纪得以迅速传播。其实，基督教精神与罗马帝国精神是一脉相承的，都主张权力一元化。公元3世纪后，罗马经济、政治转入危机阶段，文化逐渐衰落。但基督教迅速传播，基督教文化开始形成。古罗马文化对后世西方国家文化产生深远影响。从某种意义上讲，是基督教挽救或延长了罗马帝

---

〔1〕 马啸原：《西方政治制度史》，高等教育出版社2006年版，第36页。

国的生命力。对此，后面再作解析。

奥古斯都创建的政治制度，史称元首制，是以共和为名义的帝制。在位期间，他实行了一系列积极的改革，促进了经济和社会的发展。他对外扩张，使得帝国的北疆达到莱茵河与多瑙河一带。

3世纪罗马帝国发生历史巨变。“自屋大维以来的元首制依靠军事镇压，加强了中央集权，巩固了风雨飘摇的奴隶制，给罗马帝国带来了200多年的相对稳定时期。”[1]

西罗马帝国的灭亡是内外在矛盾的合力结果。从国内政治看，在西罗马帝国时代，经济不断出现危机，人口锐减，田地荒芜，城乡萧条，货币贬值，贫民四处逃散，陆路交通经常发生抢劫，海上海盗更加横行，统治日益减弱。从国际关系上看，罗马帝国面对了四周不断强大的各族力量，410年，西哥特人一度占领罗马，452年，匈奴王阿提拉进兵意大利，455年，汪达尔人袭击意大利，再次攻陷罗马城，先后建起不同的蛮族国家。给罗马以致命打击的是日耳曼人。476年9月，日耳曼人入侵，其雇佣兵首领奥多亚克废黜最后一位皇帝罗慕卢斯·奥古斯图卢斯，西罗马帝国宣告灭亡。

与罗马帝国相匹配的是帝国国家制度。值得一提的是，戴克里先在其统治期间，进行了一系列的军事政治改革，建立了一整套适合君主制的帝国国家制度。

除了军事改革外，重要的国家制度改革包括划分东西罗马、重新划分行省、建立帝国官僚体制和专制司法体制。把罗马划分为东西罗马是为了更有效地防止民众起义和“蛮族”的入侵。4世纪，罗马帝国分裂为两个独立的国家。重划行省和行政区是为了防止行省的分离和方便管理。建立司法专制是为了皇帝独揽司法大权。

罗马文明从共和时代演变为帝国时代，缩小了公民权利而扩大了皇帝权力，极大地破坏了罗马的社会正义，不能不说是一种文明的暂时性倒退。

罗马人的政体从王政到共和再到帝政，完成了罗马人政体发展的全部历史。罗马人的衰退标志着罗马人开始退出历史舞台。罗马人退出了欧洲主角的历史舞台是日耳曼人登上西方社会舞台的结果。古罗马人手里的两份文化资源，即古希腊文化和基督教文化，传递到日耳曼人手里，发生了奇妙的变化。一方面，

---

〔1〕 马啸原：《西方政治制度史》，高等教育出版社2006年版，第39页。

罗马人手里传承下来的基督教精神，在日耳曼人手里发挥了更大的作用。从历史长河看，罗马人成为古希腊人和日耳曼人传承西方文明的中介人，为基督教入主西方社会铺平了道路。另一方面，由于日耳曼人的野蛮性，使得他们不能承继古罗马人手里的另外一份古希腊文明文化资源，却极大地发挥了基督教精神。这种转折，已经超出了西方古典文化或西方元点文明的范畴，本书著者不得不另卷分析[1]。这里需要回头对罗马人的民族精神进行深度聚焦。

第三节　罗马的民族精神

古代罗马的民族精神是解读罗马文明，尤其是解读罗马法的重要元素。不懂得罗马人的民族精神，很难解读罗马法的诞生，很难理解西方从古希腊文明走向中世纪文明的原因。其实，罗马文明是介于古希腊文明与中世纪文明的桥梁，古罗马文明对于古希腊文明和基督教文明起到了承前启后的作用。

一、罗马商品经济与罗马法的关系

罗马法是简单商品经济发展时代的法。商品经济不仅在经济行为方面铸造了公平和公正的精神，而且还在主体关系上铸造了商品经济主体的平等关系。如果买卖双方不是平等主体关系，那就会造成强买或强卖的现象。罗马法追求公平正义精神，就避免了强买强卖的不合理现象。

由于古罗马的商品经济发达，基于经济领域的平等主体关系，古罗马人建立了一种平等主体关系的法律。所以，古罗马法是在古代各族法律中追求公正、公平和正义最好的法律，以至于公正、公平和正义成为罗马法的主题。由于商品经济的需要，平等便成为罗马法中对权利主体规范的理论体系的逻辑起点。在平等主体关系逻辑起点的引导下，罗马法引入“人格权”的概念。所谓平等就是“人格权”的平等。

在古代各族文明中，只有罗马法才最大限度地追求主体关系的平等性和公民范围内的公平与正义。马克思高度称赞了罗马法，他认为：“在罗马法中，凡是中世纪后期的市民阶级还在不自觉地追求的东西，都已经是现成的了”。其根源在于，罗马法是“绝对不承认封建关系并充分预料到现代私有制的法律”，

---

〔1〕 参见《中西政法比较》中卷的分析。《中西政法比较》分为上中下三卷，此书只是上卷。

“以致一切后来的法律都不能对它作任何实质性的修改”。[1]

然而，在当时罗马现实社会生活中，不同阶级具有不同的人格，而奴隶阶级根本还未获得人格权，因此公平与正义的适用范围并不包括奴隶。由于奴隶社会的本质，奴隶并不是法律关系主体，而是被视为会说话、会劳动的客体。此外，罗马法也不给外邦人以公民的权利。平等是相对的，不是绝对的。即便不同公民在罗马法中，各公民“人格权”也是不平等的，结果“人格权”成为类似数学里的系数那样从零到一的序列。这是不平等中的平等。这种后人看来颇为奇特的规范是如此的细致而复杂，以至在篇幅上比现代民法还要复杂。一方面，无论罗马法对待各类公民是多么不平等，但却远比古老中国的法律还是平等得多。另一方面，古希腊古罗马的下民沦落为奴隶，远比古中国下民的社会地位要低得多。古中国，从尧舜到西周，“民受之”和“保民”是执政合理性的基础。

与罗马法不同，古老中华法律公开宣称主体关系的不平等，无论是以法家思想，还是以儒家思想为依据的中华法系，其逻辑起点都是承认主体地位不平等的“三纲”。“三纲”是古老中国的最高纲领。儒家干脆把人规范为绝不平等的等级制即“礼制”。

细思量，古老中国从法律的高度上公然把主体关系的不平等确定为合法，这是由农耕经济决定的。作为农耕自然经济需要最有权威的人拥有最高最大的权力。国家中最高权威当然是皇帝。家族中最高权威是族长。家庭中拥有最高权威的是家长。皇帝、族长和家长的最高权威被法律确定下来，成为当然合法的法律规范。

如果商品经济不被扩大，如果近代欧洲各民族国家没有深入发展商品经济，甚至把商品经济推向市场经济的高度和水平，罗马法是不会复兴的。中世纪后期的市民阶级发现了罗马法是规范经济生活最重要而且是“现成”的法律，他们还发现罗马法所调整的经济关系竟然要比当时欧洲的经济制度先进得多。于是，罗马法便重新崛起并大行其道，几乎被欧洲各国接受。有的欧洲国家吸取罗马法的概念、术语和基本原则，融入本国法律。有的将罗马私法稍加修改，变成现行法来使用。总之，后来欧美无论是大陆法系，还是英美法系，都在不同程度上吸收了罗马民法典的合理性。

---

〔1〕《马克思恩格斯全集》（第21卷），人民出版社1995年版，第454页。

正是欧洲市场经济发展的需要，其各民族国家需要国内的统一市场，因此罗马法的价值被“重新发现”。正是因为商品经济的需要，在欧洲复兴罗马法的时代，把统率《法学总论》的罗马皇帝查士丁尼和资产阶级的皇帝拿破仑联系在一起，并由《法学总论》“派生”出了《法国民法典》。为了适应商品经济的需要，为了捍卫法国大革命的成果，把法国及欧洲社会的“理性狂热”转化为一种社会秩序，用法律“治理国家”，拿破仑便把目光投向了罗马法。拿破仑以查士丁尼的《法学总论》为蓝本，亲自主持制定了《法国民法典》，这就是历史上著名的《拿破仑法典》。拿破仑晚年在反思自己一生成就时说：“我真正的光荣并非打了四十次胜仗，滑铁卢之役抹去了关于这一切的回忆。但是，有一样东西是不会被人忘却的。它将永垂不朽——那就是我的民法典。”就是说，尽管拿破仑一生打过40多次胜仗，可是一个滑铁卢战役，就使得以往的40多次胜仗变成历史，化作泡影，但是能够使拿破仑流芳百世的却正是《拿破仑法典》。拿破仑的话在后来的历史发展中得到了印证。不仅今天的法国人还在使用这部法典，而且它对欧洲、对全世界都产生了不可磨灭的影响。尽管随着岁月的流逝，《法国民法典》自然有了许多补充和修改，但法国民法典在体例、条目的框架上却一如旧貌，甚至当我们今天再度打开它，在第一页上看到的仍然是赫然醒目的“一八〇三年制定”的字样。就连马克思都不否定它的价值，说它是“典型的资产阶级社会的法典”，它“把刚刚诞生的现代社会的经济生活译成司法法规的语言”〔1〕。

二、罗马帝国时代的基督教政治思想

基督教发源于公元1世纪中叶罗马帝国统治下的巴勒斯坦（旧称“迦南地”）耶路撒冷地区的犹太人社会，当时的圣典依然是旧约全书。基督教的创始人是耶稣。在罗马帝国有众多的宗教，基督教起初只是犹太教的一个分支，是“奴隶和被释放的奴隶、穷人和无权者、被罗马征服和驱散的人们的宗教”〔2〕。因此受到罗马国家的迫害。但由于其顽强发展，很多富人也皈依了基督教。4世纪初，获得了合法地位，并压倒一切其他宗教，成为帝国的国教，演变为唯一合法的宗教。基督教教义的核心是爱。其诫命总纲只有两条。第一条是“你要

〔1〕《马克思恩格斯选集》（第4卷），人民出版社1995年版，第248页。

〔2〕恩格斯于1884写的《论早期基督教的历史》一文中，对原始基督教的阶级性质作了很精辟的论述。

尽心、尽性、尽意爱主你的上帝”，第二条是“爱人如爱己”。这两条诫命是律法和一切道理的总纲。

早期基督教的宗旨是为苦难群众服务的。当时教徒普遍不分种族社会阶层，就连当时的奴隶在信主以后亦可即时被接纳为弟兄。和传统犹太教不同的是，犹太教强调遵循的是律法，而早期基督教强调耶稣救赎的恩典，只要愿意接受耶稣为主，让耶稣为自己承担所犯的过错，就可被认为是已悔改，借助洗礼被接纳成为教会的一分子。在这个阶段，基督教会曾实行财产共有，外界视其为一种秘密性的宗教组织。早期基督教受到了来自两方面的反对。一方面，当时的犹太人视基督教会为离经叛道的异端，常常向罗马当局控告他们。另一方面，罗马政府认为基督教只是犹太教的一支，因此并不支持基督教，公元60年代中期后的一段时期还在迫害基督教。

最初耶稣传播的教义接近犹太教，经过新约保罗对基督教教义做了较大的提升，使基督教不再局限于犹太人范围。之后，基督教开始在蛮族世界传播，主要在法国、意大利和西班牙地区流行。然而，当时英国还视其为异教。在克洛维统治下，法兰西人成为基督教徒，后来把基督教传播给日耳曼人。拜占庭人在保加利亚人和斯拉夫人生活的地区传播东正教。公元5世纪初期，圣巴特瑞克把基督教带到爱尔兰、苏格兰、英格兰。

由于基督教能够满足社会各阶层人士的精神需求，随着基督教的传播，社会各阶层越来越多的人加入教会。教会虽在2世纪至3世纪遭遇多次迫害，许多主教和信徒被烧死，有的在竞技场中被野兽吃掉。然而，基督教会依然继续茁壮，直到313年颁布的米兰敕令，罗马帝国才终于承认了基督教的合法地位。391年，罗马皇帝狄奥多西一世宣布它为国教。但是，当时基督教教皇的权力还没有凌驾于国王之上，只是国王作为统治奴隶的工具，主要作为控制奴隶精神的工具。由于当时欧洲依靠基督教的统一，主要由德意志、法兰西、意大利三个国家组成，因此，一旦三国意见不合必然导致欧洲的分裂。

中国著名基督教研究的学者何光沪认为，基督教经历了三个发展阶段。第一阶段，基督教从作为犹太教内部一个具有某些反犹太教传统法律主义的小宗派逐渐打破民族藩篱走向罗马帝国的时代。第二阶段，基督教从地中海沿岸的古代文明走向整个欧洲，成为中世纪欧洲各民族和国家共同信仰的世界性宗教。第三阶段，基督教从欧洲和地中海沿岸向全世界扩展。

基督教的价值观直接影响了西方文明观。首先，追求天国与来世的价值取向。早在泰勒斯到斯多葛的古希腊时代，哲人就以整个宇宙和人类为背景来审视人的地位和人的生活，结果降低了国家在人生中的价值。古希腊提升本原却无法论证本原的内涵，正好为基督教进入西方提供了用武之地。基督教对西方文化的洗礼进一步削弱了以统治者权力为社会合理性合法性的基础，人民的权利和上帝的权力成为国家权力的两个基础。然而，中国政治传统一方面不问上帝权力，也不问为什么上帝会直接把权力交给皇帝，皇帝权力成为上苍权力的代表，是人民权利的基础。另一方面用皇帝权力作为人民权利和上苍权力的象征支点。皇帝想接受上苍多少权力，就开发出多少权力，无需论证，除了皇帝，别人也无权论证；根本不把人民的权利作为官员权力的根据，相反却把官员权力作为人民权利的基础，“官老爷”赐给百姓多少，百姓就只能领受多少，而且多少还要感谢官老爷的恩典。与此相反，西方国家官员的权力是风箱里的老鼠，受到人民权利和上帝权力的双重制约。

其次，贬低世俗权威的思想价值取向。基督教将神权和国权分离，将神权置于人权之上。上帝具有至高无上的权威，可以直接干预人类事务，甚至人们的灵魂得救的事务也由“属灵”登记的教士负责。世俗政治权威被降到次要地位。基于君权神授的思想，世俗政府的权力来源于上帝，是对人的罪恶本性的控制和弥补。神学家用了很大精力区分世俗权力和神权，所以就有了圣经里“恺撒的归恺撒，上帝的归上帝（神的物当归神）”[1] 的说法。

最后，基督教形成了关于人的新观念。基督教史学家沃尔克说：“基督徒认为自己是与众不同的人，是新的种族，是真正的以色列人。……他们认为自己不再是罗马公民，而是天国耶路撒冷的公民。”[2] 新人种认为，人的灵魂或精神是人的本质方面，人的得救只是关涉到人的灵魂的救赎，与人的世俗没有必然联系。斯多葛派关于天下一家、人人平等的思想被基督教以神学的形式继承发扬了。乔治·萨拜因因此将基督教的兴起正确地称为“西欧历史上最革命的事件”[3]。

值得引起注意的是，尽管基督教成功进入西方社会是罗马人的功劳，但把基督教全面提升为社会的主宰，不是罗马人的功劳，而是日耳曼人的“杰作”。

---

〔1〕《圣经·马太福音》，第21章，第21节。《圣经·马可福音》，第12章，第17节。

〔2〕［美］V. 沃尔克：《基督教会史》，孙善玲等译，中国社会科学出版社1991年版，第47页

〔3〕［美］萨拜因：《政治学说史》，盛葵阳、崔妙因译，商务印书馆1986年版，第222页。

公元476年西罗马帝国被日耳曼人灭亡。当日耳曼人皈依了基督宗教后，由于日耳曼人的文化水平比罗马人低，甚至连自己的文字也没有，为了排挤罗马文明，于是提升外来的基督教文明以打压本地的罗马文明。因此，基督教才成为西方文明的绝对主角，西欧才开始完全陷入被神权奴役的黑暗时代。对于这种状况，留待本系列图书的中卷再进行分析。

三、基督教沉淀的罗马民族精神

基督教既是人类的，也是民族的；既容纳人类精神，又包含了一定的民族精神。从民族精神和基督教的发展角度看，基督教最初不是人类的，而是民族的，首先包容了古罗马民族精神。

确切地说，基督教既不是（正统）犹太人的，也不是古希腊人的，而是非正统的犹太人的宗教理念、古希腊的哲学理念和古罗马人的民族精神三者黏合的产物。就其民族发生源来讲，基督教先后沉淀了古罗马人及后来日耳曼人的民族精神。

任何人类精神最初都是属于民族精神的。世界三大宗教没有一个例外。起初，佛教是释迦族的民族精神，后来由于其内在的超民族精神成为人类精神。基督教是经过古罗马人的民族精神的洗礼，后来才属于人类。伊斯兰教经过阿拉伯人的过滤，后来才超越了它的民族界限传向全世界。

基督教早期传教精神与古罗马民族精神有一个共同点，那就是尚武精神。尚武精神像一条无形的连线，把古罗马精神与基督教联系起来。我们不能仅仅认定古罗马人的尚武精神，同时也应该认定基督教的尚武精神，更要承认尚武精神是两者的共性。从发生发展视角看，古罗马人的尚武精神恰恰是基督教尚武精神的民族（精神的）来源。

从宗教的发源角度来看，基督教既不可以看做欧洲人的文明，也不可以视为犹太人的杰作，而是继承古希腊文明的古罗马人对犹太教进行改造的结果。准确地说，基督教是古罗马人把尚武的民族精神注入该文明的结果。基督教是罗马人把古希腊人的哲学理念与犹太人的宗教理念有机结合起来的产物。我们不能只见“文明”，不见“人（民族）”。

尚武精神是古罗马民族的重要精神。这种看法不仅只是本书著者的观点。有的学者提出：“罗马民族是尚武的民族，勇敢善战，英武好斗是他们的本性，也是他们的显著特征。几乎每个罗马人都把战斗当作立身扬名而不仅仅是保家卫国的手段，他们渴望战争、渴望征服，指望通过它们能给自己带来荣誉，也带来财富与土地。至于为此过程要付出多少代价，他们无所谓，只要自己胜利了，一切都会得到补偿；其他民族的灾难，财产的损失，生命的死亡，城市的毁坏，国家的灭亡，都不放在他们的眼里。”[1]

尚武精神之所以能够成为古罗马人的民族精神，原因有许多。重要原因之一则是尚武给古罗马人带来太多的利益。因此，在那个时代更多的人喜欢当兵。古罗马时代，当兵的人很多。这种尚武精神和当兵人数众多是古罗马人走向衰微的根本原因之一。为此，英国的学者爱德华·吉本（Edward Gibbon）分析道：“杀人的刀剑在一个广大的王国中比在一个小市镇上更能使人们感觉到它的威力。最有才能的政治家们已曾计算过，任何一个国家，如果容许全国人口百分之一以上的人吃粮当兵，什么事也不干，那这个国家没有不民穷财尽的”[2]。

基督教的尚武精神源于古罗马民族的征服精神。尚武精神与征服精神之间有一种内在的必然的逻辑联系。

基督教的尚武精神和征服精神并不是最初作为民间基督宗教时代的精神，而是成为官方宗教的结果。用爱心化解仇恨，以忍受容忍强暴，是最初民间基督教的精神。基督教一旦成为官方精神，就变成了征服、强迫异教徒改信的一种精神力量。有学者提出：“基督教会的胜利从一开始就是同暴虐与强制联系在一起的。”[3] 在古罗马帝国皇帝还没有接受基督教时，还能够容忍异教徒的存在。而一旦古罗马帝国皇帝接受基督教后，就不能再容忍异教徒的存在。他们摧毁数以百计的异教神庙，杀死成千上万个异教徒。391 年，亚历山大城主教提奥菲勒率领大军到会瑟雷皮斯大神庙。394 年，不仅奥林匹克运动会遭到禁止，而且基督徒闯入大学，把最后一位柏拉图学派老师海帕蒂娅大卸八块。

著名教父学代表人物奥古斯丁道出了基督教的这种官方宗教的征服精神，他提出：“基督的爱不仅要帮助背教者自救，而且必须在他们执迷不悟时强迫他们这样做，就像一位牧人挥动鞭子把迷途的羔羊赶回来一样”[4]。

---

〔1〕 陈刚：《西方精神史：时代精神的历史演进及其与社会实践的互动》（上卷），江苏人民出版社2000年版，第224页。

〔2〕［英］爱德华·吉本：《罗马帝国衰亡史》（上册），黄宜思、黄雨石译，商务印书馆1997年版，第97页。

〔3〕 陈刚：《西方精神史：时代精神的历史演进及其与社会实践的互动》（上卷），江苏人民出版社2000年版，第418页。

〔4〕 陈刚：《西方精神史：时代精神的历史演进及其与社会实践的互动》（上卷），江苏人民出版社2000年版，第418～419页。

基督教对待异教徒的手段是极其残忍的。英国的史学家赫·乔·韦尔斯(Herbert George Wells)在《世界史纲》中写道:“教会的神甫和主教们愈来愈成为受信条、教条和固定规程所桎梏的人;到了他们成为红衣主教或教皇时,他们一般都是老人了,习惯于为眼前利益而进行的政治斗争,不再能有纵观世界的眼光。他们不再想看到天国在人们的心中建立,他们已把这件事忘却了;他们所想看到的是教会的权力,就是他们自己的支配人们的权力。他们甚至准备同人们心里的仇恨、恐惧和贪婪,讨价还价来保障这个权力。正因为他们中间有许多人大概暗地里也在怀疑他们庞大和精致的教义结构是否统统健全,所以他们不容别人加以讨论。他们不能容忍别人的提问或异议,并不是因为他们对所信仰的宗教有深切的信心,而正是因为他们没有信心。为了政策上的种种原因,他们需要人们的顺从。”[1]

基督教对待异教徒的最好办法是烧死异教徒:10世纪末,教廷附近一个叫维苏加德的人对教会许多信条提出挑战,结果他的许多信徒被处决或烧死。1022年法国奥尔良地方宗教会议决定,烧死拒不放弃自己观点的10位异端领导人。意大利也在1039年根据阿里贝托主教的命令当众烧死异端领导人蒙费尔特及其许多支持者。威克菲尔德与艾文斯曾描述了烧死异教徒的惨不忍睹的情景:“在主教指示下,地方贵族点燃起大火堆,旁边立起十字架,把所有异端分子带出去,让他们选择:如果他们放弃异端,敬拜十字架,承认全世界都信从的公教信仰,他们便能得救;否则,便把他们扔进火堆,活活烧死。结果,有几个人走向十字架,承认公教信仰,而其余的许多人却以手掩面,纵身投入火焰之中。”[2]

四、罗马对希腊正义理念的提升:国与民分离

从希腊城邦到罗马帝国,使得希腊化成为可能。如果没有罗马人的努力,希腊文明是不可能世界化的。其政法核心思想发展的重心就是罗马人把希腊人的正义理念提到新的高度。

希腊城邦是小国寡民的社会。在希腊城邦时代,人们通过公民共同体与国家的同一,实现公民对公共生活的广泛参与。希腊公民对政治的广泛参与是以小国寡民为根本前提的。因为,在希腊时代,国家的兴旺与个人荣辱是息息相

---

〔1〕[英]赫·乔·韦尔斯:《世界史纲》,吴文藻等译,人民出版社1982年版,第738页。

〔2〕董进泉:《黑暗与愚昧的守护神》,浙江人民出版社1988年版,第46页。

关的。公民把政治事务视为自己的事务，参与公共生活的积极性必然很高。然而，马其顿帝国和罗马帝国都有广阔的领土，内部成分非常庞杂，为此个人在庞大的国家内变得微不足道。于是，个人与国家的关系也开始渐渐疏远了。

在那个时代，由于交通工具和信息传播十分落后，庞大的帝国内部无法形成联系密切的整体。维系这个政治实体的主要手段是人为的政治与军事上的强权。因此，官僚和军队成为维系帝国专制独裁的主要手段。因此，国家政府与社会的结合方式便从黏合同一走向了分离甚至对立。

这种国与民的疏远与对立对社会发展产生了深远的影响。首先，自由民的身份发生了根本性的变化。随着国家从小国寡民的希腊社会提升为大国多民的罗马帝国社会，人们的身份则从公民沦落为臣民。希腊时代的公民是国家政权的主人，到罗马帝国时代则沦落为臣民而不再是社会主人的公民。这种政治制度的转变是有道理的。因为西方社会从希腊城邦社会发展到罗马帝国时代，往日城邦时代的民主制已经不可能承载着帝国的政治生活。由于国家社会与市民社会的分离与对立，公民已经不再可能成为社会的主人，只能沦落为被国家政权掌控的臣民。因此，昔日里的公民身份也必然失去了政治意义。在帝国社会中，人们面对着凌驾于“城邦”之上的帝国权力，人们在政治领域的权力和影响力已经趋向于零。希腊时代，仅占城邦社会10%的公民，不断扩大到全体社会成员，从而丧失了往日“公民权”的特权。因此，在希腊时代，社会矛盾是公民与非公民的对立，这时便转化为专制君主及其官僚集团与广大臣民的对立。当然，奴隶依然被排斥在“民”的范畴之外。但是，除了奴隶之外，所有的自由民都获得了臣民的平等地位。

其次，这种分离与对立，导致了人们对政治热情的锐减，也导致了学者对政治学的疏远。在学术领域里，政治学研究也开始走向萧条和沉寂的状态。为此，人们的热情和注意力转向个人的生活，学者们关心个人生活问题远甚于政治问题。因此，伦理学获得了比政治学更加重要的地位，乃至于政治问题成为伦理问题的一部分。

最后，政治学的重心也发生了转移，从公民政治学转化为自由民政治学。其社会后果是：“它打破了原来公民与非公民之间的深沟壁垒，站在一般自由民的立场上研究政治问题，以所有自由民为对象。有的甚至超越民族和阶级的界限，主张人类的平等。"[1]

这种自由民适用范围的扩大造成了正负两方面的政治后果。一方面，从公民到自由民的扩大，是对“民”（不包括奴隶）的一种解放。另一方面，从公民到臣民的转变中，降低了自由民的政治权力，国家的膨胀使得城邦团体内原有的亲密联系土崩瓦解了。城邦时代，公民的集体主义和爱国主义是一种非常自然的感情，因为民与国的政治权力是同一的，爱国就是爱自己，保护国家利益就意味着保护公民自己的利益。帝国时代，国家社会远比城邦要大得多。国家权力与自由民权利分离并对立起来，城邦集体主义和爱国主义精神开始丧失。

第四节　罗马法的世界贡献

罗马法对人类文明的最大贡献就是它内在拥有的公平与正义精神。所谓罗马法是指罗马奴隶制国家法律的总称，存在于罗马奴隶制国家的整个历史时期。既包括自罗马国家产生至西罗马帝国灭亡时期的法律，也包括公元6世纪中叶以前东罗马帝国的法律。整个罗马法发展的基本线索就是罗马自然法走向成熟的过程。

一、罗马法的完善

罗马法的发展主要经过王政时期、共和国时期、帝政时期三个阶段。

王政时期（公元前753年~公元前510年）主要是习惯法，它的主要内容也是宗教方面和自然形成的道德。这一时期也有一些数量较小的成文法，例如第六王塞尔维乌斯·图里乌斯颁布的有关契约和侵权行为的法律50条。还有第七王塔尔奎尼乌斯·苏泊尔布斯时有个名叫帕披里的曾编订法律，称帕披里亚努姆市民法。这一时期形成了一个仅适用于罗马市民的法律体系，即市民法。其内容主要是国家行政管理、诉讼程序、财产、婚姻家庭和继承等方面的规范。

共和国时期（公元前510年~公元前27年）是从习惯法向成文法过渡的时期。这一时期尽管还残存着一些习惯法，但在社会生活中已经不占主导地位。古罗马人的成文法更多地沉淀并升华了习惯法。当时阶级矛盾激化，平民奋起反抗贵族的专横政治，终于诞生了这第一部成文法——《十二铜表法》。它有三

[1] 徐大同主编：《西方政治思想史》，天津教育出版社2000年版，第48页。

个特点：一是其内容广泛，宗教法和世俗法等诸法合一，体现了它的广泛性。二是突出表现出了形式主义，在执行这部法律的时候手续繁多，但是同时也说明了这部法律有一定公正性。三是它将古老的同态复仇制和罚金并存，是对氏族法的继承，同时提倡遗嘱自由，是对希腊文明的发展。这部法律的最大成功之处就是平等思想，即在执行的时候不再因为当事人社会地位的不同而加以不同对待。后来，随着商品经济的发展和外来人口的增多，共和国后期形成了适用于罗马市民与外来人，以及外来人与外来人之间关系的万民法。万民法是外事裁判官在司法活动中逐步创制的法律，它吸收了市民法和外来法的合理因素，但又有所发展和突破。它的基本内容主要是关于所有权和债权方面的规范，很少涉及婚姻、家庭和继承等内容。

帝政时期又分为帝政前期和帝政后期。帝政前期（公元前 27 年 ~ 公元 284 年）是罗马法的黄金时期，也被称为“古典时期”，出现了元老院的决议法和皇帝敕令，虽然具有专制的色彩，但是也会随着社会的发展对法律进行补充。皇帝在这个时期授予了法学家的公开解答权，促使了法律的发展，出现了五大法学家可以问鼎现行法律的奇特现象。帝政后期（284 ~ 565 年）主要是查士丁尼进行法典编纂时期。这一时期对前面法律进行了深刻的总结。罗马帝国的哈德良皇帝、戴克里先帝、东罗马帝国的狄奥多西二世都曾组织人力进行过法典整理和编纂工作。最大和最重要的一次是查士丁尼君王的伟大尝试，他想通过对罗马法的整理和编纂的励精图治，达到重振罗马帝国的目的。

罗马法发展到法典编纂阶段，是帝王推动的结果。查士丁尼皇帝（527 ~ 565 年）为重建和振兴罗马帝国，成立了法典编纂委员会，进行法典编纂工作。从 528 年到 534 年，先后完成了三部法律法规汇编：528 ~ 529 年编出的一部法律汇编就是《查士丁尼法典》；以盖尤斯的《法学阶梯》为基础改编成为《法学阶梯》；530 ~ 533 年编成《查士丁尼学说汇纂》（又译为《法学汇编》）。后来，公元 565 年，法学家又汇集了 535 ~ 565 年查士丁尼皇帝在位时所颁布的敕令 168 条，被称为《查士丁尼新律》。以上四部法律汇编，统称为《国法大会》或《民法大会》。《国法大会》的问世，标志着罗马法已发展到最发达、最完备的阶段。

《法学汇编》是将历代罗马著名法学家的学说著作和法律解答分门别类地汇集、整理，进行摘录，凡收入的内容，均具有法律效力。这就是说，罗马法学家的部分思想之所以能够具有法律效力，是政治家赋予的权力，不是法学家本身具有的。其中最著名的有五大法学家，他们是盖尤斯、伯比尼安、保罗、乌尔比安、莫迪斯蒂努斯。被编入《法学汇编》的五大法学家的法学著作和法律解释具有同等法律效力。概括起来，罗马法学家的活动和作用是：解答法律；参与诉讼；著书立说；编纂法典，参加立法活动。

罗马法对后世产生了无法估量的影响，主要表现为四个方面：第一，西方近现代的私法体系源于罗马私法体系。1804 年《法国民法典》继承了《法学阶梯》的人法、物法、诉讼法的体例。1900 年《德国民法典》以《学说汇纂》为蓝本，形成总则、债的关系、物权、亲属、继承的五编制体系。后来法、德两国的民法体系，又为瑞士、意大利、日本等众多国家所仿效。第二，罗马法的许多具体制度和原则被近代以来的法制所采用。例如，现代西方公法中，公民在私法范围内权利平等的原则，以及契约自由原则、财产权不受限制原则、侵权行为的归责原则、法人制度、物权制度、陪审制度等都是源于古罗马法的。第三，罗马法的概念、术语措辞确切、严谨，其中的许多术语，如公法、私法、人格、法律行为、不当得利等概念为后世立法所接受。第四，罗马法学家的思想学说对后世资产阶级法学也产生深远影响。法学成为一门独立的学科是在古罗马时代，罗马法学家的著作，特别是查士丁尼的《学说汇纂》，成为 19 世纪德国法学的历史渊源。

后来近代产生了一场伟大的罗马法复兴运动。罗马法的复兴具有伟大的历史意义。其不仅有利于民族统一国家的形成，为资本主义经济的发展提供了现成的法律形式；而且为新兴资产阶级反对封建主义提供了思想武器并促进了法学的发展。

二、罗马法的深远影响

如果说，西方政法元点文明是由古希腊古罗马的政法理念决定的，那么古希腊古罗马的自然法就必然成为其中的主旋律。罗马文明的生命力主要是由罗马法和基督教两大内在精神决定的，而罗马法的生命密码隐藏于自然法之中。古希腊自然法思想为古罗马人提供了丰富的基础。正义论是自然法的核心理念。

罗马人向世界显示了三种非凡的东西，即武力、基督教、罗马法；至今还有两样即基督教、罗马法对世界还产生着无法估量的和异常广泛的影响。有的法学家称在这三种非凡的东西中，唯有罗马法对世界的影响最为久远。对此，德国著名法学家耶林在他的法学名著《罗马法精神》一书说："罗马帝国曾三次征服世界，第一次以武力，第二次以宗教，第三次以法律。武力因罗马帝国的灭亡而消亡，宗教随人民思想觉悟的提高、科学的发展而缩小了影响，惟有法律征服世界是最为持久的征服”。其实，基督教的影响并不小。[1] 武力是外在的，宗教和法律是内在的。只有内在的影响才更久远。靠武力征服的罗马帝国已成废墟，而罗马法精神和基督教精神却渗透到了世界各个角落，并在今天乃至未来都表现着它不可忽视的影响力。

罗马帝国不仅在当时成就了古代社会最发达、最完备的罗马法体系，而且整个中世纪西欧法学的发生与发展本身就是一部罗马法的发展史。罗马法是古代罗马人遗留给后世的诸多遗产中最重要的一项，不仅对维系罗马帝国的统治起到重要作用，还对后世尤其是欧美资产阶级革命以及近代各国的立法都产生了深远影响。其影响可谓逾千年而不衰。罗马法经历了积淀深厚的历史锻造。从公元前451年到公元前450年的罗马第一部成文法《十二铜表法》的问世，到公元530年至533年完成的《国法大全》中的《优士丁尼法典》、《学说汇纂》和《法学阶梯》为止，罗马法的发展经历了一千余年。

罗马法起源于2000多年前的古罗马，被称为“万法之源”，成为当今世界主流民法的鼻祖。当今世界主要有两大法系，一是在法、德及中国等地实行的大陆法，二是在美、英及其他英联邦国家实行的英美法。罗马法对两大法系的产生和发展都有极为重要的影响。

罗马法最初并不是很强大的，而是十分狭小简陋的农村共同体的法，后来它才发展成一种强大的城邦国家的法，进而发展成一种帝国的法，再后来才演化为世界性的法（法律精神）。很显然，与华夏文明是中华文明的轴心一样，罗马法是中世纪欧洲法律发展的轴心。

罗马法的发展经历了一个“星星之火，可以燎原”的过程。公元前3世纪中叶以前，罗马法律被称为公民法或者市民法，内容主要是有关罗马共和国的行政管理、国家机关及一部分诉讼程序的问题。其适用范围仅限于罗马公民，而居住在罗马的异邦人则不能享受罗马法律的保护。因此，公民法存在许多明显的缺陷，如法律适用的主体范围狭小，内容保守，形式主义色彩浓厚，还保留大量原始氏族残余。

随着罗马对外征服地区的扩大，罗马的社会政治和经济都发生了巨大变化，公民法不足以解决帝国疆域内出现的各种复杂的问题。于是，在罗马社会逐渐

[1] 当今世界，无论是信仰的人数，还是信仰的覆盖面，基督教都是当之无愧的世界第一。

形成了一种普遍适用于罗马统治范围内一切自由民的法律，这就是史书所说的万民法。万民法的产生使罗马私法出现了两个不同体系，形成了市民法和万民法的法律冲突。但二者的基本精神互为补充、并非截然对立。后来，查士丁尼将两者统一起来。

政治精英与知识精英的不懈努力，使罗马法日臻完善。公元前27年罗马帝国建立后，两大精英分别从政治、学术两方面推动了罗马法的发展。政治精英为了对庞大帝国进行有效统治，帝国前期的君王都非常重视法律的制定。学术精英，尤其是许多著名法学家从法理上对市民法和万民法作了详细的论述，极大地丰富并完善了罗马法的内容。

在政治精英和知识精英的带领下，3世纪后，帝国内部自由民的公民与非公民之间的区别消失了。为此，原先适用于不同法律主体的市民法和万民法之间的区别也失去了存在的意义。于是，罗马法的发展进入整理和提炼的阶段。

罗马法从民族性法律到世界性法律的原因是多方面的。史学家们分析了其武力征服的政治军事原因。恩格斯精辟地道出了其经济方面的原因："在社会发展某个很早的阶段，产生了这样的一种需要，把每天重复着生产、分配和交换产品的行为用一个共同规则概括起来，设法使个人服从生产和交换的一般条件。这个规则首先表现为习惯，后来便成了法律。"[1] 从法律角度看，有的学者认为："在一千余年的时间跨度中，罗马法从粗陋质朴走向精细缜密，有赖于法学家穷经皓首地著书立说，亲力亲为地解答、撰约、协助诉讼，条分缕析地对每一项法律规则的讨论与争鸣；有赖于裁判官通过拟制诉讼和扩大诉讼的方式，在司法实践中拟制某种法定要素，或参照已有的法定诉讼形式，对社会中新衍生出的而立法又来不及规定专门的司法救济手段的情况和关系，以具体、灵活、变通的做法提供司法保护，以至于裁判官法成为市民法的活的声音；还有赖于普通社会民众的参与与推进。可以说，罗马法诸项法律规则的形成，发端于当事人对纠纷的提起，确定于裁判官的裁决与处理，抽象化、理论化于法学家的著述。由罗马法的发展历程我们不难发现，法律规则、法律制度、法律理念乃至法学传统的形成，必须假以时日，不可能百十年间一蹴而就。在一千多年的时光流转中，那些对日常生活的持之以恒的关注，那些对因社会变迁而引发的新问题、新挑战的不断的回应，那些对司法实践的一再的审慎的反思，最终沉

---

〔1〕《马克思恩格斯选集》（第4卷），人民出版社1995年版，第538～539页。

淀为了一种规则体系、一种逻辑体系和一种意义体系。不夸张地说，罗马法系积千年人类生活经验和理性智慧锻造而成的"[1]。

三、古罗马民法与私法发达的政法价值

罗马共和国灭亡后，一个以军队和官僚为支柱的罗马帝国建立起来。罗马共和国的消逝带来了罗马政治哲学的沉寂。在整个罗马帝国的近五个世纪中，没有真正意义的政治哲学以适应帝国政治的需要。但这一时期罗马法和法学却繁荣起来，对政治思想产生了重要影响。

罗马人有着优良的法律传统，到罗马帝国时代，他们的法律成就达到了顶点。集中体现是《查士丁尼国法大全》。上层人物以不懂法为耻的气氛，涌现出一批著名法学家。

罗马法的主体是私法，其精华和影响最大的部分也是私法部分。但私法本身及其理论并不属于政治学的范畴。因此，罗马法对罗马政治学的影响则是通过私法包含的私权利的政治学思想。罗马法理论，首先形成了"权利"的概念。

和古代法不同，罗马法学关注的问题已经由维护社会秩序的功能转向了保障个人权利。当时学者普遍认为，法学"是关于正义和非正义的科学"，而"正义是给予每个人应得的部分的这种坚定而恒久的愿望"[2]。因此，法律和政治所关注的重心是保护个人权利。在西方政治法律思想史中，权利概念首先产生于罗马法。因为，古代希腊政治学和法学并没有形成权利概念。当代法学家庞德提出："希腊哲学家们并不议论权利问题……他们议论的是正当的或什么是正义的。"[3] 萨拜因分析了其中的具体原因："希腊人认为，他的公民资格不是拥有什么而是分享什么，这很像是处于一个家庭中的成员地位。……这就意味着像希腊人所没想的，问题不在于为一个非争得他的权利，而是保证他处于他有资格所处的地位。"[4]

罗马法对罗马政治影响的第二个要素是罗马法引进并发展了斯多葛学派的自然法思想。自然法认为，一切人都是生而平等的。因此，奴隶制度是违背自然的。所以，在罗马，奴隶在法律上的地位和待遇不断得到改善，家长的权威也逐步得以削弱。结果到罗马帝国末期，人人平等的权利在私法领域已经接近

---

〔1〕 高尚："古罗马与罗马法"，载《人民法院报》2004年8月4日。

〔2〕［古罗马］查士丁尼：《法学总论》，张企泰译，商务印书馆1989年版，第5页。

〔3〕［美］庞德：《通过法律的社会控制》，沈宗灵译，商务印书馆1984年版，第44页。

〔4〕［美］萨拜因：《政治学说史》，盛葵阳、崔妙因译，商务印书馆1986年版，第25页。

实现。

此外，罗马法学的权利意识为其政治学提供了一种权利思维方式。“在法学昌盛时代，罗马法在各门学科中占有压倒一切的优势地位。在中世纪，罗马法享有与《圣经》相似的权威。……除‘物理学’外，没有一门科学没有经过罗马法律学过滤的。”[1] 萨拜因认为：“法学的论证——依据人们的权利和统治者有依据的权力来推理——成为并且依旧是政治推论的一个得到普遍认可的方法。”[2] 因此，“它不接受没有根据的事实，不承认没有权利的权力。它要追问：政治权力的合法基础是什么？占有和行使权力的依据是什么？这种权力是否是他们的权利？人民何以有义务服从这种权力？人民的权利与统治者权力是什么关系？等等。总之，统治者的权力必须有权利的依据，只有以权利为基础的权力才是合法的。这种思维方式成为西方政治学的特点之一”[3]。

四、罗马法的根本：权利成为权力基础

古罗马最有价值的政治思想是，公民权利是统治者权力的合理性合法性基础。这个思想成为西方政治文明的风骨和精髓。当然，在古罗马时代，公民不等于人民。公民并不包括奴隶、外邦人和妇女。

中国从来没有过这种政法传统。相反，中国政治传统是从来不怀疑君主对人民权利的绝对征服甚至践踏的权力。中西方政法传统的根本不同是价值取向或方向性的不同——中国从统治者的权力出发走向人民的权利，统治者的权力是人民权利的根本和来源，皇帝恩赐给人民多少权利，人民就只能享有多少权利，权力也是剥夺人民权利的根据，所谓“君让臣死，臣不能不死”。

西方从古希腊经过罗马法的洗礼，颠倒过来看问题：人民的权利是统治者权力的合理根据、合法性基础，统治者的权力如果违背和侵害人民的权利就是不合理的，就失去了合法的基础。于是，促使西方民法或私法不断完善。

中国则相反，私法极其弱小，甚至在本书著者看来根本就没有私法，公法却极其发达。是由于从权力解释权利的来源，人民权利来源于统治者的权力，因此民法、婚姻法都是源于礼制（公法），亲亲宗宗的忠孝是决定了一切的中国政法理性的核心。所以，中国政法传统理性是民任官宰割的法制体系，相反西

---

〔1〕 徐大同主编：《西方政治思想史》，天津教育出版社2000年版，第61页。
〔2〕［美］萨拜因：《政治学说史》，盛葵阳、崔妙因译，商务印书馆1986年版，第209页。
〔3〕 徐大同主编：《西方政治思想史》，天津教育出版社2000年版，第61页。

方则是民权利制约官员权力的法制体系。

此外，西方政法理性也经过了基督教上帝法的洗礼，在上帝面前人人平等，上帝是全能的，上帝是法律的来源。因此，西方人能从无限能量库（上帝）中吸取力量源泉，并制约着官员的权力。相反，中国是皇帝权力等同于上帝的权力。皇帝本是肉眼凡胎，但一旦成为皇帝就拥有了一切权力，秉承了上帝的权力，掌管了人间的一切权力。在皇帝面前，人人不平等，分为三六九等。因此，中西方的上下洗礼皆不相同。

最根本的是民权与官员权力的根据和来源问题。中西方政法文明的根本区别就是：西方把公民权利作为政府官员权力的根源，所以政权不仅具有合法性，还同时具有合理性。而中国传统则相反，官员权力成为民权的根据，所以在中国官员是老爷，民是子，是子民。这种合法性并不以民权为合理性基础。

第九章

中西元点“人治”比较：礼治与智治

中西方元点政法理念都包含了非常丰富的“人治”思想。“人治”包括“恶治”与“善治”两种。这里仅研究“善治”类型的“人治”。其最具有代表性的是中国的孔子和古希腊的柏拉图。孔子和柏拉图是中西元点文明两位最伟大的政法思想家。在法律治理本位思想方面，他们两位都提出了治理国家的人治方案，都是人治的代表，但理念导向是根本不同的。虽有异曲同工之妙，但都在沿着各自不同的政法理念的路线向后发展。因此准确地说，中西两种人治的异同奥秘在于貌合神离。因为，虽然孔子和柏拉图都是人治的代表，但两位的人治思想是有根本不同的：孔子的人治是礼治和仁治，极力反对法治。柏拉图的人治是智慧之治。柏拉图不反对法治，认为法治是仅次于“智者”之治，“退而求其次”第二好的治国之术。因此不能把二人的人治思想相提并论。

治理社会离不开法治和人治这两种方案。世界上没有纯粹的法治，也没有纯粹的人治。因为任何法治社会里都有人治相配合，没有人治的法治社会是不可能存在的；任何人治社会都离不开法治，完全没有法治的人治社会也是无政府状态。这种普遍规律还不是本章的重点。这里要论述的重点是中西方古典社会为什么会产生了两种泾渭分明的人治和法治？为什么古代中国人偏爱人治，而古希腊人却偏爱法治？本书后面将用两章的篇幅来解决这些严肃的问题。这两章也不想泛泛地论述人治和法治，而是运用中西方古典人物思想的对比，来生动地说明中西人治与法治的对比问题。

第一节　从礼治到仁治的发展

从夏商西周到东周，中国经历了一场巨大的文化转型，文化从巫术文化中解放出来，提升为诸子百家的多元文化。在巫术文化年代，人的一切活动都要服从“礼仪”，诸多迷信充满愚昧，贻害社会。从宗教到哲学的发展标志着人类从愚昧中解放出来。春秋战国，百家争鸣，各种学说纷纷从宗教的桎梏中解放出来。其中从旧日巫礼文化提升出来，构建“齐家治国平天下”哲学体系的儒家理性文化，没有像古希腊文化那样走向抽象思辨之路；也没有像印度那样步入生命解脱之途，而是执着于人伦的经世致用，着眼于人类社会各种实践原则和人类日常生活准则的构建，以及个体道德人格修养、完善的体验。

儒家实用的理性智慧，以情感原则为理论基石，以轻逻辑分析、重整体直观体验为思维模式，以尽性知天、天人合一为内容，对自然与人类之间的关系，人与人之间的关系进行了深入的探讨，为人类个体的人格完善，人类对道德知识的把握，以及对道德境界的体验等提供了一个崭新的途径。儒家思想博大精深，从孔子的仁人之学到孟子天人相与，再到荀子的制天命而用之，以及《中庸》、《大学》的“与天地参”，一步步把这种“内圣而外王”的实用理性推向顶峰，为延绵几千年的统治地位奠定了雄厚的基础。

在此，我们侧重分析的问题有：孔子的礼治的渊源何在？是孔子的创造还是对历史的承继与发展？礼治如何成为可能？礼治是否成为现实（历史）？儒家思想是不是孔子一人的思想？为什么儒家推崇人治，而法家主张法治？人治思想是孔子的创造还是对历史的承继与发展？人治和礼治是什么关系？能不能仅仅把人治简单归结为礼治？礼治如何成为可能？礼治是否成为现实（历史）？中国孔子的礼治和古希腊柏拉图的人治和智慧之治有何区别？为什么会有这种区别？孔子为什么提倡从礼治发展到仁治，而不是简单提倡人治？仁治何以得到保证？仁治有没有制度的保证？所有这些问题都是值得深入探讨的。

礼治并非始于孔子，晚则始于西周，早则始于夏朝甚至更远。孔子对中国传统文化尤其是对西周礼治的基本态度是“述而不作”[1]，并不认为自己是一

〔1〕《论语·述而》。

种创造性的学说，而是对传统文化的集成与综合，尤其是对周礼的弘扬。因此，分析孔子礼治的渊源就成为首要的研究任务。

一、“礼治”的最初发展演变

目前学者认为“礼治”源于西周，礼治是孔子的学说。其实，这种说法是有局限的。一方面，礼治是西周社会流行甚广的一种风气和一种社会文化，是当时全社会共同参与创造的文化结晶，绝不是哪一个人创造的。另一方面，“礼”至少应该追溯到尧舜时代（也可能更早）。由于中国的文字始于商朝的甲骨文，商代之前没有确切的文字可考。因此，人们从文字历史考察，中国的礼治始于商朝之后。然而，礼治至少始于尧舜时代，这是从春秋战国时代的文字描述推定出来的。这种推定是有道理的，因此是可信的。《孟子·万章》提出尧舜时代的王权合法性在于“天与之，民受之”，这是一个有力的证明。

那么，礼治是什么意思呢？“礼治”及“礼制”就是在上古时代的一种支配或主宰社会成员的行为规范；到了夏商周以后，礼治演变为维护王族利益和王权制度而进行王治的等级秩序，是王权如何统治或管理天下（社会）的根本；一句话，无论是外在的“礼制”，还是内在的“礼治”，其本质都是为实现政治上的王权主义和法律上的王法主义服务的。

说到底，“礼治”及“礼制”〔1〕在中国就是王治或是王权之治的等级秩序，是王权如何统治或管理天下（社会）的根本。按马克思主义观点看，法律虽然源于奴隶社会，但在奴隶社会之前就已经有了法的前身，即原始社会习惯。按民族学看，不同民族发展过程创建了不同的法律。礼治是中国法制历史发展过程的根本特色，而不能仅仅归结于儒家特色。

周朝的礼治源于夏朝的礼制，夏朝的礼制源于尧舜的礼刑训令。〔2〕以礼治国的发展脉络是从夏朝的礼制（礼刑法合治）发展到周朝的礼治（以礼统刑）。所以，从礼制到礼治隐含着从野蛮到文明的发展进步。

在中国历史上，“礼”经历了巨大的历史变迁。礼从尧舜时代就开始把王权与神权、族权紧密联系在一起，成为规范人们行为的标准。据专家考证，中国在尧舜时期就已经形成了统一的法制。刑法中已经建立了五刑、五流、象刑、

---

〔1〕有时礼治也是礼制的意思。虽然“礼治”与“礼制”有些细微差别，礼治是一种理念、治国方法、动态表述，礼制是一种社会国家制度和静态表述，但两词在原则上是一致的，都是“人治”的表现形态。

〔2〕段秋关、王立民：《中国法制史》，北京大学出版社2005年版，第14页。

赎刑和鞭刑等相当完善的刑法体系。[1] 中国法律从上古时期开始就在寻找支撑王权的合法性、合理性及有效性。

在本书著者看来，王权的合法性、合理性和有效性是有一定的内在逻辑顺序的。王权的有效性是其目的，王权的合法性、合理性则是实现王权有效性这一目的的手段。王权的合法性是王权有效性的直接理由，王权的合理性是其深层理由。王权的合法性保证了王权的有效性。王权的合理性保证王权的长远性。不能确定合法性的王权就失去了王权的有效性。没有合理性的王权不会持久的。所以，王权的有效性的基础是法律的合法性和合理性。

在尧舜时代，王权具有合理性与合法性的双重标准，即“天与之”和“民受之”[2]。“天与之”为王权提供了合法性，“民受之”为其提供了合理性。中国的初民十分相信神的力量。从原始社会末期到奴隶社会甚至封建社会的相当长的历史时期，宗教往往是法律的主宰。所以，中国在尧舜时代实施的禅让（让贤）制度是建立在“天与之”合法性和“民受之”合理性的双重基础上的，因此拥有了实在的有效性。

“礼”字在殷商就已出现，甲骨文是祭祀祖先及上帝以示诚敬的意思。“礼，履也，所以事神致福也。”[3] 古人“尊神”，认为只有履行这样的仪式才能得到鬼神的赐福和保佑。

西周礼治思想为后来儒家创始人孔子所继承并发展。可以说，儒家是中国法律思想发展的主流。儒家思想是对礼治的继承与发展。然而，孔子虽然是儒家思想的创始人，孔子个人生前并没得到应有的殊荣。相反，他经历的却是颠沛流离的人生。

二、颠沛流离的人生

孔子（公元前551年~公元前479年），是儒家的开山鼻祖，中国春秋后期的思想家、教育家。名丘，字仲尼，排行老二。据考证，孔子的六代祖叫孔父嘉，是宋国的一位大夫，做过大司马，在宫廷内乱中被杀，其子木金父为避灭顶之灾逃到鲁国的陬邑，从此孔氏在陬邑定居，才变成了鲁国人。孔子的父亲叫叔梁纥（叔梁为字，纥为名），母亲叫颜征在。叔梁纥是当时鲁国有名的武

[1] 同上书，第15页。

[2] 《孟子·万章上》。

[3] 《说文解字》。

士，建立过两次战功，曾任陬邑大夫。叔梁纥先娶妻施氏，生9女，无子。又娶妾，生一子，取名伯尼，又称孟皮。孟皮脚有毛病，叔梁纥很不满意，于是又娶颜征在。当时叔梁纥已66岁，颜征在还不到20岁。公元前551年（鲁襄公二十二年），孔子生于鲁国陬邑昌平乡（今山东曲阜城东南）。因父母曾为生子而祷于尼丘山，故名丘，字仲尼。

孔子3岁时，叔梁纥卒，孔家成为施氏的天下，施氏为人心术不正，孟皮生母已在叔梁纥去世前一年被施氏虐待而死，孔子母子也不为施氏所容，孔母颜征在只好携孔子与孟皮移居曲阜阙里，生活艰难。孔子17岁时，孔母颜征在便去世了。

孔子19岁娶宋人亓官氏之女为妻，一年后亓官氏生子，鲁昭公派人送鲤鱼表示祝贺，孔子感到十分荣幸，给儿子取名为鲤，字伯鱼。

公元前516年，鲁国内乱。孔子不满以季氏为首的三桓擅权，离开鲁国前往齐国。齐景公向孔子问政，孔子回答说，“君君、臣臣、父父、子子”，故得到齐景公的赞许。齐景公本想任用孔子，但遭到晏婴等人的阻挠。为此，孔子返回鲁国。这时鲁国三桓专断，所以孔子不敢从政，于是把精力用来整理《诗》、《书》、《礼》、《乐》，及发展教育事业。他的弟子越来越多，影响越来越大，后来才受到官方的关注。公元前501年，被任为中都宰，政绩杰出，升为司空，再后来升为大司空。孔子参与治国有方，收效巨大。但终因官场腐败，政局多变，他带领弟子，退出鲁国官场，并离开鲁国。自此，孔子开始了14年周游列国的漂泊生涯，想在诸国中寻觅从政机会，但始终没有很好的机遇。公元前484年，季康子以币迎孔子，孔子才再次返回鲁国。时年已经68岁。鲁哀公、季康子时常问政于孔子，但终不起用。这样，孔子在晚年只好集中精力从事教育，并整理《诗》、《书》等古代典籍。

孔子的人生虽然是颠沛流离的一生，但他对后世的影响是无法估量的。古诗云，“天不生仲尼，万古如长夜”。外国评价孔子是中国的第一人。孔子的最伟大贡献是纳“仁”入“礼”。

三、孔子纳“仁”入“礼”

和古希腊的柏拉图为奴隶社会的贵族服务不同，孔子所要维护的是封建贵族制而不是奴隶主贵族制，封建社会对奴隶制社会有很大承袭性，因此对奴隶制稍加改造就可为封建制所用。孔子梦寐以求的是建立一个在封建制基础上的“礼治”王国。

孔子对礼制的最大贡献就是纳“仁”入“礼”。在法律思想上，他承继了西周的“礼治”和周公“明德慎罚”及“亲亲”、“尊尊”的宗法等级制思想，提倡“为政以德”的“德治”，重视道德感化和统治者个人以身作则的表率作用，相对地比较轻视法律及其强制作用。同时又不满于以往礼治的内涵，为此纳“仁”入“礼”。孔子的思想主要集中表现在《论语》之中。贯彻《论语》始终的，只有一个“仁”字。仁的内涵异常丰富，但总的精神是爱人，包括爱父母、爱兄弟、爱亲戚、爱朋友、爱路人、爱国人、爱人类。爱虽有差别与等级，但都是爱。仁的具体内容是“忠恕”，仁的具体表现是“克己复礼”行“中庸”之道。仁的最高境界即为“成人”。而达到成人的唯一途径就是学而不止，自强不息，死而后已。可以说，孔子思想从头到尾都体现着一种人文精神。

在孔子思想体系中，“仁”和“礼”是两个相互联系的方面。弄清这两个方面和二者的关系，是了解孔子法律思想以及其他思想的关键，其内容是十分丰富的。简单说，“礼”是外在的，“仁”是内在的；“仁”是“礼”的本质内容，“礼”是“仁”的外在表现形式。

“仁”是孔子伦理道德中最重要的一个范畴。《论语》这部才一万多字的著作中，谈到“仁”的地方就有58处之多，“仁”字出现105次，都是孔子回答弟子提问时对“仁”所作的解释和发挥。然而，“仁”的含义博大精深、异常丰富、难以捉摸。因为孔子的答复往往因人而异，时而可以理解成“孝悌”，时而又可理解为“忠恕”，时而为“爱人”，时而为“克已复礼”，还有其他种种，简直莫衷一是。

其实，孔子之所以赋予“仁”多种含义，是因为它是对各种道德的综合，包含了人的伦理道德的一切丰富内容。他认为，一个人如要完美无缺必须具有各种美德才能称得上“仁者”。“仁者”是拥有最高最丰富道德内涵的人。所以，他从不轻易以“仁者”许人，甚至他自己也都不敢公开以“仁者”自许。

四、以“仁治”丰富了“礼治”的思想体系

孔子“外礼内仁”的思想是为忠孝体制服务、实现王权王法的有效路径。

“爱人”是“仁”的重要含义。“樊迟问仁，子曰爱人。”[1]“爱人”是伦理的本质，也是“仁”的本义。“仁，亲也，从人从二。”[2]孔子很重视处理人

〔1〕《论语·颜渊》。
〔2〕《说文解字》。

际关系。"爱人"在他心目中，就是处理人际关系的基本原则。根据"爱人"原则，用来处理君臣关系就是"君使臣以礼，臣事君以忠"[1]；用来处理父兄与子弟的关系，就是父慈、子孝、兄友、弟恭；用来处理同辈之间的关系，就是"己欲立而立人，己欲达而达人"[2]和"己所不欲，勿施于人"[3]的"忠恕之道"。总之，"爱人"表现在不同的社会关系中自然具有不同的内涵。

孔子的"爱人"与近代西方资产阶级的"博爱"并不相同。近代资产阶级所标榜的"博爱"是那种超阶级的爱。孔子的"爱人"非但不是超阶级的，而且还打上了封建社会宗法等级制的烙印。理由至少有两点：首先，孔子的"爱人"是有顺序的，必须从"亲亲"开始，由亲及疏，由近及远。也就是说，首先必须亲爱自己的亲人，亲人中最亲的是父和兄。在具体伦理道德中，孔子最强调对父兄的"孝悌"。其次，孔子的"爱人"是有等级的，等级不同，要求自然也不同。等级的根本出发点是维护周礼的"尊尊"原则，反对"犯上作乱"。"孝悌"和"亲亲"的根本就是"尊尊"。在君臣关系中，他要求"君使臣以礼，臣事君以忠"，君臣的不平等在礼治中表现为"使"与"事"的对等。这种不对等甚至君可以使臣不以礼，但臣事君也必以忠。同理，一切上下级关系也都如此。孔子总是认为上级高于下级，上级约束下级，使之无条件地服从上级，不许僭越，不许"犯上作乱"。那么，人凭什么成为上级或下级，对此孔子无奈，只好宣扬宿命论，提出"死生有命，富贵在天。"因此，孔子"仁爱"的社会本质是以"尊尊"统率"亲亲"。孝悌是"仁之本"："其为人也孝悌，而好犯上者鲜矣；不好犯上，而好作乱者未之有也。"

在孔子眼里，"人"不等于"仁"，"人"更不等于"民"。"仁"是做人的根本和内在目标，但却必须通过"礼"的外在不断实现。因此孔子学说素有"外礼内仁"之说。仁是礼治的本质，人只是社会主体的表现。学界有一种意见认为孔子仁爱中的"人"并非泛指所有的人，"人"指贵族，"民"指奴隶和其他劳动人民；民在《论语》中不是爱的对象，而是使的对象，如说"使民以

[1]《论语·八佾》。
[2]《论语·雍也》。
[3]《论语·颜渊》。

时"[1]、"使民战栗"[2]等，故孔子从来不说"爱民"，只说"爱人"[3]。张国华并不同意上述观点，提出在春秋时期，"人"已经是泛指，故有"国人"、"野人"，"大人"、"小人"等之分，可见"人"并非专指贵族。如果说"民"按习惯仍然指奴隶和其他劳动人民，那"民"就是人的一部分。[4]然而，本书著者认为，"人"是君臣民所有人的内在本质，"人"是抽象的，君臣民则是相对具体的，有点像马克思所说的具有"类本质"的人，犹如今天所说的"人类"，也具有人的整体的意义。

"仁"的另一个含义就是克己复礼。他说，"克己复礼为仁"。所谓"克己复礼"就是要克制自己，使自己的言行都符合"礼"，他要求人们必须"非礼勿视，非礼勿听，非礼勿言，非礼勿动"。他把"礼"视为"仁"的表现。如果成为"仁者"，他的视、听、言、行就必然要合乎"礼"的要求。如果一个人的视、听、言、行违反"礼"，那就是不仁的表现。因此，礼与非礼是衡量仁与不仁的标准。所以，表面看来"仁"似乎是目的，其实只不过是复礼的手段。"复礼"是孔子的政治纲领，他的一切言行莫不以它为归宿。因为他把"礼"看成是仁的化身，因此他对各级贵族违反"礼治"的僭越行为都表示深恶痛绝。他对鲁国的季氏"八佾舞于庭"的现象怒不可遏地说，"是可忍也，孰不可忍也"。这类行为是"不仁"的表现。最大"不仁"的表现是"臣弑君"、"子弑父"等行为。孔子对周礼进行重大修正，突破了以往"礼不下庶人"的旧传统，转向礼下庶人，对变奴隶制的礼为封建制的礼起到了开路的进步作用。

第二节　柏拉图的智慧之治

柏拉图的人治与孔子的礼治不同。孔子是把社会治理为礼仪之邦的"礼治"，柏拉图则是靠哲学王用最高的智慧治理社会的"智慧之治"。这是与他"爱智慧"的人生历程有密切关联的。

---

〔1〕《论语·学而》。
〔2〕《论语·八佾》。
〔3〕张国华：《中国法律思想史新编》，北京大学出版社1998年版，第56页。
〔4〕张国华：《中国法律思想史新编》，北京大学出版社1998年版，第56页。

一、“爱智慧”的历程

在古希腊社会，“雅典”是智慧的象征，因此雅典人（不包括雅典的奴隶、穷人和外来人）是最高贵的。柏拉图（公元前427年~公元前347年）是一位地地道道的雅典人，出身于一个古老的名门贵族家庭。他的父亲名叫阿里斯同，其家谱可以追溯到古雅典王高德鲁，他的母亲伯里克奇尼是梭伦的后裔。他母亲的叔父是雅典三十僭主中最有才能、最出色、最危险和最招人怨的一个。在这样高贵名门的家庭里，他自小就受到了当时最上等的教育和教养，有人认为，“他曾经从最著名的智者们获得被视为一个雅典人应具有的关于各种艺术的教育”。[1] 在家里他名叫亚里士多克勒，由于他的气宇不凡，他的老师才给他命名为柏拉图。有人说，这名字是由于他的前额宽广和体格丰美，有人说是由于他的谈论丰富和广博，总之，这名字象征着博大和宽广，说明柏拉图的一生有一个好的“爱”的开端。

柏拉图在青年时代学习作诗、绘画和写悲剧，这不仅对他培养高尚的情操和文学素养有很大意义，而且重要的是极大地开拓了他的丰富想象力。他写过颂神诗和赞美歌，在希腊诗歌的选本里，尚保存着几首他写的诗歌，内容大都是为他所爱的人而写的，其中有一首最为著名，是赠给他一个最好的朋友，名叫阿斯特尔的，这里包含着一个极美的想象：

> 星儿瞧着你，阿斯特尔，
> 啊！但愿我是星空，
> 那我就可以凝视着你，
> 以万千只眼睛。

关于柏拉图拜师，曾有一个美丽的传说逸事：在他二十岁的时候，他父亲把他带到苏格拉底那里，而在他拜见苏格拉底的前一个晚上，苏格拉底梦见一只天鹅飞来停在他的膝上，天鹅的翅膀很快长大了，接着就立刻飞向天空，并唱着最优美的歌曲。后来柏拉图果然成为苏格拉底最著名的弟子，而且柏拉图对后来人类的影响远远超过了苏格拉底。

柏拉图继承并发展了苏格拉底的思想，为此哲学大师黑格尔精辟地指出：

---

[1] ［德］黑格尔：《哲学史讲演录》（第2卷），贺麟译，商务印书馆1983年版，第153页。

“他是苏格拉底最著名的朋友和门徒。他把握了苏格拉底的基本原则的全部真理，这原则认为本质是在意识里，即本质为意识的本质。这就是说，绝对是在思想里面，并且一切实在都是思想……在一个统一里，思想既是思维，也是实在，它就是概念同它的实在性在科学发展的过程中，——换言之，思想是一个科学的整体的理念。苏格拉底把自觉思想的权利提高为原则，而柏拉图则把思想这种抽象的权利扩张到科学的领域里。他放弃了苏格拉底认为独立自在的思想为自觉的意志之本质和目的的狭隘观点，而进一步认为这种思想为宇宙的本质。他曾经扩大了苏格拉底的原则，并且发展了解释和推演这原则的方式，虽说他的发挥未必完全是科学的。”〔1〕

最初，柏拉图本想一心一意献身于政治，还不想把自己的人生“爱恋”投注于智慧。他出生于伯罗奔尼撒战争时代。他和苏格拉底一样，曾经履行了作为雅典公民的兵役义务，据说他曾参加了三次战役。作战中，他很勇敢。当雅典帝国覆灭时，他正是二十来岁的青年，正好目睹这一场历史性的悲剧。柏拉图活到八十高龄，不仅目睹了希腊帝国的灭亡，还亲眼见到另一个帝国——马其顿王腓力的帝国——的兴起。它终于统治了希腊，从而结束了希腊人的独立自由发展的历史。柏拉图生活在这样一个希腊的衰落时代，他有志于改革政治，对祖国的盛衰变迁和这过程中暴露出来的各种社会的、政治的、思想道德上的弊端，有种敏锐深切的感受；和苏格拉底一样，他也对古希腊衰微的原因和出路深加思考。由于他出身显贵，思想上带有许多贵族的色彩，即使他对雅典民主制的政治和社会生活方式中的毛病更敏感，也使他带上一定的阶级偏见，使他的思想发展更富有曲折的性质。

当他政治理想破灭之际，他的人生追求和“爱情”才发生了天翻地覆的变化。第一个事件是在民主制下发生的审判和处死苏格拉底的事件。这使柏拉图对当时的政治失望了，使他感到的是，在政治这个领域中处处充满着不义、罪恶和丑行。第二个事件是他与狄翁的计划破产了。苏格拉底死后，作为苏格拉底学生的柏拉图便逃离雅典，先投奔麦加拉的欧几里得那里，然后又去游历，从埃及到居勒尼，又到南意大利。公元前388年，他第一次来到叙拉古，结识了年轻的狄翁，狄翁很赏识他的品德和才能。由于狄翁是叙拉古僭主老狄奥尼修的姻亲，柏拉图便以为他那种以智慧理想来改造国家的打算似乎有了用武之

〔1〕［德］黑格尔：《哲学史讲演录》（第2卷），贺麟译，商务印书馆1983年版，第151～152页。

地。但这个计划很快就破产了，这位僭主不能容忍他们。为此，柏拉图被送上一艘斯巴达的船，作为一个战俘送往与斯巴达结盟反对雅典的阿吉那的奴隶市场，幸而遇到一位居勒尼的朋友，由他出了赎金才获救回到了雅典。

政治理想的破灭，使得柏拉图开始专心致志地研究学问。历经政治坎坷，柏拉图对政治的兴趣逐渐消失，甚至对政治达到了厌恶的程度。当时流行一种政治看法，认为政治从个人出发，是损人利己的行当。还有一个青年认为，一个人虽然最为不义却可以成为快乐的人，如马其顿的阿尔契劳那样，这个人谋害了许多至亲，却为自己夺到了王位。柏拉图对这种流行的不义的政治言行非常义愤，不愿再参加这种肮脏的政治活动了。

柏拉图的一生与数学结下了不解之缘。在柏拉图逃离雅典游历非洲之际，在居勒尼，他在著名的数学家德奥多罗指导下，特别钻研了数学。柏拉图不久便在数学王国取得了很高的成就，据说由神谕提出的德洛或德尔斐问题就是他解答的，这问题和毕达哥拉斯定理相似，是与立方有关的——求作一线段，使其立方等于二立方之和。这需要凭借两条曲线来作图。极高的数学修养充实了柏拉图的思想。

觉悟后的柏拉图在《国家篇》中借苏格拉底之口道出了自己对政治的一番真知灼见：一般来说，政治家没有人是诚实的，也没有什么为正义而战的斗士。一个人若是要为正义而战和拯救正义，那就会像一个置身于野兽之中的人那样，他既不愿意参加他们的罪行，又无力单独抗御他们的暴力，因此他就会于国家于朋友无益，徒然地糟蹋了自己的生命而对己对人都做不成任何好事情。他不如保持自己的平静，走他自己的路。

走怎样的一条人生之路？柏拉图选择了爱智慧的路。尽管这样，柏拉图还没有彻底失去对政治的追求——不过他把这种对政治的爱恋沉淀到学术之中。因为他懂得要改造国家和社会必须通过政治。但在他看来，只有真正的善才能使人们的灵魂和国家的政治变得纯洁和合乎正义，所以他为此转入了对哲学的研究。在这种情况下，柏拉图才把自己的崇高“爱情”付之于哲学智慧的王国。

经过十年来的游历与磨难，约于公元前 387 年，柏拉图做出了一个惊天动地、流芳千古的举动——在雅典建立了一所学园。从此后，他以一名教师和作家的身份专门从事哲学的研究和教育事业，开始写他那些关于哲学的一系列对话的著作。可是，他对政治上的理想追求还不死心，柏拉图在雅典的崇高事业，曾被他三次往西西里的旅行打断。

第一次是他与狄翁的计划，后来失败了。第二次是狄奥尼修对柏拉图的召贤。狄奥尼修很喜欢柏拉图，对柏拉图也很尊敬，也希望自己为柏拉图所尊敬。但好事不长，这种关系没有维持多久。因为狄奥尼修是那样一位平庸的人，他虽然也企求荣誉和优胜，却只是半途而废，缺乏深度和真诚，虽然装作这样，却没有坚强的性格。结果是纵然怀有好的愿望，却终不能达到目标，仿佛我们舞台上表演的讽刺剧所讥刺的人一样，心想要做一个了不起的人物，但结果只变成一个傻瓜。狄奥尼修要柏拉图放弃自己的好友狄翁，而独立占有柏拉图。柏拉图不愿意放弃与狄翁的友谊，为此离开了狄奥尼修。可恨的是，当狄奥尼修得知柏拉图要离开他时，便不愿提供任何交通工具，甚至要用暴力迫使他不能离开西西里，直到最后塔仑丁的毕达哥拉斯派中的人出面干涉，向狄奥尼修索回柏拉图，才允许柏拉图动身回到希腊雅典。加上狄奥尼修害怕他与柏拉图不能友好相处的恶劣消息传出去，才使得柏拉图平安离开西西里。第三次是在公元前 367 年老狄奥尼修死后，他的侄子小狄奥尼修继位，在狄翁的劝诱下，柏拉图以为新君年轻可以教诲，又能使之成为他实现政治思想的工具，便再度欣然前往西西里。但小狄奥尼修与柏拉图的理想有冲突，便想加害于柏拉图。幸亏靠阿启泰以塔仑丁人的名义作了有力的干预，柏拉图才逃脱了险境。

柏拉图所有的政治希望都被粉碎成了泡影后，他对政治才彻底失去了兴趣和奢望，专心致志于学术的开发，因此才能为人类的智慧发展做出了不朽的贡献。这一点与孔子的人生命运有很大的相似性。

柏拉图达到了极高的境界，即政治诱饵再度出现也绝不动心的地步：居勒尼同阿卡底的人曾经请求柏拉图为他们立法，柏拉图却拒绝担任立法者的职务。柏拉图以他那独特的远见使自己免遭一次政治险境。他意识到，虽然立法极其容易，但他所立的法是不适宜那个时代的。关键的交锋还在于，当事人不同意柏拉图提出的第一个条件，即废除一切私有财产。

柏拉图受到全希腊特别是雅典人的尊敬，活到第 108 届奥林匹克赛会，死在他的生辰那天，在一个结婚的筵席上，享年八十一岁。

柏拉图的一生写了大量的著作，现有的三十多篇对话和书信，只有少数可能是别人的伪作，大多数是可靠的。他的《对话集》曾被译成多种文字出版，影响极大，在西方政治法律思想史中占有很重要的地位。

柏拉图的思想及其著作发生过很大的变化，大致分为三个阶段：第一阶段是他为了保存和纪念老师苏格拉底，最早写成的那些对话，主要是记述苏格拉底的思想与活动的，有《苏格拉底的申辩》、《克拉底鲁篇》和《国家篇》的第一卷。第二个阶段是他自己的思想成熟和形成的著作，有《美诺》、《斐多篇》、《国家篇》（除第一卷外的绝大部分）、《斐德罗篇》、《泰阿泰德篇》和《会饮篇》以及《理想国》。主要思想是关于"相论"（理念论）的智慧（具体内容在后面详细论述）。第三阶段是他的晚期作品，有《巴门尼德斯篇》、《智者篇》、《蒂迈欧篇》和《法律篇》等。它们对前期的思想作了重要修正，提出了"通种论"，在一定程度上克服了"相论"中的孤立静止的形而上学方法，发展成为一种较高的辩证法智慧。

柏拉图的法律思想集中体现在《理想国》、《政治家》和《法律篇》三部著作中。其中《法律篇》是他最晚的著作，有的说在他死前仍在撰写这部著作。不管怎样说，《法律篇》是柏拉图最成熟的著作之一。

二、法治："退而求其次"

和中国的孔子不同，柏拉图虽然主张人治，但也并不反对法治。柏拉图对西方法律思想的影响是无法估量的。据学者分析，"西方法律思想起源于何时，并无定论，但是，西方法律理论以柏拉图的著作为起点，则是没有太多争议的事。"〔1〕不过，柏拉图的法律思想在其前半生与后半生发生了重大转变。前期强调人治的重要性，后期强调如果人治行不通，法律则是"退而求其次"的社会治理方案。

在其早期作品《理想国》中主张"贤人政治"，过分强调哲学王的智慧在治理国家中的重要作用，认为如果没有哲学家成为国王，社会将永无宁日；人治高于法治，人治就是智慧之治，就是最好的一人用最高的智慧之治。因此，在他的前半生，极力反对甚至蔑视法律的作用，提出不应将许多法律条文强加于"优秀的人"，如果他们需要什么规则，他们自己会发现。《理想国》中，他对正义的论述是别具一格的甚至有点振聋发聩的，他提出什么是正义，"正义不是别的，就是强者的利益"。谁是强者，政府是最大的强者。法律由政府颁布，政府根据自己的利益来制定法律，所以"凡是对政府有利的对百姓就是正义的；谁不遵守，他就是有违法之罪，又有不正义之名"〔2〕。这种理念固然有其时代局限性和错误的一面，但也有其合理性的地方 —— 实际的正义与强者是有密切关

〔1〕 徐爱国："解读柏拉图关于法律的三个比喻"，载《环球法律评论》2003 年第 3 期。

〔2〕［古希腊］柏拉图：《理想国》，郭斌、张竹明译，商务印书馆 1986 年版，第 18 ~ 19 页。

联的，许多人由于自己太弱，没钱请律师，打官司免不了要败诉；许多有钱有势之人，在司法实践中往往能够站在对自己有利的一面，有的甚至完全可以逍遥法外（但也只能逃脱人定法的惩罚，却仍旧不能逃脱自然法的惩罚）。这是千古不变的道理。

柏拉图这种早期乌托邦的哲学王理想国必然招致失败。为此，在他晚期著作《政治家》和《法律篇》中，只好将法律称为除了哲学智慧之外“第二位好的”（second best）治国方案。可见，即便在他的晚年，也没有完全放弃其哲学王智慧的作用，仍然认为智慧之治是最好的治理社会的方案，法律只是退而求其次第二好的方案。他在《政治家》结尾中提出，“一个专制的政府，如果是根据好的成文法律来统治，就是六种政体中最好的一种，但是如果他不根据法律，那就是最无情的，对他的国民的压迫也是最厉害的。”[1]

在《法律篇》中，柏拉图对自己的理想国进行了一番重大修改，将法治引入了统治，从而将理想国转化成了法治国。《法律篇》是柏拉图生平所著的最后一部，它集中反映了柏拉图晚年对其生平思想尤其是对诸多法律问题的研究成果，对于现代法治研究，仍具有重要借鉴意义。这是与中国的孔子并不相同的根本之处。《法律篇》主要围绕着公元前 4 世纪中叶展开的一个讨论。其内容虽然涉及国家生活的各个方面，但法治问题则是他探讨的主题。《法律篇》的主题是什么是正义。古代希腊时代哲学是知识百汇，还没有后来的专门法哲学分支，在古希腊，有意识的法哲学探讨是不存在的，因此有关正义就成为法学的主题词，所以后人“什么是合法的”法学问题，在古希腊哲学家的论著之中则是“什么是正义”的命题。

在柏拉图前后期思想发展中，还有两个方面不可忽视：一方面，在《法律篇》中，在统治者与法律的高低关系上，柏拉图把统治者称为“法律的仆人”，认为法律高于统治者，“在法律服从于其他某种权威，而他自己一无所有的地方，我看，这个国家的崩溃已为时不远了，但如果法律是政府的主人，并且政府是它的奴仆，那么形势就充满了希望”[2]。另一方面，柏拉图在《法律篇》中强调了法律至上性与统治者是法律奴仆的同时，还继承了理想国的根本理念，

---

〔1〕 西方法律思想史编写组编：《西方法律思想史资料选编》，北京大学出版社 1983 年版，第 19 页。

〔2〕 [古希腊] 柏拉图：《法律篇》，张智仁、何勤华译，上海人民出版社 2002 年版，第 123 页。

即法律的目的在于实现国家的善与培养公民的德性，从而最终目的是实现神的意志，"神学知识是所有知识中最好的"[1]。所以，柏拉图的法治本质上是一种法律工具主义的神治。

在柏拉图看来，立法是一个需要理性的事业。柏拉图认为，人的理性、神性和德性三者关系是辩证统一、相互印证的。柏拉图认识到，获得真理和德性本身并不重要，重要的是实践，因此人类立法是为了追寻德性。在《法律篇》第4卷，柏拉图就指出："我们始终在寻找哪些立法有助于美德，哪些立法无助于美德。"[2]

第三节　礼治的可能与哲学王的不可能

历史的事实已经证明了，孔子的仁政、礼治的法律思想不仅变成（部分）现实，而且变成中国历史上几千年的社会制度（从西周至明清有3000年的历史）；柏拉图的哲学王智慧之治从来未曾变成现实。为什么会是这样呢？其中的道理何在，值得探讨。

一、礼治如何成为可能

中国先民从尧舜时代到西周时代，再到春秋战国时代，再到唐代，礼治逐渐变成一套完善的国家法律制度。

为王权王法服务的忠孝体制是通过不断加强"礼治"来完成的。"礼"发展到西周，宗法制逐渐系统化而发展为宗法礼治。西周的礼治无所不包，经过不断充实，包括政治、经济、军事、教育、行政、司法、宗教祭祀、婚姻家庭、伦理道德等社会各个方面。所以"礼"成为社会发展的轴心，一切都必须以礼为准绳，礼成为上至国家的立法、行政及其官吏的权利义务的行为规范，下至平民百姓衣食住行、生老病死、婚嫁往来的行为准则："道德仁义，非礼不成；教训正俗，非礼不备；分争辩讼，非礼不决；君臣上下，父子兄弟，非礼不定；宦学事师，非礼不亲；班朝治军，莅官行法，非礼威严不行；祷祠祭祀，供给

〔1〕 同上书，第424页。

〔2〕［古希腊］柏拉图：《法律篇》，张智仁、何勤华译，上海人民出版社2002年版，第262页。

鬼神，非礼不诚不庄"[1]。因此，"礼"不仅具有了根本大法、行政法和刑法的性质，而且也成为民法的灵魂。它不仅是"定亲疏，决嫌疑，别同异，明是非"的依据，更是"经国家，定社稷，序民人，利后嗣"的根本。

在周礼所确立的全部规范、制度和礼仪中，始终贯穿着的原则是亲亲、尊尊、长长和男女有别，"亲亲也，尊尊也，长长也，男女有别，此其不可得与民变革者也。"[2]其中，"亲亲"、"尊尊"最为重要。"亲亲"和"尊尊"既是周礼的基本原则，也是西周立法的指导。

"亲亲"是处理亲情关系的行为准则，其本质是一个"孝"字。处理亲情关系的首要原则是"亲亲父为首"、"万善孝为先"[3]，因此分封和任用官吏必须是"任人唯亲"，使亲者贵、疏者贱，并按嫡长继承制代代世袭下去。所以，子弟必须孝顺父兄，"小宗"必须服从"大宗"。

"尊尊"是处理社会等级关系的准则，其本质是一个"忠"字。下级必须尊敬和服从上级，特别是作为天下大宗的天子和一国宗主的国君，表现为"尊尊君为首"、"臣事君以忠"的原则以建构"贵贱有等"[4]的社会秩序。地位越高，越是应该受到尊重。严格上下等级秩序，不得僭越，不得犯上作乱。

"长长"是对长辈侍奉顺从的行为准则。要求晚辈必须敬重长辈，同辈中的年幼者应顺从年长者。在家族中表现为"长幼有序"[5]，在社会中表现为"尊老爱幼"、"尊师爱生"。

"男女有别"确定了男尊女卑和"男女授受不亲"的行为原则。

上述四大原则最基本的是"亲亲"和"尊尊"。"亲亲"解决的是亲人关系的宗法原则，旨在维护家长制。"尊尊"解决的是社会等级原则，旨在维护君主制。"亲亲"、"尊尊"的本质是孝忠。因此，"亲"和"尊"往往二位一体，家长制和君主制紧密结合，构成了完整的宗法等级制。

构建中国政法忠孝灵魂的是"亲亲"、"尊尊"。"亲亲"、"尊尊"的礼治逻辑结构核心出发点是"亲亲"的家长制，其政治目的是"尊尊"的君主制。"亲亲"是为孝，"尊尊"是为忠；"孝"为家长，"忠"为帝王。忠孝是为王权

[1]《礼记·曲礼上》。
[2]《礼记·大传》。
[3]《史记·太史公自序》索引。
[4]《礼记·坊记》。
[5]《礼记·经解》。

制、家长制服务的。"尊尊"由于周礼源自宗法，西周的统治者主要依靠宗法来维系其内部关系，所以，在"亲亲"与"尊尊"二者中特别强调"亲亲"。所以，"不孝不友"被视为"元恶大憝"的罪大恶极，要"刑兹无赦"。这为后来的儒家思想所继承，因此在《孝经》开宗明义的第一章就提出了"孝"是"德之本"，不孝就是"大乱之道"，故而宣称："五刑之属三千而罪莫大于不孝"[1]。这只是宗法制的逻辑起点，当然并不意味着不重"尊尊"，相反"亲亲"的目的是为了"尊尊"的君主制。

从尧舜到西周，礼的范围不断扩大。发展到西周，礼的范围不仅包括国家制度，而且包括风俗习惯，甚至包括政治、军事、经济等领域。礼与刑紧密联系，礼与刑成为调整两种重要社会关系的基本准则。一是贵族之间的关系，二是贵族与平民、奴隶之间的关系。"礼"是调整前者的准则，即调整和约束贵族内部的血缘等级关系，对其行为具有指引、规范的功能。"刑"是调整后者的准则，即王权为了维护贵族的统治，控制平民和奴隶，对其行为进行的规范。因此，就有了"礼不下庶人，刑不上大夫"的双重规则。可以说，"礼不下庶人，刑不上大夫"是西周"礼治"的基本特征。

"礼不下庶人"主要指礼赋予各级贵族以各种权利，尤其是世袭特权，这些权利平民和奴隶都一律不得享有。礼虽然没有赋予平民和奴隶任何权利，但却强加给他们各种义务。对于奴隶，剥夺了其法律主体的权利，成为法律关系的客体，可任由奴隶主贵族宰割、买卖、转让、赠送。

"刑不上大夫"指的是刑罚对象不是针对大夫以上的贵族，而是广大民众。

"礼不下庶人，刑不上大夫"，不仅是西周立法的原则，也是其司法的重要原则。根据这一原则，贵族不仅享有礼所规定的各种特权，而且即使行为越礼，一般也不受刑罚的制裁，只受道义的谴责。固然，"刑不上大夫"也不是说大夫贵族犯罪概不用刑，只是说即便贵族犯罪用刑，也能享受各种特殊照顾，如"王之同族有罪不即市"、"有赐死而无戮辱"、"公族无宫刑"，在诉讼上也有"命夫命妇不躬坐狱讼"的规定。

在西周分封制和世袭制的条件下，大夫以上的大贵族在自己的封地内都拥有相对独立的行政、立法、审判权和各自的武装力量。因此，国君要想惩治他们，往往必须兴师动众，兵戎相见。

---

〔1〕《孝经·五刑章》。

礼与刑这种调整对象的分野，充分说明西周实行的是一种公开不平等的特权法，与古希腊公民平等的思想正好相反。西周的“等级划分”表现在统治者和劳动人民两大等级的区别上，并被法律“固定下来”，绝不可逾越。因此，贵者恒贵，贱者恒贱，“君子务治而小人务力”[1]。所以，在西周的“礼治”下，等级非常森严，即“天有十日，人有十等”[2]，“名位不同，礼亦异数”[3]。正如列宁所说：“在奴隶社会和封建社会中，阶级的差别也是用居民的等级划分而固定下来的，同时还为每个阶级确定了在国家中的特殊法律地位。”[4]

春秋战国时期，随着奴隶制的衰落、封建制的兴起、贵族内部矛盾的激化，宗法关系日益疏远，它已变成阻挠社会前进的严重障碍，后来不断分崩离析。在当时思想领域的百家争鸣中，除以孔子为代表的儒家基本上仍然主张“礼治”外，其他各家强烈反对“礼治”。能够与儒家相抗衡的是主张“依法治国”，因此引起了一场长达数百年的礼法之争。这场争论最后以法家“法治”的思想胜利告一段落，并以法家建立了秦王朝。

汉后儒家思想逐渐占据主导地位，周代的礼治中的“尊尊”、“亲亲”、“长长”和“男女有别”的原则经改造演变为“君为臣纲、父为子纲、夫为妻纲”的三纲，并逐步经典化。后来又从礼治逐渐演化出封建法制中的“八议”、“十恶”、“官当”、依服制定罪量刑、亲属相隐、犯罪存留养亲、子孙不得违犯教令，乃至唐朝的“一准乎礼”的“礼治”思想。可以说，“礼之所去，刑之所取，失礼则入刑，相为表里”[5]，逐渐发展为中国整个封建法制的基本灵魂。

二、“理想国”成为不可能

中国的“礼治”不仅可能，而且早在古代就变成现实，并成为历史。而柏拉图的“理想”只是一种美好的梦想，并且从未变成现实。因此它是不可能的。柏拉图在社会理想中提出了自己的“理想国”的设计。柏拉图是公元前时代的人，加上他的阶级偏见，因此，他关于社会理想的构想不可能不带有极大的乌托邦性甚至是反动性。但这并不能抹杀他对人类智慧的巨大贡献，而且其“理想国”中也含有一定的合理性。

---

〔1〕《国语·周语》。

〔2〕《左传·昭公七年》。

〔3〕《屯传·庄公十八年》。

〔4〕《列宁全集》（第6卷），第287页，注释。

〔5〕《后汉书·陈宠传》。

柏拉图是代表奴隶主贵族派的思想家。他看到自己的老师——苏格拉底——为雅典奴隶主的大民主制度所害，深深地感觉到（大）民主的弊端。因此，他诋毁民主制度，认为民主制度使每个公民都参与政治生活，从而使得国家四分五裂，不复成为一个整体。

水能载舟，也能覆舟。民主制发展到极端也是有害的，苏格拉底之死正是拜当时大民主所赐。雅典十大将领冤死事件也正是希腊大民主制度造成的：公元前406年，雅典海军在海战中取得了很大的胜利，只因风暴未能收回阵亡士兵的尸体，雅典人民便大怒控告了十大将领。法庭上争议不决，便由五百人议事会（这样的大民主制）来审议，结果，十大海军将领含屈被判处死刑。苏格拉底之死产生了真理与法律的冲突，他的死是否值得至今还在争论。“如果苏格拉底越狱逃生的话，这种不守法的行为就是‘以你的欺骗行径败坏了法律和整个城邦’。纵然法律不公也要以生命的牺牲为代价去遵从之，这一堂吉诃德式的决定赋予作为国家和城邦之根基的约定和契约以特别的力量。”[1] 为此，柏拉图反对民主，主张不由多数而由少数“哲学家”来管理政治，当国家的统治者，这就是柏拉图“哲学王”的思想。

柏拉图在批判民主政治时，提出了自己的社会政治理想——“理想国”。这里既包含了一定的反动性，也含有一定的合理性。

一方面，柏拉图极力反对民主制度的态度是反动的。众所周知，希腊民主制度是古代人类社会最先进、最文明的社会制度，这个政治制度为创造世界最灿烂的古典文化——希腊文化——奠定了最雄厚的社会政治土壤。可以说，没有希腊的政治民主制度，就没有希腊文明，没有希腊文明就没有后来从中发展而来的人类近现代文明。

另一方面，民主制发展到极端也是有害的，苏格拉底之死——这个千古之冤——正是当时的大民主所致。柏拉图的理想国与民主政治相对立，主张不是由多数而由少数“哲学家”来管理政治，当国家的统治者，这就是常由人们提起的“哲学王”。柏拉图的原话是这样说的：“除非哲学家变成了我们国家中的国王，或者我们叫做国王或统治者的那些人能够用严肃认真的态度去研究哲学，使得哲学和政治这两件事情能够结合起来……否则我们的国家就永远不会得到

---

〔1〕［爱尔兰］J. M. 凯利：《西方法律思想简史》，王笑红译，法律出版社2002年版，第15页。

安宁，全人类也不会免于灾难。"[1]

在柏拉图的"理想国"中，居民分为三等：上等人是国家的统治者——哲学王；中等人是保卫国家的卫士或军人；下等人是生产物质财富的手工业者和农民，即劳动者。而奴隶，在柏拉图的眼里则根本没有被包括在人类之中。

柏拉图用神话来论证这种等级划分的合理性。他认为，神用各种不同的金属造出了不同质量的人，哲学王是用金子做成的，卫士或军人是银子做成的，劳动者则是铜和铁做成的。所以，哲学王最高贵，卫士次之，劳动者则最卑贱。进一步说，三个等级的人所生下的子女也分为三个等级，子女从属于父辈的等级。

在柏拉图理想国的思想体系中，正义具有独特的地位。柏拉图在《理想国》中提出，国王、军人和劳动者这三种不同等级的人分别具有智慧、勇敢、节制的三种美德，而正义则适用于每一个人或每一个阶级。因此，正义高于智慧、勇敢、节制，是通用的法则。智慧属于统治者，统治者用智慧处理整个国家的事情。勇敢属于军人，军人以勇敢保卫国家安全，抵制外国侵略。节制并不属于某一个等级，而属于三个等级，并不局限于劳动者。正义则是按照社会分工，各司其职，正义属于每一个人或每一个等级。这三个等级的人分别在自由民中产生（不包括奴隶）。其中统治者最少，开始在理想国中由立法选拔，后来成为世袭。可见，这种等级制度与埃及、印度种姓制度大有异曲同工之妙。因此，马克思认为，"在柏拉图的理想国中，分工被说成是国家的构成原则，就这一点说，他的理想国只是埃及种姓制度在雅典的理想化。"[2]

柏拉图在他的理想国中提出了臭名昭著的"共产共妻"制：柏拉图认为，统治者和卫士的责任就是保卫国家，因此他们应当把国家的利益看成是自己的利益，在他们中间应当实行一种"共产主义"，取消他们各人的私有财产，并使大家同住在一起，吃在一起，包括过一种共妻的生活。

柏拉图幻想用这种"共产主义"，就可以克服统治阶级内部的矛盾，使统治者团结一致，加强他们对劳动人民群众的统治，从而使这种统治万古长存。究其客观来源，柏拉图的这种"共产主义"是当时斯巴达贵族奴隶主统治的理想

---

〔1〕 北京大学哲学系外国哲学史教研室编译：《古希腊古罗马哲学》，商务印书馆 1961 年版，第 231 页。

〔2〕《马克思恩格斯全集》（第 23 卷），人民出版社 1995 年版，第 405 ~ 406 页。

化。斯巴达的贵族奴隶主统治，保留了落后的原始氏族制度残余。在斯巴达的统治阶级内部，过着一种严格的军事生活，叫做“军事公社”。他们没有私有财产，也不从事生产活动，由一种叫希洛人的农业奴隶生产物质财富来养活自己。

不管怎样，柏拉图的哲学王的智慧之治在西方始终是一个永远未能实现的乌托邦之梦。柏拉图用他整个一生的时间，都未能把理想国之梦变成现实。柏拉图一生有三个梦：哲学王，爱情王，学术王，只实现了学术王一个梦。似乎是个人生悲剧，但其悲剧给人的力量是巨大的。西方人普遍认为，西方古典学术王非柏拉图莫属，在西方人的眼里柏拉图的学术地位远远高于苏格拉底和亚里士多德，堪称西方古代第一思想家。

而孔子承继了中国几代人的礼治思想不仅变成了现实，而且成为主宰中国自尧舜历经周代、汉代，最后到清代的国家法律制度的灵魂。其中的道理虽然很复杂需要深入探讨，但有一点却极其简单：哲学王的智慧之治只是柏拉图一个人的思想智慧，而中国的礼治却经过了中国几代人的努力，凝聚了（相对）无数人的法律智慧思想。

三、人治的合理性思考

我们必须明确人治包括两种，一种是优秀的人去治理国家社会，即优秀人治。这种人治，不仅成本最低，而且社会受益也最大。另一种是庸人治理。庸人治理或者贪官治理是最糟糕的一种治理。法治好过庸人治理。中国“文化大革命”期间的“贫下中农管理学校”、“白卷先生管理政权”是庸人治理的具体体现。可以说，“文革”是个连“人治”都远远不及的时代！缺乏优秀人才支持的“法治”，可以预想，只能是纸上谈兵。

人治也有一定的合理性。人治的合理性包括以下方面：

其一，无论是孔子仁治类型的人治，还是柏拉图的智慧类型的人治，都包含了相当的合理性，即主张用最好的一人、以其最高的智慧和仁德来治理社会。孔子主张以君王的“内圣”恩惠于天下的人民。柏拉图则追求哲学王以拥有最高智慧造福于公民社会。这在前面已经详尽论述。

其二，迄今为止，人类社会发展过程的相当时空内，都是人治的状态，在那漫长的历史长夜中，人治也为人类做出了不朽的贡献。中国在“人治时代”，人们对圣人的期待具有正当性。即使在“法治时代”，对优秀人才在实现法治中的作用也不可低估。

其三，在经济领域中，尤其是今天的私营企业，人治有其一定的合理性，不能完全抛弃。这是不证自明的道理。

第四节　孔子与柏拉图人治同异之比较

比较孔子与柏拉图的人治法律思想是一项有意义的研究工作。总的来讲，两者是同中有异，异中有同。二人的相同点就是都主张人治，都不认为法治是最好的，都主张王治而不是民治。不同点在于是采用君主的“仁治”，还是哲学王的“智慧之治”，开发了人治的不同侧面。在他们看来，人治高于法治，或者人治好于法治。

一、人治高于法治：相同的人生境界与治国追求

自古伟人多坎坷，而且伟人的坎坷往往极其类似。没有坎坷，不会有伟业。孔子与柏拉图类似的坎坷人生铸造了同等高度的境界。二人的人生至少有以下三点相同：

孔子和柏拉图生活的时代是大致相同的。孔子生于公元前551年，逝于公元前479年。柏拉图生于公元前427年，去世于公元前347年。若论大小，孔子比柏拉图约大124岁。奇迹的是，柏拉图的生日与忌日是同一个日子。

中西方两位伟人十分相似的是，造化小儿都把孔子与柏拉图的命运推向极为悲惨、颠沛流离、十分坎坷的人生悲剧中。他们二人都酷爱政治，把“从政”视为一生最珍贵的理想，都经历了百般努力却不被重用而颠沛流离的人生。孔子奔走于鲁国与齐国，起初都未曾得以重用。后来总算有机会从政，并因政绩显赫，升为大司空。但终因官场腐败，政局多变，开始了14年周游列国的漂泊生涯，想在诸国中寻觅从政机会，但始终没有很好的机遇。孔子68岁时，鲁哀公、季康子时常问政于孔子，但终不起用。孔子在万般无奈的情况下，选择了办学之路。柏拉图是出身雅典的名门贵族，自小就接受了当时最上等的教育和教养，他曾勇敢地参加过三次战役。保家卫国，他才华横溢，柏拉图本想一心一意献身于政治，但终生不得志，政治理想最终还是趋于破灭。他深知，在政治这个领域中处处充满着不义、罪恶和丑行。经过磨难，柏拉图最后只好退而求其次地选择了创办学园、研究学问这条路。足见，孔子与柏拉图都共同经历了从政治抱负到政治曲折，再到政治理想破灭，最后走向学术研究的发展过程。可以说，正是他们政治理想的破灭才造就了他们的学术成就。

孔子的《论语》被西方人称为中国人的"圣经"。孔子《论语》的精华只有一个"仁"字。仁的内涵异常丰富，但总的精神是爱人。仁的具体内容是"忠恕"，仁的具体表现是"克己复礼"行"中庸"之道。仁的最高境界即为"成人"。而达到成人的唯一途径就是学而不止，自强不息，死而后已。可以说，孔子思想从头到尾都体现着一种人文精神。

无论是从个体人生还是从人类社会的角度上讲，《论语》都有其巨大的贡献。其"忠恕"观是一个极好的"药方"。所谓忠，即矢志不改；至死不移。所谓恕，从消极的方面讲，即"己所不欲，勿施于人"[1]；从积极意义讲，就是"己欲立而立人，己欲达而达人"[2]。

"己所不欲，勿施于人"的道德准则，在今天仍有指导意义。孔子的"己所不欲，勿施于人"的人际关系原则，虽然在阶级社会中并没有真正成为各阶级之间的行为准则，至多只起到了调解阶级内部矛盾的作用。这种温情脉脉的人际关系准则，虽然不是诊治社会弊端的灵丹妙药，但比起西方霍布斯"人对人之间是狼"那样赤裸裸的兽性欺诈、吞食关系，有着更多的人情味。它体现了人类社会不同于兽性社会的特殊文明形态，有着超现实的历史意义。

孔子的"中庸之道"既有消极意义，也有积极意义。孔子把"中道"、"中行"作为理想的道德品质和人格，这与古希腊大哲学家亚里士多德的某些思想有相近之处。亚里士多德认为：勇敢是懦怯与鲁莽之间的中道；磊落是放浪与猥琐之间的中道；不卑不亢是虚荣和卑贱之间的中道；机智是滑稽与粗鄙之间的中道；谦逊是羞涩与无耻之间的中道。亚里士多德还鲜明地指出："适中是人的美德。"这与孔子的"中道"、"中庸"、"中行"相似，都强调不要过与不及，要走中间路线。相比之下，孔子的思想要比亚里士多德的"中道"深刻得多。他进一步提出了把"中道"作为道德行为准则和道德理想人格的思想，并看到了折衷过程中的"和而不同"。

孔子《论语》对人类最大的贡献之一包含其教育学的思想。孔子留下许多教育学的名言。孔子把教育学习追求的境界提升到"朝闻道，夕死可矣"。学习的目的不是为做官、扬名，而是为守善道、致仁义。孔子把教学视为"学而不厌，诲人不倦"、"敏而好学，不耻下问"的过程。"学而时习之，不亦说乎"。

---

〔1〕《论语·颜渊》。

〔2〕《论语·雍也》。

把学习和理论实践当成一种快事，这充分体现了他以“学而不止”、“学以致用”为人生目标和人生追求的伟大境界。

孔子把学习和受教育提到人生第一需要的高度。孔子告诫人们说，虽然仁、知、信、直、勇、刚是六种非常好的品德，但如果不好学问，不知如何适度践行它们，就会在道德实践中陷入愚蠢、放荡不羁、被人利用、尖刻伤人、捣乱闯祸和胆大妄为等坏的境地之中，更不可能成为圣人、成人。孔子研发了学思相辅而后成人的深刻辩证关系，所以有了“学而不思则罔，思而不学则殆”的名言。学而不用，学而不思，流于空谈和肤浅。只有勤于思考，学为所用，才能成为一个有学问、有思想、有价值的人才。

“生勤勉，死静息”的生死观是孔子给人类的又一贡献。对于人生，既不厌烦以求速死，又不沉浸其中而及时行乐。孔子认为，生之自然，死亦自然，人生在世，应“既来之，则安之”，持一种乐而不淫、悲而不哀的泰然态度。要正视现世，不指望来世，也不滥用今生。孔子建议，为了自己的远大理想，要有“知其不可为而为之”的毅力和气概，要永进不止，直至死而后已。孔子这种人生态度，继承了《尚书》“鞠躬尽瘁，死而后已”的思想，鼓励了无数仁人志士。它根植于中华民族的灵魂之中，中华民族正是以这种“生勤勉，死静息”的现实人生态度创造了中华古老的文明。

孔子的“远神论”是深刻的和令人回味无穷的。生死问题是每个人都必须面对无法回避的重要问题，从而成为宗教的一个根本问题。有关鬼神及生死问题，孔子有两句名言：一句是“未知生，焉知死”，一句是“未能事人，焉能事鬼”。孔子是否信仰鬼神，他不说信，也不说不信，只是把问题悬置一边。有的学者把这种鬼神论概括为“远神论”：“作为汉文化主体的士家学说，虽然对各种神秘主义文化现象采取高度理性化的立场，但其本质上并不是无神论，而是远神论。”〔1〕这种概括是非常准确的。古往今来，宗教神话种类繁多，但唯有孔子的儒学才是一种明智的远神论。其实，生死问题和鬼神问题一直是困扰人类的大问题，也是人类永恒的主题。孔子给人类开出了一个非常有用的良方，那就是远神论。

这种远神论对古老中国法律思想发生了深远影响。正是因为远神论，中国人在法律思想层面，才不会像西方人那样执着于本体论的“上帝”和彼岸的来

〔1〕张践：《中国历代民族宗教政策》，首都师范大学出版社1999年版，第181页。

世，才决定了不同层次的中国人的不同追求，帝王追求今生今世的"内圣外王"，臣子追求今生今世的"鞠躬尽瘁，死而后已"，民众追求今生今世的幸福生活。今生今世的法律（现实中的实在法律，而不是应当层面的理想法律）都逃不脱这三种层次的框架。

只有悲剧式的人生才能铸造伟大的事业。如果孔子与柏拉图的人生是喜剧式的，恐怕历史会把他们铸造成不同的人物。悲剧不仅给他们两人巨大的力量，而且为中西方两种文明传统造就了不同的文化经典。孔子与柏拉图相似的坎坷人生造就的伟业具有同等程度，即都成为各传统文明的经典和古典精华。这一点是举世公认的，无需多言。

二、仁治与智治：同中有异的法律思想

孔子与柏拉图相同的一面并不是我们研究的重点。重点在于二人关于人治的不同之处。即便是相似的人治，二人的人治内涵也是不相同的。

孔子与柏拉图人治的相异之处至少有以下几点：

其一，二者所隐含的"智慧"不同，孔子的礼治（实际上已经演化为"仁治"）经过并凝聚了从尧舜到周代许多代人的礼治，是集体智慧的结晶。柏拉图哲学王之治虽然讲求的是智慧之治，但那毕竟是他一个人的一孔之见。这一点是显而易见的，故不多论述。

其二，二人赋予人治的内涵不同，主要体现于孔子从外在的礼治深入到内在的仁治，而柏拉图则主张智慧之治。

孔子的人治内涵是继承并发展了以往历史的"礼治"，这和后人所说的"以德治国"有些类似。孔子挖掘了"礼"的本质，那就是"仁"，即礼是仁的外在表现。"德"只是"仁"的一部分内涵。因为，道德有客观的成分，也有主观的成分，或者更主要还包含了主观的成分。不同阶级有不同阶级的道德，甚至不同的个人也有不同的道德。然而，表现"仁"的"礼"则是客观的伦理，不能包含主观的成分。"礼"和"仁"是（某一国家）全社会的，在古老中国礼治变成了法律。礼治的法律是一把尺度。而道德的尺度则因阶级而异、因职业而异甚至因人而异。受礼治规范的人未必一定就有智慧，甚至往往没有或缺乏智慧。在这一点上，孔子与柏拉图就有天壤之别。

柏拉图的人治是最有智慧的哲学王用最高的智慧来治国。简单说就是智慧之治。虽然有智慧的人未必就一定有道德，就一定讲求仁义，但最有智慧的人不仅应当是道德的，而且在治国方面也应当是最有办法的。在西方文明看来，哲学就是“爱智慧”[1]。

孔子与柏拉图之所以有了仁治与智慧之治的区别，在于他们两人的人文背景不同。或者说，孔子与柏拉图眼里的人治内涵之所以不同，原因在于隐含着古老中国与古希腊对人治理解的错位。

“仁者乐山，智者乐水”。中国古老文明精神中隐含着“仁者乐山”的根本。古希腊文明精神包藏着“智者乐水”的文明精神。古希腊文明富有移民性强、商品经济发达的特点，因此从泰勒斯到柏拉图的系列哲学家，都追求着富于变化性的东西。古希腊第一位哲学家把“水”作为世界万物的本原。因为水最富于变化。追求不断升华、富有流水般变化的古希腊文明展开了一场从原始神话升华为哲学的智慧运动，这种特殊的智慧开发运动培育出柏拉图的“爱智慧”的冲动。自从柏拉图吸收了琐罗亚斯德教的善恶二元论之后，西方文化中注入了二元对立的思想，因此高度发展了天人对立、人际对立、主客体对立的哲学观。于是，个性、权利、自由、平等、民主、法治、人权精神也就高度发达起来。但古希腊文明仅仅是全世界乃至西方世界的星星火种。中世纪从神学的角度发展了本体论。经过文艺复兴，古希腊星星火种，蔚然燎原，成为西方文明的主流。权利、自由、平等、民主、法治、人权精神逐渐扩展为全球精神。但是，基督教精神并没有成为全球精神。总之，西方文明的终极关怀走的主要是世界关怀或宇宙关怀之路，而主要不是社会关怀、人文关怀之路。关怀的重心放在强调二元对立、斗争和征服的精神部分。所以个人主义、自由主义异常发达。所以竞争意识、社会责任感十分强烈；所以，“不自由毋宁死”成为西方人的名言。因此，个性自由成为西方哲学的最高定律。在开发西方自由主义的思潮中，离不开柏拉图的贡献。

“仁者乐山”的文明包含追求高大完整、静止不变、先祖高于后辈等精神。古老中国属于仁者乐山类型的文明。与西方相反，中国古典文明走的是另外一条进路，孔子占据着一个显著的历史地位：中国古典文明的终极关怀走的是社会关怀、人文关怀之路，而不是世界关怀或宇宙关怀之路。关怀的重心放在强调天人合一、一元化、和谐、人伦、道德的精神部分。因此，宗法制盛行。中国古典文明（有文字可考的文明）开始于《周易》。《周易》的哲学观是阴阳合

〔1〕 演化为英文的哲学即“Philosophy”，本义就是爱智慧的意思。

一的世界观。后来儒家和道家各执一端，“儒家崇阳，道家尚阴”[1]。无论是《周易》的阴阳世界观，还是儒家道家，思想领域的人生观、伦理观和直观理性异常发达，政治领域的专制主义异常完善，科学（理性）、逻辑（理性）非常薄弱，法治（理性）非常缺失。所以集体主义、国家主义异常发达，个人主义、自由主义异常缺乏。所以竞争意识、社会责任感十分薄弱。由于宗法制盛行，家庭责任感强烈。由于古老中国是缺乏竞争精神的社会，所以是“死水一潭”的社会。现代中国引进竞争机制，因此充满了活力。所以“不敢为天下先”成为古老中国社会的第一戒条。所以，“活着比什么都好”、“留得青山在，不愁没柴烧”、“好死不如赖活着”成为中国人的名言。因此，“安身立命”成为中国古典哲学的最高定律。在古老中国这种特殊的安身立命中，少不了孔子的仁治智慧。

总之，中西方文明的发展根本进路的不同是：西方文明的终极关怀走的是世界关怀或宇宙关怀之路，关怀的重心放在强调二元对立、斗争和征服的精神部分。个性自由成为西方哲学的最高定律。中国古典文明的终极关怀走的是社会关怀、人文关怀之路，关怀的重心放在强调天人合一、一元化、和谐、人伦、道德的精神部分。“安身立命”成为中国古典哲学的最高定律。

中西方文明发展进路的不同，正好互补，而不是择一废一。正如人的大脑的两半球，不能说哪个更重要。现代中国人要想走出现代人的困惑，一方面需要面向世界，吸取国外的文明精华，另一方面，必须对中国传统古典精神的精华进行提炼。

其三，在统治者与法律的地位关系上，孔子与柏拉图的治国思想是根本不同的。孔子并不怀疑王权至上的体制，认定王权高于法律、君王制定法律。柏拉图则认为好的社会，法律应当高于王权，法律是制衡王权的根本，甚至提出“如果王权高于法律，国家崩溃的时代就到来了”的宝贵思想。

在中国先秦诸子百家的内心有一个共同的理念（包括孔子），那就是君主是至高无上的，在孔子眼里，君主不仅高于法律，而且高于礼治和仁治。礼治和仁治是孔子向君主关于治国的一种建议，即建议君主用礼、仁去治理国家社会。

相反，在柏拉图看来，君主等统治者必须服从智慧、次之应服从法律。在柏拉图的理念中，统治者是“法律的仆人”，“在法律服从于其他某种权威，而

[1] 牟钟鉴：《儒学价值的新探索》，齐鲁书社 2001 年版，第 226 页。

他自己一无所有的地方，我看，这个国家的崩溃已为时不远了，但如果法律是政府的主人，并且政府是它的奴仆，那么形势就充满了希望”[1]。可以说，在柏拉图治理社会的理念中，可谓智慧面前人人平等、法律面前人人平等。

这种区别构成了中西方“法律”主流思想的根本区别：君主要么服从神法，要么服从法律（人定法），要么服从其他的什么根本法则。就是说，君主不能逃避或规避社会最高法则的规范。这是西方社会之所以能够不断克服社会腐败的一个根本原因。相反，古代中国皇帝是高高在上、至高无上，可以不服从任何规则的主体，君主可以法外施恩，即便是皇亲国戚犯法，都可以通过“请”、“议”等法律途径，得到皇帝的法外施恩。

其四，二者的社会政治背景不同，古希腊是民主邦联制，中国则是王权君主制。

一个民族或国家（包括古代与近现代的）的法律形态往往打上了民族文明的烙印，往往取决于其民族的社会政治背景。古老中国和古希腊就是最好的证明。古希腊的社会政治背景是民主邦联制，而民主邦联制与柏拉图的哲学王智慧之治是矛盾的，却与法治相一致。民主邦联制需要法治，不需要任何形式的人治。柏拉图的哲学王之治是一种典型的人治，那是古希腊民主邦联制所不能容忍和接受的。因此，尽管柏拉图穷其毕生精力，也还是无用武之地。这是柏拉图的悲剧所在。古老中国是王权君主制，则与礼治乃至孔子的仁治是一脉相通的。虽然中国在秦代采用了法家的法治，但中国法家的法治与古希腊亚里士多德的法治是不能同日而语的，更重要的是，古老中国后来采用的是儒法合治或礼法结合。

其五，柏拉图不完全否认法治，认为法治是退而求其次的法律作为。孔子则并不是在主张人治的同时主张法治。

当然，孔子与柏拉图的人治最好或者人治好于法治的看法是大致相同的。因为，在他们看来，法治是强制性规范，只能让人们被迫接受，不能让人们内心自愿接受。因此，法治不是社会治理的根本。而国家治理的根本在于人们能够自愿接受，并变成推动社会发展的动能。这就是“仁治”与“智慧”之光。

智慧之治虽然有一定的合理性，但缺乏变成现实的可行性和有效性。不过，虽然柏拉图的智慧之治不能变成西方政治现实，但逐渐使智慧趋于完善，成为

〔1〕［古希腊］柏拉图：《法律篇》，张智仁、何勤华译，上海人民出版社2002年版，第123页。

西方哲学家的一代又一代的学术追求。

其六，礼治已经成为中国历史的现实，而柏拉图的智慧之治则未能成为现实。

古老中国与古希腊两种人治之所以演绎出两种完全不同的命运，就其历史表象层面的原因，前面已经做了足够的分析。现实的问题是，其中的深层原因是什么？或者说，其中的逻辑原因是什么？

在我们看来，问题的关键是，“拥有最好仁义或者最高智慧的最好的一人”怎样产生？何以见得那个人就是最好的一人？怎样证明他拥有最好的仁义或最高的智慧？难道历史上各时代的国王就是最好的那个人并拥有最高的智慧吗？不见得。历史上，拥有最好的仁义或最高智慧的人与拥有帝王运气的人往往是错位的。尽管诸葛亮的仁义及智慧远远高于刘备，但刘备拥有的是政治帝王命运，而诸葛亮充其量只有当军师的命。因此，只能是诸葛亮给刘备“打工”，而且还要“鞠躬尽瘁，死而后已”。尤其在古老中国各朝各代演绎着同一个故事，或具有这样一种现象 —— 坐稳江山的帝王往往要把一批仁义、智慧最高的功臣进行事后的“卸磨杀驴”。为什么会有这种现象呢？究其根本原因，这是为了确保古老中国的政治君主专制制度所需要的。

和古老中国相反，古希腊政治文明所追求的是民主制。民主制不仅与人治相矛盾而最需要法治，从这种意义上讲，民主制精神与法治精神是匹配的；值得研究的是，西方人并未存用而且抛弃了柏拉图人治的同时，又吸收了国家领导人的智慧之治的精神。究其一生，柏拉图追求的是人治与法治的“共治”。因此，他在晚年所著的《法律篇》中实现了一个重要转向，即放弃了最优的哲学王的智慧之治而转向了法治。因为，哲学王的智慧之治虽然好，但却未必能够行得通，即便有了哲学王，也未必能有幸成为国家元首。另一方面，法治不仅是合理的，而且也是可行的。

关于古老中国与古希腊的政法思想的比较不仅体现在人治的异同比较上，还体现在法治的不同比较上。因此，本书著者不仅对比了孔子与柏拉图的人治思想，还要比较另外一个典型，即中国法家与亚里士多德的两种法治思想及其对中西方政法制度的影响。

第十章

中西元点法治比较：为王还是为民

有的学者把中国诸子百家中法家的“法治”与亚里士多德的“法治”完全等同起来。[1] 然而，有很多学者发现了其中的重要差别，两者不能同日而语。本书著者觉得，由于中英文翻译的无能为力，两者似乎都用“法治”一词，可是内涵却有很大的区别。阐释二者的区别及其联系是区分中西古典文明的一个根本。

法治和法制有何区别？二者是否只是同一概念的不同写法，还是有天壤之别？此外，中文的“法治”与外文的“法治”的含义一样吗？如果从政法源头看，中国春秋战国时代法家提出的“法治”和古希腊“法治”是不是一回事？这是一个重大问题。

第一节　法家的法治

古代中国和古希腊大约都在公元前五六世纪的年代，同时奏起了文明觉醒的号角，都拉开了各自文明发展的序幕，但也都打上了民族文明的烙印。神奇的是，中国的法家思想与古希腊亚里士多德等思想家大约是同时代的人，都提倡“法治”，但注入“法治”思想的具体内涵却完全不同。

一、法家的崛起

春秋战国形成了诸子百家百花齐放的局面，即古人所说的“以九家之术，蜂出并做，各引一端，崇其所言，以此驰说”。古人思考其中的原因时，归结

〔1〕 参见沈宗灵主编：《法理学》，北京大学出版社 2001 年版，第 143 页。

为，“王道既微，诸侯力政，时君世主，好恶习姝方”[1]。虽然诸子百家见仁见智，各执己见，但儒家和法家有一点是共通的，他们都是为恢复颛顼“绝地天通”、西周“天子”的理念为君主制服务。诸子百家几乎都对他人观点提出了各种挑战和质疑，但唯独对传统的精髓（王者垄断祭天霸权）深信不疑，各家主流即绝大多数没有对君主制提出挑战、反对或是质疑。似乎各家有一种独特的攻守同盟，都惊人一致地共同呵护着中国传统的君主制；这是一种中国特色的集体无意识，法家不仅也不例外，而且是君主制的极力维护者。当然，墨家也有些民主的思想，道家主张“无君”思想，因此不为专制统治者所采纳，沦落到被王者“遗忘的角落”。

诸子百家可谓异中有同，同中有异。法家以向君主建议“以法治理天下”的独特视角，对神权、君权和民权，礼与法，德与刑等问题，提出了自己的独到见解。法家思想吸收道家和儒家之精华，批判墨家之陋见，极力推崇“法治”，以恢复封建君主制。法家著名人物不仅擅长著书立说，更注重参政指点方舟，可谓开一代理论与实践双修之先河。为锐意改革，著名法家倡导、研究，自管子、慎子到商鞅、申不害、吴起、韩非等人从儒道两家的理论中脱颖而出，对于驾驭臣民的人君南面术进行深入研究，法家不同发展时期的不同代表人物侧重点也有所不同。

法家思想可以说是源远流长，并非一人所能为。其开山鼻祖可以追溯到周朝的姜尚。然而，姜尚的著作遗留下来的很少，而史书对姜尚的记载也仅限于“武王伐纣”一段。后来法家人才辈出，先秦时期的法家主要人物就有管仲、子产、李悝、吴起、慎到、申不害、商鞅，以及法家集大成者韩非。

管仲是一位善于把法家思想付诸实践的政治家、思想家。公元前685年至公元前645年被齐桓公任命为卿，长达40年之久。他为齐国政治经济主持了一系列改革。管仲的主要思想是“仓廪实则知礼节”[2]和“修旧法”、“令顺民心”。在管子看来，礼义廉耻的作用是非常之大的，缺一维，国就会不安定；缺二维，国家就已处于危险之中；若缺三维，政权就会被颠覆；若四维都缺，势必导致国家灭亡。因此他说：“国有四维，一维绝则倾；二维绝则危；三维绝则

〔1〕《汉书·艺文志序》。

〔2〕《管子·牧民·国颂》。

覆；四维绝则灭。倾可正也，危可安也，覆可起也，灭不可复错也。"[1] 因此必须保证有一维支撑其国。结果，业绩显赫，"任政于齐，齐桓公以霸，九合诸侯，一匡天下，管仲之谋也"[2]。

作为郑国大夫的子产在中国法律史上是一位开天辟地式的人物。他对中国法律发展史的最大贡献就是在改革田制和赋税的基础上，把自己制定的刑书铸在鼎上，这就是中国历史上著名的"铸刑书"，颁布成文法。现在刑鼎内容已经失传，但子产的壮举对当时乃至后世都产生了莫大的震撼。

对中国法制史影响最大的成文法是李悝的《法经》。这部法典以"王者之政莫急于盗贼"作为指导思想，成为中国古代刑事法典的标准样本。李悝针砭时弊，主持魏国变法，对政治、经济、法律进行大胆改革，主要有"使民无伤而农亦劝"、"食有劳而禄有功，使有能而赏必行，罚必当"[3]，加强了国君的权力，削弱了贵族的势力，巩固了中央集权君主专制。对此，前面有详尽分析。在此不多赘述。

慎到早年曾学黄老之术，是从道家分化出来的法家。他的法律思想侧重论"势"，即权势，权力。其名言为："民一于君，事断于法，是国之大道也！"[4] 他认为，权力是诸多政治因素的核心，"势"是君王立世之本，也是人立于社会之本，因为"有权者治人，无权者治于人"。君主专制的第一原则就是维护并巩固自己的权势。他提出，"尧为匹夫，不能治三人；而桀为天子，能乱天下"。因此，他反对儒家的"礼治"和"仁治"，而主张法治。本书著者觉得，慎到最独到和最杰出的思想，是对治国、亡国责任的全面思考，不能归功于或归罪于君主一个，"亡国之君，非一人之罪也；治国之君，非一人之功也"[5]。一个时代过去了，不能完全归罪于一国之君，因为"天下兴亡，匹夫有责"[6]。

二、法家的完善

法家经过申不害、商鞅和韩非趋于完善。

---

[1] 《管子·牧民》。

[2] 《史记·管晏列传》。

[3] 《魏文侯问李克》，出自我国西汉时期刘向的《说苑·政理》。

[4] 《慎子》。

[5] 《庄子·天下篇》。

[6] "天下兴亡，匹夫有责"，流行说法认为是顾炎武说的。但出自顾氏的哪一部书，却从未有人点明。为此，刘洁修经过查索，做出如下结论：按照语言发展运用的实际，"天下兴亡，匹夫有责"的语意本于顾氏《日知录·在始》。其实，此说法起源于《庄子·天下篇》。

对韩非影响很大的是申不害。他也是从道家分化出来的法家，也是郑国人，但在韩国任相15年。他与慎到的观点不同。慎到主张“势”，他则力主“术”。申不害的理论精华为后来的韩非所吸收并深化，所以后来史家把二人并称为“申韩”。由于申不害从道家分化而来，他的“术”便打上了道家“无为”的痕迹。这种“无为之术”并非真正主张“无为”，相反内心一刻也不闲着，而要积极运转“天地之网”以刺探臣下的一举一动，从而“三寸之机运而天下定；三寸之机正而天下治”〔1〕。只是不能表露于外，所以应“示天下无为”。有“术”之君，方能成功治理天下。

商鞅（约公元前390年～约公元前330年），战国时政治家，法家主要代表人。魏国人，公孙氏，亦称卫鞅。初为魏相公叔痤家臣，后入秦进说秦孝公，并于秦孝公六年、十二年进行变法。与管仲不同，商鞅认为，“前世不可教”，“不相复”，故而没什么法可依，没什么礼可循，并用黄帝尧舜文武“各当时而立法，因事而制礼”的史实来批驳“闻古无过，循礼无邪”〔2〕的法先王思想，从而主张变法、制令以富强国家。

商鞅最著名的是他的变法，提出“治世不一道，便国不法古”的主张。商鞅与慎到、申不害并称为前期法家三巨子。商鞅的突出贡献在于把国家的法律、法令彻底付诸实施，取得了巨大成功，结果“移风易俗，民以殷盛，国以富强，百姓乐用，诸侯亲服，获魏楚之师，举千里之地，而今治强”。

与儒家不同，商鞅主张以法令代替礼乐蠹官。他说，“礼乐蠹官生必削”，“无礼乐蠹官必强”，“国有礼、有乐、有诗、有书、有善、有修、有孝、有悌、有廉、有辨。国有十者，上无使战，必削至亡”〔3〕。而“举荣任功曰强”，“国好力曰以难攻”，“国以难攻者，起一得十”〔4〕。所以商鞅倡导“重罚轻赏”，“行刑重其轻者”〔5〕。商鞅说：“重罚轻赏，则上爱民，民死上；重赏轻罚，则上不爱民，民不死上；兴国行罚，民利且罚，行赏，民利且爱。”

商鞅之所以重罚轻赏之原因有二：其一，“怯民使以刑必勇，勇民使以赏则

〔1〕《申子》。
〔2〕《商君书·更法》。
〔3〕《商君书·去强》。
〔4〕同上书。
〔5〕同上书。

死。怯民勇，勇民死，国无敌者强。强必王”。[1] 其二，“贫者使以刑则富，则国多力。多力者王”。故而他提出“王者刑九赏一，强国刑七赏三，削国刑五赏五”[2] 的结论。商鞅主张“行刑重其轻者”的原因是：“轻者不生，重者不来”[3]，认为犯轻罪的人多，而犯重罪的人寡，轻从重来，只要从轻抓起，使人人不敢犯轻罪，则犯重罪的人自然也就没有了。商鞅主张“能为威者王”，主张为王者，必须“能生能杀”[4]，只有罪诛，才能使法胜民。

申子只言“术”，公孙鞅只重“法”，慎子只认“势”，只有韩非子才把法、术、势结合起来。韩非是法家集大成者的人物。他师承于荀子，以“性恶论”为理论基础，把法家各种“法、势、术”思想融于一体，终于完备了法家严密而又逻辑的理论体系。他继承商、申、慎、荀的理论，对人际关系进行了冷静而理智的思考，指出了人际关系中极端残酷的利己主义方面。他精心提炼了封建专制理论，相当高超地发掘法家的学术思想，以至于后来者只能在技巧上和实践上加以发挥而从理论上无法突破。

三、法家与道儒的互动影响

法家思想是在与儒道两家的良性互动中得以完善的。事实上，儒、道、法三家思想并非人们想象的那样严格区分，相互对立，而是通过互动不断各自完善。史学家认为，儒、道、法三家思想构成了中华文化的渊源；诸子百家争鸣，实际上有较大影响的不过十几家，而对后世产生重大影响的则只有儒、道、法三家。这三家思想都在《春秋》、《诗》、《易》等传统经典中有所萌芽，只是后来在战国时期才分化为诸多流派。

其实，诸子百家争鸣的局面是从孔子以后才开始的。到孔子弟子时代，才完成了学术见解的分化或形成百家学派。后来再经过不断互动、合并、吸收，真正传于后世的只有儒、道、法三家。此三家，开始儒、道两家还具有相对独立性，后来经过兼收并蓄才形成法家思想。总的来讲，法家在许多问题上是联合儒家反抗道家。

之所以认定法家是在吸收儒道两家思想而分立出来的，因为历史上法家的代表性人物几乎都是从各诸子百家中脱离分化出来的。法家开山鼻祖姜太公原

---

〔1〕《商君书·去强》。
〔2〕同上书。
〔3〕同上书。
〔4〕同上书。

本就是道家成员。管仲是一位道法兼备的人物，其名言“知与之为取，政之宝也”[1] 与老子的“将欲取之，必固与之”[2] 简直就如出一辙。慎到和申不害起初也是道家子弟。

然而，法家与道家在许多问题上是冲突的。最根本的冲突是道家主张出世，而法家主张入世。在神权、君权、民权问题上，法道两家的对立是显然的。法家侧重人道，道家不重人道而追求天道。虽然道家创始人老子是有神论还是无神论者，史学历来争论不休，但我们认为，老子言“道可道，非常道；名可名，非常名”[3] 中的“道”不是指鬼神，而是指宇宙本体的“天道”。庄子根本不提人道崇尚自然，力斥人为，所以荀子才批评他“蔽于天而不知人”。老庄言：“从道莅天下，其鬼不神”[4]，是在否定君权神授。商鞅干脆竭力否认神权的存在，藐视神权，只为维护君权辩护。

在君权与民权关系上，道法两家也是针锋相对的。老子否定神权，只重个人的修身养性，致力于“生命之学”的探索，认为社会发展出路不在社会组织的礼治，而在于回到“鸡犬之声相闻，民至老死不相往来”[5] 的“小国寡民”母系氏族时代的美好个性。发展到老庄，则主张“贵无”的“无君论”思想。法家反对个人逃避社会，认为如果人人归隐山林，个个只求自保，那么国将不国，天下大乱。法家主张每个人都应投入社会，为国家服务，还要求全民皆兵。

在礼刑关系的看法上，法道两家更是无法调和。道家力主“少礼而去刑”；法家则主张“行礼而重刑”。道家反对俗礼，主张“贵礼心是而行”，不必恪守外在的礼；法家不仅强调外在的礼，还强调要靠国家强制力推行礼，而韩非干脆把礼等同于法，法就是礼。

儒家对法家也有一定的影响。法家的“法”与儒家的“礼”具有很强的血缘关系，甚至在这种意义上可以说法家之“法”是从儒家之“礼”演化而来的。管仲说：“法出于礼，礼出于俗”，礼与法之间没有什么不可逾越的鸿沟，礼法的目的是一致的，都是为了维护君主专制政权。当然，管仲所说的“法出于礼，礼出于俗”中的“礼”，并非孔子所说的“仁”，而是自颛顼到三代的宗法制中

---

〔1〕《史记·管晏列传》。
〔2〕《道德经·章三十六》。
〔3〕《道德经·章一》。
〔4〕《道德经·章六十》。
〔5〕《道德经·章八十》。

的传统的“礼”。后来法家代表人物吴起，少时曾师承孔子的弟子曾子，应算是一位儒法合一的人物。至于法家集大成者韩非也与儒家结下了不解之缘，他曾是荀子的学生，其一切思想无不建立在荀况的“性恶论”基础上。

儒法两家在神权、君权、民权上各有主张。儒家对传统神权采取悬置的态度，对神既不肯定也不反对，可谓是“敬而远之”的远神论。[1] 孔子最著名的两句名言“未能事人，焉能事鬼”、“未知生，焉知死”就是最好的证明。儒家创始人对神权模棱两可的态度使得儒家学派分化为三派，一派承继孔子远神论思想；一派从孟子汲取阴阳家学说到西汉董仲舒得出“君权神授”的结论；一派经由荀子“人定胜天”等思想发展为法家，干脆否定了神权而极力维护君权。

儒法两家在神权上有分歧，但在君权问题上则是攻守同盟，儒家承继了传统文化的王权合法性，法家则接受开国君主的“天命所归论”。

在君权与民权关系问题上，儒法两家不仅针锋相对，而且互有攻守。儒家多数学者继承君权合法性，但只有个别人如孟子曾猛烈批评君主，要求君主爱民，在君权与民权上认为“民为贵，社稷次之，君为轻”，对“暴君”还提出“放逐论”和“独夫可诛”的想法。其实，这种思想是最为难能可贵的，这是尧舜时代“天与之，民受之”和西周“敬天保民”思想的深入发展。可惜，这种思想不为那个时代和后来各封建社会统治者所采用。相反，多数法家人物把人民看做国家耕战机器、主张“愚民政策”等的思想反倒为统治者所采纳。法家的政策要求百姓无条件服从法令。

在德治还是法治的问题上，并非只有儒家弘扬道德治而法家反对道德，但二者在本质上是对立的，即儒家主张治国靠德治，法家主张治国靠法治。法家也非常重视道德。作为儒家道德核心的三纲“臣事君，子事父，妻事夫，三者顺则天下治，三者逆则天下乱，此天下之常道也”[2] 名言出自法家韩非子的事实说明，法家并非反对德治，而是主张把道德直接纳入法律规范，通过国家机器来推行实施。

其实，法家与儒家创始人孔子的区别不在法治和礼治、人治的区分上，确切说是法治和仁治的区分。孔子仁治与法家法治的区别是内在与外在的入世区

---

〔1〕 远神论是中国著名学者张践的高见，参见张践、齐经轩：《中国历代民族宗教政策》，首都师范大学出版社 1999 年版，第 181 页。

〔2〕《韩非子·忠孝》。

别，孔子的仁治强调人的内在入世，法家强调的是外在的入世。

在某种意义上讲，礼治不仅是夏商周三代的社会思想和社会制度，而且也是法家与儒家共同遵守的政治主张。因为，在礼刑关系问题上，儒法两家是相通的。礼最初是古人在祭祀活动中的一种仪式。孔子把“礼”引为人人关系的规范，“林放问礼之本。子曰：‘大哉问！礼，与其奢也，宁俭；丧，与其易也，宁戚’”〔1〕。儒家对刑的看法是变化的。早期儒家只讲“礼”反对“刑”，后期儒家学者对犯大罪者则坚决主张用“刑”，“简而不漏，大罪必诛，法禁易全”。所不同的是，法家主张依法治国，而儒家主张以德治国。而在大至君臣礼节小至百姓习俗，法家则根本不敢破坏。就连焚书坑儒460名儒生的秦始皇在祭祀泰山时，对儒家主张应行的礼节也是一点不敢少。

可见，儒法在礼刑关系上的区别不在于儒家主张“礼治”而法家主张“刑治”，可以说，二者都既主张礼治又主张刑治，其实质区别在于治国的重点和焦点上有分别，儒家主张礼主刑辅，而法家则认为刑主礼辅。

总的来讲，法家对道家和儒家是既有继承又有批判。

四、法家法治的双重价值

法家的法治思想具有正负双重价值。陈弘毅在其《法家思想传统的现代反思》〔2〕一文中，对法家法治的双重价值有过比较中肯的反思，是应当给予认可的。下面将对该文对法家法治双重价值进行概括。

该文把古代法家思想传统的正面价值做了十二个方面的概括：

第一，法的客观性。两千多年前的法家思想家已经认识到，法是用以规范和衡量人们行为的客观的、公正的准则，并因此把法比拟为度量衡。

第二，法的强制性。法家强调“法”和“刑”的结合。他们认识到，使法有别于道德或“礼”等行为规范的最重要特征，便是法是以国家的强制力为其后盾的，违法的后果就是国家便可施以刑罚。

第三，法与财产权的确定性。法家思想家常常提到法律的“定分止争”的功能，用当代的话语来说，便是界定产权、平息纷争。

第四，法与人民利益的相关性。虽然法家人物都是所谓“法术之士”，即为

〔1〕《论语》。

〔2〕参见陈弘毅：“法家思想传统的现代反思”，载中南财经政法大学法律史研究所编：《中西法律传统》（第2卷），中国政法大学出版社2002年版。

君主出谋献策、协助君主管理国家的以政治为职业的专家，但是法家所提倡的法并非只反映君主的利益，也是（至少在理想的情况下）符合人民的长远利益的。

第五，法与公私的区分。古代法家思想的另一贡献是确立“公”和“私”的区分。“公”是国家整体的利益，“法”是“公”而非“私”（个人利益）的体现。

第六，法的平等适用。法家提出“不别亲疏，不殊贵贱，一断于法”的主张，是与原有的“别亲疏，殊贵贱”、“礼不下庶人，刑不上大夫”的“礼治”秩序针锋相对的；在礼治秩序里，贵族享有各种特权。当然，该文没有注意到，法家的平等思想和西方是不同的。法家的法律平等适用思想是不包括皇帝的，皇帝犯法并不与庶民同等适用。

第七，法的权威性和拘束力是法家思想中一个关键性的特征，即它大力提倡法的权威性和拘束力，强调人民、官员甚至国君都应该守法和依法办事。

第八，法应公布、清晰、易明。法家的核心主张之一是法应成文化和公之于世，务求家喻户晓，这在当时的历史环境中是有重大进步意义的。春秋时代，刑律掌握在贵族手中，供他们任意运用，故有所谓“刑不可知则威不可测”的秘密法传统。

第九，法的可遵守性。如上所述，法律的功能在于调控、导引人们的行为，但如果法律要求人们做的事是他们根本没有可能做到的、属他们能力范围以外的，那么这条法律便是注定要失败的了。

第十，法的统一性和稳定性。法律既然是向人们传递关于行为规范的信息的媒介，如果不同的法律条文的要求是互相矛盾的，或是朝令夕改的，人们便会无所适从，法律的目标便不能实现。法家对此有充分的认识，故特别强调法的统一性和稳定性。

第十一，法不应溯及既往。如果法的主要功能在于引导人们作出应作的行为和阻吓人们作出不应作的行为，那么赋予法律溯及力便是值得质疑的。法家对此早有所认识。

第十二，法的操作性和可预见性。法家主张“信赏必罚”，强调必须保证如有人作出了法律规定应予奖赏的行为，他一定真的得到规定的奖赏；如有人作出了法律规定应予惩罚的行为，他一定真的得到规定的惩罚。这样便能取信于民，法律指导人民行为的功能才能发挥。用现代的话语来说，这便是要求法律的操作和执行有高度的可预见性，人们可以清楚预见到他们或别人的行为的（由法制的运作而产生的）实际后果。

该文对法家思想传统的负面因素也有较为中肯的概括：

首先，法家的“重刑政策”思想。法家主张使用重刑，不单是对重罪予以重刑，而且要“轻罪重罚”，以起到恐吓或杀一儆百的作用。

其次，法家的“愚民政策”思想。为了有效统治、富国强兵的需要，法家不惜实行愚民政策，否定人的个性、创造力和自由思想。

再次，法家的“压制议论”思想。为了把法的权威绝对化和为法的实施提供最大的保证，法家主张压制民间关于法律的议论，这便是所谓的“法而不议”。

最后，法家的“文化专政”思想。法家主张“以法为教、以吏为师”[1]、“赏誉同轨、非诛俱行”[2]，基本上是实行政教合一的文化专制政策，不容许有与国家法律规范有抵触的道德、思想、文化、价值和观念的存在。不难看出，在现代这是一种极权主义。

还有就是法家的“狭隘的社会目标”思想。法家是在战国乱世中为君主出谋划策、寻求富国强兵之道的思想家。国君的利益在于增加生产、加强兵力、扩张领土以至征服天下，这和人民对安居乐业的要求是有矛盾的。法家的法制设计的目标在于鼓励农业和军事活动，而非人民的整体物质和精神文明的发展，因此，法家为社会所追求的目标可说是狭隘和扭曲的。

“极端君权论”是法家的又一负面因素。正如西汉司马谈在《论六家要旨》中指出，法家思想的其中一个特征是“尊主卑臣，明分职不得相逾越”。虽然尊君思想不是法家的专利，在中国古代其他思想流派中也存在，但是，法家思想中没有像儒家“贵民”的概念，在君与民的平衡上，完全倾斜在君的那一方。当然，这也是与法家所身处的时代有密切的关系，正如欧洲从中世纪过渡至近代的阶段，主权论随君主专制国家一同兴起，在战国时期，君权的强化及其理论上的论证有其时代意义。

法家的法治是片面的。从比较法学和现代法治的视野出发，法家的法律观是有严重的局限性和不足的。首先，在法家的构想中，立法、司法和行政等所

---

〔1〕《韩非子·五蠹》。
〔2〕《韩非子·八经》。

有国家权力都是集中于君主一身的，至于法律怎能对君主的专横构成制约、法律怎能反映人民的利益和意愿，法家不但没有建设性的具体思考，而且由于它否定法律以外的道德伦理，所以把对君权的道义性制约也一扫而空。其次，法家的法律观完全是以国家政权为中心的，即法律的唯一渊源便是君权的行使。虽然在一定程度上这与西方近代的实证主义法学相通，但它毕竟是片面性的，否定了民间习惯法等多元法律渊源的应有位置。法家的法最终来说只是君主的统治工具，而不是在社会中被普遍接受和遵守的、被人民视为有约束力的行为规范。最后，正如不少论者所指出的，法家所重的法几乎全是刑法（当然还有规定奖赏的法），他们对于民法及其他法的概念缺乏认识。

最后是法家的“偏颇的人性论”。法家强调人的趋利避害的心理，这是无可厚非的，即使是现代功利主义哲学家也有类似的看法。但是，和现代功利主义不同的是，法家并不是为人类社会追求最大多数人的最大快乐，而是要利用人们趋利避害的心理，去设计相应的赏罚制度，从而使人们的行为受到统治者的操纵，使人民在利害的驱使下为统治者富国强兵的目的服务。

该文最后指出，“法家思想有严重的缺陷和局限性，其中部分固然来自当时的社会和政治环境，值得谅解，但其中也有思维上和价值取向上的偏差和谬误，足以贻害千古。”〔1〕

五、法家依法治国的本质是等级法制

法家主张依法治国，追求的政法理想不是构建平等的社会，而是维护以王权为首的金字塔等级结构。因为法家所要构建的法不是平等法，而是等级法。著名法家代表慎到从理论上认定，法的基本功能是区分贵贱等级，法律必须规定人人不平等。〔2〕

法家的依法治国的社会使命主要是为王族利益服务的，是实现王权主义、王法主义最大化的手段。法家主张以法规定“利出一孔”〔3〕。“利出一孔”的意义在于，用法的规定来维护王权利益，用法的形式把人们的一切重要行动都输送到有利于君主利益的轨道。

因此，在法家那里，不仅可以用法来控制社会资源，而且还可控制国计民

〔1〕 陈弘毅：“法家思想传统的现代反思”，载中南财经政法大学法律史研究所编：《中西法律传统》（第2卷），中国政法大学出版社2002年版。

〔2〕 刘泽华：《王权思想论》，天津人民出版社2006年版，第170页。

〔3〕 《管子·国蓄》。

生。这种思想对后世中国影响极大，当代中国也难逃此劫难。

首先，法可以控制社会财富。说到底，法律的实质就是规定不同人对社会财富的不同享有。法家认定法律面前人人不平等，因此也就规定了不同社会贵贱等级拥有不同财富的合法性。控制财富的根本是控制土地。刘泽华提出，“战国时期，诸侯在一国之内拥有土地的最高所有权。战国后期虽然出现土地买卖，土地开始变为私有，但终战国之世，土地国有占主要地位。法家坚定地维护土地国有，主张用土地作为控制人民生计的调节器。”[1]

其次，法可以控制国计民生。法家人性哲学基础是人性本私。法家管子曾说，“民利之则来，害之则去。民之从利也，如水之走下。”[2] 韩非子把父母子女之间的关系也称为利益关系，认为父母子女之间“皆挟自为之心”[3]，父母之间“犹用计算之心以相待也，而况无父母之泽乎”[4]。

此外，在法家理论里，法还有控制社会分配、弱化人民力量、用重刑主义维护王权主义等功能。[5]

法家的法治并不追求民主，而是追求王权王法的至尊。刘泽华明言道出其中真谛，“法家所实行的法治（或法制）与民主和在法律面前人人平等毫不相干，法家的法治只是君主专制的手段”[6]。

西方元点“法治”与中国不同，集中体现在亚里士多德的法治思想中。

第二节　亚里士多德的法治思想

在西方，较早提出法治的思想家是亚里士多德。亚里士多德的法治思想成为西方从古代到近现代“现行”法治的根源。但亚里士多德的法治和中国法家的法治是根本不同的两个理念。

一、追求科学的人生

亚里士多德（公元前384年～公元前322年）生于希腊北方色雷斯的斯塔

---

〔1〕刘泽华：《王权思想论》，天津人民出版社2006年版，第171页。

〔2〕《管子·形势解》。

〔3〕《韩非子·外储说左上》。

〔4〕《韩非子·六反》。

〔5〕刘泽华：《王权思想论》，天津人民出版社2006年版，第175～176页。

〔6〕同上书，第177页。

吉拉城，他的父亲尼各马可是马其顿阿明塔工业的御医。他幼年父母双亡，由一个亲戚抚养成人，十七岁时才来到雅典，进入柏拉图学园学习，后来在这里花费了二十年之久的时间向柏拉图学习、从事科学研究和教学。柏拉图死后，斯彪西波成为学园的首领，亚里士多德到吕底亚、小亚细亚的爱索斯讲学，开始自己的独立的学术生涯。公元前 836 年，他应马其顿王腓力的召请去做王太子亚历山大的家庭教师，在那里他与自己的学生一起处了七八年之久。公元前 836 年，腓力被刺，亚历山大继位，发动了对东方的侵略战争。亚里士多德趁这个机会离开马其顿回到雅典，在吕克昂运动场建立了自己的学园。

古希腊人最看重雅典人。然而，亚里士多德并不是出生于雅典的人，但他却受到了雅典人的尊敬。他创造的学派“逍遥学派”成为他的美称。据说，亚里士多德的学派有一特点，亚里士多德每天早上在这里的林荫路上走来走去和学生讨论问题，他的学派便由此获得“逍遥学派”称号。他在这里教学和从事学术研究直到公元前 323 年，这一年亚历山大大帝逝世，雅典人便掀起反马其顿的活动，由于他曾是亚历山大的家庭教师而受到牵连，于是不得不离开雅典。他把吕克昂学园交给他的学生德弗拉斯特负责，自己迁往他母亲的母邦欧比亚的加尔西斯，次年就病逝于加尔西斯，终年六十三岁。

亚里士多德博采众长，无所不思，吸百家之长，学术研究成果极为丰富，从而成为古希腊时代最大的百科全书式的人物和智慧大师。对此，黑格尔总结说：“对于他，最重要的是处处去关心确定的概念，将精神和自然的个别方面的本质，以一种简单的方式，即概念形式加以把握。由此有了最丰富最完全的各个方面，这就表示这个方式拥有整个现象世界在自己面前，即使是最普通的东西也不摒弃。知识的一切方面都进入了他的精神，所有的东西都使他发生兴趣，而他也深刻详尽地处理了一切。抽象工作在处理一种现象的经验内容时，很容易陷入困境，无从施展，它可能只是片面地进行，而不能穷尽其一切细节。亚里士多德最多地把握了现象，他确实地表现出自己只是一个思想的观察者，他考虑了宇宙的一切方面。但他主要是以一个思辨哲学家的态度来对待那些个别细节，并这样来研究它们，使最深刻的思辨概念由之产生。”〔1〕

时代的转折成为亚里士多德的必备的学术营养。亚里士多德生活于古希腊历史中的一个巨大转折点上。公元前 338 年，马其顿王腓力打败了雅典军队，

〔1〕［德］黑格尔：《哲学史讲演录》（第 2 卷），贺麟译，商务印书馆 1983 年版，第 282～283 页。

席卷整个希腊，一举成为与希腊各邦订立同盟的霸主，并在实际上统治了希腊。于是，希腊的古典时代便告终了，而希腊人从此也就丧失了自己的独立。这种历史转变对亚里士多德产生了巨大影响。亚里士多德处于古希腊文明的鼎盛时代，加上他的特点（善于综合以往的全部知识和总结各方面的经验），历史又赋予他得天独厚的条件——大半生在当时文明度最高的雅典从事科学研究和教学而且有一位当时最伟大的学者（柏拉图）做他的老师，从而把他推上成为希腊以往一切科学文化智慧的集大成者的宝座。

由于亚里士多德出身于中产阶级，希腊的中等奴隶主阶级的温和民主制成为他的理想。他所信仰的座右铭是“适中是人的美德”。他的思想体系是综合、调和。这与中国古典文化精神——中庸——大有相通之处。

亚里士多德对后人的影响是巨大的，只有康德（也是一个综合论大师）才能与之伦比。但后人从不同的时代需要，对他进行正反两面的褒贬与评价，有时把他抬上天奉为神圣，有时又把他视为充满谬误体系的怪人加以贬低。其实，亚里士多德的思想是充满矛盾的体系，进步的思想家可从中获得有益的启迪，保守的思想家也可以从中寻求保守的辩护。

亚里士多德一生的著作极其丰富，号称有千卷之多，但由于动乱等种种原因，远不如柏拉图的那样完整，实际上只留下了162卷，尽管这样也还是足够丰富的。其中，有些是他亲笔所作，有些是他的教学讲义，主要著作有《工具论》、《形而上学》、《物理学》、《伦理学》（由其儿子尼可玛可斯编纂）、《政治学》、《诗学》、《论灵魂》、《论生灭》、《论天》、《气象学》等还有《生物学》。为此，马克思称他是“最博学的人物”[1]。他是许多学科的奠基人，（狭义的）哲学这门学科到他手里，第一次正式同其他学科划分开来，成为一门相对独立的学科。他在西方学说历史中第一次创立了政治学的体系，发表了西方历史上第一部著名的政治学著作——《政治学》，从而在古代水平上，把政治学从哲学母体中独立出来。

亚里士多德的法律思想显然超越了他所生活的时代。亚里士多德生活在古希腊黄金时代的后期，就连他的学生马其顿亚历山大国王也没有受到亚里士多德太大的影响。由于亚里士多德思想的超越时代性，因此亚历山大之后，亚里士多德的文献要么藏入了地窖，要么成了收藏家的古董，加上罗马时代的混乱

〔1〕《马克思恩格斯选集》（第3卷），人民出版社1972年版，第59页。

和中世纪早期的蒙昧，亚里士多德的哲学沉寂了将近1000年，直到12世纪，西方人才重新找到了“亚里士多德”。

二、法律的基本特征

亚里士多德在其著作中对于法律没有提出完整和确切的定义，但在解释法律各种含义时，阐释了他对法律把握的几个要点：

其一，亚里士多德建立法律的目的在于追求正义，从而继承发扬了西方元点政法追求正义的精神。

亚里士多德认为，要使事物合于正义，必须有毫无偏私的权衡；法律恰恰正是这样一个中道的权衡。正义是古希腊文明追求的核心思想。在公元前5世纪到公元前4世纪时，希腊的智者对奴隶制法律的产生和作用，围绕着正义问题进行过一次辩论。他们以自然哲学理论为基础，提出了自然法的思想，认为人们遵守国家制定的法律（人定法）是没有必要的，因为这种人定法律不代表公正，也不体现自然的精神。自然法体现的法律精神就是正义。真正的法律应当也必须追求正义。

其二，法律应具有普遍性。

关于法律的普遍性原则，是从执行法律和公民守法的角度来讲的。亚里士多德认为，一个城邦制定的法律，要充分发挥其作用，全靠民众的普遍服从，也就是普遍遵守法律。在亚里士多德的法治理念中，良法有两大条件，一是以正义为基础，追求正义是建立良法的根本。二是民众的普遍服从。如果没有民众的普遍服从，再好的法律都是没用的。

其三，法律更应具有平等性。

法律平等的思想，在亚里士多德那里有特殊的含义。亚里士多德认为，平民政体的第一个品质是最严格地遵守平等的原则。在一个遵守法律平等原则的社会中，法律规定的所谓平等，就是穷人不占富人的便宜，穷人与富人处于同样的地位，谁都不能做对方的主宰。所以，其法律平等思想和后人所说的“法律面前人人平等”的思想是不同的。

其四，法律还应具有稳定性与灵活性。

在亚里士多德看来，制定法律与修改法律，应从城邦实际政治生活出发；实际的政治生活是经常发展变化的，因此让法律一成不变是行不通的，如果法律以守旧安常为第一位那就未免太过荒唐了。他提出，法律的变化追求的是社会的幸福：“人们倘使习惯于轻率的变革，这不是社会的幸福，要是变革所得的利益不大，则法和政府方面所包含的一些缺点还是姑且让它沿袭的好；一经更张，法律和政府的威信总要一度降落，这样，变革所得的一些利益也许不足以抵偿更张所受的损失。上述政治和其他技艺间的比拟并不完全相符；变革一项法律大不同于变革一门技艺”[1]。

其五，法律也应具有权威性。

亚里士多德认为，在一个城邦中，法律应在任何方面都受到尊重而保持至高无上的权威，法律不仅高于民众，还高于统治者。所以，执政者和公民团体只应在法律所不及的个别事例上有所抉择，两者都不该侵犯法律。很显然，这一特点与古代中国完全不同。

亚里士多德在西方古代法律思想史中是一个非常重要的人物，占有极重要的地位。亚里士多德最大的特点是对以往思想的综合，在综合中进行创造。他继承和发展了古希腊的政治法律思想（包括柏拉图的法律思想），因而远比柏拉图的法律思想更加完善。

三、法律与国家政体

由于亚里士多德生活在古希腊城市邦联国家中，因此他在论述法律时，总是与城市国家联系在一起。亚里士多德非常重视法律在城市国家中的作用。

在亚里士多德的理念中，一方面，法律的目的和作用（或职能）是同城市国家的目的和作用相一致的，另一方面，亚里士多德最宝贵的思想之一，是在法律与国家之上还有一个正义，正义是国家与法律都必须遵守的规则。或者说，正义是法律和国家都应追求的规则。因此，法律和国家的目的是一致的，都是在促进为大家所重视的善德与以公共利益为依归的正义。亚里士多德认为，正义就是人间的至善，而政治学的善也就是正义。亚里士多德说：“世上一切学问（知识）和技术，其终极（目的）各有一善，政治学术本来是一切学术中最重要的学术，其终极（目的）正是为大家所重视的善德，也就是人间的至善。政治学上的善就是‘正义’，正义以公共利益为依归。按照一般的认识，正义是某些事物的‘平等’（均等）观念。”[2] 他还说：“凡订有良法而有志于实行善政的城邦就得操心全邦人民生活中的一切善德和恶行。……如果不是这样，法律也无异于一些临时的合同，而法律的实际意义却应该是促成全邦人民都能进于正

[1] ［古希腊］亚里士多德：《政治学》，吴寿彭译，商务印书馆1981年版，第81页。
[2] ［古希腊］亚里士多德：《政治学》，吴寿彭译，商务印书馆1981年版，第148页。

义和善德的制度。"[1]

在这里，和古老中国的治国理念不同，在亚里士多德看来，在古希腊城邦，法学和政治学并没有严格的区分。他认为，人学就是研究正义的善，人学包括政治学、伦理学和法学等，政治学、伦理学和法学都是以正义为转移的；不同的是，伦理学研究的是个人的善，而政治学研究的是人群的善。所以，在这个意义上，亚里士多德认定，政治学是最高的科学，政治学追求的善就是正义，政治是人的目的理性，而法律则是工具理性，因为法律的最后目的是为了达到善德和实现正义。因此，法律是正义的具体表现，法律的好坏是以正义作为划分标准的，人们只要服从城邦制定的法律，也就是实现了正义。为此他说："相应于城邦政体的好坏，或者是合乎正义或者是不合乎正义。"[2]

于是，在亚里士多德那里，处理好国家与法律的关系在于建立一种好的政体。他与中国孔子的中庸思想有些类似，反对两种极端阶级统治，而主张中产阶级的统治。他认为，以中小奴隶主阶级为主体建立的共和政体是稳定的，因而是最好的。因为，这种政体的优点体现了中产阶级具有的中庸美德，只有中产阶级才能适应理性，不走极端。他论证说："善德就在行于中庸，则最好的生活方式就应该是中庸，使每个人都能达到的中庸。……在一城邦中，所有公民可以分为三个部分（阶级）——极富、极贫和两者之间的中产阶级。现在，大家既然已知道中庸常常是最好的品德，那么人生富有的善德就完全应当以中间境界为最佳。处在这种境界的人们最能顺从理性。"[3]

国内有许多学者认为，亚里士多德之所以宣扬中庸之道，政治目的就是为了调和奴隶主阶级的内部矛盾。其实，这种看法忽视了亚里士多德的人性伦理学基础。他在人性学分析中，认为人性的两级是不好的，最好的人性是中性的，中产阶级才拥有中性的人性。他认为，每个人拥有的财富必须有个限度，极富和极贫都会扭曲人性，理想的人应当是中产阶级；同样一个理想城邦的人口不应过多也不应过小，它的疆域不应过大也不可过少；所以，最好的法律就是大行中庸之道，不要趋于极端，个人财富应保持贫富的平衡，国家政体也不应走极端。

---

〔1〕［古希腊］亚里士多德：《政治学》，吴寿彭译，商务印书馆1981年版，第138页。

〔2〕同上书，第148页。

〔3〕同上。

由于亚里士多德把正义置于政体和法律之上，认为好的政体和法律就在于追求正义。在法律、政体和正义三者关系上，亚里士多德认为，正义是第一位的，政体应根据正义来建立；在政体与法律关系上，政体高于法律，法律要根据政体来制定，即法律的性质必须适应于城邦的性质。他提出："这里，只有一点是可以确定的，法律必须是根据政体（宪法）制定的；既然如此，那么符合于正宗政体所制定的法律就一定合乎正义，而符合于变态或乖戾和政体所制定的法律就不合乎正义。"〔1〕

那么，什么是最好的政体，什么是正宗政体和变态政体呢？最好的政体就是不走极端的政体。在此，亚里士多德提出了划分国家政体的两个标准，一是国家"最高治权的执行者"人数的多少，二是其统治的目的是否"旨在照顾全邦共同的利益"。如果建立一人统治的正宗政体，那就是君主政体，其变态的政体就是暴君僭主政体。如果建立少数人统治的正宗政体是贵族政体，其变态政体是寡头政体。如果建立多数人统治的正宗政体是共和政体，其变态政体就是平民（民主）政体。亚里士多德主张正宗政体而反对变态政体，因为变态政体是一种反常形式的政体。

四、人治与法治

亚里士多德是西方法律思想发展史最早崇尚法治高于人治的思想家。但他的法治思想既与柏拉图有所区别，更与古老中国法家的法治有所区别。

关于法治的含义，亚里士多德认为："人们认为政府要是不由最好的公民负责而由较贫穷的阶级做主，那就不会导致法治；相反地，如果既是贤良为政，那就不会乱法。我们应该注意到邦国虽有良法，要是人民不能全部遵循，仍然不能实现法治。法治应包含两重意义：已成立法律获得普遍的服从，而大家所服从的法律又应该本身是制定良好的法律，人民可以服从良法也可以服从恶法。就服从良法而言，还得分为两类：或乐于服从最好而又可能订立的法律，或宁愿服从绝对良好的法律"〔2〕。

从亚里士多德对法治的内涵阐释来看，他强调了良法的两大特征，首先，制定的法律具有普遍性，大家都要服从法律；其次，大家所服从的法律本身都是城邦制定的良好的法律。这就是说，一个国家要实行法治必须制定有良好的

---

〔1〕［古希腊］亚里士多德：《政治学》，吴寿彭译，商务印书馆1981年版。

〔2〕同上书，第199页。

法律，这是法治的前提条件。同时，如果良法得不到遵循，仍然不能实行法治。所以，遵守法律是实行法治的关键。

在亚里士多德法律思想体系中，法治和人治比较的关键问题是由最好的一人或由最好的法律统治哪一方面较为有利？对此，由于人是有感情的，会感情用事，而法律则是没有感情的，不会偏私，所以亚里士多德坚决主张法治比人治好。他的具体论述是："凡是不凭感情因素治事的统治者总比感情用事的人们较为优良。法律恰正是全没有感情的；人类的本性（灵魂）便是谁都难免有感情。……那么，这就的确应该让最好的（才德最高的）人为立法施令的统治者了，但在这样的一人为治的城邦中，一切政务还得以整部法律为依归。"〔1〕为此，亚里士多德最后得出结论道："法治应当优于一人之治。遵循这种法治的主张，这里还须辨明，即便有时国政仍须依仗某些人的智虑（人治），这总得限制这些人们只能在应用法律上运用其智虑，让这种高级权力成为法律监护官的权力。"〔2〕这就是说，法官只能在运用法律上拥有权力。

在亚里士多德那里，"法治优越于人治"的思想理由有两个：其一，多数人远比一个人更加不会感情用事，更加公正。他说："让一个人来统治，这就在政治中混入了兽性的因素。常人既不完全消除兽欲，虽最好的人们（贤良）也未免有热忱，这就往往在执政的时候引起偏向。法律恰恰正是免除一切情欲影响的神祇和理智的体现。"〔3〕他的意思是说，多数人的考虑要比一个人考虑得更加周到，多数人比一个人更加正确；其二，法律不会感情用事，不会偏私，具有公正性。

在解决法律与执政者关系中，亚里士多德认为法律高于执政者。亚里士多德基于古希腊雅典政治，援用"法律监护官"（古希腊雅典政制中的官职名称），提出执政者应遵守法律，而不应凌驾于法律之上。

亚里士多德之所以主张法治，目的是为了防止专制独裁统治，实现他的以中产阶级为主体的共和政体。据历史记载，雅典法律监护官共7人，公民大会或议事会开会时坐在主席之旁。如有提案或决议违反成文法的，监护官有权否定。

---

〔1〕［古希腊］亚里士多德：《政治学》，吴寿彭译，商务印书馆1981年版，第63页。
〔2〕同上书，第167～168页。
〔3〕同上书，第196页。

足见，亚里士多德最宝贵的思想就是评价君主、国家、法律好坏的标志是是否追求正义。凡是主张正义的君主就是好君主，否则就不是好君主。凡是伸张正义的国家就是好国家，否则就不是好国家。凡是伸张正义的法律就是好法律，否则就不是好法律。可惜，他把正义局限于国家社会的范围。如果按照这种思想进一步提升，凡是伸张正义的国际秩序就是好的国际秩序，否则就不是好的国际秩序。然而，只有到21世纪之后，才开启了把正义提升到全球利益高度的历程。凡是能够伸张正义的全球政治才是好的全球政治，否则仅仅保护西方利益的西方化的全球政治就不是好的全球政治。

第三节　中西初民“法治”比较

亚里士多德的法治思想既与柏拉图有所区别，更与中国法家的法治有所区别。首先，与柏拉图主张人治相比，亚里士多德主张法治，这是有进步意义的。亚里士多德的法治要求按照统治阶级整体意志进行管理，柏拉图则主张按照统治者的个人意志进行统治。实际上，实行法治比实行人治对统治阶级巩固政权更为有利。其次，亚里士多德的法治与中国法家的法治思想是不同的。

我们在这里重点区分亚里士多德的法治与中国法家法治的不同。

一、同一个“法治”，形同神却不同

在全球化民主与法治的大趋势中，中国现代社会也大讲“法治”。说到法治，人们总是愿意到中国先秦诸子百家中的法家寻找“法治”。因此，有人误以为，法治在中国也是有传统的，李悝、商鞅、韩非子、慎子、申不害等人就是提出法治的先驱了。其实，这是对现代“法治”理念的最大误解。

如果说，不懂法学的人这样说，还情有可原，但中国的知名学者也这样认为，实在是大错特错了。我国有的学者在20世纪末提出，在我国和西方国家历史上关于法治和人治的争论，主要有三次，第一次是我国春秋战国儒法之争，儒家主张人治，法家主张法治。[1] 其实，儒法之争并非人治与法治之争，二者实质上都是人治和专制。因为，法家之法治与西方自古希腊以来的法治并不是一回事。古希腊古罗马的法治与中国法家之法治，尽管都是一个词“法治”，但

〔1〕 沈宗灵：《法理学》，北京大学出版社1999年版，第153～154页。

内在逻辑和法治本义却有天渊之别。

与古希腊法律思想不同，法家的一切思想都注入了中华民族的灵魂：法家思想的一切内涵都以为君主制服务为政治目的，各种法律思想观念均可归于政治手段。直接地说，法家的法律思想是手段，维护君主制或为其服务才是其政治目的。因此，法家的“法治”只是形式，是为君主制服务的手段，其政治目的是为（君主制）“人治”服务，而不是古希腊式的“法治”。与中国法家不同，亚里士多德的法治思想不是专制式的人治，而是民主式的法治，他极端反对一人之治，反对君主专制，主张民主共和法治。

两者关键在于神韵不同。其神韵的关键在于法律与君主、民众的关系不同。在古希腊，亚里士多德认为君主也要服从法律，法律的权威高于统治者的权力。法治的核心在于法律面前人人平等。中国先秦法家的法治则不然，皇帝权力高于法律。法家的法治目的在于要群臣、民众敬畏皇帝。法家管仲说，法治的目的，对于群臣是要使群臣不是出于敬爱而不敢欺主，而是因为害怕主子的威势。对于百姓是要使百姓不是因为喜欢而争相报效，而是因为畏惧君主的法令。法家商鞅说，刑罚要统一，君主制定律令，除他以外，无论是谁，不遵从的一律处死。可见，君主不仅制定法律，而且还可以不受法律的制裁。为什么要这样呢？法家韩非子提出，天下一切功劳是君主的，而错误的是臣子。

中国商鞅的法治与古希腊亚里士多德的法治有根本的不同。虽然两人都用“法治”，其实也有翻译无能为力的地方。两人思想的根本不同是不能翻译出来的。亚里士多德的法治意在法律的至高无上。法律不仅高于臣民，而且高于君主。法治的精髓是“法律面前人人平等”，不管是君主还是公民（不包括奴隶）。法治的真意在于法律高于权力。商鞅的法治是建立在人治的基础上的。因为，他所谓的法治，是建议国家君主以法律治理国家和社会，而君主则不受法律的约束。这是地地道道的人治。

为什么法家的法治与亚里士多德的法治会有这种“形似神不同”的巨大差距？我们后面分几个方面进行深入分析。

二、两种不同的人性理论

造成法家与亚里士多德的法治“形似神不同”巨大差距的根本原因之一是两者的人性基础理论决定的。

法家著名代表性人物管仲、商鞅、韩非等既是中国当时著名的政治家、思想家，又是出色的哲学家，他们对人性有一套自己的看法。法家思想集大成者韩非拥有自己深厚的哲学思想基础，使得法家思想达到顶峰。韩非之所以能够达到如此高的水平，在于他集以往法家思想于一体。在人性方面，韩非主张彻底的性恶论。人性如何的问题是人类永恒的难题，世界各族思想家对人性的争论达数千年之久。

不同的儒家思想家对人性就有不同的看法。同为儒家，与孔子“人之初，性本善，性相近，习相远”的看法不同，荀子大胆向前辈挑战，提出“性恶论”观点，即人之初，性本恶，每个人生下来只知道为自己，长大之后受到礼仪教化，才知道他人的存在，才知道如何与他人相处。方能为他人；人性虽能改善，但本性永远是恶的。

“性恶论”与“性善论”相比，只有“性恶论”才成功地解释了春秋战乱日益严重的社会问题。这与后来德国哲学家黑格尔“恶往往是历史发展的动力”大有异曲同工之妙。

法家著名人物韩非从师于儒家荀子，扬弃了他的老师荀子的“性恶论”，一方面继承了“人之初，性本恶”的观点，另一方面又舍弃了荀子“人兽不分”的思想，把性恶论推向极致。其性恶论思想主要包括人本自私，人性源于兽性和人性不可改变等三个方面。

“人本自私”是韩非关于人性论的核心命题。他认为，人的自私本性是天生的本性。后来西方18世纪法国哲学家拉美特利把人的本性归结为避苦求乐的自保之上，惊人一致地认为，人天生只知道关心自己，保护自己的利益，人的一切言论行动，无不以自己的切身利益为指导。然而，西方人性自保的思想晚于中国法家两千多年。

在韩非看来，人性自私本性表现在各个方面，首先表现在各自职业上，各种职业都是自私的产物，因人需要自身的生存而求利，才从事不同的适合自己的行业，从事职业后的人更加自私。每一种行业都不是为他人为社会服务，而是为了自己个人利益的需要。韩非早于法国机械唯物主义主张自保的哲学家两千多年，就提出，“匠人成棺，则欲人之夭死也。……非舆人仁而匠人贼也，……人不死，则棺不买。情非憎人也，利在人之死也”。他还说，“医善吮人之伤，含人之血，非骨肉之亲也，利所加也”[1]。

更有甚者，韩非把人性自私引申到爱情和亲情领域，认为即便享有天伦之

〔1〕《韩非子·备内》。

乐的家庭成员之间的人们，也是为利而生活的。为此，夫妻之间，恩情再长，都是表面现象，因为丈夫希望多挣钱，妻子担心丈夫钱多了会另寻新欢。“从妻之近与子之亲，而犹不可信，则其余无可信者矣。”〔1〕为此，中国的父母希望生男孩多于女孩，因为男孩多了劳动力就多了，对自己的利益好处也就自然来了；生女孩多了累赘也就多了，糟糕的事情也就接踵而来。

至于君臣关系更是如此。成王称帝是天下最大之利，人人都会去争，因此出于人性本恶，君王就要时刻警惕臣子谋反。君王与臣子之间没有什么真情可言，因君王利用臣子为自己的王位服务，臣子利用君王来为自己谋求官利着想。君王一旦发现臣子谋反，立即处死。臣子一旦发觉君王地位不稳，立即“诛暴君”，取而代之。

人与兽性的关系问题也是重大的人性问题。对此，道家认为人性等同于兽性。法家韩非子克服了其师思想的不足，提出了阐释人性与兽性关系的理论。韩非的老师儒家荀子虽然秉承人性本恶，但极力反对把人性等同于兽性。因为他认为，“人有气有生有知亦且有义，故最为天下贵也”〔2〕。于是，荀子前后思想有不可克服的矛盾，既然人性与兽性一样，为何能够成为“天下贵”者呢？在荀子性恶论那里，无论怎样论述都不能自圆其说。

为了克服荀子的不足，韩非把性恶论推向极致，强调人的本性等同于兽性。韩非认为：“人独知龙虎有爪角也，而莫知万物之尽有爪角也。”君王对待臣民，应像对待野兽那样，训练兽类。因此，他说，“以天下为之罗，则雀不失矣”、“如臣者，犹兽鹿也，唯荐草而就”〔3〕。韩非还认为君王的本性也好不到哪儿去，“老虎所以能服狗者，爪牙也”；臣民是“狗”而君王是“虎”，虎比狗更具爪牙之利。

所以，最后韩非认为，整个社会的人性同样是恶，故不适用德与礼，而应靠法和刑。法刑对兽适用，对人更适用。人既然是兽，人性就是兽性，因此社会上的“人治人”说到底不过是“兽治兽”。他认为，社会进步在于推行法令，强化人性教育，以兽治兽，用兽性的专制来抑制人的兽性，这样才能挽救社会。

法家彻底的人性恶的理论把“法”抬高到极致地位，这种“法家不避亲疏，

---

〔1〕《韩非子·帝王的法术》。
〔2〕《荀子·王制篇》。
〔3〕《韩非子·难三》。

不殊贵贱，一断于法，则亲亲尊尊之恩绝矣，可以行一时之计而不可大用也”[1]，必然导致实践的惩罚。法家的人性本恶的理论同样是片面的，将之付诸实施必然严重伤害人的尊严，践踏人格，结果导致秦朝暴政的灭亡。

亚里士多德的人性说远比中国法家的人性论更为合理。古希腊哲学家亚里士多德的人性论隐藏于他的潜能与现实学说，是亚里士多德智慧思想中最深刻的地方。可以说，西方在亚里士多德之前，谁也不能很好地解决本原物变为万物、事物变化生成的难题，只有亚里士多德才第一次较为科学地解决了这一难题，而且几千年之后，人们也不得不继续用他的“潜能与现实”的理论去解释事物生成变化的问题。关键在于，亚里士多德解决了“无中不能生有”的难点，他提出，一物变为另一物，不能说成是“无中生有”，而是一物中已经含有了另一物的潜能，所以，一物变为另一物，这是潜能变为现实。这个解释是十分智慧的。亚里士多德提出“潜能与现实”理论正是为了解决事物（存在）动变的问题的，他说，用此理论能够更深刻地理解事物的动变：“因为‘实是’一方面分为个体，质与量，另一方面，以潜能与实现、功与用为分别，让我们现在试于潜能与实现求取更深切的理解”[2]。

关键的范畴是潜能。潜能的含义有三种：第一，它指形成事物的质料；第二，它指一物变为另一物的能力、能够或能；第三，它指事物变化的出发点动能或原始潜能。他说，“某一物成为另一物，或成为它自身（将自身当作另一物）的动能，这总关涉到某一种原始潜能”[3]。但它的根本含义是动变的根源，即一切事物的运动、生成，变化、发展的根本原因，是因为世界上存在潜能，故他说：“凡潜能之符合于这同一类型者，总是指某些动变渊源”[4]。

亚里士多德的质料与形式的理论和潜能与现实的理论，正好形成一组和谐的系统，前者是说明存在本体的静态构成的理论，一个作为质料，一个作为形式，二者结合构成事物，任何事物都是二者的结合。潜能与现实的理论则是一种动态存在的理论，一个是作为潜能的形态存在着，一个是作为现实的形态存在着。这静态和动态形成一个完整的理论，二者相映成趣、相得益彰，从两个不同的角度（一个动态存在、一个静态构成）说明了事物的存在。二者的实质

---

〔1〕 司马谈：《论六家要旨》。
〔2〕［古希腊］亚里士多德：《形而上学》，贺麟、王太庆译，商务印书馆1959年版，第171页。
〔3〕 同上。
〔4〕 同上。

是相通的，并不是各自说明不同的东西，从某种意义上讲，质料就是潜能，形式就是现实。如雕塑家心中的“塑像”是雕像的形式，正是这种形式与某种雕塑材料结合才变成雕像，雕像的现实存在是因其形式使然。另外，就潜能和现实来讲，二者也不是两个东西，而是事物的两个阶段、两个方面，是同一个东西的两种形态。

潜能就是能，它的根本含义就是它是运动变化的根源。这种根源或是在另一种事物之中，或在这种事物本身，却不是作为这种事物，而是作为另外一种事物。例如，建筑技术是一种能力，它并不存在于那个建筑物之中，而在建筑师的心里，医疗技术也是一种能力，它一般不存在于病患者中，而存在于医生心中。

既然是能、能力，就存在能的施放者和接受者，因此存在主动和被动两个方面。所以，能分为主动能和被动能。被动能也是一种能，有的人心胸开阔，能够接受别人的批评意见，有的人则不能。一方面，在一种意义上讲，主动能和被动能是不同的，被动的事物都具有被动能，如油能点燃，脆物能压碎，能动者具有主动能，如热能产生热量，建筑术能建成房屋。另一方面，有些事物本身就具有能动和被动两个方面，既能被别的东西作用，又能作用于别的东西。

由于有些变化根源发生在没有灵魂的事物中，有些则发生在有灵魂的事物中，所以，有些“能”是理性的，有些则不是理性的。人有理性，人的技术是知识的创造能力，是生产产品的变化根源。

潜能、能力是一种可能性。任何事物具有的能力，总是在一个相当长的时间内持续存在的，当它动作时，它是现实的能，当它不动作时，它也还是一种能——潜能，这就是“可能”的意思。当一个人有了某种技术后，不管他使用还是不使用这种技术，他总是具有了这种“能力”，除非他已经失掉了这种能力，不然，他总有这种能力。和潜能的存在相反的，就是“现实”的存在，它是指已经完成了的、正在存在的事物。

上述例子是达到目的的事物或已经完成的事物，而在还未完成还没有达到目的的事物则处于运动之中，还不能说它们是现实。比如消肥法（使身体变瘦）是一个有目的的活动，但在没有达到目的（人变瘦了）以前，这只能说是一种运动和活动，它还没有变为现实。这种活动也不完全是一种潜能，而是从潜能向现实的过渡，是潜能和现实的中介。潜能只是一种能力和可能，运动和活动则是潜能的发挥。具有某种能力而不发挥，只是一种潜能，而不是运动或活动，如医生有医术还不曾为人治疗，这种医术只是一种潜能存放在医生那里，当医生正在为人治病，那么这时则是医术的一种运动，是医术潜能的发挥，已不是单纯的潜能，当把病治好，则把这种潜能变为现实。

任何事物的变化、生成都是这样一个过程：最初只是一种潜能还未发挥，后来具备了释放这种潜能的条件，潜藏的能量便开始释放表现出一种运动，最后实现了这种潜能，使之变成现实。用公式表述就是：未释放的潜能——正在释放的潜能（运动）——实现了的潜能（现实）。用这种理论智慧，可以去分析世界上一切事物的变化、产生、生成、发展。这就解决了以往的难题，事物的生成、产生不是无中生有，而是有的形态的转变，开始作为潜能，无疑是一种“存在形态的有”，经过这种存在（潜能）的运动（释放），便成为一种“现实形态的有”，足见，这是“有中生有”，而不是“无中生有”。

那么，这两种不同的人性理论又是怎样造成的呢？造成法家与亚里士多德的法治“形似神不同”巨大差距的根本原因之一是两者的政治文化背景的不同。任何理论思想都是其时代的产物。先秦的中国与古希腊的时代背景不同导致了两种截然不同的人性论。

三、法家局限及其中国命运：法家传统是真法治的障碍

中国先秦时代的法家具有的深刻局限影响着中国后来的悲剧命运，可以说法家传统是真正法治的重大障碍。

现代法治的萌芽最先发端于古希腊亚里士多德的法治思想，后来法治的“星星之火”的火种经过近现代西方人的努力，率先成为欧美的法治文明。当越来越多的非西方国家社会逐渐采用了民主法治，西方的法治精神就变成了全球性的法治文明了。中国在20世纪初，开始学习并效仿西方法治文明。时至今日仍处在走向法治的起点上。为什么会有这种奇特的现象，徐立志先生《法家传统是中国走向法治的障碍》一文[1]，自有一定的高见。该文提出许多有见地的观点。特在此，摘录如下：

首先，该文分析了儒家与法治的关系。反驳了把三纲归于儒家的看法，认为这是很大的误会，因为“三纲”的基本精神并非来自儒家，故不能代表儒家的思想。该文作者认为，根据儒家重道德的思想特征，可以将儒家思想的核心

〔1〕 徐立志：“法家传统是中国走向法治的障碍”，载《法律史论丛》（第7辑），重庆出版社2000年版。

概括为道德至上。最能代表儒家思想的，是孔子关于德、礼、刑、政关系的论述："道之以政，齐之以刑，民免而无耻；道之以德，齐之以礼，有耻且格"[1]。在儒家思想中，道德具有人生与社会价值的意义。道德追求既是达到人生与社会完美境界的起点，又是人生与社会的价值目标。儒家典籍中此种思想的表述很多，未来理想社会是一个道德高尚的社会："大道之行也，天下为公。选贤与能，讲信修睦，故人不独亲其亲，不独子其子。使老有所终，壮有所用，幼有所长，鳏寡孤独废疾者皆有所养。男有分，女有归。货，恶其弃于地也，不必藏于己；力，恶其不出于身也，不必为己。是故谋闭而不兴，盗窃乱贼而不作，故外户而不闭。是谓大同"[2]。可见，道德在儒家心目中具有至为重要的地位，儒家的主要思想基本是围绕着道德至上这一核心而展开。儒家所说的"人"是指有高尚道德的贤人君子，强调的是这种人在治理国家中的作用。为此才有了孔子"为政在人"的说法，荀子"有治人，无治法"[3]和"有良法而乱者有之矣，有君子而乱者，自古及今未尝闻也"[4]的说法。在我们看来，孔子的人治的本质是内在的仁治。这在前面已经论述。

其次，该文论述了法家与法治的关系。由于法家主张法治，"由此造成一种错觉，似乎法家思想比儒家思想更接近现代法治理念，在中国走向法治过程中负面影响要少一些。……但从实质上看，法家思想与现代法治理念是完全不同的，以法家思想来对待现代法治，会出现无法调和的冲突"[5]。

作者提出了以下几个理由：第一，法家极端君主专制的理论本质上是反法治的。民主与专制是两种根本对立的制度，真正的法治从来都是与民主连在一起的。专制从根本上讲是反法治的。第二，法家君权至上的思想与法律至上的理念根本对立。第三，法家缺乏现代法治所要求的平等思想。三纲五常也是法家的基本思想，因此其不讲平等。其实，正如周辅成、余英时等学者指出的那样，"三纲"说主要是法家的东西。[6]第四，法家对法律没有良善要求。

---

〔1〕《论语·为政》。

〔2〕《礼记·礼运》。

〔3〕《荀子·君道》。

〔4〕《荀子·致士》。

〔5〕徐立志："法家传统是中国走向法治的障碍"，载《法律史论丛》（第7辑），重庆出版社2000年版。

〔6〕余英时：《中国思想传统的现代诠释》，江苏人民出版社1989年版，第98～102页。

最后，作者提出结论说，“法家思想与现代法治理念相差甚远，若以法家思想来求中国法治之实现，只能离法治越来越远。……就社会实际情况而言，妨碍人们接受法治理念的，主要不是微弱残留的儒家泛道德意识，也不是所谓儒家的‘人治’思想，而是由法家思想中衍生出的权力崇拜和泛权力意识，以及法家工具主义‘法治’的影响，中国走向法治过程中，文化传统方面存在的障碍主要来自法家。”[1]

不过，我们不能完全接受该文作者“法家阻碍现代法治”的思想。其实，阻碍自古希腊到现代西方法治思想在中国产生或进入中国的原因，是自秦汉以来诸子百家多数赞同君主专制思想的产物，即那是多家合力打造“王权主义”和“王法主义”的结果，不是法家一家之言所能够左右的。

无论是法家的法治思想，还是儒家的礼治和仁治思想，都是基于华夏原始神话精神决定的。从更大的范围来看，无论是王法主义，还是前面所说的王权主义，其渊源都是由王道主义决定的。因此，继儒法传统与西方柏拉图、亚里士多德的比较之后，继前几章政治法律比较之后，我们有必要对中西方原始神话精神进行比较。这是最深层的比较。

〔1〕 徐立志：“法家传统是中国走向法治的障碍”，载《法律史论丛》（第7辑），重庆出版社2000年版。

结　语

中西政法文明三角模式反思

本书最后将在对古代中国与古希腊古罗马古典政法文明总结的基础上，对中西元点政法渊源进行提升，建构一个识别中西元点政法的不同理论模式。

一、中西元点政法：两种三角文明模式

基于本书第一章提出“从政法角度看，全部人类文明史不过是民权利与官权力的关系发展史”的看法，可以认定“民权利与官权力的关系发展”的决定性阶段取决于中西政法古典时代。古代中国与古代希腊罗马的政法精神（无论是政法思想还是政法制度）是极不相同的。其政权的根本不同是古代中国追求忠孝的君主主义王权主义与古希腊古罗马追求正义的民主主义、民权主义（从古希腊的贵族民权主义到古罗马的贵族平民民权主义）的分别。其法律的根本不同就是中国的王法主义与古代希腊罗马的“民法”主义。[1] 这种根本的分野取决于中西两种元点政法精神，因而也就决定了中西政法的流向不同。中国元点政法精神是王权王法在全社会成员的范围内形成的对皇帝对家长的忠孝社会体制。西方元点政法精神是“民权民法”，在公民的范围（古希腊公民仅占全社会的10%[2]）内追求最大的正义。因此，中西元点政法结构的区别就是西方追求正义的民权民法而中国追求忠孝的王权王法。西方追求正义的民权民法的这种元点政法决定了西方从古代到近代的政法发展方向，必然是以蕴含正义含量的自然法为主基调的发展道路。中国追求忠孝的王权王法的这种元点政法决定了中国从夏商周到晚清的政法发展方向，必然是以蕴含忠孝为主基调的人定法

〔1〕 这里特指为公民的法律。在古代社会，唯有古希腊才有宪法，因为只有古希腊才有公民。在中国没有公民，只有庶民，因此中国古代没有宪法。

〔2〕 具体分析参见第三章第一节中的“中西元点政治：王权专制与民权民主”部分。

和宗法制不断走强的发展模式。

基于上述观点，本书在最后的政法总结中，提出正义、权力、权利的三角结构理论。本书著者认定，全部中西元点政法问题都蕴含在忠孝政法体制关照下抑或是在民主体制关照下，与权力、权利建构发生的不同三角模式。这是中西元点政法的基石，当然也必然是政治学和法学必须研究的最基本问题。之所以认定正义、权力、权利的三角问题是政治（学）法律（学）的基本问题，是因为这个三角问题是政法的第一性问题或者原生性问题，它蕴含着政治法律的其他所有问题。或者说，政治法律的其他问题都是由正义、权力、权利三角问题派生出来的问题。有什么样的正义、权力、权利三角状态就会产生相应的其他政治法律问题。立法是对社会利益的配置或分配，行政是对社会利益配置制度的执行，司法是对社会利益配置规则不公的改正。所以，亚里士多德把立法称为分配的正义，而把司法称为改正的正义。

其实，从现实或从实然状态看，立法、行政和司法不是正义的问题，而是官员权力和人民权利的抗争或纷争所达到的平衡状态。

这有两方面的内涵，即是实然状态与应然状态，或者现实主义和理想主义相结合的问题。一方面，从现实主义或实然状态的关系配置看，全部政治问题都隐含在民权利与官权力的关系如何得以解决的状态，简言之就是权力和权利的关系问题。另一方面，从应然状态或理想形态上看，全部政治学的科学性、正当性在于公民权利与国家权力必须符合或遵循正义的原则。中西政法文明有一个共通性，那就是都把合理政府或好皇帝的根本归结为追求正义。这有显性和隐性两种状态，政法结构表现出来的是一种显性状态。从显性状态看，中西元点政法的表现是相反的，中国的民权利是以官权力为根据的，西方则相反，官权力是以民权利为根据的，因此在中国盛行的是“做民主”（君与百官为民做主），在西方盛行的是民主；在中国盛行的是民权利与官权力的“保民说”，在西方盛行的是民权利与官权力的“契约论”。

其实，后面还有个隐性状态。隐性状态是双重结构的。第一层隐性状态，民权利与官权力关系在中国是由忠孝决定，在西方则由民主决定。中国民权利与官权力背后是由忠孝方式决定的，看上去是民权利与官权力的关系，实际上是忠孝关照下的民权利与官权力的三角关系，在这个三角关系中，决定性的元素不是民权利，也不是官权力，而是忠孝。在西方民权利与官权力背后是由民主方式决定的，看上去是民权利与官权力的关系，实际上是民主方式关照下的民权利与官权力的三角关系，在这个三角关系中，决定性的元素不是民权利，也不是官权力，而是民主方式。第二层隐性状态，正义的驱动。中西政法从野蛮走向文明发展的根本动能就是正义性、公正性、公平性。在中国是用忠孝驱动正义，表现形式是好皇帝的“保民”，保民的根本法则是公平正义；在西方是民主驱动正义，表现形式是古希腊古罗马的自然法，自然法的本质也正是对正义的追求。上述理论内核需要展开分析。重点分析的内容是实然与应然状态的互动，以及两种隐性结构。

从实然状态上，权力只掌握在官员手中，人民或公民只能拥有权利，不能掌管权力。权力是对权利的管理体制。权力构成是现实社会政治形态是否合理、正当、公平、正义的根本。不同社会有着不同的权力结构。中西方元点政法权力结构是不同的。由于一定历史阶段的社会财富是有限的或一定的，而无论是官员还是人民，对财富的欲望则是无限的和不定的。无论官员，还是平民，归根结底都是为了实现自己权利或利益的最大化。由于官员掌握权利的配方即掌握国家权力，公民只能在国家权力关照下实现自己的合法权益，这是历史发展的铁的事实。合理的政府就是在尽量关照公民权利的前提下，运用实现手中的权力。反之，则是不合理的政府。

从某种意义上讲，权力实际上就是权利配方，即对社会财富的分配方式。权利如何分配所形成的权利配方是由掌握权力的官员来规定的。因此，只有争取到权力，才等于争取到权利的配方权，才可保证了自己的利益或权利。因此，才有了“有了权力就等于有了一切”的所谓的真理。

人类政治文明的发展史就是一部民权利与官权力互动的历史。阶级斗争的历史不过是官员或统治阶级手中的权力与被统治阶级利益或权利互动的发展史，简单说就是民权利与官权力抗争或争夺社会利益的历史。出于自私的本性，统治阶级或政府官员，在立法、行政、司法过程中，最大限度地实现统治阶级的利益。然而，被统治阶级会在社会条件允许的条件下，通过各种斗争手段（暴力革命方式与和平请愿方式以及介于两者之间的任何方式）与统治阶级争夺利益或权利。统治阶级出于被统治阶级的抗争或反抗，有所让步，形成不同的政治法律形式。官员权力与公民权利的调和点或配置点形成具体的国家存在形态。

如果国家权力以公民权利为根据，确定国家政治法律的存在形态，那就是合理的或者是合乎正义的政府，反之就是不正当的政府。就是说，官员运用权力的正当性全系在是否正义合理，因此正义才是主宰官员权力与公民权利的根本或基石。这在中西古典时代的表现是不同的。

中国从颛顼经过尧舜到夏商周三代，隐性的忠孝与显性的官权力和民权利形成的独特的政法三角形的机制，用图表示如下：

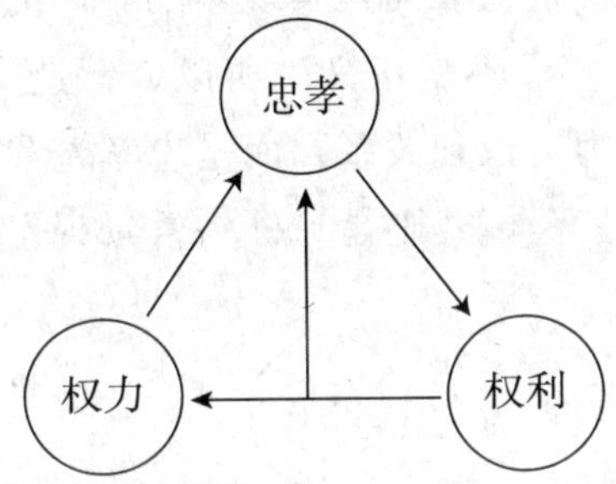

从这个图示可以看出，中国夏商周构建的政法三角体制是从忠孝到权利再到权力的顺时针运转机制。这个顺时针三角形的内涵决定，中国早在夏商周三代，民权利要到官权力那里寻找根据，而不是相反；权力为忠孝体制服务，而不是为民权利服务；权力与权利互动的追寻目标是忠孝；不仅以帝王为首的官员群体这样设定，而且人民已经默默接受了这种价值体制。这个图示也说明，中国在夏商周三代，整个社会价值系统是以忠孝为核心的，凡是能够落实忠孝这个价值中枢的权力就是好的权力或正当的权力，官员对帝王忠诚是政法体制的根本要求。对帝王不忠的官员不是好官员，对帝王忠诚的官员才是忠臣，否则就是奸臣。忠诚于帝王是官员行使权力的根据，帝王行使王权合理性的根据是“敬天”和“保民”。从帝王与人民的关系看，凡是能够保民的帝王就是好帝王，否则就不是好帝王。凡是能够保民的帝王才能够保证社会的正义精神，否则就是不义的帝王以及不义的政府。可惜，历史上的能够致力于（先不说是否能够做到全心全意）“保民”的好皇帝是少之又少，实际存在的只是保民多少的问题，根本不存在全心全意保民而放弃维护王族利益的现象。

上述三角形政法文明还说明这样一个根本的道理：中国王权以天道为组建政权的合理性，运用“保民”或“内圣”的方式体现这种正义精神。在君王之下，所有官员以王权王法为运用权力的依据，而不是以人民权利为根据。整个社会以对王权王法的“忠孝体制”来保证权力运行的合理合法依据，因此很难把“保民”与“内圣”的正义精神落到实处。更可悲的是，不仅官员体制成员如此，而且人民也甘愿把自己的权利交付给官员正当运用权力，认定人民的权利是官员权力施舍的结果，给多了是官员施舍的结果，给少了也是“应当的”或“合理的”。实际上，这是一种颠倒了的权力与权利关系，本应认定“权利是权力的根据”，结果却认为“权力才是权利的根据”。造成这种状况的根本原因是，中国夏商周时代的社会价值取向是实现家国一体的“忠孝”，因此把政法合理性的依据归结为“忠孝”而不是正义。所以，营造了中国元点政法运行的三角形不是正义关照下的权力与权利关系，而是忠孝笼罩下的权力与权利关系。

古希腊古罗马的政法三角模式则是另外一番景观，用图表示则是：

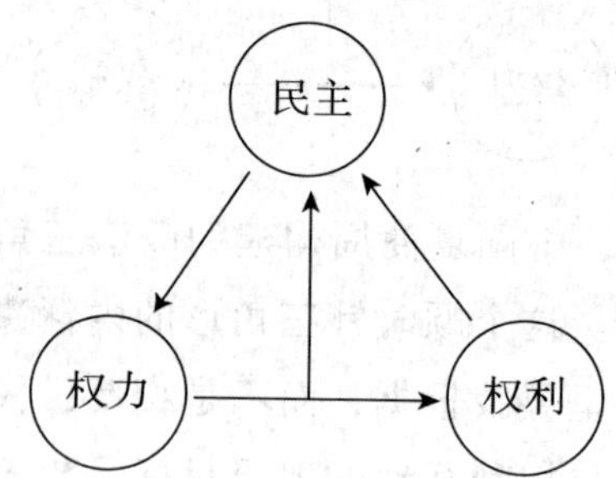

从这个图示可以看出，古希腊古罗马构建的政法三角体制是从民主到权力再到权利的逆时针运转机制。这个逆时针三角形包含如下内容：

首先，古希腊的民主适用范围只是成年男性贵族，因为古希腊的公民只是社会成员的10%（古罗马则多于10%）。然而，这10%的公民通过建构民主、官权力与（公）民权利的财富分配体系，却要分配全社会创造的所有财富。很显然，这个从民主到官权力再到民权利的三角形运行政法体制，并不是为全社会服务，而只为成年男性贵族组成的公民社会服务。在这一点上显示出西方元点政法的公正性远远不如中国。因为，中国的好帝王是“敬天保民”。

其次，古希腊民主制度要求官权力必须以民权利为根据，而不像中国那样官权力是民权利的根据。官权力存在的价值和运行规则是民主，不是忠孝；官权力是为公民权利服务，当然也不是为全社会成员服务的。权力与权利互动的追寻目标不是忠孝而是民主，这样才能保证官权力是为公民权利服务的宗旨。这个图示也说明，古希腊整个社会价值系统是以成年男性贵族的民主为核心的，凡是能够落实这个民主价值中枢的权力就是好的权力或正当的权力，不能实现民主维护公民权利的官员不是好官员，可以通过民选换掉不称职的坏官员。凡是能够确保民主的政府才能够保证社会的正义精神，否则就是不义的政府。历史上的古希腊是“小国寡民”的社会，能够最大限度地实现直接民主（不仅直接选举官员，而且直接决定重要法律）。后来罗马帝国，很难保证最大限度地实现直接民主；再后来的近现代西方社会，组建的民族国家都不是“小国寡民”，因此都很难最大限度地保证或实现直接民主，因此不得不采取“代议制民主”（只能保护对最高官员的直接选举，无法保证对具体法案的直接决定）。

最后，古希腊古罗马政权以自然法为组建政权的合理性，运用对公民权利的民主方式体现着正义精神。

综上，无论是中国元点政法文明，还是西方元点政法文明，想要实现的理想模式应是这样一个图示：

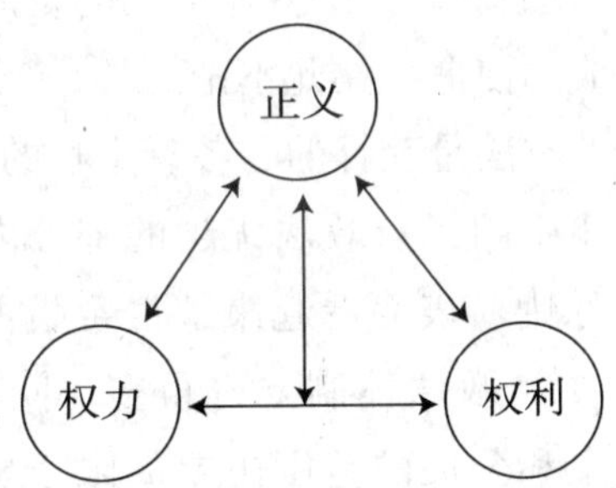

这个图示才是一个完美的图示，表达的基本思想是中间自上而下的单向箭头表示了这个三角关系的轴心思想，正义的使命是为了调节官权力和民权利两者关系的。三个双方箭头表达的思想是，理想社会应当构建的正义、官权力与民权利三者的决定关系不是单向的而是双向的。首先，正义与公民权利的理想关系是目的与手段的关系，实现公民权利是正义的目的，正义是实现公民权利的正当手段。或者用政法哲学思想来表示就是，公民权利就是利益，利益是确定正义规则的目的，正义是实现利益公平分配的手段。其次，正义与官权力的理想关系是规范与被规范的关系。正义是规范官员行使权力的法则，凡是遵守正义法则的官员才是好官员，否则就是坏官员。最后，官权力与民权利的理想关系是保护与被保护、服务与被服务的关系。官权力是为民权利服务的，官权力是为了确保民权利而设定的。官权力存在的价值就是用来保护民权利的，否则就失去了存在的价值。然而，这只是一种理想的模式。

实际上，无论是中国元点政法，还是西方元点政法，都是对这个理想政法三角形的一种社会异化。在古代中国，全民维护着官员利益，全体官员成全着帝王利益，虽然帝王执政的合理性是保民，但帝王不能最大限度地保民，往往是最小限度地保民。相反，却能最大限度地保障王族利益，较大限度地保障官员利益。因此，中国由于“忠孝”的政法精神，实际上在现实的政法领域实施的是从王到官再到民的金字塔式的利益逐渐减少的运动，而把应当包含的“正义”精神归于王道领域。有学者提出，王道是社会理性、道德、正义、公正的体现。因为历史上王权不仅是中国社会最高的权力，而且对日常社会生活起着枢纽的作用，甚至王权秩序是中国社会与政治动荡的归宿。[1] 在西方古希腊古罗马时代，虽然出于对自然法的领悟而把正义视为建立社会民主制度的根本，但却把正义仅仅局限于贵族，而不适用于全民，极大地缩小了正义的适用范围。然而，中西政法发展是从野蛮到文明、包含正义的发展历程从最小主义向最大主义挺进的，这是不能完成的使命，在此不论。

相比较而言，中西元点政法是互补的、各有千秋的。

首先，西方元点政法比中国元点政法优越的部分内容，初看起来是把民主视为实现社会正义的基本原则。表面看起来，古希腊古罗马的民主制远比中国夏商周的王权主义、王法主义政法体制要好得多。问题没有这么简单。其实，古希腊古罗马的正义、民主和公民的范围主要局限于贵族范围，超出这个范围无所谓正义问题。古希腊古罗马在对待奴隶、对待“非我族类”上，是没有什么正义可言的。

其次，中国夏商周继承尧舜“天与之，民受之”的合理原则，将“敬天保民”作为组建政权的合理性、合法性的基础。中国夏商周三代，对待国民基本上是不分等级的。从最下层人民生存状态和被保护状态角度上看，中国夏商周社会远比古希腊古罗马社会要合理得多、好得多。因为在古希腊古罗马社会，奴隶是不被当人看待的，只是法律关系的客体，“丧失”或并未获得法律关系的主体资格，到古罗马时代，奴隶更是生活在水深火热之中，正如前面引述的一研究结果表明，奴隶一般很难活过30岁。[2] 其实，中国并未经过奴隶社会，或者说没有像西方那样经历过典型的奴隶社会。中国夏商周的下民的生存状态不是典型的奴隶生活方式，就是因为，夏商周尤其是西周时代，周王把“保民”作为执政的合理性基础。从这个意义上讲，中国元点政法要比古希腊古罗马要

---

〔1〕 刘泽华：《王权思想论》，天津人民出版社2006年版，扉页寄语。

〔2〕 马啸原：《西方政治制度史》，高等教育出版社2006年版，第35页。

好得多、合理得多。

最后，臣民对君王的忠孝、君王通过爱民保民实现社会正义的原则无法通过制度来保证，因此中国元点政权的现实合理性很成问题。西方梯形不断由高到低的落体运动，不断弘扬民主制度，通过公民范围的扩大，对自然法正义精神的不断加强，从而使得西方元点政权的合理性不断趋于完善，社会正义不断在国内政治范围内得到了长足的发展。

总之，中西元点政法体制都不能实现正义、官权力与民权利的理想三角文明关系，而是分别表现为运行在忠孝、官权力与民权利的中国元点政法体制和运行在有限的民主、官权力与民权利的西方元点政法体制之中。最大的难题是正义如何落实的问题，体现为仅仅把正义归于应当的社会伦理的理想范畴，实际落实运行则表现为两种异化社会形态之中。这是人类早期政法文明无法完全落实正义的无奈。这种无奈成为中西政法发展的元点。为了解析这种元点异化的存在形态，有必要进一步剖析中西元点政法社会结构形态。因此，就有了下述把西方社会归于自然城与商业城，对中国的忠孝超稳定金字塔和西方民主梯形结构进行解析的必要。

二、自然城与商业城：忠孝超固金字塔与民主变化落体梯

经过全书的研究，本书著者率先意识到，中西元点经济和政法多元素的不同，决定了中国先民基于自然经济（尤其是自然农业）社会，把社会构建为金字塔社会；西方古希腊古罗马人基于商业型经济基础，把社会构建为梯形社会。为此，营造了中西政法三大不同特征：

第一大不同特征：中西古典时代经营了两种不同的权力配方和权利结构。中国，以忠孝为核心的理念决定了权力配方进而决定了权利结构。忠孝的价值取向直接决定政府或官员体制的权力配方，进而决定平民权利的结构，形成隶属型社会结构。西方以民主为核心的理念决定了权利结构，进而决定其权力配方。民主直接决定或指向的不是权力配方，而是权利结构，为此形成平权型社会结构，要求权力配方主要为贵族公民服务，而不是为帝王服务。

中国夏商周基于自然农业经济，建立的社会模式是“自然城”；在政法体制上，是以忠孝为核心理念或价值取向，把中国社会建构为超稳定的金字塔。因此，可以认定，全部中西元点政法结构配方的密码在于中西文明的社会价值取向。中国元点文明中权力与权利结构配方的社会价值取向是忠孝。西方元点文明中权力与权利结构配方的社会价值取向是民主。

第二大不同特征：中西早期文明铸造了中国不断强化的金字塔和西方不断变化的“梯形”自由落体的不同，从而营造了不同的社会结构。中国是金字塔形结构，西方是梯形结构。中国的金字塔是有塔尖的，塔尖上站立的是君王，君王掌管着“天下”最大的权力，拥有分配社会权利的最高决定权。宰相是“一人之下万人之上”的官员，依次逐渐下移到农夫。中国的金字塔是不断加固、维护不平等体系，寻求的是千年不变的忠孝体制。西方元点社会即古希腊古罗马的社会结构不是金字塔形，而是梯形结构，至少是四层阶梯结构。最上层是贵族成年男性，享有一切权利。其次是贵族妇女和孩子，男性平民是不能与贵族女人结婚的。第二，女奴的命运还不如男奴。第三，是外邦人，并不享有本地人的权利，只有一定的自由经商、旅游的权利。最底层就是奴隶。男奴干脆“不是人”，连他的生命权都掌握在主人的手里。第四，是平民，不享有政治权利，也不享有土地和不动产的所有权，奴隶不享有任何权利，只能履行无休止的义务。古希腊古罗马社会结构是没有“塔尖”的，国王虽然也要比其他官员的地位和权力要高得多，但远远没有中国君王那么高的地位，没有中国君王那么大的权力，远远没有达到王权至尊的地步。国王是贵族阶级的一员，国王可以任意处置他手里的奴隶（其实其他贵族也有这样的权力），但不能随意处置其他贵族，而更多地给予贵族成员以民主、公平的待遇。

忠孝与民主成为中西政法不同价值取向的灵魂，因此决定了中西政法体制的两个文化景观：在中国，全社会为官员体系服务，整个官员体系为皇帝服务，呈现民为官服务、官为王服务的社会价值方向。在西方，全社会为贵族服务。

第三大不同特征：中西元点社会的经济基础或社会经济模式是根本不同的，主要表现为根植于自然经济与西方商品经济的不同经济模式。[1] 基于中国的忠孝与西方的民主的价值取向的不同、金字塔与梯形社会结构的不同，自然经济自给自足的千年不变属性决定了中国政法金字塔的不断强化。古希腊古罗马的天然缺憾，决定了西方经济模式主要采取工商经济的模式，因此决定了其对内必须逐渐寻求自由、平等、民主、法治对外的开放性、扩张性和侵略性。

可以说，无论古代中国，还是古希腊，王权都是最高贵的。但中西元点政法体系中，王权和贵族权力的高贵程度显然是极不相同的。唯有在中国，帝王利益、王权才是绝对的；而在古希腊古罗马，国王利益和权力则是相对的。确

〔1〕 参见第二章的解析。

切地说，表现为三个方面：

第一，两者的重心不同，古代中国政权的重心是王权，而不是贵族权力；中国法律体系的重心是王法，而不是贵族法。贵族权力虽然也是限制王权的重要力量，但中国塑造的权力体系是王权决定贵族权力，帝王可以剥夺某些贵族的权力。在古代希腊罗马，国家政权的重心在贵族，而不在国王；其法律体系的重心是贵族法，而不是王法。王权虽然也是最高的，但贵族权力是限制王权的决定性权力。

第二，君臣权力的差别也是不同的。中西方相比较而言，中国帝王的权力远远高于其他达官贵人的权力，而古希腊古罗马国王的权力虽然也高于其他贵族，但远远小于中国皇帝与其他达官贵人的差距。

第三，中国以官品位决定表决权的高低，古希腊古罗马则以财产份额决定表决权的大小。在中国，皇帝拥有最高和最后的决定权。古代希腊罗马，权力也分等级，但表决权的大小取决于对国家社会的贡献，而不取决于官位的大小。如古罗马王政时期，国王勒克斯塞尔维·里图阿按财产把人划分为五个等级，分别以财产达到10万阿司、7.5万阿司、5万阿司、2.5万阿司和1.1万阿司划分为第一、第二、第三、第四、第五等级，并按财产等级行使在“森都里亚”大会的表决权，等级越高，与会表决权的份额越大，否则越小。[1]

上述三个方面决定了中西元点政法结构的不同。中国元点政法结构是金字塔结构。整个社会阶梯结构主要是为王族利益、王权王法服务的奠基性金字塔阶梯体制。因此，最上层是保护王族利益，缔造了帝王权力至尊至大至高无上的内核，从而实现王权最高主义或最大主义，以王权王法至高至尊的政法实现了王族利益的最大化。相反，社会最底层是平民百姓，平民利益得到最少的保护，平民权利是最小的，平民利益或权利是没有法律保证的，因为权力体系和法律体系主要不是用来保护平民而是为了保护帝王和官员利益的。为此，培育了平民权利的最小主义、最低主义或平民利益的最少主义。在最低主义和最高主义，或最大主义和最小主义、最多主义和最少主义之间，构建的是保护官位由高到低的不同品位的官员利益。中国从夏商周到明清时代，这个金字塔政法结构是不变的，变化的只是帝王姓氏家族的更替。因此，改朝换代只是金字塔顶尖上的王族在不同姓氏中的转换。

---

〔1〕 对此请参见本书第七章第二节的分析。

相反，古希腊政法结构不是金字塔结构，而是缺少塔尖的梯形结构。整个社会阶梯结构主要是为贵族利益服务的奠基性阶梯体制。这个社会结构主要有四个阶梯。在古希腊社会的最底层是奴隶阶层。奴隶不被当做人来对待，奴隶不是政治法律关系的主体，而是法律关系的客体，不仅不享有财产权、人身自由权，甚至不享有生命权，远不如中国古代的最下民。因为中国古代的最下民拥有最低、最少、最小的权利，而西方的奴隶连这最低、最少、最小的权利都没有，简直就是无权无利主义。在这种意义上讲，中国元点社会远远比西方古代要文明得多。这是毋庸置疑的。

古希腊社会最高阶梯成为西方后来社会发展的民主法治的火种，而且在古代水平发展了当时人类社会最为发达的私法或民法，成为后来人类发展私法或民法的星星之火。所不同的是西方政法结构的发展不像中国传统社会那样仅仅是王族姓氏朝代的转换，而是动态的，呈现不断提升的过程。首先，古罗马时代，《十二铜表法》以后的社会，公民的范围扩大或下移至本地部分平民，并不局限于贵族。而这个时候，不仅古代中国的平民远远没有获得这样的权利，就是品位较低的官员阶层也没有获得这样的公民权利。其次，西方近现代把公民的范围扩大到国家社会全体成员。正是从这种意义上讲，西方社会是梯形自由落体运动。最初在古希腊社会，正义、平等、民主、法治原则只适用于贵族社会的成年男子，即梯形的最高等级。后来到了古罗马社会，其适用范围降落到富裕平民，即把正义、公民的适用范围从贵族成年男性降落到平民成年男性，后来扩大到妇女〔1〕。最后，到了近现代，正义、平等、民主、法治原则的适用范围在形式上扩大到整个社会的国内公民。

西方社会发展到近现代，不单从理论上讲，而且从国家现实社会结构上实现了“主权在民”，公民不仅享有参政权，而且享有立法行政司法权，国家机关通过“代理”或“代议”的方式实现公民的平等立法权、平等行政权和平等司法权，从而把古希腊民主法治的星星之火，燃烧在国家社会全体成员的范围，给全体公民以政法的最大、最高、最多的“温暖”与保障。然而，正像马克思所说的那样，资本主义社会只实现了形式上的平等，没有真正实现实质上的平等。

---

〔1〕 美国在1920年，妇女才获得了选举权和被选举权，但至今还没有出现一个女总统。

三、中下卷展望：中西政法的流向及人类政法文明的出路

世界各国政法文明的发展是不尽人意的。本来对资源的合理配置是社会的理想模式，在原始社会由于生产力的不发达，人们只能以极其简单的平均主义方式生存，奴隶社会则提高了生产力，因此不再普遍宰杀战俘；封建社会和资本主义社会则不断提高生产力而提高了社会所有成员的生存方式和幸福指数。然而，时至今日，生产力发展水平已经极大提高了，社会财富的分配还是贫富两极分化，一面是“朱门酒肉臭”的奢侈浪费，一面是“路有冻死骨”的饥寒交迫。社会正义依然是个未能全面实现的理想。不过，社会发展的标尺是进步的。但是，正义的落实还是不尽人意的。

尽管现实问题多么不尽人意，但全部人类文明史充分展示了这样一条规律：就是从把正义天平向官员利益倾斜的实然状态发展到把正义天平向公民利益倾斜的应然状态的过程。此外，正义联结着政治与伦理，不仅是政治的基本元素，而且是伦理的基本元素。因此，正义不仅是政治发展的合理性生命线，而且是伦理发展的合理性生命线。社会是整体性的发展联合体，决定政治与伦理必须有一个共同发展的联结点。

中西元点政法的不同有两个方面。一方面，官员“权力”和“公民”权利的主从关系，或何者是第一性，何者是根据或出发点的问题。中国元点政法把人民（中国古代没有公民范畴而只有人民范畴）的权利归根于官员权力，进而把官员权力归根于帝王权力，从而营造了王权主义、王法主义。因此，以皇帝为首的官员体系认定人民和土地一样，都归帝王所有，可以把某一块土地连同地上的人民一同分封给诸侯，这是理所当然的。同样，人民也“欣然接受”这样的理念，即“普天之下，莫非王土”，也莫非王（之）民。因此，人民也就默默承受了这样的社会模式。古希腊古罗马则把公民权利视为官员权力的根据、基石或出发点。当然，古希腊把公民局限于贵族的范围，并不包括奴隶、妇女和外邦人。古罗马并不把公民单纯局限于贵族范围，而是扩大到富裕的平民。近现代的西方社会，把公民扩大到外邦人除外的所有本地人。公民的扩大显现出西方政法文明的清晰发展路线图。另一方面，政法结构是王权隶属型结构还是贵族平权型结构。中国传统政法是王权隶属型结构，而古希腊古罗马则是贵族平权型结构。[1]

---

〔1〕 具体请见本书第三章第一节的解析。

古典时代是铸造中西元点政法“民权利与官权力的关系发展”决定性的阶段。古代中国与古代希腊罗马的政法精神（无论是政法思想还是政法制度）是极不相同的。

我们对政法文明的视野不能仅仅滞留于国内政法领域，必须扩大到国际政法甚至是全球政法领域，不能单纯满足于“国家主权”的威斯特伐利亚国际政治体系，必须提升到全球利益高于国家利益的高度。因此，中国元点政法追求忠孝和西方元点政法追求正义的视阈也应提升到全球利益、全球政治的高度：凡是效忠于全球利益的全球政治和国际政治才是好的全球政治和好的国际政治，如果仅仅是有利于西方利益的全球政法理念绝不是好的全球政治和国际法；凡是把正义提升为全球政治的高度才是良性的全球政治和全球法治，仅仅保护西方国家利益的西方化的全球政治无疑是恶性的全球政治和全球法治。

中国元点国际政治观的内容包括“礼乐”、“仁义”、“忠恕”、崇“天志”、顺“天意”、“礼之用，和为贵”、“天下为公”、“世界大同”、“四海之内，皆兄弟也”等美好愿望。古希腊国际政治观徘徊并挣扎于正义与利益之间，国家间的战争、国家关系是追求正义，还是利益，还是两者都应追求。这对于古代甚至近代的西方人则实在是个无法逾越的问题。实际上，自古至今，国家行为都以追求国家利益为第一位，而正义则是第二位的。在中国王权时代，国家利益首先是王族利益，其次是百官利益，最后才是平民利益。在古希腊，“国家利益”不包括奴隶利益，只是贵族利益。因为奴隶没有权利，只尽义务，是政法关系的客体而不是主体。但非正义的战争，其结果往往因其“失道寡助”而以失败告终。

人类政法从古代元点政法流向近现代，已经开发出足够文明的国内政治，其文明度已经达到了很高的水平（中国的忠孝圣人之道和古希腊的民主精神），但国际政治还基本上滞留在半文明半野蛮状态。从国内文明走向国际文明，用国内文明感召或扩大国际政治文明度，建立全球政法文明，乃是当今世界最重要的政治任务。完成从国内政法向全球政法的提升，有待于中卷《中西政法流向》和下卷《中西政法合流与出路》的深入研究。就是说，本书只是对《中西政法比较》研究的第一部专著即上卷，只占整个研究的1/3。本书著者对中西政法比较研究，预计要通过三部专著完成，这三卷包括上卷《中西元点政法比较》、中卷《中西政法流向》和下卷《中西政法合流与出路》。

创见提要备忘录

（以内容正文出现为序）

为了读者查阅本书创见观点方便的需要，下面特意把本书有创见的思想观点进行提纯，采用“创见”的表达式展示出来。这里的观点，正如牛顿所言是“站在（前人）巨人肩膀上”的结果，并不完全是本书著者自己的独创，而是建立在吸收前人思想成果基础上的一种进一步阐发。但其中的每一条创见都不是抄袭的，都是本书著者独立思考的结果，也许包含许多谬见，也许隐含着一定的合理性。还是让学术同仁见仁见智地进行褒贬吧。

为了确定创见观点的具体出处和方便查证起见，本书著者把其出处用章节目“×·××”数字形式来表示，如第六章第二节第三个目，用“6·23”来表示。

这是本书著者对中西古典政法文明研究成果体现在个人创见的一种聚集，并能显示出本书著者在中西元点政法对比研究中所形成的一个元点思想体系。最重要的是，这种提炼研究对于世人有非常的价值，世人完全可以从这个短短的“创见提要备忘录”中看到一个中西古典政法文明对比的完整体系。

第一章创见：三王主义与三民主义为轴心之别

创见1：人类权力发展规律是从“尚贤的民主主义”发展到“王族利益为大的王权主义”，再发展到“维护公民权利的国家主义”，最后发展到“维护世界公民权利的全球主义”。(1·11)

创见2：中国从夏商周到明清的政法传统的根本是基于维护王族利益而形成了王族文化。王族利益是整个社会利益的核心，“国家政权”是主权者的意志而不是民意，在古代中国主要体现为王意，因此才铸造了王权社会。(1·11)

创见3：从历史文明发展形态看，文明的本质在于“吃人现象”的普遍消

失。文明的本质体现在国际关系上是对待外族人俘虏的态度。(1·12)

创见4：好多学者认为，原始社会是自由、平等的美好社会。然而，在本书著者看来，原始社会有平等但无自由。……民众大会形成的决定，每个社会成员必须服从。可以说，在民众大会的决议面前，氏族成员毫无自由可言。(1·12)

创见5：在原始社会，虽然平等但不自由；虽然民主但无法治；虽无哲学但有宗教；虽有正义但很低下；产品有限，因此平均分配；社会是整体的贫穷，并无一个富人。那是个社会成员整体贫穷的时代。(1·12)

创见6：文明社会权力构成的宽容度在中西方呈现出不同的发展规律。中国的发展规律是从以王权为重心的时代发展到王权与贵族权力制衡的时代，再发展到国家权力尽可能包容公民权利时代的过程；西方从古希腊古罗马时代以贵族权力为核心的贵族权力包容王权的时代发展到中世纪神权统治王权的时代，再发展到近现代市民社会以公民权利为重心的过程。(1·21)

创见7：文明始于氏族社会，阶级始于西方的奴隶社会或中国的王族社会。氏族社会先于因此便长于阶级社会。所以，探索人类政法的发展历史应当从氏族社会开始，而不能从奴隶社会开始。(1·21)

创见8：人类政法权力的发展呈现三级跳的发展规律。第一级形态是从半人半兽的状态发展到文明初级形态的原始社会末期，其政法特征是以民主尚贤为主导的宗教全民信仰主义、家族父系社会的血缘主义、政治全体性的民主主义发展到中国以王族利益为主导的王道主义、王权主义和王法主义，西方发展到古希腊古罗马的贵族主义。第二级形态，中西方共同发展为三国主义（国家主义、公民主义、国法主义），第三级形态再发展到三球主义（伦理全球主义、政治全球主义、法律全球主义或为国际法的全球化）。因此，人类从古代文明到近现代文明的发展规律就是从尚贤民主主义发展到王权主义或贵族主义，再到国家主义，再到全球主义。(1·21)

创见9：从政法角度看，全部人类文明史不过是"民权利"与"官权力"的关系发展史。两者制动的决定关系不是民众权利决定官员权力，而是官员权力决定民众权利。因为，民权利是用官权力来调动或掌控的。(1·21)

创见10：私有制是万恶之源。产品剩余则是产生私有制的经济条件。产品剩余导致了私有制的产生，私有制导致了阶级的产生，阶级导致了"国家"的产生，进而导致了"国法"的产生。中国的最早国家形态是王族社会，西方则是贵族社会。……权力从氏族社会的民众手里转移到阶级社会的官员手中，主权也就从民转向官，因此腐败也就跟着产生了。(1·21)

创见11：在人类文明发展的早期，由于缺乏公共利益的基础，把社会政法权力圈定于王公贵族，真正的社会公共权力只处于萌芽发展状态。真正完整意义上的社会公共权力始于近代的民族国家时代，而不是古代文明的王族时代或贵族时代。……在王族权贵利益为大的时代，“社会公共权力”运行的根据不是“公民权利或人民权利”的合法性，而是“成者王侯败者贼”的强盗逻辑。(1·21)

创见12：在中国的王族时代，只有“草民”、“庶民”、“刁民”、“黎民”等诸多概念，就是没有“公民”的范畴，似乎只有“私民”，而决不把公共权力下降给人民。(1·21)

第二章创见：元点地理经济为政法底蕴

创见13：水资源成为人类文明发展的最初动能。适合于初民人类发展的地理环境都是水资源比较丰富的地方。从地理看文明的发生和发展，没有自然丰富的水资源就没有人类文明的发生，更不会有文明的发展。不同民族面对不同的水资源，才会创造不同的文明类型。没有雨水浇灌的草原，不会培育出游牧文明。没有大河水资源，不会塑造大河文明。没有海洋水资源，不会铸造海洋文明。(2·11)

创见14：中华文明是两河文明（即黄河长江文明），两河为创造农耕文明提供了优越的条件。虽然独特的爱琴海营造出古希腊蓝色文明，但是海水不能直接饮用，河水适合饮用。因此，大河文明率先发展起来，培育出来的四大文明古国（古埃及、古巴比伦、古印度和古中国）无一例外的都是大河文明。(2·11)

创见15：中西元点经济是中西元点政法的经济前提。中西政法元点的根本区别是宗法制隶属体系与平权型体制的区别。西方平权型体制出自正义、平等理念，正义和平等才能确保正义和民主。中国的宗法体制包容的是不平等理念，因此有了人治、专制。(2·21)

创见16：中国先民经营的自然型农业经济和古希腊人经营的商业型农业经济发展的极致，必然导致两种不同的政治后果，决定了中国构建了中央集权的政法体制，古希腊人则在民主制、贵族制和君主制中摇摆，最终选择了民主共和、分权的政法体制。(2·22)

第三章创见：元点政法伦理为文明中枢

创见17：中国选择以王道、王权和王法为价值中枢组建政权的合理性与合法性，因此王权政治、公权政治和公法畸形发展，而民权政治和私法极其薄弱。相反，古希腊古罗马人把政权的根基建立在自然法、神法、私法等基础上，并以追求正义为使命的自然法为人定法的依据。（3·00）

创见18：中西元点政治文明的焦点是王权政治和民权政治的分野，其本质是中国先民“主权在王”和古希腊人“主权在民（公民）”的分野。（3·11）

创见19：古罗马人把民主制极大地向前推进了。古希腊统治者并不给予被保护人以公民的权利，而罗马人则远比古希腊人更加宽容。（3·11）

创见20：中国古代社会铸造了皇帝权力最高、百官隶属于皇权、百姓隶属于百官及皇权的隶属型金字塔。古希腊民主制时代营造的是贵族公民之间主体权利平等的平权型社会，而把平民、奴隶排除到公民的范围之外。（3·12）

创见21：中国从夏商周三代到1911年辛亥革命之前，崇尚的是不平等精神，集中体现在“三纲五常”的价值体系中。西方自古希腊以来，自由、平等、民主和法治一直成为西方法律思想的发展主流，尽管有中世纪不平等的漫漫长夜，但文艺复兴后，自由、平等、民主与法治的古希腊精神成为西方人的最爱，进而才在全球范围推广开来。（3·12）

创见22：伦理和道德并不是同等程度的范畴。道德属于精神文明的范畴，而伦理则属于制度文明的范畴。（3·12）

创见23：中华民族伦理精神是对血缘关系的一种强化，从而塑造出血缘与地缘相统一的社会结构。这种社会结构本能具有反工商的性质。（3·13）

创见24：古希腊民族的核心伦理价值中枢是追求“正义”和“公正”而不是忠孝仁礼纲常。……正是因为追求正义和公正，因此才决定进而追求自由、平等、民主、法治等内涵。……正是因为古希腊追求正义、公正、自由、平等、民主、法治这种伦理精神和政治精神，蕴含了古希腊在经济上采用“重商主义”的政策，从而决定了古希腊商品经济的发达。（3·13）

创见25：中国上古时代的王法是为王权服务的。王权的至尊培育了王法至上。王权与王法的根本价值取向成为构建忠孝体制的灵魂。（3·21）

创见26：由于古老中国是以自然经济为主的农业社会，因此探讨各种学术的最高三个概念就是天、地、人，所以最根本的问题就是探讨天地人三者的关系问题。天地人的关系问题是古往今来永恒的主题，至今还是一个未完全解开

的谜。(3·22)

第四章创见：元点精神为文明发展魂

创见27：中国原始神话的不成熟才会导致中国哲学曙光的姗姗来迟，因而中华文明素有“早熟”之说。古希腊较为成熟的原始神话从而不失时机地培育了古希腊哲学。(4·11)

创见28：中国原始神话的创世说不仅不成熟，而且简直就是一片空白。(4·12)

创见29：“塞翁失马，焉知非福”，不成熟的中国原始神话，为中国先哲留下了充分的想象空间，哲学家可以率先领悟宇宙的本原、社会的本质和人生的真谛。(4·12)

创见30：人类的英雄史观包容了三大英雄史观，一方面是神话英雄、帝王英雄、文化英雄并举，另一方面从逻辑上（不全从历史时间）经历了三个发展阶段，即从神话英雄时代进化为帝王英雄时代，再发展为文化英雄时代的过程。(4·34)

创见31：颛顼改革把帝王祭天确立为中国后来主流政治文化的发展方向，阻止了平民祭天、参与创世文化的构建，导致了愚民政策，把天道主义作为王道主义的合法性根据，为王权主义和王法主义提供了理论根据。(4·41)

创见32：颛顼改革和汉族创世说空白为外来宗教的入住和后来道教的产生提供了广阔的发展空间；为无神论发展提供了深度发展空间。(4·41)

创见33：汉族宗教信仰虽然暴露出原始神话时代创世说的空白等多种缺陷，但也恰恰因此把汉族宗教发展为别具特色的信仰，具有极大的多元性、宽容性、包容性，对排他性宗教拥有最大的化解能力，还有最易破除迷信等优点，因此汉族与他族之间未曾产生宗教战争。(4·41)

创见34：美国是个充满悖论的国家。一方面，它最大限度地保护美国的国家利益，不惜牺牲他国的利益，以维护本国公民的利益。另一方面，自恃为世界领袖，极力推广西方自古希腊以来开发出来的自由、平等、民主、法治及人权的理念。虽然这是一个不可能两全其美的世界工程，但美国事实上以保护美国国家利益为第一位，对全球化产生了极为负面的影响。(4·42)

第五章创见：中西法律不同神韵

创见35：在自然法和人定法的互动关系中，中国和西方走着并不相同的道路。中国元点政法出于追求忠孝仁礼的需要，使得王法和人定法不断走强，自

然法不断走弱。西方元点政法追求正义的需要，使得人定法在不断走强的同时，自然法也不断走强。(5·11)

创见36:《法经》所要保护的不是平民的利益，而是王权利益，重点要防止劳动人民对统治阶级利益的“犯上作乱”，其立法思想是“王者之政，莫急于盗贼”。(5·36)

创见37:《十二铜表法》是古罗马时代平民和贵族矛盾化解的产物，是平民与贵族斗争胜利的产物。反映了平民在政治、经济、法律地位上的诉求。(5·36)

创见38：从《十二铜表法》的条文中，可以看出三个基本法律精神：其一，自由民在“私法”范围内是平等的。其二，贵族的司法专横得到了一定的限制。其三，它体现了一定的奴隶制民主精神。很显然，这三种状况都是不可能发生在中国古代社会的。(5·36)

创见39：从中国的《法经》和古罗马的《十二铜表法》的比较研究，可以看出其中的同和异。虽然，两部法典都主要是为统治阶级服务的，但罗马平民进行了抗争，抗争也起到了很大的作用。而在中国的《法经》里看不到中国平民抗争的影子。显然，是当时王权王法至上起作用的结果。(5·36)

第六章创见：古中国的三王主义精神

创见40：尽管中国历朝历代的统治者主要推崇儒家，但实际上运用最多的还是法家的“权术学”。在中国古代著名法家思想家韩非子死后的两千多年中，帝王们虽然更多地宣称以儒治国，但实际上采用的主要是韩非子的权术思想。虽然没有一个人明言承认师从韩非子，第一个也是最后一个敢于公开赞扬韩非的帝王是秦始皇，但后来的很多政治家在公开场合讲《论语》、谈仁义，回到家中关上房门，阅读的还是《韩非子》。(6·10)

创见41：图腾崇拜、祖先崇拜、天神崇拜即后来提升出来的龙凤文化恰恰是王法的宗教基础或宗教根源。(6·12)

创见42：社会是否和谐的关键在于能否处理好天道、王道和民道的三者关系。中国传统文化的关键在于中国先民所铸造的天、王、民的特殊关系。重心在于解决王权统治的合法性问题。这正是中国人喜欢把法律称为“王法”的原因所在。(6·13)

创见43：中国在夏商周时代营造了异常发达的王权与王法，却并未营造出“民权”与“民法”的政法理念，因此“王权力”异常发达而“(公)民权利”

非常薄弱。所以，古中国不可能营造出古希腊自由、平等的民权利的政法范畴。相反，在古希腊古罗马世界，“（公）民权利”的政治范畴相当发达。因此造成西方发达的私法和民法体制。(6·14)

创见44：古中国的法律体系中，王法是中枢，自然法是边缘，王法高于并统治自然法。中国先民并未产生鲜明的自然法思想，自然法的思想只是模糊地掺杂于王法体系之中。(6·15)

创见45：从颛顼“帝王祭天”到尧舜的“天与之，民受之”的发展过程中，完成了中国元点政法的最初构建。在这个构建中，政治的发展核心是王权主义，法律的发展核心则是王法主义，政权合法性的重心是王道主义。经过夏商周三代，王道主义、王权主义和王法主义的“三王精神”终于成为中国元点政法文明的主干。(6·16)

创见46：王权主义是诸子百家无可怀疑的政治思想的核心，即便是儒家进言的贵民，也绝不是民主主义思想，而是要君王为天下人做主，简称“做民主”。做民主是君王专制而不是民主，是人治而不是法治。(6·16)

创见47：中国古代王权至上的王权主义政治体制必然导致“公权力至上主义”和“民权利”卑微的社会局面。其实，“公权力”不是真正的公权力，而是王权力。(6·24)

创见48：夏朝的灭亡是历史事实，但夏朝灭亡的原因并没形成定论，所以后人仍然可以见仁见智。本书著者认为，夏朝灭亡的根本原因在于王道违背了尧舜时代王权“民受之”的根本，违背民意的王权，民必推翻之。(6·21)

创见49：诸子百家中，唯独儒家和法家最得宠，儒法合治是后来中国政法发展的历史必然。(6·31)

创见50：认为三纲是儒家特有的思想则是大错特错的。国内有的学者对此也曾提出过反驳意见。如徐立志先生《法家传统是中国走向法治的障碍》一文，就曾反驳了把三纲归于儒家的看法，认为这是很大的误会，因为“三纲”的基本精神并非来自儒家，故不能代表儒家的思想。(6·34)

创见51：如何走出狭隘的天下主义？完整天下主义应当是全球主义。天下主义的合理内涵应该就是“天下共主”。在中国来说，至少是56个民族的“天下共主”。对于世界来说，至少是约200多个国家和地区的“天下共主”。(6·35)

第七章创见：古希腊人的正义

创见52：古希腊的政法观经历了一个从神灵正义观到自然正义观再到人本伦理正义观的发展过程。其核心是正义问题，正义从神灵回归自然，再降落到人本伦理。虽然整个古希腊学术都笼罩在神学的关怀中，但哲学家逐渐告别或淡化神灵的关怀，逐渐从天上回归自然再降落到人间，从神秘的命运到自然规律，再到人性的善恶正义，其根本是沿着正义的理路向前发展的。(7·10)

创见53：古希腊政治制度虽然经过君主制、贵族制和民主制各种形式，但民主制不仅是其中的一种，而且逐渐演变为古希腊政治发展的主流。虽然后来西方各国政治制度的发展都是呈现不断深入的过程，各具民族特色，但是古希腊的政治资源成为西方各国政治发展的元点。(7·10)

创见54：如果从正义角度看，梭伦改革的意义在于扩大了正义的适用范围，极大地激发了公民参与政治、从事生产的各种积极性，从而将个人的力量发挥到极致，使权力立足法律并重归法治。雅典发展到波里克利时代，发展了梭伦改革成果，把希腊民主制提升到自由民主制的高度。再度扩大了希腊社会的正义适用范围。(7·13)

创见55：古希腊的自然法也经历了一个从神灵正义向自然正义再向人本正义转型的发展过程。(7·20)

创见56：自然法是西方政法精神的底蕴，其根本原因在于自然法精神里包含的追求正义与公平的政法精神。自然法是西方政法精神中最原始，也是最有生命力的文化底蕴。(7·21)

第八章创见：古罗马人的正义

创见57：西方元点政法的提升是通过古希腊人到古罗马人的接力棒实现的过程。其中有一条看不见但能提炼出来的内在轨迹。这条看不见的发展主线就是以正义观为目的或价值理性，以自然法提升为基本主线，以罗马法为结晶的发展历程。(8·00)

创见58：从古希腊时代走向古罗马时代的社会发展合理性就在于，古希腊人把正义交给了不足10%的公民，而罗马人则把正义给了更多的人。西方历史从古希腊发展到古罗马的西方社会发展合理性的根本就在于放大正义的适用范围（8·10）

创见59：从城邦时代到古罗马帝国是一种克服民族偏见、提升民族正义理念的过程。在城邦时代，无论是希腊人还是罗马人都有根深蒂固的种族偏见，认为只有他们自己才是优等种族，周围人类都是野蛮人。在罗马世界帝国中产生了一种新的观念，即种族平等和世界主义观念。(8·13)

创见60：从古希腊到古罗马，完成了两次公民社会的扩大或者实现了两次扩大公民社会的划时代。第一次扩大是从古希腊把公民社会局限于贵族发展到古罗马时代把公民社会的适用范围扩大到平民。但平民只享有最低限度或最低最小主义的公民权利，即只享有“个人财产权和从事工商业及农业的权利”和“参与民众大会”两项权利。(8·21)

创见61：《十二铜表法》对于西方扩大公民社会具有划时代的意义。其意味着平民获得了更大更多的权利，提升了平民拥有“公民权利”的含量，即把原来只享有生命、财产、人身自由的少量权利，增加了“可与贵族通婚”和“可免于沦落为奴”的两项权利。这意味着平民拥有公民权利从最低量权利开始不断上移。(8·22)

创见62：由于撤离运动的积极作用，平民先后获得了可与贵族通婚的权利、可免于沦落为奴的权利、担任执政官和监察官的权利，贵族特权淡化了，平民的地位提高了，贵族与平民逐渐成为完全平等的统一的罗马公民，于是在西方政法发展史产生了最伟大的政法作为，催生了“罗马公民权”的范畴。罗马公民拥有了四项基本权利：对土地和其他财产的占有权；公民之间的通婚权、因婚姻引起的财产继承权；参加公民大会权；担任公职权。(8·22)

创见63：社会正义是需要以公民为基础的。古希腊古罗马只把正义给了公民，而把妇女、奴隶和外邦人排除在公民范围之外。正义的范围取决于公民的适用范围。公民的适用范围越小，社会正义也就越小。公民的适用范围越大，社会正义的适用范围必然也就越大。社会正义必将随着公民社会的扩大而得以扩大。西方人类，甚至可以说，一部人类政法发展史就是公民社会和正义的适用范围不断扩大的历史。(8·22)

创见64：罗马文明从共和时代演变到帝国时代，缩小了公民权利而扩大了皇帝权力，极大地破坏了罗马的社会正义，不能不说是一种文明的倒退。(8·23)

创见65：日耳曼人成为西方社会的主流，罗马人就退出了历史舞台的主角。但是，罗马人手里传承下来的基督教精神，在日耳曼人手里发挥了更大的作用。从历史长河看，罗马人成为古希腊人和日耳曼人传承西方文明的中介人，为基督教入主西方社会铺平了道路。(8·23)

创见66：古代罗马的民族精神是解读罗马文明尤其是罗马法的重要元素。不懂得罗马人的民族精神，很难解读罗马法的诞生，以及很难理解西方从古希腊文明走向中世纪文明。其实，罗马文明是介于古希腊文明与中世纪文明的桥梁，古罗马文明对于古希腊文明和基督教文明来讲起到的恰恰是承前启后的作用。(8·30)

创见67：由于古罗马的商品经济发达，因此古罗马人需要建立一种平等主体关系的法律，所以古罗马法是在古代各族法律中最追求公正、公平和正义的法律，甚至公正、公平和正义成为罗马法的主题。(8·31)

创见68：在古代各族文明中，只有罗马法最追求主体关系的平等性和公民范围内的公平与正义。(8·31)

创见69：在当时罗马现实社会生活中，不同阶级具有不同的人格，甚至奴隶阶级根本还未获得人格权，因此公平与正义的适用范围并不包括奴隶。由于奴隶社会的本质，奴隶并不是法律关系主体，而是被视为会说话、会劳动的客体。(8·31)

创见70：尽管基督教人主西方社会是罗马人的功劳，但把基督教全面提升为社会的主宰，不是罗马人的作为，而是日耳曼人的“杰作”。(8·32)

创见71：从希腊城邦到罗马帝国，使得希腊化成为可能。其政法核心思想发展的重心就是罗马人把希腊人的正义理念提到新的高度。(8·35)

创见72：罗马法对人类文明的最大贡献就是它内在拥有的公平与正义的精神。(8·40)

创见73：古罗马最有价值的政治思想是，公民权利是统治者权力的合法性基础。这个思想成为西方政治文明的风骨和精髓。当然，在古罗马时代，公民不等于人民。公民并不包括奴隶、外邦人和妇女。(8·45)

创见74：中西方政法文明的根本区别就是：西方把公民权利作为政府官员权力的根源，所以政权不仅具有合法性，还同时具有合理性。而中国传统则相反，官员权力成为民权的根据，所以在中国官员是老爷，民是子，是子民。这必然是腐败的合法性，而不是民权为基础的合理性。(8·45)

第九章创见：孔子的仁政与柏拉图的哲学王

创见75：孔子和柏拉图是中西元点文明两位最伟大的政法思想家。在法律治理本位思想方面，他们两位都提出了治理国家的人治方案，都是人治的代表，但理念导向是根本不同的。虽有异曲同工之妙，但都在沿着各自不同的政法理念的路线向后发展。因此准确地说，中西两种人治的异同奥秘在于貌合神离。因为，虽然孔子和柏拉图都是人治的代表，但两位的人治思想是有根本不同的：孔子的人治是礼治和仁治，柏拉图的人治是智慧之治。因此不能把二人的人治思想相提并论。（9 · 00）

创见 76：目前学者认为“礼治”源于西周。其实，这种说法是有局限的，“礼”至少应该追溯到尧舜时代（也可能更早），由于中国的文字始于商朝的甲骨文，商代之前没有确切的文字可考。因此，人们从文字历史考察认为中国的礼治始于商朝之后。然而，礼治至少始于尧舜时代，这是从春秋战国时代的文字描述推定出来的。这种推定是有道理的，因此是可信的。《孟子 · 万章》提出尧舜时代的王权合法性在于“天与之，民受之”，这是一个有力的证明。（9 · 12）

创见 77：说到底，“礼治”及“礼制”在中国就是王治或是王权之治的等级秩序，是王权如何统治或管理天下（社会）的根本。（9 · 12）

创见 78：在中国历史上，“礼”经历了巨大的历史变迁。礼从尧舜时代就开始把王权与神权、族权紧密联系在一起，成为规范人们行为规范的标准。（9 · 12）

创见 79：在孔子那里，赋予“礼治”更丰富的内容，把“礼治”深入为“仁治”，从而建立了丰富的以“仁治”为内容的礼治思想体系。“仁”的内容最为丰富。孔子“外礼内仁”的思想是为忠孝体制服务、实现王权王法的有效路径。（9 · 15）

创见 80：孔子的“爱人”与近代西方资产阶级的“博爱”并不相同，这是人的时代局限性。近代资产阶级所标榜的“博爱”是那种超阶级的爱。孔子的“爱人”非但不是超阶级的，而且还打上了封建社会宗法等级制的烙印。（9 · 15）

创见 81：柏拉图的人治与孔子的礼治不同。孔子是把社会治理为礼仪之邦的“礼治”，柏拉图则是靠哲学王用最高的智慧治理社会的“智慧之治”。（9 · 20）

创见 82：柏拉图所有的政治希望都被粉碎成了泡影后，他对政治才彻底失去了兴趣和奢望，专心致志于人类智慧的开发上，因此才能为人类的智慧发展做出了不朽的贡献。这一点与孔子的人生命运有很大的相似性。（9 · 21）

创见 83：柏拉图对人治与法治重要作用的看法经历了前期与后期的变化。

柏拉图的法律思想在其前半生与后半生发生了重大转变。前期强调人治的重要性，后期强调如果人治行不通，法律则是“退而求其次”的社会治理方案。(9·22)

创见84：历史的事实已经证明了，孔子的仁政、礼治的法律思想不仅变成（部分）现实，而且变现为中国历史上几千年的社会制度（从西周至明清有3000年的历史）；柏拉图的哲学王智慧之治从来未曾变成现实。(9·30)

创见85：中国先民从尧舜时代到西周时代，再到春秋战国时代，再到唐代，礼治逐渐变成一套完善的国家法律制度。(9·31)

创见86：构建中国政法忠孝灵魂的是“亲亲”、“尊尊”。“亲亲”、“尊尊”的礼治逻辑结构核心出发点是“亲亲”的家长制，其政治目的是“尊尊”的君主制。“亲亲”是为孝，“尊尊”是为忠；“孝”为家长，“忠”为帝王。忠孝是为王权制、家长制服务的。(9·31)

创见87：柏拉图的哲学王的智慧之治在西方始终是一个永远未能实现的乌托邦之梦。柏拉图用他整个一生的时间，都未能把理想国之梦变成现实。(9·32)

创见88：孔子承继了中国几代人的礼治思想不仅变成了现实，而且成为主宰中国自尧舜历经周代、汉代，最后到清代的国家法律制度的灵魂。(9·32)

创见89：在统治者与法律的地位关系上，孔子与柏拉图的治国思想是根本不同的。孔子并不怀疑王权之上的体制，认定王权高于法律、君王制定法律。柏拉图则认为好的社会，法律应当高于王权，法律是制衡王权的根本，甚至提出“如果王权高于法律，国家崩溃的时代就到来了”的宝贵思想。(9·42)

第十章创见：两个法治貌合神离

创见90：中国诸子百家中法家的法治与亚里士多德的法治思想不能同日而语，由于翻译中的无能为力，两者似乎都用“法治”一词，但内涵却有很大的区别。阐释二者的区别及其联系是我们研究中西元点政法思想的根本之一。(10·00)

创见91：中国的法家思想与古希腊亚里士多德等思想家大约是同时代的人，都提倡“法治”，但注入“法治”思想的具体内涵却完全不同。(10·10)

创见92：在君权与民权关系上，道法两家也是针锋相对的。老子不仅否定神权，也看不惯君权，只重个人的修身养性，致力于“生命之学”的探索上，认为社会发展出路不在社会组织的礼治，而在于回到“鸡犬之声相闻，民至老

死不相往来”的“小国寡民”母系氏族时代。(10・13)

创见93：礼治不仅是夏商周三代的社会思想和社会制度，而且也是法家与儒家共同遵守的。因为，在礼刑关系问题上，儒法两家是有一定相通性的。(10・13)

创见94：亚里士多德博采众长，无所不思，吸百家之长，经验极为丰富，从而成为古希腊时代最大的百科全书式的人物和智慧大师。亚里士多德生活于古希腊历史的转折点。时代的转折成为亚里士多德必备的学术营养。(10・21)

创见95：亚里士多德建立法律的目的在于追求正义，从而不仅继承并发扬了西方元点政法追求正义的精神。(10・22)

创见96：亚里士多德认为，要使事物合于正义，必须有毫无偏私的权衡；法律恰恰正是这样一个中道的权衡。正义是古希腊文明追求的核心思想。(10・22)

创见97：亚里士多德最宝贵的思想之一，是在法律与国家之上还有一个正义，正义是国家与法律都必须遵守的规则。法律和国家的目的是一致的，都是在促进为大家所重视的善德与以公共利益为依归的正义。(10・22)

创见98：亚里士多德认为，正义就是人间的至善，而政治学的善也就是正义。(10・22)

创见99：亚里士多德是西方法律思想发展史最早崇尚法治高于人治的思想家。但他法治思想既与柏拉图有所区别，更与古老中国法家的法治有所区别。(10・24)

创见100：亚里士多德之所以主张法治，目的是为了防止专制独裁统治，实现他的以中产阶级为主体的共和政体。据历史记载，雅典法律监护官共7人，公民大会或议事会开会时坐在主席旁。如有提案或决议违反成文法的，监护官有权否定。(10・24)

创见101：在全球化民主与法治的大趋势中，中国现代社会也大讲“法治”。说到法治，人们总是愿意到中国先秦诸子百家中的法家寻找“法治”。因此，有人误以为，法治在中国也是有传统的，李悝、商鞅、韩非子、慎子、申不害等人就是提出法治的先驱了。其实，这是对现代“法治”理念的最大误解。(10・31)

创见102：与中国法家不同，亚里士多德的法治思想不是专制式的人治，而是民主式的法治，他极端反对一人之治，反对君主专制，主张民主共和法治。

（10·32）

创见103：中国先秦时代的法家具有的深刻局限影响着中国后来的悲剧命运，可以说法家传统是真正法治的重大障碍。（10·33）

创见104：阻碍自古希腊到现代西方法治思想在中国产生或进入中国的原因，是自秦汉以来诸子百家多数赞同君主专制思想的产物，即那是多家合力的结果，不是法家一家之言所能够左右的。（10·33）

结语创见：中国的归忠孝，西方的归民主

创见105：全部中西元点政法问题都蕴含在忠孝关照下抑或是在正义关照下，构建与权力、权利发生的三角模式。这是中西元点政法的基石，当然也必然是政治学和法学必须研究的最基本问题。（结语·1）

创见106：从现实主义或实然状态视角看，全部政治问题都隐含在民权利与官权力的关系如何得以解决的状态，简言之，就是权力和权利的关系问题。（结语·1）

创见107：由于一定历史阶段的社会财富是有限的或一定的，而无论是官员还是人民，对财富的欲望则是无限的和不定的。无论是官员，还是平民，归根结底都是为了实现自己权利或利益的最大化。由于官员掌握权利的配方即国家权力，公民只能在国家权力关照下实现自己的合法权益，这是历史发展的铁的事实。（结语·1）

创见108：合理的政府就是在尽量关照公民权利的前提下，运用实现手中的权力。反之，则是不合理的政府。（结语·1）

创见109：权力就是权利配方，即对社会财富分配的方式。权利如何分配所形成的权利配方是由掌握权力的官员来规定的。因此，只有争取到权力，才等于争取到权利的配方权，才可保证了自己的利益或权利。因此，才有了“有了权力就等于有了一切”的所谓的真理。（结语·1）

创见110：人类政治文明的发展史就是一部民权利与官权力互动的历史。阶级斗争的历史不过是官员或统治阶级权力与被统治阶级利益或权利互动的发展史，也是民权利与官权力争夺、抗争社会利益的历史。（结语·1）

创见111：如果国家权力以公民权利为根据，确定国家政治法律的存在形态，那就是合理的或者是合乎正义的政府，反之就是不正当的政府。就是说，官员运用权力的正当性全系在是否正义合理，因此正义才是主宰官员权力与公民权利的根本或基石。（结语·1）

创见112：中国早在夏商周三代，民权利要到官权力那里寻找根据，而不是相反；权力为忠孝体制服务，而不是为民权利服务；权力与权利互动的追寻目标是忠孝；不仅以帝王为首的官员群体这样设定，而且人民已经默默接受了这种价值体制。（结语·1）

创见113：古希腊民主制度要求官权力必须以民权利为根据，而不像中国那样官权力是民权利的根据。官权力存在的价值和运行规则是民主，不是忠孝；官权力是为公民权利服务，当然也不是为全社会成员服务的。权力与权利互动的追寻目标不是忠孝而是民主，这样才能保证官权力是为公民权利服务的宗旨。（结语·1）

创见114：古希腊古罗马政权以自然法为组建政权的合理性，运用对公民权利的民主方式体现着正义精神。（结语·1）

创见115：理想社会应当构建的正义、官权力与民权利三者的决定关系不应是单方向而应是双向的。（结语·1）

创见116：正义与公民权利的理想关系是目的与手段的关系，实现公民权利是正义的目的，正义是实现公民权利的正当手段。（结语·1）

创见117：正义与官权力的理想关系是规范与被规范的关系。正义是规范官员行使权力的法则，凡是遵守正义法则的官员才是好官员，否则就是坏官员。（结语·1）

创见118：官权力与民权利的理想关系是保护与被保护、服务与被服务的关系。官权力是为民权利服务的，官权力是为了确保民权利而设定的。官权力存在的价值就是用来保护民权利，否则就失去了存在的价值。（结语·1）

创见119：实际上，无论是中国元点政法，还是西方元点政法，都是对这个理想政法三角形的一种社会异化。（结语·1）

创见120：在古代中国，全民维护着官员利益，全体官员成全着帝王利益，虽然帝王执政的合理性是保民，但帝王不能最大限度地保民，往往是最小限度地保民。因此，中国由于“忠孝”的政法精神，实际上在现实的政法领域实施的是从王到官再到民的金字塔利益逐渐减少的运动，而把应当包含的“正义”精神归于王道领域。（结语·1）

创见121：在西方古希腊古罗马时代，虽然出于对自然法的领悟而把正义视为建立社会民主制度的根本，但却把正义仅仅局限于贵族，并不适用于全民，极大地缩小了正义的适用范围。（结语·1）

创见122：中西元点政法体制都不能实现正义、官权力与民权利的理想三角文明关系，而是分别表现为运行在忠孝、官权力与民权利的中国元点政法体制和运行在有限的民主、官权力与民权利的西方元点政法体制之中。最大的难题是正义如何落实的问题，体现为仅仅把正义归于应当的社会伦理的理想范畴，实际落实运行则表现为两种异化社会形态之中。这是人类早期政法文明无法完全落实正义的无奈。（结语・1）

创见123：中西元点经济和政法多元素的不同，决定了中国先民基于自然经济（尤其是自然农业）社会，把社会构建为金字塔社会；西方古希腊古罗马人基于商业型经济基础，把社会构建为梯形社会。为此，营造了不同的中西政法特征。（结语・2）

创见124：中西古典时代经营了两种不同的权利配方和权利结构。中国，忠孝决定权利配方进而决定权利结构。忠孝的价值取向直接决定政府或官员体制的权利配方，进而决定平民权力的结构，形成隶属型社会结构。西方，民主决定权利结构进而决定其权利配方。民主直接决定或指向的不是权利配方，而是权利结构（平权型结构），要求权利配方主要为贵族公民服务，而不是为帝王服务。（结语・2）

创见125：中西早期文明铸造了中国不断强化的金字塔和西方不断变化的“梯形”自由落体的不同，从而营造了不同的社会结构。中国是金字塔形结构，西方是梯形结构。（结语・2）

创见126：中国的金字塔是有塔尖的，塔尖上站立的是君王，君王掌管着“天下”最大的权力，拥有分配社会权利的最高决定权。宰相是“一人之下万人之上”的官员，依次逐渐下移到农夫。中国的金字塔不断加固、维护不平等体系，寻求的是千年不变的忠孝体制。（结语・2）

创见127：忠孝与民主成为中西政法不同价值取向的灵魂，因此决定了中西政法体制的两个文化景观：在中国，全社会为官员体系服务，整个官员体制为皇帝服务，要求对家长尽孝道、对皇帝表忠诚，呈现民为官服务、官为王服务的社会价值方向。在西方，全社会为贵族服务。（结语・2）

创见128：无论是古代中国，还是古希腊，王权都是最高贵的。但中西元点政法体系中，王权和贵族权力的高贵程度显然是极不相同的。唯有在中国，帝王利益、王权才是绝对的；而在古希腊古罗马，国王利益和权力则是相对的。（结语・2）

创见129：古代中国政权的重心是王权，而不是贵族权力；中国法律体系的重心是王法，而不是贵族法。贵族权力虽然也是限制王权的重要力量，但中国塑造的权力体系是王权决定贵族权力，帝王可以剥夺某些贵族的权力。（结语·2）

创见130：在古代希腊罗马，国家政权的重心在贵族，而不在国王；其法律体系的重心是贵族法，而不是王法。王权虽然也是最高的，但贵族权力是限制王权的决定性权力。（结语·2）

创见131：中西方相比较而言，中国帝王的权力远远高于其他达官贵人的权力，而古希腊古罗马国王的权力虽然也高于其他贵族，但远远小于中国皇帝与其他达官贵人的差距。（结语·2）

创见132：中国以官品位决定表决权的高低，古希腊古罗马则以财产份额决定表决权的大小。在中国，皇帝拥有最高和最后的决定权。古代希腊罗马，权力也分等级，但表决权的大小取决于对国家社会的贡献，而不取决于官位的大小。（结语·2）

创见133：中国元点政法结构是金字塔结构。整个社会阶梯结构主要是为王族利益、王权王法服务的奠基性金字塔阶梯体制。因此，最上层是保护王族利益，缔造了帝王权力至尊至大至高无上的内核，从而实现王权最高主义或最大主义，以王权王法至高至尊的政法实现了王族利益的最大化。相反，社会最底层是平民百姓，平民利益得到最少的保护，平民权利是最小的，平民利益或权利是没有法律保证的，因为权力体系和法律体系主要不是用来保护平民而是为了保护帝王和官员利益的。为此，培育了平民权利的最小主义、最低主义或平民利益的最少主义。（结语·2）

创见134：在古希腊社会，民主的范畴仅仅适用于男性贵族或公民，法律保护的重心也是男性贵族或公民。这才是古希腊真正意义上的民主火种。

创见135：正义、平等、民主、法治精神，在西方发展的规律是呈现梯形落体运动的：最初在古希腊社会，正义、平等、民主、法治原则只适用于贵族社会的成年男子，即梯形的最高等级。后来到了古罗马社会，其适用范围降落到富裕平民。到了近现代，正义、平等、民主、法治原则的适用范围在形式上扩大到整个社会的国内公民。（结语·2）

创见136：全部人类文明史就是从正义天平向官员利益倾斜的实然状态到正义天平向公民利益倾斜的应然状态的发展过程。（结语·3）

创见137：正义不仅是政治发展的合理性生命线，而且是伦理发展的合理性生命线。正义联结着政治与伦理，不仅是政治的基本元素，而且是伦理的基本元素。社会是整体性的发展联合体，决定政治与伦理必须有一个共同发展的联结点。（结语·3）

创见138：中西元点政法正是“民权利与官权力的关系发展”的决定性阶段。古代中国与古代希腊罗马的政法精神（无论是政法思想还是政法制度）是极不相同的。其政权的根本不同是古代中国追求忠孝的王权主义与古希腊古罗马追求正义的民主主义、民权主义（从古希腊的贵族民权主义到古罗马的贵族平民民权主义）的分别。（结语·3）

创见139：人类政法从古代元点政法到现代，已经开发出足够的国内政治，其文明度已经达到了很高的水平（中国的忠孝圣人之道和古希腊的正义精神），但国际政治还基本上滞留在半文明半野蛮状态。从国内文明走向国际文明，用国内文明感召或扩大国际政治文明度，建立全球政治文明，乃是当今世界最重要的政治任务。（结语·3）

参考文献

（以汉语拼音和英文字母排序）

一、古文

1. 《晋书·载记·姚弋》。
2. 《晋书·载记·沮渠蒙逊》。
3. 《晋书·载记·赫连勃勃》。
4. 《道德经》。
5. 《吕氏春秋》。
6. 《乐记. 乐论》。
7. 《礼记·郊特性》。
8. 《礼记·祭统》。
9. 《礼记·昏义》。
10. 《礼记·昏礼》。
11. 《礼记·曲礼》。
12. 《礼记·坊记》。
13. 《礼记·经解》。
14. 《礼记·曲礼上》。
15. 《礼记·大传》。
16. 《礼记·大传》。
17. 沈家本:《历代刑法考》，中华书局 1985 年版。
18. 《历代刑法志》，群众出版社 1988 年版。
19. 《李文忠公全集》,《奏稿》卷九。
20. 《礼记·礼运》。
21. 《礼记·曲礼上》。

22. 《论语·八佾》。
23. 《论语·为政》。
24. 《论语·述而》。
25. 《论语·先进》。
26. 《论语·雍也》。
27. 《论语·颜渊》。
28. 《论语·雍也》。
29. 《礼记·礼运》。
30. 《论语·学而》。
31. 《论语·里仁》。
32. 《论语·子路》。
33. 《论语·泰伯》。
34. 《论语·子罕》。
35. 《论语·宪问》。
36. 梁启超:《中国四十年来大事记》,岳麓书社 2010 年版。
37. 《孟子·梁惠王上》。
38. 《孟子·万章上》。
39. 《孟子· 尽心上》。
40. 《孟子·滕文公》。
41. 《孟子·尽心上》。
42. 《孟子·告子上》。
43. 《孟子·离娄上》。
44. 《明会典》。
45. 《明史·外国传》。
46. 《墨子·节葬下》。
47. 《墨子·非儒下》。
48. 《墨子》。
49. 《墨攻》。
50. 《清朝文献通考·刑考》。
51. 《清朝续文献通考·刑考》。
52. 《三王历记》。

53. 袁珂校译：《山海经校译》，上海古籍出版社 1985 年版。
54. 《尚书 · 召诰》。
55. 《尚书 · 甘誓》。
56. 《尚书 · 蔡仲之命》。
57. 《尚书 · 序》。
58. 《尚贤》。
59. 《尚贤下》。
60. 《商君书 · 更法》。
61. 《商君书 · 去强》。
62. 《诗经 · 大雅 · 文王》。
63. 《诗经 · 雝》。
64. 《诗经 · 文王》。
65. 《诗经 · 召旻》。
66. 《诗经 · 雨无正》。
67. 《诗经 · 巷伯》。
68. 《诗经 · 北山》。
69. 《史记 · 秦始皇本纪 》。
70. 《史记 · 管晏列传》。
71. 《史记 · 太史公自序》 索引。
72. 《史记 · 集解》。
73. 《史记 · 三皇记》。
74. 《史记 · 补三皇本纪》。
75. 《史记 · 滑稽列传》。
76. 《史记 · 律书》。
77. 《睡虎地秦墓竹简》，文物出版社 1978 年版。
78. 《尚书 · 盘庚》。
79. 《尚书 · 泰誓》。
80. 《尚书 · 召诰》。
81. 《尚书 · 蔡仲之命》。
82. 《尚书 · 序》。
83. 《说文解字》。

84. 薛梅卿点校：《宋刑统》，法律出版社 1999 年版。

85. 《唐律疏议·名例律》。

86. 《诗经·商颂·玄鸟》。

87. 《太平御览》。

88. 屈原：《天问》。

89. 《通典·刑典》。

90. 《通志·刑法略》。

91. 《屯传·庄公十八年》。

92. 《文献通考·刑法考》。

93. 容闳：《西学东渐记》，中国古籍出版社 1998 年版。

94. 《孝经·五刑章》。

95. 《续文献通考·刑考》。

96. 《荀子·礼论》。

97. 《荀子·君道》。

98. 《荀子·致士》。

99. 《荀子·礼论》。

100. 《荀子·天论》。

101. 《艺文类聚·卷一》。

102. 《易传·序卦》。

103. 《元典章》。

104. 《周易正义》卷八，见《十三经注疏》（上册）。

105. 《周礼注疏》卷三十九，见《十三经注疏》（上册），中华书局影印本。

106. 《战国策》。

107. 张家山二四七号汉墓竹简整理小组编：《张家山汉墓竹简》，文物出版社 2001 年版。

108. 《铸刑书》。

109. 《庄子·杂篇·天子》。

110. 《庄子·天下篇》。

111. 《资治通鉴外纪》。

112. 《左传·哀公二年》。

113. 《左传·桓公二年》。

114. 《左传·成公十三年》。

115. 《左传·昭公六年》。

116. 《左传·昭公七年》。

117. 《左传·僖公二十五年》。

118. 《左传·成公四年》。

二、中国学者文献

1. 蔡拓:《全球化与政治的转型》,北京大学出版社 2007 年版。

2. 曹兴:《基督教在西方哲学中的浮沉》,民族出版社 2005 年版。

3. 曹兴、姜丽萍:《青年人类学》,吉林人民出版社 1991 年版。

4. 白云真、李开盛:《国际关系理论流派概论》,浙江人民出版社 2009 年版。

5. 陈刚:《西方精神史:时代精神的历史演进及其与社会实践的互动》(上卷),江苏人民出版社 2000 年版。

6. 陈弘毅:"法家思想传统的现代反思",载中南财经政法大学法律史研究所编:《中西法律传统》(第 2 卷),中国政法大学出版社 2002 年版。

7. 程树德:《九朝律考》,中华书局 1963 年版。

8. "东方国家现代化发展中的理论问题:第 10 届全国史学理论研讨会综述",载《光明日报》1997 年 9 月 9 日。

9. 董进泉:《黑暗与愚昧的守护神》,浙江人民出版社 1988 年版。

10. 段秋关、王立民:《中国法制史》,北京大学出版社 2005 年版。

11. 方潇:"中国古代天学视野下的刑罚运行",载《河南省政法管理干部学院学报》2004 年第 6 期。

12. 冯友兰:《中国哲学简史》,北京大学出版社 1985 年版。

13. 高尚:"古罗马与罗马法",载《人民法院报》2004 年 8 月 4 日。

14. 李步云:"宪政与中国",载宪法比较研究课题组编:《宪法比较研究文集》,中国民主法制出版社 1993 年版。

15. 龚克昌、彭重光译注:《屈原赋译注》,山东大学出版社 1986 年版。

16. 李光灿、张国华主编:《中国法律思想通史》卷一,国家"七五"社科重点课题,国家"八五"重点出版物,山西人民出版社 1994 年版。

17. 刘泽华:《王权思想论》,天津人民出版社 2006 年版。

18. 刘泽华:《中国的王权主义》,上海人民出版社 2000 年版。

19. 吕大吉、牟钟鉴:《概说中国宗教与传统文化》,国家社科基金成果文库,中国社会科学出版社 2005 年版。

20. 马啸原：《西方政治制度史》，高等教育出版社 2006 年版。

21. 杨一凡：《明大诰研究》，江苏人民出版社 1988 年版。

22. 牟钟鉴：《儒学价值的新探索》，齐鲁书社 2001 年版。

23. 莫纪宏主编：《全球化与宪政》，法律出版社 2005 年版。

24. 沈宗灵：《法理学》，北京大学出版社 1999 年版。

25. 单纯：《宗教哲学》，中国社会科学出版社 2003 年版。

26. 单纯："论中国人的'天下民族主义'"，载《世界民族》2001 年第 2 期。

27. 王大有：《三皇五帝时代》（上、下），中国时代经济出版社 2005 年版。

28. 王乐理主编：《西方政治思想史》（第 1 卷），天津人民出版社 2005 年版。

29. 王立民：《中国法制史》，北京大学出版社 2008 年版。

30. 王希恩：《民族过程与国家》，甘肃人民出版社 1998 年版。

31. 刘俊文点校：《唐律疏议》，法律出版社 1999 年版。

32. 《西方法律思想史资料选编》，北京大学出版社 1983 年版。

33. 北京大学哲学系外国哲学史教研室编译：《西方哲学原著选读》（上卷），商务印书馆 1981 年版。

34. 谢选骏：《神话与民族精神》，山东文艺出版社 1986 年版。

35. 徐爱国："解读柏拉图关于法律的三个比喻"，载《环球法律评论》2003 年第 3 期。

36. 徐大同主编：《西方政治思想史》，天津教育出版社 2000 年版。

37. 徐立志："法家传统是中国走向法治的障碍"，载《法律史论丛》（第 7 辑），重庆出版社 2000 年版。

38. 杨鸿烈：《中国法律发达史》，中国政法大学出版社 2009 年版。

39. 余敦康：《宗教·哲学·伦理》，中国社会科学出版社 2005 年版。

40. 余英时：《中国思想传统的现代诠释》，江苏人民出版社 1989 年版。

41. 俞正樑：《国际关系与全球政治》，复旦大学出版社，2007 年版。

42. 张定河、白雪峰：《西方政治制度史》，山东人民出版社 2003 年版。

43. 张践：《中国历代民族宗教政策》，首都师范大学出版社 1999 年版。

44. 张宏生、谷春德：《西方法律思想史》，北京大学出版社 2000 年版。

45. 张国华：《中国法律思想史新编》，北京大学出版社 1998 年版。

46. 张文显：《二十世纪西方法哲学思潮研究》，法律出版社 1996 年版。

47. 中国近代史资料丛刊:《洋务运动》(第2卷)。

48. (民国) 钟毓龙:《上古神话演义(4册)》(第1卷),浙江人民出版社1985年版。

49. 周旺生:《法理学》,北京大学出版社2007年版。

三、西方学者文献

1. [中世纪] 阿奎那:《阿奎那政治著作选》,马清槐译,商务印书馆1997年版。

2. [爱尔兰] J. M. 凯利:《西方法律思想简史》,王笑红译,法律出版社2002年版。

3. [美] 爱德华·吉本:《罗马帝国衰亡史》(上册),商务印书馆1997年版

4. [古希腊] 柏拉图:《理想国》,郭斌、张竹明译,商务印书馆1986年版。

5. [古希腊] 柏拉图:《法律篇》,张智仁、何勤华译,上海人民出版社2002年版。

6. [古罗马] 查士丁尼:《法学总论》,张企泰译,商务印书馆1989年版。

7. [英] J. 利维:《古代世界的经济生活》,J. C. 比雷恩校订,芝加哥大学出版社1967年版。

8. 北京大学哲学系外国哲学史教研室编译:《古希腊古罗马哲学》,商务印书馆1961年版。

9. [英] 汉伯劳威尔、斯帕弗斯主编:《牛津古典辞书》(英文版),牛津大学出版社1996年版。

10. [英] 赫·乔·韦尔斯:《世界史纲》,吴文藻等译,人民出版社1982年版。

11. [德] 黑格尔:《哲学史讲演录》(第1卷),贺麟译,商务印书馆1983年版。

12. [德] 黑格尔:《哲学史讲演录》(第2卷),贺麟译,商务印书馆1983年版。

13. [英] 霍布斯:《利维坦》,黎思复译,商务印书馆1985年版。

14. [德] 康德:《道德形而上学原理》,上海人民出版社1986年版。

15. [美] 拉兹洛:《世界系统面临的分叉和对策》,李朝增等译,社会科学文献出版社1989年版。

16. [美] 罗尔斯:《正义论》,何怀宏等译,中国社会科学出版社1988年版。

17. ［美］罗尔斯：《作为公平的正义：正义新论》，姚大志译，上海三联书店2002年版。

18. ［英］洛克：《人类理解论》，关文运译，商务印书馆1983年版。

19. ［英］洛克：《政府论》，叶启芳、翟菊农译，商务印书馆1964年版。

20. ［法］孟德斯鸠：《论法的精神》，张雁深译，商务印书馆1987年版。

21. ［美］萨拜因：《政治学说史》，商务印书馆1986年版。

22. ［美］庞德：《通过法律的社会控制》，商务印书馆1984年版。

23. ［古希腊］普鲁塔克：《传记集》，商务印书馆1962年版。

24. ［德］文德尔班：《哲学史教程》，罗达仁译，商务印书馆1987年版。

25. ［美］斯塔夫里阿诺斯：《全球通史》（上下册），上海社会科学院出版社1999年版。

26. ［美］斯塔尔：《个人与共同体——希腊城邦的兴起》（英文版），牛津大学出版社1986年版。

27. ［挪威］托布约尔·克努成：《国际关系理论史导论》，余万里等译，天津人民出版社2004年版。

28. ［古罗马］西塞罗：《论共和国论法律》，王焕生译，中国政法大学出版社1997年版。

29. ［古希腊］希罗多德：《历史》，王以铸译，商务印书馆1959年版。

30. ［古希腊］亚里士多德：《政治学》，吴寿彭译，商务印书馆1981年版。

31. ［古希腊］亚里士多德：《形而上学》，贺麟、王太庆译，商务印书馆1959年版。

32. 《圣经·马太福音》，第21章，第21节。

33. ［德］雅斯贝尔斯：《历史的起源与目标》，华夏出版让1989年版。

34. Brendan O'Leary，"Introduction：Reflections on a Cold Peace"，4 *Ethnic and Racial Studies* 18（1995）.

35. Cyprus. Grapheio Typou kai Plērophoriōn，*The Cyprus Problem*：*Historical review and the latest developments*，Press and Information Office，Republic of Cyprus，1999.

36. Christopher R. Decorse，*Anthropology*：*A Global Perspective*，the United States of American，1998.

37. K. M. de Silva，*Separatist Ideology in Sri Lanka*：*A Historical Appraisal of the "tradrtional Homelounds" of the Tamils of Sri Lanka*，International Centre for Ethrnic Stue-

lies, 1987.

38. C. R. de Silva, "The Sinhalese - Tamil Rift in Sri Lanka", from Jeyaratnam Wilson Dennis Dalton ed., *The States of South Asia*, Printed in Great British, 1982.

39. David Boucher, *Political Theories of International Relations*: *From Thucydides to the Present*, Oxford: Oxford University Press, 1998.

40. Dower, Nigel, *World Ethics* : *The New Agenda*, Edinbough University Press, 1998.

41. Haos J. Moorgenthan, *Politics Nations*, New York: Knopf, 1927.

42. *Economist*, 5 August 1995.

43. John McGarry and Brendan O'Leary, *The Politics of Ethnic Conflict Regulation*: *Case Studies of Protracted Ethnic Conflicts*, London: Routledge, 1993.

44. Jeyaratnam Wilson Dennis Dalton, "The States of South Asia", *Printed in Great British*, 1982.

45. Joseph S. Joseph, *Cyprus Ethnic Conflict and International Politics*, 1985.

46. K. R. Srinivasa Iyengar, *Literature and Authorship in India*, London: Allen and Unwin, 1943.

47. Leopold, Aldo, "The Land Ethic", *A Sand County Almanac*, Oxford: Oxford University Press, Inc. 1981.

48. McGarry and O'Leary, *Explaining Northern Ireland*: *Broken Images*, Oxford: Willey Blackwell, 1995.

49. N. F. Cantor, *The Medieval World*, Macmillan, 1968.

50. Peter Gourevitch, "The Second Image Reversed: The International Sources of Domestic Politics", 4 *International Organization* 32 (1978).

51. Osajima, *Asian Americans as the Model Minority*: *An Analysis of the Popular Press Image in the* 1960*s and* 1980*s*, Washington: Washington State Univ. Press.

52. Mihajlo D. Mesarović and Eduard Pestel, *Mankind at the Turning Point*: *The Second Report to the Club of Rome*, New York : Dutton, 1974.

53. Murdy, William H., "Anthropocentrism: A Modem Version", *Science*, 187 (1975).

54. *New York Times*, 16 October 1994.

55. Raymond Scupin and Christopher R. Decorse, *Anthropology*: *A Global Perspective*,

3rd ed. , the United States of American, 1998.

56. Resolutions adopted by the United Nations on the Cyprus Problem, 1964 ~ 1999.

57. Schweitzer, Albert, *Civilization and Ethics*, London: Black, 1923.

58. Scott Burchill, *The National Interest in International Religions Theory*, New York: Palgrave Macmillan, 2005.

59. S. L. Gunasekara, *Tigers, "Moderates" and Pandora's Package*, Part One, Chapter Three, Sri Lanka Frecdom Party, 1987.

60. S. L. Gunasekara, *Tigers, "Moderates" and Pandora's Package*, Part Two - Pandora's Package Chapter Nine - Conclusion, Sri Lanka Frecdom Party, 1987.

61. A. Jeyaratnam Wilson, *S. J. V. Chelvanayakam and the Crisis of Sri Lankan Tamil Nationalism*, 1947 ~ 1977, C. Hurst & Co. Publishers, 1994.

62. Table 8 of the Northerm Ireland Census of Population.

63. White, Lynn, "The Historical Roots of Our Ecological Crisis", *Science*, 155 (1967).

64. Yang, Oran R. , Goerge. J. Memko, and Kilaparti Ramakrishna, *Global Enviromental Change and International Governance*, Hanover and London: Dartmouth College, 1996.

后 记

识别中西政法文明的历程

这个后记记述着我识别中西文明的历程，也记录了我在研究过程中走过的一些艰难探索历程，包括一些研究过程中暴露的错误和危险看法然后如何克服改正的历史。

我对于中西方文明的比较思考大约经过了30多年的历程。20世纪80年代，我在大学时代就已经开始思考如何识别中西方文明的问题了。可惜，当时正值改革开放之初，我看了一些比较中西方文化的书籍，但并没有专门比较中西政法的研究专著，大都散见于笼统比较的书籍里。当时的书籍大都是20世纪上半叶的书籍，甚至主要还停留在梁启超、康有为时代的水平。当时中西方文化对比研究的成果甚为肤浅。记忆最深的有两点，即中西方文明的根本区别是自然经济与商品经济、人治与法治，缺乏政治学和法学的研究深度。

从研究生时代到大学当老师的最初岁月，大约经历了6年（1983~1988年）的时光，我在不断思考着中西方文明缘何区别的主题。研究生时代，我重点研修了中西方哲学史，对中西方政治哲学有了较为深入的思考。1986年我到大学任教（教授哲学），拉开了我比较研究中西文明的序幕，中西文明的分野成为我研究的主题之一。1988年，是中国改革开放思想最活跃的年头。经过1989年"六四"风波前后，我把识别中西方文明的主题由哲学深入到原始宗教的对比研究。通过对比中国原始神话、古埃及原始神话、古希腊原始神话、希伯来人原始神话等，我明白了一个道理：中西方哲学（包括政治哲学）的分野根植于中西方原始神话的区别。当时我已经认识到，中国原始神话系统中缺乏创世说，而古希腊神话拥有完整的创世说。这种创世说的分别，造成了古希腊本原学说的发达和中国古代哲学本体论的缺憾（只有老庄哲学才思考或问津"创世"或"本原"的学问，儒家对创世说显然还是一片空白）。为此，我写了《获取智慧的艺术》一书（1990年初完稿，1992年出版）。当时，我对中西方文明的比较，仅限于哲学和原始神话的对比研究。那时我对中西方文明的比较研究，还有很多空白，最大的欠缺是未能深入中西方政治学和法学的比较研究。相比较而言，我的哲学研究功底是较为深厚的。从1986年至1994年是从事哲学研究的年代，我能够认识到中西方政法理念的根本不同的底蕴就是哲学的不同。哲学是思想的底蕴、精神的深度和高度。无论是个人的人生，还是民族国家的发展，其哲学底蕴越深，思想也就越有深度，发展越有高度，也就越有远见，隐含的正义精神也就越深厚。

1994年我从大学调往中国社科院民族研究所，开始了从事世界民族研究的历程。从此我对中西文明的比较思考，多了民族文化、人类学和民族学的视野，2005年我出版了《人类智慧文库》五本书，彰显了我从民族学的视角研究中西方哲学的思路。由于我对西学的情有独钟，这五本书中有三部是研究西方哲学的，包括《超越神话：古希腊人的哲学智慧》、《基督教在西方哲学中的浮沉》和《两级理性：德国人的哲学智慧》；只有一本是关于中国哲学，即《直观整体：中国人的哲学智慧》。这五本书，我最喜欢的是《哲学净化：与绝对的合理对话》，因为这是我自己的哲学体系。那些年中，我对中西文明的思考有了三个深入。第一个深入，我把自己所有的相关研究都注入了“民族识别”的思维，使我认识到中西方文明的根本区别是民族文明的区别。第二个深入，我运用民族学思维，研究中西方哲学的区别，使我认识到两个哲学发展史的根本区别，在于中国哲学的民族特点是直观整体性的，西方哲学则是分析理性的；中国哲学以社会伦理为核心，西方哲学则以真理正义为核心。第三个深入，我开始注意到中国民族文明发展的特点是强化血缘文化，西方则是弱化或者淡化血缘文化，西方不断运用国家地域的框架超越人际关系的血缘纽带。为什么会这样？我当时还没有探究出其中的奥妙。

紧接着在我2007年出版的《民族宗教和谐关系密码：宗教相通性精神的中国启示录》一书中，我找到了中西文明对待血缘为什么会产生截然相反的文化姿态。更为惊喜的是，这部专著研究中，我发现了一个中西文明根本不同的秘密，那就是中国在五帝时代的颛顼进行了一场“绝地天通”的宗教改革，是造成中国原始神话创世说空白的根本原因。从五帝到夏商周，中国经过了漫长的四千多年的历史[1]，还未能在中国原始神话系统中创建属于自己的创世说。盘古开天地、女娲补天的神话故事是汉代及三国时代之后的作品。最有力的证据就是战国年代屈原的《天问》中还有“女娲有体，孰制度之”的疑问。中国原始神话的不足，导致了一系列的文化后果：促使中国哲学不能从原始神话中汲取“创世”的文化资源，只能产生早熟的中国哲学；创世说的空白，使得中国后来者无法执着于自己的宗教，于是在中国历史上从未产生过一场因宗教引起的战争。这在人类文明发展史中是极其罕见的。由于中国原始宗教的先天不足，造成了中国人可以虚心吸收外来的宗教，不仅为佛教入主中国提供了广阔空间，还使中国民族对外来和本土的不同宗教采取最大的宽容，从而营造了和谐的民族宗教关系。为此，我提出了一个反向的研究价值——崇洋媚外的人大都提倡“洋为中用”，而我对中国宗教和谐关系的研究中则提出了相反的真理内涵——“中为洋用”将是弘扬中华优秀文化的重要思路。和外国民族宗教紧张关系的事实相比，中国历史及现实为解决民族宗教关系提供了相反的经验。在人类文明发展过程中，民族宗教的冲突始终是人类文明的主要冲突之一，尤其是基督教世界和伊斯兰世界之间的紧张关系令人惊异。然而，中国历史上在解决民族宗教关系方面为世界提供了较为成功的经验。从历史上看，虽然民族宗教在世界历史中的冲突是惊心动魄的，但是在中国历史上的成功经验说明在国家政治的框架中解决民族宗教关系必然是从冲突走向和谐。从现实上看，中国人对宗教的执着最轻，中国人的宗教信仰是多元的而不是一元的。这是中国较为成功地解决民族宗教关系的重要资源。这种见识，无疑将我对中西文明的比较研究向前推进了一大步。然而，当时的比较研究，还是缺少对中西政治法律的比较。

中西法律的比较研究进入我的视野是20世纪末至21世纪初的若干年。我对中西方法律的比较思考大约始于1999年。1999年至2008年间，我为夜函大学生先后讲述《法理学》、《中国法制史》、《中国法律思想史》、《西方法律思想史》和《宪法学》，不仅增加了我的法律比较视阈，而且提升了我对中西方法律的比较研究的知识。我把多门中西方法律教学中的知识进行融会贯通，萌发了中西方法律对比的框架。2006年，我帮助姜丽萍研究《中西方法律源流问题》，还为她写了部分书稿，使我对中西法律的比较研究日趋成熟。然而，虽然增加

---

〔1〕 王大有认定颛顼生活的时代大约是公元前4050年至前3380年。参见王大有：《三皇五帝时代》(下)，中国时代经济出版社2005年版，第381～441页。

了中西方法律的比较视阈，但还缺少中西方政治学的比较研究。

2007年初至今，我调到中国政法大学，开始从事政治学、国际关系学的研究，为我提供了政治学的研究平台。为此我开始从中西方政治学的比较视角，思考并研究中西方政治学、政治制度的识别问题，从而弥补了我对中西方政治学比较研究的空白。加上原来中西方哲学史、中西方法律思想史、中西方法制史的法律资源，从而我萌发了要写《中西政法比较研究》的想法。时至今日，我对《中西政法比较研究》的研究与写作，断断续续地经过了8年多的历程。

这8年来，我在《中西政法比较研究》的研究过程中，遇到了难以想象的各种难题。可是，对每个难题的解决，都令我意外的兴奋。如，我原来没能深入研究中西方政治传统及其传承的规律，只是停留在哲学、法学思想领域，于是有好多问题百思不得其解。有些问题不得不暂时搁浅。后来，我研究中西方政治传统的传承关系，突然找到了我盼望已久的理论模式，那就是古中国的"三王主义"精神和古希腊古罗马的"三民主义"精神。真是久旱的禾苗逢甘雨，因此我的思想雀跃了，提升了。因为，我找到了中西政法比较的核心理念。

在比较中西政法研究过程中，我思考着一个重要的问题就是中国文明的发展出路，于是我萌发了中国应从人治到法治和全球化的想法。1949年之后，中国政法经历了曲折的发展道路。总的来讲，经过了下述两个转变：第一，从毛泽东到邓小平实现了从人治走向法制的转变。由于新中国成立前毛泽东的英明，挽救了中国红军、挽救了中国共产党，树立了毛泽东的崇高威信。新中国成立后，基于中国共产党人相信毛泽东的个人智慧，中国人过于信赖领袖的个人智慧，不幸产生了"文化大革命"。经过邓小平一代领导人的反思，国家实现了一人领导向集体领导的转变，从一人之治向集体法制的转变。但那时，还未能分出法制与法治的区别。第二，从邓小平到江泽民、胡锦涛实现了从法制到法治的转变。从法制到法治是一次重要的转变。1999年把"依法治国"写入宪法则是实现这种转变的一个标志。中国法治的现代化不是全盘西化，更不是全盘复古，而是中西合治。虽然"中体西用"还是"西体中用"的争论还在继续，但中国社会制度（包括法治）的改革已经进入一个更深的层次则是毋庸置疑的。

为了写作《中西政法比较研究》，2011年底，我深入研究了中西方政治思想的相关材料。那一年的日子里，我觉得每天过得非常充实而愉快，时间的价值在不断攀升。为了从根本上研究中西方元点文明的整体上的区别，我从中西方哲学史、中西方法律思想史、中西方法制史深入到中西方政治思想史、中西方政治制度史的研究。结果出现了两个意外的收获。一方面，具体历史及人文的情况远远不像我原来想象的那么简单，在研究中我发现并证实了“文化学”有关文化传播、文化移植、文化承继等相关的理论，既提升了我原来的文化学的看法，同时又使得有些文化学原理落到实处。文化学的知识也发挥了不可低估的作用。另一方面，对中西方政法理性比较的研究，在具体浏览相关知识和反思别人成果时，远远比我原来想象的要简单得多。比如，西方元点政法理性的元点出乎预料地证实了我关于西方元点正义论的观点。甚至，我用自己的观点提升了别人的看法。比如，徐大同在其书《西方政治思想史》中提出，经历了古代希腊罗马奴隶制社会、中世纪封建社会和近代以来的资本主义社会不同历史阶段。总的来讲，经历了自然政治观、神学政治观和权利政治观三大阶段。他只是外在地提出了西方政治理念从自然政治观向神学政治观再向权利政治观的发展趋向，没有深入地提升出西方的实质性理念。在此，正好印证了我的理念即西方元点文明是正义论，其正义论经历了从自然正义观向神学正义再向权利正义观的发展规律性。仅仅提出自然政治观、神学政治观、权利政治观还是缺乏内涵的。西方政法理性的内涵恰恰就是正义观。这不能不使我喜出望外。

中西文明对比的断代问题一直是缠绕我的一大难题。2011 年 12 月 20 日，我意识到了我已经遇到这样一个大难题：历史断代不能主观想象，要有充足的根据，要经过缜密的研究才行，否则便是不成功的。我解决这个难题的办法是，中西方政法文明的对比断代不能幼稚地认定为中西方绝对的历史时间，而改为相对的历史时间。为此，我在成书时，判定中国元点文明远远比西方元点文明要长得多的观点；中西方政法发展进程也不是同步的。西方认为他们进入现代化或者全球化的时间始于 1500 年，而中国进入现代化的历史是在 1840 年鸦片战争之后，整整晚了三百多年。

此外，研究中西方元点文明的发生是我不能绕过去的难题。世人都知道，中国的文明史比西方要长得多。但到底长多少，令人信服的根据是什么？后来我的研究发现，比较保守的看法，中国文明史至少要比西方要早两千多年（实际上可能比我估计的要长得多）。中国人的通常看法是，中国文明发源于三皇（燧人氏、伏羲氏、女娲）五帝（皇帝、颛顼、帝喾、尧、舜）时代，模糊的说法，中国人是炎黄子孙。有学者认定燧人氏是生活在 5 万年或 1.5 万年至公元前

7724年。[1] 本书保守地说，中国文明至少源于颛顼时代以前。因为，颛顼的宗教改革对中国文明的发展起到了决定性的影响。颛顼时代是公元前4000多年发生的时代。据考证，克里特文明的确切时间很难断定，但在此发掘出公元前10000年至公元前3300年新石器文化遗迹，可以确定大约从公元前2600年到公元前1125年，岛上涌现了著名的米诺斯文化，建立了统一的米诺斯王朝。所以，米诺斯文化是发生于公元前两千多年的时代。为此，本书把中国文明的起源追溯到颛顼时代。

在中西文明比较断代过程中遇到的难题及其解决，使我放弃了好几个写作方案。如，我在2010年的构思过程中，废除了这样的一个构思，把整个《中西政法文明比较》构架了三个部分，即“第一篇 中西政法理性的不同起源（王权政法理性时代）；第二篇 中西政法理性的不同流向（国家政法理性时代）；第三篇 中西政法理性的殊途同归（全球政法理性时代）”。后来我放弃了这个构想。原因很简单，就是因为三个时代并不完全成立，而是包含谬论的假命题。因为，无论是古希腊，还是古罗马都经历过王政和民主制，因此把西方古典政法归结为王政，显然是不合时宜的。在古典时代，王政是中国特色，不适用于西方。但归于民主制也不完全正确。然而，考量到对近现代西方政治文明影响最大的不是王政，而是民主政治。

2012年1月11日，我突然明白了一个道理，中西方政法传统文明的根本区别是“三王主义”和“三民主义”。为此，我在书的原稿中指明道：“本书的研究表明，中西元点政法文明的核心是三王主义与三民主义的分野。中国元点政法文明的核心是王道主义、王权主义和王法主义。这里的三民主义不是指孙中山的三民主义，而是指古希腊政法文明的核心，即公民主义（民道主义）、民权主义（公民权利平等）和私法主义或民法主义。正是这种王法主义和私法主义的区别，才造成了后来西方私法的发达，造成中国王法的发达和私法的欠发达”。我在日记中写下了这样的文字：中华文化的发展取决于中国元点文明精神。一个民族最先爱上了一个东西，似乎这个民族是很难完全放弃的。政治上，西方人始终都在不断关照民主、民权和民法，中国则不断强化王权与王法。而人治、专制是根植于王道、王权与王法这个根本点的。正是这个“三王精神”成为中华历史文化的命根子。“三王传统精神”的力量是很难估量的，其潜藏着

〔1〕 参见王大有：《三皇五帝时代》（下），中国时代经济出版社2005年版，第18页。

多少深厚的力量，鲜为人知。

2012年1月16日的这一天，我突然萌发了“天上主义或天道主义思想”，从而完善了我从民族宗教文明的起点阐发不同民族政权的思想，也揭开了我从宗教视角阐释政权合理性与合法性的历史。

最根本的难题是关于《中西政法比较研究》的主题观点中瑕疵的克服与提升问题，就是如何概括中西方政法的根本区别，是一个大难题。2007年我对中西政法的核心区别提炼为“道义和正义”。后来，我把这种提炼，从“道义与正义”再次提升为“忠孝与正义”。中国从夏商周发展到明清，全部政法作为都围绕着“忠孝”这个价值中枢展开的（近似于全程判断）。西方从古希腊古罗马到近现代，政法作为的主要重心是围绕“正义”这个价值中枢的（仅仅是特称判断，不可能是全称判断，西方历史还有相当的历史阶段是王族主义或国王主义、基督教主义）。后来我又发现，中国古典政法也追求正义。中西方的根本区别不在于忠孝与正义，而在于忠孝与民主。而中西方的共同本质在于都构筑了正义、官权力、民权利的三角关系。这种提升所需要的时间，花费了我整整5年的时间。

还有个很大的难题，起初我经过不完整的研究，得出了一个部分错误和危险的结论，那就是误以为我发现了一条人类政法发展规律，即人类权力的发展经过了从氏族时代的“民主”转型为王族主义（即三王主义，王道主义、王权主义和王法主义）时代，发展到国族主义（国家主义和国法主义）时代，再发展到球族主义（全球主义）时代的族体三级跳发展过程。然而，上述这个发展规律并不适合一切社会，只适合多数或绝大多数社会。中国社会的发展完全符合这个一般发展规律。虽然前述的观点并不完全错误，但包括了某种错误的看法——基于古希腊曾经的民主制，而认定西方文明的开端对于前述发展规律是个例外，正是因为古希腊的这个特殊例外，恰恰成为西方人类民主制发展的星星之火，才形成后来西方社会的民主制度的燎原之势。因为，全世界只有古希腊民族在其发展的最初阶级社会，依然实现着民主社会、公民社会；绝大多数社会都用专制代替了民主，公民都不复存在，人民沦落为丧失公共权力的百姓，不再是拥有公共权力的公民。其实，古希腊古罗马例外论的看法是错误的（部分错误），甚至是极其危险的。后来我经过对西方政治史的研究，发现无论古希腊，还是古罗马政治，民主制只是其中的一种政体形态，而实际上的古希腊古罗马的历史事实是君主制、民主制、贵族制的时而更迭时而混合。从古希腊向古罗马转折中的两个政治思想家波利比阿、西塞罗认为最好的政体是混合政体。这无疑给我以巨大的启发。其实，任何纯粹的政体都是有问题的，混合政体的合理性最高。

我还曾产生过一种极端错误和危险的观点，即认为中国从三皇五帝发展到夏商周，是从“禅让制”的民主贤能“政治”转型为夏商周的三王主义（王道主义、王权主义和王法主义），三王主义一直从夏商周延续到明清。这种看法并不为过，也基本成立。因为，对中国明清以前的传统社会的这种把握可以认定为近似的“全称判断”，三王主义够得上是夏商周到明清的基本政法精神。但由此对西方相反的推论则是错误的和危险的——西方社会自古希腊以来，政法价值中枢不是三王主义，而是三民主义，即民主主义、民权主义、民法主义。正好，以西方的三民主义对中国的三王主义。如果沿着这种思路研究中西政法的比较，不仅是错误的，而且是危险的。原因有三个：第一，西方的三民主义成为西方社会的价值中枢，只能是个“特称判断”，绝不可能是个“全称判断”。误把“特称判断”看做是“全称判断”是危险的。这就意味着第二，自古希腊以来的西方社会，并不全是三民主义的社会，在相当程度上也是王权主义，保护的社会利益主要还是王族利益。即便是古希腊古罗马的民主制时期，也包含着为王族服务的王权主义元素。因此，不能把非基本的三民主义状态误认为是基本的。第三，在西方社会，三民主义在古希腊只是星星火种，并不适用于妇女、奴隶和外邦人。古罗马的民主和公民所适用的范围也是很有限的。甚至西方发展到资本主义社会，民主和正义也只是形式，实质上正如马克思批判的那样，资本主义的民主、自由、平等，只是形式上的，实际上赤贫与富翁之间毫无民主、自由、平等可言，因此赤贫与富翁之间不可能得到同样的正义。

不过，中国从三王主义发展到三国主义（国家主义、国法主义和国道主义）的看法还是基本上站得住脚的。中国从明清发展到民国时代再到中华人民共和国，才真正终结了王族主义而开启了国族主义。孙中山早期坚持“驱除鞑虏，恢复中华”的汉民族立场，经过了17年的觉醒，发展为中国的“五族共和”。之后，再发展到中华人民共和国则是56个民族的“中华民族主义”。

2012年初，我在研究古罗马王政时代和共和时代中，发现了一个规律性的东西，即西方从古希腊到古罗马的发展过程中潜藏着扩大公民社会适用范围的秘密。于是，我得出这样一个结论：西方公民社会是不断扩大的过程。从古希腊到古罗马，完成了两次公民社会的扩大或者实现了两次扩大公民社会的划时代。第一次扩大是从古希腊到古罗马王政时代，把公民社会局限于贵族扩大到平民。但平民只享有最低限度或最低最小主义的公民权利，即只享有“个人财产权和从事工商业及农业的权利”和“参与民众大会”两项权利。如果说，古罗马王政时代只给予平民“个人财产权和从事工商业及农业的权利”和“最低限度参加民众大会的少量事务的权利”，是西方公民社会放大的第一个里程碑。那么《十二铜表法》之后增补了“可与贵族通婚权利”和“可免于沦落为奴的权利”，则意味着实现了西方公民社会放大的第二个里程碑。这个发现，无疑使我欣喜若狂。我的研究在不断深入中发现了某些规律性的东西，正是我苦苦探寻的结果。

原来我把本书的基本观点和领衔内容都放到了导论之中，还有关于中西三王主义与三民主义的识别，以及文明源于何时、中国法律源于哪个朝代的思考，放到了一些不该放的地方（如放到第二章至第五章中），总觉得有些不大对头。因此，后来我做了调整，把原来的导论分化出第一章，把属于“中西元点政法总论”的内容进行归总，于是有了现在的第一章内容。

此外，在研究中我把中西元点政法简单划归为三王主义和三民主义，总觉得哪里有点不对头。但到底哪里不对头，我一时真的找不出问题的症结所在。苦恼在不断地折磨着我。后来，在给研究生备课“西方国际关系理论流派”时，我突然萌发了这一灵感：人类利益或人权诉求的发展规律是由小到大、由分到合地从氏族利益发展到古代以王族利益（中国）或贵族利益（古希腊古罗马）为诉求重心的时代，再发展到近代以民族国家利益为诉求重心的时代，进一步发展为以全球利益为诉求重心的时代。所以，人类政治发展规律是氏族政治——王族政治或贵族政治——国家政治——全球政治。因此，中西元点所处的时代是中国王族利益为大、古希腊贵族利益为大，是王族利益、贵族利益并驾齐驱的时代。不是简单用三王主义和三民主义的对峙来划定。因此，我用新的观点对全书进行了统改。这是我在国际关系理论流派的备课中受到的启发而成的。这一启发，为我解决了一大难题：中西元点政法的根本区别不是三王主义和三民主义，而是王族利益为大还是贵族利益为大的时代。但中国古代是金字塔利益体系，不可认定王权唯一主义。不过，中国古代政法根本是三王主义。虽然不可把古希腊概括为三民主义，但概括为三贵主义，还是适合的。因为，古希腊把公民局限于贵族范围内，因此三贵主义包含了三民主义。西方从古希腊对公民适用范围的扩大，三民主义也就自然从三贵主义中脱颖而出了。当我把“三王主义与三民主义对垒”提升为“王族利益与贵族利益、王权主义与权贵主义、王法主义与私法主义对垒”，我的上述文稿就通通修改并提升一遍。这是个喜悦的过程。然而，这需要我对原来的文稿进行重写。

我深知，仅仅比较中西方政法文明，走不出中西方的狭隘历史。国际关系学和全球学的视野，才最终把我从中西方对比的狭隘视野中解放出来。我意识到，人类的解放问题必须从“国家社会”的视野提升为“全球社会”的视野。全球问题的产生及对全球问题的解决，显然已经把中国先民的大同社会和天下主义、古希腊斯多葛的“世界主义”和马克思主义“解放全人类”的思想提升到新的高度。

少年时我被传统束缚着，研究生时代我毅然成为一个西学主义者和反中国传统主义者，成为赞誉西方文明的勇士；过了不惑之年，我半数又回归到中华传统主义。经过人生的这一发展圆圈，对传统文化的生命力感触颇深。传统的东西，有的死了，那是因为丧失了生命力；有的还活着，那是因为这部分传统的生命力尚存；有的将注入永恒，那是在于其生命力传承着自强不息、厚德载物的精神，具有永远更新、火中凤凰的动力。然而，中国现代的“火中凤凰”之部分火种来自西方，甚至是来自东方各国文化精华的充实。

2011 年 11 月份，我已经完成了《中西政法比较研究》中卷的部分初稿，写就了 18 万字，觉得太宏大，于是又回过头来专注于上卷的写作。本书只是中西政法比较的上卷。四个月过后，2012 年 3 月，我对上卷《中西元点政法比较》研究已经完成了 36 万字的初稿，2013 年我写好的初稿已经多达 45 万字。预计要完成整套书稿的写作，大约需要 120 万～150 万字左右。这无疑是一个巨大的工程。本书的最后结论是：人类政法从古代元点政法到现代，已经开发出足够的国内政治，其文明度已经达到了很高的水平（中国从古代的忠孝圣人之道发展到现代的民主之路和古希腊从公民民主的正义精神发展到现代西方发达国家的代议制民主），但国际政治还基本上滞留在半文明半野蛮状态。从国内文明走向国际文明，用国内文明感召或扩大国际政治的文明度，尽早结束国际社会弱肉强食的森林法则的野蛮状态，步入维护全球利益的全球政治文明状态，乃是当今世界最重要的任务。提升我对人类政治从国内政法文明向全球政法文明的扩散及发展轨迹的研究，有待于中卷《中西政法流向》和下卷《中西政法合流与出路》的深入探索。

我对“中西政法比较”研究已经过了 7 年（业余时间）的历程，如果完成这一艰巨的研究任务，还需要至少3年的时光。因此，我对“中西政法比较”的研究需要超过一个“抗战”的时光。我深知，人生的辉煌时代并不会有太多个“抗战”时光，但我花费了一个“抗战”的时光，用于完成这一宏伟巨著的研究，还是令人欣慰的。人生自乐，夫复何求?!

我在从事中西政法文明的比较研究中，借鉴了十六个史学的资料，包括中西方原始神话及宗教比较史、中西方哲学史、中西方政治制度史、中西方政治思想史、中西方法律思想史、中西方法制史、中西方伦理史和中西史学等八对比较。这十六史的核心是中西方政治比较、中西方法律比较。所以，本著作把研究的主题冠名为“中西政法比较”。

当我2012年3月5日写完上卷第一稿后记时，我突然萌发了扉页寄语和封底诠释的想法。扉页寄语是：“满纸实证言”诉说的是作者对中西政法研究是建立在实证研究基础之上，更多的是文本型研究，重点是对中西方早期政法思想和政法制度进行的大量文本实证性分析。“中西政法魅”记载了作者对中西政法比较历经了30多年的漫长思考，承载着8年多的研究，表明了作者对中西政法两种不同神奇魅力的痴迷。“或云著者痴”道出了作者的理想是要揭秘中西方政法异同之奥秘，追求中西政法互补、互动、和而不同的可能，寻求世界政法的出路，探寻从王族法治到国家法治再到全球法治的发展路径。这显然有点痴人说梦。但这种可能性毕竟是存在的。“自解其中味?”是著者对解密中西文明的一种尝试，也是对出版一部精品的承诺，虽然仍不敢言称已经解开其中味，但可为著者对本书的毛遂自荐。

此书稿原第一稿45万字，如果放开写至少超过50万字。这是万分无奈的事情。

本书承载了许多人的智慧汗水，在某种意义上是一种集体的智慧。首先，我要感谢我的硕士生导师张维久先生和博士生导师赵士林先生在我研究生时代的悉心教导。我的思想深度是他们给的。其次，我要感谢我的研究生王丹、颜飞、李建宏、李璐、张敏、桑艳平、樊佩等同学协助我查找一些资料，还时常讨论一些问题，对我有所启发。再次，我要感谢蔡拓、丛日云、林存光、庞金友等政治学研究专家，或在一起开会闲聊中，或在一起旅游途中，或在从蓟门桥到昌平的班车上，向他们请教、交流中西政治之别，从中受到很多启发，包括蔡拓的全球主义思想、丛日云西方政治文明思想、林存光介绍他导师刘泽华的王权主义思想和庞金友西方古代梯形政治结构的想法，都成为本书吸收的思想营养。最值得感谢的是我们院长常保国先生，不仅他关于中国政治发展史的思想启发了我，而且他对我的研究给予很大鼓励，甚至在我出版遇到困难时，伸出极其温暖的手，给本书提供有力的出版补贴，真的让我好生感动。此外，本书曾经得到中国社会科学出版社黄燕生、刘艳的修改建议，尤其得到中国政法大学出版社彭江先生和于函玉编辑的大力支持。因此我要对上述帮助过我的所有贵人给予一并的真诚谢意。我想，最好的感谢就是把此书写成学术精品，献给他们赐教。

著　者
2014年3月26日
于西山枫林

图书在版编目（CIP）数据

中西元点政法比较/曹兴著. —北京：中国政法大学出版社，2014.12
ISBN 978-7-5620-5637-9

Ⅰ.①中…　Ⅱ.①曹…　Ⅲ.①政治思想史－对比研究－中国、西方国家－古代②法律－思想史－对比研究－中国、西方国家－古代　Ⅳ.①D09②D909

中国版本图书馆CIP数据核字(2014)第268508号

出版者　中国政法大学出版社
地　址　北京市海淀区西土城路25号
邮寄地址　北京100088信箱8034分箱　邮编100088
网　址　http://www.cuplpress.com（网络实名：中国政法大学出版社）
电　话　010-58908289(编辑部)　58908334(邮购部)
承　印　固安华明印业有限公司
开　本　720mm×960mm　1/16
印　张　26.25
字　数　445千字
版　次　2015年4月第1版
印　次　2015年4月第1次印刷
定　价　58.00元